Gotteserfahrung ist von keiner Religionszugehörigkeit abhängig, sondern von den Wahrnehmungen des menschlichen Geistes. Deepak Chopra greift auf Erkenntnisse aus Neurologie, Quantenphysik und Psychologie sowie auf das Wissen der großen Religionen zurück, wenn er zeigt, daß die Anatomie unseres Gehirns geradezu angelegt ist auf die Erkenntnis des Göttlichen. Diese vollzieht sich in sieben Stufen, welche die Grundstrukturen unserer Psyche widerspiegeln: von der ersten Stufe, auf der wir bei einem Beschützergott Halt suchen, über die fünfte Stufe, auf der ein Schöpfergott unsere Kreativität erwachen läßt, bis zur siebten Stufe, auf der Gott als das reine Sein wahrgenommen wird. Alle sieben Stufen sind jederzeit erreichbar für uns alle. Sie führen zu spiritueller Erkenntnis, zu wahrem, lebensveränderndem Verständnis der Welt und unserem Platz in ihr.

Chopra sagt: »Gott ist unser edelster Instinkt, uns selbst zu erkennen.« – Begeben Sie sich mit ihm auf die spannendste Reise Ihres Lebens; entfalten Sie Ihren spirituellen Genius und damit die Kraft, Ihr Leben positiv zu gestalten.

Deepak Chopra, geboren in Indien, medizinisch ausgebildet in den USA, ist Internist und Endokrinologe und leitet ein führendes Gesundheitszentrum in Kalifornien. Seine Bücher erreichen weltweit Millionenauflagen. Bei dtv erschienen von ihm bereits ›Lerne lieben, lebe glücklich‹, ›Das gesunde Herz‹, ›Wege aus der Sucht‹ und ›Mit Kindern glücklich leben‹.

Deepak Chopra

Die
göttliche Kraft

Die sieben Stufen
der spirituellen Erkenntnis

Aus dem Englischen von
Brigitte Klein

Deutscher Taschenbuch Verlag

Von Deepak Chopra
sind im Deutschen Taschenbuch Verlag erschienen:

Lerne lieben, lebe glücklich (36170)
Das gesunde Herz (36217)
Wege aus der Sucht (36229)
Mit Kindern glücklich leben (36267)

Ungekürzte Ausgabe
Oktober 2002
Deutscher Taschenbuch Verlag GmbH & Co. KG, München
www.dtv.de
Titel der amerikanischen Originalausgabe:
How to Know God. The Soul's Journey into the Mystery of Mysteries
Erschienen bei Harmony Books, Division of Crown Publishers, Inc., New York
© 2000 Deepak Chopra
© der deutschsprachigen Ausgabe:
2000 Verlagsgruppe Lübbe GmbH & Co. KG, Bergisch Gladbach
Umschlagkonzept: Balk & Brumshagen
Umschlaggestaltung: ARTPOOL München, unter Verwendung
einer Illustration von Ian Mills, ARTPOOL München
Satz: Kremerdruck GmbH, Lindlar-Hartegasse
Gesetzt aus der ITC Giovanni Book
Druck und Bindung: Druckerei C.H. Beck, Nördlingen
Gedruckt auf säurefreiem, chlorfrei gebleichtem Papier
Printed in Germany · ISBN 3-423-36272-3

INHALT

Was ist für mich die wichtigste Herausforderung?
Zu überleben, zu beschützen und zu erhalten.
Was ist meine größte Stärke? Mut. – *Was ist mein größtes*
Hindernis? Verlustangst, Angst vor Verlassensein.
Worin besteht meine größte Versuchung? Tyrannei.

2. Stufe: Gott, der Allmächtige

DIE REAKTIVE REAKTION

DIE SIEBEN FRAGEN UND ANTWORTEN
Wer bin ich? Ich, Persönlichkeit.
Welche Rolle spiele ich? Ich gewinne.
Wie finde ich Gott? Durch Ehrfurcht und Gehorsam.
Was ist das Wesen von Gut und Böse? Gut bedeutet, man
bekommt, was man sich wünscht. Böse ist jedes Hindernis,
das sich den Wünschen in den Weg stellt.
Was ist für mich die wichtigste Herausforderung?
Höchstleistung, Erfolg.
Was ist meine größte Stärke? Leistungsfähigkeit. – *Was ist*
mein größtes Hindernis? Schuldgefühle, Opferhaltung.
Worin besteht meine größte Versuchung? Abhängigkeit.

3. Stufe: Der Gott des Friedens

DIE REAKTION DER RUHEVOLLEN WACHHEIT

DIE SIEBEN FRAGEN UND ANTWORTEN
Wer bin ich? Ein stiller Beobachter.
Welche Rolle spiele ich? Ich bleibe in mir selbst zentriert.
Wie finde ich Gott? Durch Meditation, stille Kontemplation.
Was ist das Wesen von Gut und Böse? Gut sind Klarheit,
innere Ruhe und Verbindung zum Selbst. Böse sind
innere Unruhe und Chaos.
Was ist für mich die wichtigste Herausforderung? Engagiert
und unabhängig zugleich zu sein.

Worin besteht meine größte Versuchung? Solipsismus,
mich selbst zum Maß aller Dinge zu machen.

DIE VISIONÄRE REAKTION 184

DIE SIEBEN FRAGEN UND ANTWORTEN 191
Wer bin ich? Erleuchtete Bewußtheit.
Welche Rolle spiele ich? Ich liebe.
Wie finde ich Gott? Durch Gnade.
Was ist das Wesen von Gut und Böse? Das Gute ist eine kos-
mische Kraft. Das Böse ist ein Aspekt der gleichen Kraft.
Was ist für mich die wichtigste Herausforderung? Befreiung
zu erlangen.
Was ist meine größte Stärke? Heiligkeit. – *Was ist mein größtes
Hindernis?* Falscher Idealismus.
Worin besteht meine größte Versuchung? Märtyrertum.

DIE SPIRITUELLE REAKTION 212

DIE SIEBEN FRAGEN UND ANTWORTEN 219
Wer bin ich? Der Ursprung.
Welche Rolle spiele ich? Ich bin.
Wie finde ich Gott? Durch Transzendieren.
Was ist das Wesen von Gut und Böse? Das Gute ist Einheit, die
Vereinigung aller Gegensätze. Das Böse existiert nicht mehr.
Was ist für mich die wichtigste Herausforderung? Ich selbst zu
sein.
Was ist meine größte Stärke? Einheit. – *Was ist mein größtes
Hindernis?* Dualität.
Worin besteht meine größte Versuchung? Ich bin jenseits aller
Versuchungen.

Für Herms Romijn

Bei den göttlichen Dingen
reicht Glaube nicht aus.
Nur Gewißheit kann hier genügen.
Alles, was geringer ist als Gewißheit,
ist Gottes nicht würdig.

Simone Weil

EIN REALER UND NÜTZLICHER GOTT

Gott hat ein erstaunliches Kunststück vollbracht: Er wird verehrt, obwohl er unsichtbar ist. Für Millionen von Menschen ist er eine weißbärtige Vaterfigur auf einem Himmelsthron, aber es gibt keinen einzigen Augenzeugen. Niemandem ist über den Allmächtigen irgendeine Tatsache bekannt, die vor Gericht Bestand hätte. Und dennoch glauben die meisten Menschen – nach einigen Umfragen sogar sechsundneunzig Prozent – auf die ein oder andere Weise an Gott. Das enthüllt eine tiefe Kluft zwischen unserem Glauben und unserer Alltagswirklichkeit. Diese Lücke müssen wir schließen.

Und was wären das überhaupt für Tatsachen, wenn es sie gäbe? Alles, was wir mit unseren Sinnen als materielle Wirklichkeit erfahren, hat seinen Ursprung in einem unsichtbaren Reich jenseits von Zeit und Raum, das nach den Erkenntnissen der Naturwissenschaften aus Energie und Information besteht. Diese unsichtbare Quelle allen Lebens ist aber kein leerer Raum, sondern die Wiege der Schöpfung selbst. Etwas erschafft und ordnet diese Energie. Es verwandelt das Chaos der »Quantensuppe« in Sterne, Galaxien, Regenwälder und menschliche Wesen; es läßt unsere Gedanken, Gefühle, Erinnerungen und Wünsche entstehen. Im folgenden werden wir sehen, daß die Quelle des Lebens nicht nur eine abstrakte Idee ist, sondern daß wir mit ihr innig vertraut werden und uns mit ihr vereinen können. Wenn das geschieht, eröffnen sich uns neue Horizonte, neue Wirklichkeiten. Wir erfahren Gott.

Jahrhundertelang führte der Weg zu Gott ausschließlich über den Glauben. Heute haben wir jedoch einen Punkt erreicht, wo wir die göttliche Intelligenz unmittelbar verstehen können. In mancher Hinsicht bestätigt diese neue Art des Verstehens die Verheißungen, die es in allen spirituellen Traditionen gibt. Gott ist unsichtbar und vollbringt doch Wunder. Jeder Impuls der Liebe kommt von ihm. Schönheit und Wahrheit sind beides Kinder dieses Gottes. Wo das Wissen von der unendlichen Quelle aller Energie und Kreativität fehlt, drängen sich die Kümmernisse des Lebens in das Dasein. Gott in einem echten Verständnis nah zu sein heilt die Todesangst, bestätigt die Existenz der Seele und schenkt dem Leben seinen höchsten Sinn.

WUNDER UND WIRKLICHKEIT

Unsere Vorstellung von der Wirklichkeit hat bisher die Dinge tatsächlich völlig auf den Kopf gestellt. Gott ist nämlich keine gewaltige Projektion unserer Phantasie – er ist das einzige, was real ist. Das Universum wiederum ist zwar unendlich weit und sehr konkret, und doch ist es nur eine Projektion der Natur Gottes. Jene erstaunlichen Ereignisse, die wir Wunder nennen, zeigen uns, wie diese erhabene Intelligenz in unsere Welt hineinwirkt. Dazu die folgende Geschichte.

Im Jahr 1924 ist ein alter Franzose eines Abends auf dem Heimweg in sein Dorf. Er kann schlecht sehen, weil er im Ersten Weltkrieg ein Auge verloren hat. Das andere ist durch Senfgas in den Schützengräben stark geschädigt. Die tiefstehende Abendsonne blendet den alten Mann. So bemerkt er nicht, daß zwei junge Männer auf ihren Fahrrädern um die Biegung geschossen kommen und auf ihn zurasen.

Im Augenblick des Aufpralls erscheint ein Engel. Er packt das erste Fahrrad bei den Rädern, hebt es etwas an und setzt es am Straßenrand sicher im Gras nieder. Das zweite Fahrrad bremst plötzlich, die beiden jungen Leute sind ganz außer sich. »Da sind zwei! Da sind zwei!« ruft der eine. Er meint, daß statt des einzelnen alten Mannes zwei Gestalten auf der Straße stünden. Das ganze Dorf ist in heller Aufregung. Die Leute behaupten später, die beiden jungen Männer seien betrunken gewesen oder hätten sich diese phantastische Geschichte ausgedacht. Was den alten Mann betrifft, so antwortet er, wenn man ihn dazu befragt, er verstünde die Frage nicht.

Was würden wir antworten? Zufällig handelte es sich bei dem alten Mann um einen Priester, Père Jean Lamy, und wir kennen die Geschichte, weil er selbst kurz vor seinem Tod von der Erscheinung des Engels berichtet hat. Anscheinend kursierten über den frommen und allseits beliebten Priester viele Geschichten, in denen Gott ihm Engel oder andere göttliche Helfer sandte. Wenn Père Lamy hin und wieder darüber sprach, dann in einer sachlichen und bescheidenen Weise. Aufgrund von Lamys religiöser Berufung kann man diesen Vorfall leicht als Geschichte für die Frommen abtun. Skeptiker wird sie nicht beeindrucken.

Mich aber fasziniert die Frage, ob so etwas möglich ist, ob wir die Tür öffnen und hilfreichen Engeln Zutritt zu unserer Wirklichkeit gewähren können. Und damit auch Wundern, Visionen, Prophezeiungen und schließlich dem großen »Außenseiter«, Gott selbst.

Wir alle wissen, daß ein Mensch auch ohne Religion durchs Leben gehen kann. Von hundert neugeborenen Babys, deren Leben vom Anfang bis zum Ende lückenlos gefilmt würde, ließe sich unmöglich vorhersagen, ob die Gläubigen unter ihnen glücklicher, weiser oder erfolgreicher wären als die Ungläubigen. Allerdings erfaßt die Kamera ja nicht, was sich unter der Oberfläche abspielt. Ein Mensch mit einer Gotteserfahrung betrachtet vielleicht die ganze Welt mit Staunen und Freude. Ist diese Erfahrung real? Ist sie nützlich für das Leben, oder handelt es sich nur um etwas rein Subjektives, das dem Betreffenden zwar sehr wichtig ist, im übrigen jedoch nicht von größerem praktischen Nutzen als ein Traum?

Eine unumstößliche Tatsache steht am Anfang jeder Suche nach Gott: Er hinterläßt keine Spuren in der materiellen Welt. Und doch war in der abendländischen Religion von Beginn an spürbar, daß Gott eine Art von Präsenz besitzt, die man im Hebräischen *schechina* nennt. Manchmal wird dieser Begriff einfach als »Licht« oder Strahlen übersetzt. Schechina ist der Heiligenschein der Engel und die strahlende Freude auf den Gesichtern der Heiligen. Schechina ist das weibliche Prinzip, wenn auch Gott in der jüdisch-christlichen Tradition als männlich gilt. Das wichtigste an Schechina war jedoch nicht das Geschlecht. Gott ist unendlich, und deshalb ist die Bezeichnung der Gottheit als er oder sie nichts als eine Übereinkunft der Menschen. (Gott ist über alle Geschlechter erhaben. Auch wenn ich die drei persönlichen Fürwörter – er, sie, es – abwechselnd verwendet hätte, wäre ich damit der Wahrheit nicht näher gekommen. Deshalb wird Gott in diesem Buch traditionsgemäß als »er« bezeichnet.)

Viel wichtiger als die Frage des Geschlechts ist eine andere Vorstellung: Wenn Gott präsent ist, kann er auch erfahren werden. Er kann erkannt werden. Diese Folgerung ist deshalb von so großer Bedeutung, weil Gott in jeder anderen Hinsicht als unsichtbar und unfaßbar gilt. Er bliebe für immer unerreichbar, wenn er nicht auf irgendeine Weise Kontakt mit der Welt hätte.

Gott zu personifizieren ist ein geeigneter Weg, um ihn uns ähnlicher zu machen. Er wäre allerdings ein äußerst widernatürliches und grausames Wesen, wenn er stets im Verborgenen bliebe, gleichzeitig aber Liebe von uns forderte. Und wie können wir Vertrauen zu irgendeiner Art von gütigem höheren Wesen fassen, wo doch jahrtausendelang im Namen der Religion so unendlich viel Blut vergossen wurde?

Die Schichten der Wirklichkeit

Wir brauchen ein Modell, das beides ist: Teil der Religion und doch nicht durch sie begrenzt. Das folgende einfache, dreiteilige Schema paßt zu unserer gewohnten Auffassung von Gott. Dieses Modell stellt verschiedene Schichten der Wirklichkeit dar:

Gott

————— Ü B E R G A N G S Z O N E —————

Materielle Welt

Die Einteilung in eine obere und eine untere Schicht, die Gott über der materiellen Welt in einer gewissen Distanz zu ihr darstellt, ist nicht neu. Gott muß unsichtbar sein und von uns getrennt, sonst könnten wir ihn hier sehen, umherwandelnd, wie es im Buch Genesis geschrieben steht: »Nach sieben Tagen der Schöpfung erging sich Gott in der Abendkühle im Garten Eden und erfreute sich seiner Werke.«

Neu oder ungewohnt ist lediglich die Übergangszone in der Mitte. Der Begriff Übergang weist darauf hin, daß in diesem Bereich eine Begegnung zwischen Gott und Mensch möglich ist. In der Übergangszone gibt es Wunder, göttliche Visionen, Engel, Erleuchtung und die Stimme Gottes – außergewöhnliche Phänomene, die in zwei Welten hineinreichen. Sie sind real, richten sich jedoch nicht nach der vorhersagbaren Abfolge von Ursache und Wirkung. Anders gesagt: Wenn wir uns hartnäckig daran klammern, daß ausschließlich die materielle Realität Grundlage unseres Wissens sein kann, ist die Skepsis Gott gegenüber völlig gerechtfertigt. Wunder und Engel widersetzen sich der Vernunft, und obwohl von Zeit zu Zeit über religiöse Visionen berichtet wird, sträubt sich der Verstand dagegen, indem er seinen sicheren Griff auf der materiellen Ebene verteidigt.

»Sie glauben tatsächlich, daß Gott existiert? Gut, analysieren wir die Gegebenheiten. Sie sind Arzt, ich bin Arzt. Entweder verursacht Gott die Krankheiten, die wir täglich sehen, oder er kann sie nicht verhindern. Welchen Gott soll ich Ihrer Meinung nach akzeptieren?«

Diese Äußerung kam von einem skeptischen Kollegen, mit dem ich häufig auf Visite durch die Klinik ging. Er ist ein überzeugter Atheist.

»Ich will ja gar nicht, daß Sie sich für den einen oder den anderen entscheiden«, protestierte ich.

Aber er beharrte auf diesem Punkt. »Realität ist Realität. Wir müssen doch nicht darüber streiten, ob ein Hormon oder ein Enzym wirklich ist. Gott hält keinem objektiven Test stand. Das wissen wir doch alle. Aber einige von uns wollen sich einfach nicht länger etwas vormachen.«

In gewisser Weise hatte er recht. Materialistische Argumente gegen Gott sind immer überzeugend, weil sie auf Tatsachen beruhen. Sobald man aber tiefer eintaucht, als die materielle Welt reicht, verlieren sie ihre Gültigkeit. Dame Julian von Norwich, die im 14. Jahrhundert in England lebte, fragte Gott unumwunden, weshalb er die Welt geschaffen habe. Sie empfing seine Antwort als ekstatisches Flüstern:

> »Du willst die Absicht deines Herrn erkennen in dem, was
> ich geschaffen habe? Erkenne, daß Liebe der Sinn ist.
> Wer offenbart dir den Sinn? Liebe. Was offenbart er dir?
> Liebe. Warum offenbart er sie dir? Aus Liebe.«

Dame Julian erkannte Gott in allem, was sie tat, im Essen, Trinken, Atmen und allen anderen Dingen, als wäre sie eine betörte Liebende. Da sie einen göttlichen Geliebten hatte, wurde sie in kosmische Höhen emporgehoben, wo das Universum »ein winziges Ding war, so groß wie eine Haselnuß, die ich in meiner Hand halte«.

Wenn Heilige beschreiben, wie sie vor Verzückung fast wie von Sinnen sind, empfinden wir ihre Äußerungen als verblüffend und sehr verständlich zugleich. Obwohl wir uns alle an die Abwesenheit des Heiligen gewöhnt haben, sind wir uns durchaus bewußt, daß immer noch Reisen in die Übergangszone – jene Ebene, die Gott näher ist – stattfinden.

> »Gott zu erfahren ist wie Fliegen. Es fühlt sich an, als schritte
> ich über dem Boden einher, mit einem solch stabilen Gleich-
> gewicht, daß mich nichts von meinem Weg abbringen kann.
> Es ist, als befände ich mich im Auge des Sturms. Ich nehme
> alles ohne Urteil oder Meinung wahr. Ich beobachte einfach,
> wie alles durch mein Bewußtsein zieht wie Wolken.«

Diese erhebende Erfahrung, die wir so oder ähnlich bei Heiligen und Mystikern finden, ist ein Reisebericht aus dem Quantenbereich. Die physischen Auslöser einer derartigen Erfahrung sind nicht bekannt, und doch hat es in jedem Zeitalter, bei allen Völkern das Gefühl gegeben, Gott nahe zu sein. Jeder Mensch ist imstande, seine physischen Grenzen zu überschreiten, nur lassen wir diese Fähigkeit meist ungenutzt. In der Kirche, im Tempel oder der Moschee hören wir zwar, daß Gott Liebe ist, aber nur noch wenige Menschen spüren die Anziehungskraft dieser Liebe.

Ich glaube nicht, daß Heilige und Mystiker sich tatsächlich so sehr von anderen Menschen unterscheiden. Das Schichtenmodell der Wirklichkeit zeigt, daß die Übergangszone subjektiv erfahrbar ist: In diesem Bereich können wir Gottes Gegenwart spüren oder sehen. An jedem subjektiven Erleben ist das Gehirn beteiligt – schließlich müssen Millionen Nervenzellen gleichzeitig aktiviert werden, bevor wir überhaupt eine Erfahrung machen können.

DIE SIEBEN REAKTIONEN DES MENSCHEN

Unsere Suche hat sich nun auf wenige vielversprechende Aspekte eingeengt: Gottes Gegenwart, sein Licht, wird konkret, wenn wir es in eine Gehirnfunktion übersetzen können, die ich »Gottesbewußtsein« nennen will. Wir können es noch genauer fassen: Religiöse Visionen und Offenbarungen treten nicht willkürlich auf, sondern lassen sich sieben genau definierten Reaktionsweisen des Gehirns zuschreiben. Diese Reaktionen sind fundamentaler als jeder Glaube, bilden jedoch die Basis aller Glaubensformen. Sie reichen von unserer Welt in einen nicht sichtbaren Bereich, wo die Materie sich auflöst und das Geistige herrscht:

1. Die Kampf- oder Flucht-Reaktion

Diese Reaktion versetzt uns in die Lage, angesichts von Gefahren zu überleben. Sie verbindet uns mit einem Gott, der uns beschützen möchte. Er ist wie ein Vater oder eine Mutter, die sich um die Sicherheit eines kleinen Kindes sorgen. An diesen Gott wenden wir uns, weil wir überleben müssen.

2. Die reaktive Reaktion

Dadurch erschafft das Gehirn die persönliche Identität. Über den reinen Überlebenswillen hinaus verfolgt jeder Mensch seine Ichbedürfnisse. Aus dieser instinktiven Reaktion entsteht ein neuer Gott, ausgestattet mit Kraft und Macht, Gesetzen und Regeln. Wir wenden uns an ihn, wenn wir etwas erreichen, Erfolg haben und mit anderen konkurrieren wollen.

3. Die Reaktion der ruhevollen Wachheit

Das Gehirn kann aktiv sein oder ruhig. Es reagiert mit ruhevoller Wachheit, wenn es Frieden braucht. In jedem Teil des Gehirns wechseln Ruhe und Aktivität einander ab. Dem entspricht ein Gott, der Frieden bringt, der uns mitten im äußeren Chaos innere Ruhe finden läßt. Wir wenden uns an diesen Gott, weil wir spüren müssen, daß uns die Außenwelt mit ihrem ewigen Durcheinander nicht verschlingen wird.

4. Die intuitive Reaktion

Das Gehirn verarbeitet Informationen aus dem Inneren und aus der Außenwelt. Das Wissen von außen ist objektiv, innere Erkenntnis ist intuitiv. Niemand berät sich mit einem Experten, bevor er sagt: »Ich bin glücklich« oder »Ich bin verliebt«. Wir vertrauen auf unsere Fähigkeit, uns selbst von innen her zu kennen. Dieser Reaktion entspricht ein verständnisvoller, versöhnlicher Gott. Wir brauchen ihn zur Bestätigung, daß unsere Innenwelt gut ist.

5. Die kreative Reaktion

Das menschliche Gehirn vermag Dinge zu erfinden und neue Fakten zu entdecken. Diese schöpferische Fähigkeit hat keinen offensichtlichen Ursprung – ein neuer Gedanke entsteht einfach aus dem Unbekannten. Wir nennen diesen Vorgang Inspiration. Ihr entspricht ein Schöpfer, der die ganze Welt aus dem Nichts geschaffen hat. An ihn wenden wir uns, wenn uns Schönheit und Vielfalt der Natur in Erstaunen versetzen.

6. Die visionäre Reaktion

Das Gehirn ist in der Lage, direkten Kontakt mit dem »Licht« aufzunehmen, einer Form reinen Bewußtseins, die Freude und Glückseligkeit mit sich bringt. Dieser Kontakt kann verwirrend sein, denn er hat keine Wurzeln in der materiellen Welt. Wir erfahren ihn als Vision, und der entsprechende Gott ist erhaben – er heilt und wirkt Wunder. Wir brauchen einen solchen Gott, um zu erklären, weshalb Magie und gewöhnliche Alltagswirklichkeit nebeneinander existieren können.

7. Die spirituelle Reaktion

Das Gehirn ist aus einer einzigen befruchteten Zelle entstanden, die ursprünglich nur einen Lebensfunken, aber keinerlei Gehirnfunktionen enthielt. Dieser Lebensfunken blieb in all seiner Unschuld und Einfachheit erhalten, während sich daraus Milliarden Nervenzellen entwickelt haben. Das Gehirn empfindet ihn als seine Quelle und seinen Ursprung. Dem entspricht der Gott des reinen Seins, der nicht denkt, sondern einfach ist. Wir brauchen ihn, denn ohne Ursprung entbehrt unser Dasein jeglicher Grundlage.

Diese sieben Reaktionen, allesamt sehr real und nützlich auf unserer langen Reise als Spezies, bilden die unerschütterliche Grundlage der Religion. Wenn wir die Denkweisen zweier beliebiger Menschen miteinander vergleichen – von Moses und Buddha, Jesus und Freud, Franz von Assisi und dem Vorsitzenden Mao –, so repräsentiert jeder eine andere Sicht der Wirklichkeit, mit jeweils einem anderen Gott. Gott läßt sich eben nicht in eine Schublade zwängen. Wir bedürfen einer ganzen Palette von Vorstellungen, ebenso vielfältig wie die menschliche Erfahrung selbst. Die Atheisten brauchen ihren Gott, der abwesend ist und nicht existiert, die extremen Mystiker andererseits brauchen ihren Gott, der reine Liebe ist und Licht. Nur das Gehirn kann uns diese umfangreiche Skala von Gottheiten liefern.

Nicht nur das Gehirn, könnte man sofort einwenden, sondern auch der menschliche Geist erschafft die verschiedenen Versionen von Gott. Das ist richtig. Auf einer sehr viel elementareren Ebene sind unsere Wahrnehmungen letztlich das Produkt des Geistes. Momentan ist aber das Gehirn unser einziger konkreter Zugang zum Geist. Im Comic erscheint eine Glühbirne über dem Kopf von jemandem, der eine zündende Idee hat – im wirklichen Leben nicht. Ohne das Gehirn ist der Geist ebenso unsichtbar und nicht zu beweisen wie Gott.

Man könnte auch anführen, daß Gott nicht unbedingt dem Bild entspricht, das wir uns von ihm machen. Meines Erachtens ist hier keine scharfe Trennung möglich. Die Realität Gottes steht nicht außerhalb unserer Wahrnehmungen, sondern ist mit ihnen verwoben. Wenn eine Mutter ihr neugeborenes Kind als wunderbar und wertvoll betrachtet, wächst es dank ihrer Wahrnehmung zu einem wunderbaren und wertvollen Menschen heran. Das ist eines der Geheimnisse der Liebe. Auf der tiefsten Ebene findet zwischen Eltern und Kind ein subtiles Geben und Nehmen statt. Ebenso erwächst Gott unmittelbar aus unseren tiefsten inneren Werten, denn unter der Oberfläche des Glaubens spielt sich ein ähnliches Geben und Nehmen ab. Zieht man einer Zwiebel alle Schalen ab, bleibt in der Mitte nichts; »schält« man die Schichten eines Menschen ab, bleibt im Zentrum der Same Gottes.

Ich glaube, daß wir Gott erkennen, indem wir in den Spiegel schauen:
- Wenn Sie sich selbst als angstbesetzten Menschen sehen, der kaum noch durchhält und dessen Überleben auf dem Spiel steht, entspricht Ihr Gott der Kampf- oder Flucht-Reaktion.

- Wenn Sie in sich die Fähigkeit zu Macht und Erfolg sehen, entspricht Ihr Gott der reaktiven Reaktion.
- Wenn Sie sich als in sich ruhend und gelassen sehen, entspricht Ihr Gott der Reaktion der ruhevollen Wachheit.
- Wenn Sie bei sich Wachstum und spirituelle Entwicklung erkennen, entspricht Ihr Gott der intuitiven Reaktion.
- Wenn Sie sich als jemand sehen, der seine persönlichen Träume verwirklicht, entspricht Ihr Gott der kreativen Reaktion.
- Wenn Sie sich als Menschen sehen, der Wunder vollbringt, entspricht Ihr Gott der visionären Reaktion.
- Wenn Sie sich als eins mit Gott sehen, entspricht Ihr Gott der spirituellen Reaktion.

Das menschliche Gehirn vermag unzählige Gedanken hervorzubringen. Nehmen wir als Beispiel nur eine Zahl – zehn Gedanken pro Minute –, dann hätte ein einziges Gehirn mehr als vierzehntausend Gedanken pro Tag, fünf Millionen pro Jahr und dreihundertfünfzig Millionen in einem Leben. Damit wir darüber nicht den Verstand verlieren, sind die meisten dieser Gedanken nur Echos, Wiederholungen vorheriger Gedanken. Das Gehirn arbeitet ökonomisch bei der Herstellung eines Gedankens – es benutzt nicht Millionen von Möglichkeiten, sondern nur eine begrenzte Anzahl. Physiker bezeichnen das Universum gern als bloße »Quantensuppe«, die unsere Sinne ständig mit unendlich vielen Daten bombardiert. Aus diesem wirbelnden Chaos muß eine überschaubare Zahl herausgefiltert werden. Mit sieben Basisreaktionen sorgt das Gehirn also nicht nur für geistige Gesundheit und Sinnhaftigkeit – es organisiert eine ganze Welt. Den Vorsitz über diese selbsterschaffene Welt hat ein Gott inne, der alles umschließt, aber auch mit der Funktionsweise des jeweiligen Gehirns übereinstimmen muß.

Wenn ein Mensch von »Gott« spricht, meint er auf die ein oder andere Weise eine spezielle Reaktion aus der folgenden Aufstellung:

- Ein Gott, der uns wie ein Vater oder eine Mutter beschützt, entspricht der Kampf- oder Flucht-Reaktion.

- Ein Gott, der gesellschaftliche Gesetze und Regeln aufstellt, entspricht der reaktiven Reaktion.
- Ein Gott, der inneren Frieden bringt, entspricht der Reaktion der ruhevollen Wachheit.
- Ein Gott, der die Menschen ermutigt, ihr volles Potential zu verwirklichen, entspricht der intuitiven Reaktion.
- Ein Gott, der uns inspiriert, zu erforschen und zu entdecken, entspricht der kreativen Reaktion.
- Ein Gott, der Wunder vollbringt, entspricht der visionären Reaktion.
- Ein Gott, der uns wieder zur Einheit mit ihm selbst zurückführt, entspricht der spirituellen Reaktion.

Soweit ich weiß, kann das Gehirn ein göttliches Wesen außerhalb dieser sieben Reaktionen nicht erfassen. Warum nicht? Weil Gott in das Gewebe der Wirklichkeit verflochten ist und weil das Gehirn nur über die oben definierten Möglichkeiten verfügt, um die Wirklichkeit zu erkennen. Es entsteht vielleicht der Eindruck, als wollten wir hier den Allmächtigen, die göttliche Urmutter und das Mysterium aller Mysterien auf die elektrische Aktivität der Großhirnrinde reduzieren – aber das trifft nicht zu. Wir versuchen lediglich, die elementaren Tatsachen herauszufinden, die Gott möglich, real und nutzbringend werden lassen.

Viele Menschen werden diese Suche begrüßen, denn sie sehnen sich nach einem Gott, der in ihr Leben paßt. Gott kann jedoch niemals Teil der Alltagswirklichkeit sein. Die Kernfrage lautet, ob er nicht bereits unbemerkt anwesend ist. Ich möchte noch einmal auf die Übergangszone in unserem Schichtenmodell der Wirklichkeit zurückkommen. Erst wenn wir bereit sind, uns mit diesem Bereich zu befassen, wird Gottes Gegenwart nicht mehr zu schattenhaft und ungewiß sein, um darauf zu vertrauen. Ist das Gehirn für ein derartiges Unternehmen gerüstet? Unbedingt.

BEGEGNUNGEN IN DER ÜBERGANGSZONE

Eine Freundin von mir hatte John Lennon gut gekannt und nach seinem Tod jahrelang um ihn getrauert. Sie ist eine begabte Sängerin, und kürzlich träumte sie eines Nachts, Lennon sei zu ihr gekommen und habe ihr das Bild eines Zusammenseins in der Vergangenheit vor Augen geführt. Als sie erwachte, beschloß sie, einen neuen, sehr persönlichen Song über ihren Traum zu schreiben. Im kalten Licht des Tages kamen ihr allerdings Zweifel, und sie erzählte mir von ihrer Unentschlossenheit, als ich sie auf einer Reise nach London besuchte.

»Es ist ja eigentlich nur ein Traum, nicht wahr?« sagte sie. »Vielleicht ist es dumm von mir, ihn so wichtig zu nehmen.«

In diesem Augenblick kam ihr dreijähriger Sohn ins Zimmer gerannt und ließ sich auf einen Sessel in der Ecke fallen. Zufällig landete er dabei auf der Fernbedienung des Fernsehers, der sofort anging. Es lief ein Filmbericht über John Lennon – er und meine Freundin lächelten gerade in dem Moment in die Kamera, den sie auch im Traum gesehen hatte. Sie brach in Tränen aus und hatte die Antwort auf ihre Frage bekommen: Sie würde den Song für ihn schreiben.

Ich glaube daran, daß diese Interaktion in der Übergangszone stattfand. Die Botschaft stammte aus einer Ebene, die tiefer liegt, als wir normalerweise vordringen. Man könnte mit Recht sagen, daß diese Botschaft vom Geist oder von Gott kam, aber auch das Gehirn hat dabei eine Rolle gespielt. Am Anfang standen ganz gewöhnliche Gehirnprozesse – Gedanken, Gefühle, Träume, Zweifel –, die sich schließlich zu einer Inspiration kristallisierten. Es ist ein perfektes Beispiel für die fünfte Antwort, die kreative Reaktion.

Läßt sich die Forderung nach Objektivität wirklich erfüllen, wenn es um Gott geht? Ein Physiker würde unser Schichtenmodell der Wirklichkeit mühelos wiedererkennen. Für die großen Quantenphysiker hat sich die materielle Welt schon lange aufgelöst. Nachdem Einstein Zeit und Raum sozusagen verflüssigt und miteinander verschmolzen hatte, konnte das traditionelle Universum nicht mehr standhalten. Das Schichtenmodell der Wirklichkeit der Physik besteht ebenfalls aus drei Ebenen:

1. *Materielle Realität* (die Welt der Objekte und Ereignisse)
2. *Quantenrealität* (ein Übergangsbereich, wo sich Energie in Materie verwandelt)
3. *Virtuelle Realität* (der Bereich jenseits von Zeit und Raum, der Ursprung des Universums)

Hier stoßen wir auf ein begriffliches Problem, denn der Ausdruck »virtuelle Realität« hat im allgemeinen Sprachgebrauch nicht mehr die gleiche Bedeutung wie in der Physik. Heute versteht man darunter eine vom Computer simulierte Realität oder, noch allgemeiner, irgendein Videospiel. Ich werde also »virtuelle Realität« durch den Ausdruck »virtueller Bereich« ersetzen und für »Quantenrealität« entsprechend den Begriff »Quantenbereich« verwenden.

Es ist kein Zufall, daß diese drei Schichten der religiösen Weltsicht gleichen. Die Modelle müssen einander vergleichbar sein, weil beide ja vom menschlichen Gehirn gestaltet wurden. Wissenschaft und Religion sind keine wirklichen Gegensätze, sondern nur sehr unterschiedliche Versuche, das Universum zu entschlüsseln. In beiden Entwürfen ist die physische Welt eine gegebene Größe. Da die Anfänge des Universums nur bis zu einem bestimmten Punkt zurückverfolgt werden können, bevor sich Zeit und Raum auflösen, muß der Ursprung der Schöpfung im nicht sichtbaren Bereich liegen. Und es muß einen Ort geben, wo sich diese beiden Gegensätze begegnen.

Ich habe schon erwähnt, daß sich die Mystiker meines Erachtens nicht von anderen Menschen unterscheiden. Sie finden sich nur besser auf der Quantenebene zurecht und reisen in die Übergangszone, in die Nähe Gottes. Während es uns allenfalls vergönnt ist, dort ein paar selige Augenblicke zu verbringen, kennen Heilige und Mystiker das Geheimnis eines längeren Aufenthalts. Ein Heiliger staunt nicht über das Mysterium des Lebens, er lebt es einfach. Und obwohl es häufig schwierig ist, solche Erfahrungen angemessen zu beschreiben, finden wir in allen Kulturen gewisse Ähnlichkeiten:

- Der Körper wird schwerelos.
- Man hat das Gefühl zu schweben, man schaut von oben hinunter.
- Die Atmung wird sanfter, feiner und gleichmäßiger.
- Körperlicher Schmerz oder Unbehagen verringern sich.
- Man hat das Gefühl, Energie durchströme den Körper.
- Farben und Klänge intensivieren sich; alle Sinne sind geschärft.

Diese Erfahrung wird häufig mit der Formulierung »in das Licht gehen« beschrieben. Nicht nur Heilige berichten über derartige Phänomene, auch gewöhnliche Menschen erleben einige oder alle dieser körperlichen Empfindungen. Es ist, als würde eine gewaltige Welle von Glückseligkeit und Reinheit die eintönige Alltagsroutine durchbrechen. Einige Mystiker beschreiben diese Momente als zeitlos. Danach bleibt oft ein seelisches Nachglühen, eine friedliche Gewißheit, »nach Hause gekommen« zu sein. Erfahrungen der Übergangszone, die dem Bereich Gottes sehr nahe kommen, sind sowohl innerer als auch äußerer Natur.

Was aber, wenn wir eine plötzliche Ekstase festhalten und lernen könnten, das neuartige Terrain zu erkunden? Wir würden wohl das gleiche wie Dame Julian vor sechshundert Jahren entdecken: »Er ist der Mantel, der uns einhüllt und umgibt, der uns umfaßt und überall umschließt, aus Liebe … Verharre darin, und du wirst mehr erfahren … ohne ein Ende.« Anders ausgedrückt, das Spirituelle ist kein Gefühl, sondern ein Ort. Das Problem ist nur, daß uns die materielle Welt beständig zurückzieht, sobald wir versuchen, dort hinzugelangen. Der wunderbare Augenblick geht vorüber. Länger in der Übergangszone zu verweilen, ist extrem schwierig.

Ich möchte diese abstrakten Begriffe etwas konkreter fassen. Einige der folgenden Erfahrungen haben wir alle schon einmal gemacht:

- Mitten in der Gefahr fühlen Sie sich plötzlich behütet und beschützt.
- Sie haben große Angst vor einer Krise in Ihrem Leben, und wenn sie eintritt, sind Sie plötzlich ruhig und gelassen.

- Ein völlig Fremder erweckt in Ihnen ein plötzliches Gefühl von Liebe.
- Ein Baby oder ein kleines Kind schaut in Ihre Augen, und für einen Moment glauben Sie, eine alte Seele blicke Sie an.
- In Anwesenheit des Todes spüren Sie, daß Flügel Sie streifen.
- Wenn Sie in den Himmel schauen, haben Sie ein Gefühl unendlicher Weite.
- Ein Anblick unbeschreiblicher Schönheit läßt Sie einen Augenblick vergessen, wer Sie sind.

Immer, wenn Sie solche Erfahrungen machen, hat Ihr Gehirn auf ungewöhnliche Weise reagiert: Es hat auf die Gegenwart Gottes reagiert.

Wenn wir es nur erkennen würden: Ekstase, unendliche Liebe, Gnade und Mysterium – Gottes größte Geheimnisse liegen im Inneren des menschlichen Gehirns verborgen. Auf den ersten Blick erscheint dies unmöglich. Wenn man das Gehirn freilegt, schneidet das Skalpell in eine weiche, rötlichgraue, unelastische Masse. In dieser bebenden, durchfurchten Landschaft gibt es Seen mit trägem Wasser und Hohlräume, in die kein Sonnenlicht dringt. Spiritualität kann unmöglich in einem Organ beheimatet sein, dessen breiige Konsistenz an rote Blutkörperchen oder unreife Bananen erinnert.

Die Landschaft des Gehirns ist jedoch trügerisch. Gerade diese Finsternis war der Schauplatz jeder Erfahrung von blendendem Licht, die je einem Heiligen widerfahren ist. Jedes Bild Gottes hat seinen Ursprung in diesem Gewebe aus Unmengen dicht gepackter Nervenzellen. Auf der Suche nach dem Fenster zu Gott müssen wir deshalb eine Hierarchie verschiedener Gehirnregionen erkennen, die von unterschiedlichen Impulsen regiert werden. Die neuen »Reiche« gehören den höheren Denkfunktionen, der Poesie und der Liebe, vergleichbar dem Neuen Testament. Die alten »Reiche« sind urtümlicher, wie auch Teile des Alten Testaments. Dort herrschen starke Gefühle, Instinkte, Macht und Überlebenskampf.

In den alten Reichen sind wir alle Jäger. Tief im Schädel vergraben, lagern die Erinnerungen an unsere Vorfahren in den Savannen Afrikas, mit all ihren Schrecken und Hungersnöten. Die Angst vor dem lauernden Leoparden im Baum sitzt uns noch in den Genen, und wenn wir in einem Verkehrsstau stecken, möchte das »alte« Gehirn den Leoparden jagen und töten. Gott wurde erfunden, so behaupten viele Zweifler, um unsere wilden Instinkte unter Kontrolle zu halten, denn andernfalls würde sich die Gewalt gegen uns selbst kehren. Aber das glaube ich nicht. Der uralte Jäger, der sich im Gehirn verbirgt, ist auf größere Beute aus – Gott selbst. Da wir im Chaos zugrunde gehen würden, ist das Motiv nicht Lust an Kampf und Tod, sondern die unstillbare Sehnsucht nach Freude und Wahrheit.

Das Ziel der menschlichen Evolution ist Gott. Er ist der einzige Grund für die unendlichen Blitzgewitter der Gehirnaktivität. Für uns ist Gott nicht Möglichkeit, sondern Notwendigkeit. Vor fast hundert Jahren erklärte der große amerikanische Philosoph und Psychologe William James, der Wille, an eine höhere Macht zu glauben, kennzeichne das Wesen des Menschen. William James selbst wußte nicht, ob Gott oder das Jenseits wirklich existieren. Er war von der Unmöglichkeit eines Gottesbeweises fest überzeugt. Aber ohne Glauben, das wußte er, würde dem Menschen etwas Wesentliches fehlen. Wir brauchen die Jagd.

Gott, so stellen wir fest, ist keine Person, sondern ein fortschreitender Entwicklungsprozeß. Die neuronalen Netzwerke des Gehirns sind verschaltet für die Suche nach Gott. Erst wenn wir ihn finden, werden wir uns selbst erkennen. Die Sache hat allerdings einen Haken. Das Gehirn ist vorhanden, aber nicht automatisch auch der Geist Gottes. Wir müssen uns immer noch auf die Suche machen. Einige Menschen fühlen, daß ihnen Gott nahe ist, oder zumindest in Reichweite, andere hingegen spüren nur seine Abwesenheit. (In einer kürzlich durchgeführten Umfrage erklärten zweiundsiebzig Prozent der Befragten, an den Himmel zu glauben, aber merkwürdigerweise glaubten nur sechsundfünfzig Prozent an die Hölle. Das kann nicht nur naiver Optimismus sein, viel eher weist uns das Leben die richtige Richtung.)

Jeder Suchende hofft stets, den einen, wahren, endgültigen Gott zu finden, der alle Zweifel beseitigt. Da wir aber nicht in der Lage sind, Gott in seiner Ganzheit zu erfassen, jagen wir statt dessen nach Hinweisen. In den alltäglichsten Situationen gewährt uns das Gehirn immer wieder erstaunliche spirituelle Einblicke. Hier noch einmal einige der bereits erwähnten, einfachen Beispiele:

Mitten in der Gefahr fühlen Sie sich plötzlich behütet und beschützt.
Gottes Geist zeigt sich in Kampf- oder Flucht-Reaktionen.
Sie haben große Angst vor einer Lebenskrise, wenn sie jedoch eintritt, sind Sie plötzlich ruhig und gelassen.
Gottes Geist zeigt sich durch ruhevolle Wachheit.
Beim Anblick eines Fremden verspüren Sie ein plötzliches Aufwallen von Liebe.
Gottes Geist offenbart sich durch die visionäre Reaktion.
Ein Baby oder ein kleines Kind schaut Ihnen in die Augen, und einen Augenblick haben Sie den Eindruck, eine alte Seele anzuschauen.
Gottes Geist enthüllt sich durch Intuition.
Beim Anblick des Himmels haben Sie das Gefühl unendlicher Weite.
Gottes Geist zeigt sich in der Einheit.

Typisch für unsere Zeit ist der Glaube, die Welt sei nichts als Zufall und Chaos. Weit gefehlt. Das Leben erscheint nur deshalb ohne Sinn, weil sich die alten Antworten, die alten Wirklichkeiten und das alte Gottesbild verschlissen haben. Um Gott in unsere Welt zurückzuholen, müssen wir neue, ja fremd erscheinende Wege gehen, wohin sie uns auch führen mögen. Oder, wie es ein spiritueller Lehrer einmal sehr weise ausdrückte: »Die materielle Welt ist unendlich, aber auch unendlich langweilig. Die wirklich interessante Unendlichkeit liegt jenseits des Materiellen.«

WIE MAN BEKOMMT, WAS MAN SICH WÜNSCHT

Gott ist eine andere Bezeichnung für unendliche Intelligenz. Was immer wir im Leben erreichen wollen, wir müssen uns mit dieser Intelligenz verbinden und sie in die Praxis umsetzen. Mit anderen Worten, Gott ist immer für uns da. Jede der sieben Reaktionen des menschlichen Gehirns bietet den Zugang zu einem anderen Aspekt Gottes. Jede Stufe der Erfüllung bestätigt die Realität Gottes auf der jeweiligen Ebene.

Die sieben Ebenen der Erfüllung

Ebene 1 (Kampf- oder Flucht-Reaktion)
Ihr Leben findet Erfüllung in der Familie, in der Gemeinschaft, einem Gefühl der Zugehörigkeit und materieller Behaglichkeit.

Ebene 2 (Reaktive Reaktion)
Ihr Leben findet Erfüllung durch Erfolg, Macht, Einfluß, Status und die Befriedigung weiterer Ichbedürfnisse.

Ebene 3 (Reaktion der ruhevollen Wachheit)
Ihr Leben findet Erfüllung durch Frieden, Zentriertheit, Selbstakzeptanz und innere Stille.

Ebene 4 (Intuitive Reaktion)
Ihr Leben findet Erfüllung durch Einsicht, Mitgefühl, Toleranz und Vergebung.

Ebene 5 (Kreative Reaktion)
Ihr Leben findet Erfüllung durch Inspiration, schöpferische Arbeit in Kunst oder Wissenschaft und grenzenlose Entdeckerlust.

Ebene 6 (Visionäre Reaktion)
Ihr Leben findet Erfüllung durch Verehrung, Mitgefühl, dienende Hingabe und universelle Liebe.

Ebene 7 (Spirituelle Reaktion)
Ihr Leben findet Erfüllung durch Ganzheit und Einheit mit dem Göttlichen.

Spiritualität – diesen Punkt möchte ich noch einmal betonen – ist ein ununterbrochener Prozeß. Sie ist weder ein Gefühl, noch kann man sie greifen oder messen. Während sich der Geist mehr und mehr entfaltet, bekommen viele Geheimnisse allmählich einen Sinn. In den Veden, den jahrtausendealten indischen Weisheitslehren, finden wir beispielsweise den berühmten Satz: »Die Es kennen, sprechen nicht darüber, die darüber sprechen, kennen Es nicht.« Das Geheimnis liegt hier im Wörtchen »Es«. Wenn »Es« eine Art von Offenbarung bedeutet, müßte man sich vielleicht sein ganzes Leben lang abmühen, um zu den wenigen zu gehören, denen »Es« offenbart wurde. Erleuchtung wäre dann so etwas wie ein geheimes Erkennungszeichen. Wenn mit »Es« jedoch ein realer Bereich gemeint ist, den man sich erschließen kann, besteht kein Anlaß zur Frustration. Man findet diesen Bereich einfach, ohne überflüssige Worte. »Rede nicht darüber, mach dich auf den Weg!« scheint ein vernünftiger Rat zu sein.

Der schlagende Beweis dafür, daß es einen zugänglichen Bereich jenseits der materiellen Wirklichkeit tatsächlich gibt, ist das Gebet. Schon vor über zwanzig Jahren versuchten Forscher herauszufinden, ob Gebete irgendeine nachprüfbare Wirkung haben. In einer Studie teilte man schwerkranke Klinikpatienten in zwei Gruppen auf. Während alle Patienten weiterhin die volle medizinische Versorgung erhielten, wurde für die einen zusätzlich gebetet, für die anderen nicht. Es stellte sich heraus, daß die Gruppe, für die gebetet wurde, sich rascher erholte. Dieses Ergebnis ist um so erstaunlicher, wenn man bedenkt, daß die Betenden die Patienten nicht persönlich oder namentlich kennen mußten. Erst 1998 bewies ein Ärzteteam der Duke University allen Skeptikern, daß Gebete tatsächlich diese Wirkung haben. An der Studie nahmen hundertfünfzig Patienten teil, die sich einer Herzoperation unterzogen hatten. Die Mediziner untersuchten eine ganze Reihe von Variablen wie Herzschlagfrequenz, Blutdruck sowie klinische Ergebnisse. Keiner der Patienten wußte, daß für ihn gebetet wurde. Weltweit beteiligten sich sieben religiöse Gruppen an den Gebeten, darunter Buddhisten in Nepal, Karmeliterinnen in Baltimore sowie das Virtuelle Jerusalem, eine Organisation, die per E-Mail verschickte Gebete niederschreiben und in die Klagemauer legen läßt. Die Forscher fanden heraus, daß Patienten sich nach einer Operation um fünfzig bis hundert Prozent rascher erholten, wenn jemand für sie betete.

Bereits vor diesen »äußerst verblüffenden« – so die Forscher – Ergebnissen hatte das Phänomen des Gebets erneut an Popularität gewonnen, wenn auch das Wesentliche daran häufig im Hintergrund bleibt. Beten ist eine Bewußtseinsreise – es führt uns an einen Ort, der sich von unserem gewöhnlichen Denken unterscheidet. An diesem Ort ist der Patient weder ein Fremder noch räumlich entfernt. Man trifft sich an einem Ort, wo körperliche Grenzen keine Gültigkeit haben. Die Absicht, ihn gesund werden zu lassen, wirkt über die Raum-Zeit-Grenze hinaus. Mit anderen Worten, Beten ist ein Quantenereignis, das im Gehirn stattfindet.

DAS LICHT GOTTES ERFAHREN

Der wichtigste Hinweis, den uns Gott gegeben hat, ist Schechina, das Licht. Aus diesem Zeichen können wir ein vollständiges Bild Gottes entwickeln. Eine kühne Behauptung, die jedoch erhärtet wird durch die Tatsache, daß die Wissenschaft – unsere glaubwürdigste moderne Religion – die gesamte Schöpfung ebenfalls auf Licht zurückführt. In diesem Jahrhundert haben Einstein und andere Pioniere der Quantenmechanik die Barriere der materiellen Wirklichkeit durchbrochen und eine neue Welt entdeckt. Die meisten Wissenschaftler waren angesichts ihrer Entdeckungen derart von Ehrfurcht ergriffen, daß sie mystische Erfahrungen hatten. Sie ahnten etwas Außergewöhnliches: Sobald das Licht sein Geheimnis preisgäbe, würden sie Gottes Licht erkennen.

Unser Sehvermögen ist notwendigerweise auf Licht ausgerichtet. Die gleichen Gehirnreaktionen, die uns befähigen, einen Baum nicht als geisterhafte Ansammlung herumschwirrender Atome, sondern als Baum wahrzunehmen, versetzen uns auch in die Lage, Gott zu erfahren. Sie erfassen weit mehr als die Bereiche der organisierten Religion. Wir können also mit unserem Gehirn jede beliebige Passage der heiligen Schriften entschlüsseln. Durch den Filter der entsprechenden Gehirnfunktion wird der Gott der jeweiligen Schrift für uns real. Die Gehirnreaktionen folgen dem gleichen Schema wie die sieben Ebenen der Erfahrungen:

Ebene 1: Gefahr, Bedrohung und Überleben
Ebene 2: Kampf, Konkurrenz und Macht
Ebene 3: Frieden, Gelassenheit und Kontemplation
Ebene 4: Einsicht, Verstehen und Versöhnlichkeit
Ebene 5: Streben, Kreativität und Entdeckerfreude
Ebene 6: Verehrung, Mitgefühl und Liebe
Ebene 7: Grenzenlose Einheit

Jede Geschichte aus der Bibel (wie auch der Schriften anderer Welt-religionen) enthält eine Lehre Gottes, die sich einer Ebene oder mehreren dieser Ebenen zuordnen läßt. Die Verbindung der Gehirnreaktion mit der Gottheit ist das Instrument, mit dem wir die Welt als sinnvoll interpretieren, da wir, wie bereits gesagt, im Chaos nicht überleben können.

Wer an einen strafenden, rachsüchtigen Gott (eindeutig der Kampf- oder Flucht-Reaktion zugeordnet) glaubt, dem erscheint Buddhas Lehre vom Nirwana als nicht real. Wer (entsprechend der visionären Reaktion) mit Jesus an den Gott der Liebe glaubt, wird die Wirklichkeit des griechischen Mythos nicht akzeptieren, nach dem Kronos seine Kinder verschlang. Jede Version Gottes ist teils Maske, teils Wirklichkeit. Die Unendlichkeit offenbart jeweils nur einen Teil ihrer selbst. Zumindest im Westen hätten wir Gott bei-nahe »Es« genannt, wäre da nicht die Besonderheit des Hebräi-schen, das kein sächliches Pronomen kennt. Im alten Indien gab es dieses Problem nicht. Die unendliche Gottheit wurde im Sanskrit als »Es« und »Das« bezeichnet.

Gott ist, wie wir sind – das ist die überraschendste Folgerung aus unserem neuen Modell. Das gesamte Universum ist so, wie wir sind, denn ohne den menschlichen Geist gäbe es nur eine Quan-tensuppe, Milliarden zufälliger Sinneswahrnehmungen. Doch dank des menschlichen Geistes/Gehirns können wir in dem durchein-anderwirbelnden Universum Strukturen der Dinge erkennen, die unser Dasein lebenswert machen: Form, Bedeutung, Schönheit, Wahrheit, Liebe. Sie bilden die Wirklichkeiten, auf die das Gehirn bei seiner Suche nach Gott abzielt. Er ist so real wie sie, aber ebenso unfaßbar.

Die sieben Ebenen der Wunder

Wunder sind augenfällige Demonstrationen einer Macht jenseits der fünf Sinne. Zwar ereignen sich alle Wunder in der Übergangszone, je nach Ebene gibt es jedoch Unterschiede. Auf der vierten oder fünften Ebene der Gehirnreaktion werden die Wunder allgemein »übernatürlicher«, jedes Wunder setzt jedoch eine Verbindung mit dem Geistigen voraus.

Ebene 1 (Kampf- oder Flucht-Reaktion)
Wunder beim Überleben einer großen Gefahr, scheinbar unmögliche Rettungen, ein Gefühl göttlichen Schutzes.
Beispiel: Eine Mutter rettet ihr Kind aus einem brennenden Haus oder hebt ein Auto an, unter dem ihr Kind eingeklemmt ist.

Ebene 2 (Reaktive Reaktion)
Wunder unglaublicher Leistungen und Erfolge oder einer unglaublichen Kontrolle über Körper und Geist.
Beispiel: Außerordentliche Leistungen in Kampfsportarten, Wunderkinder mit unerklärlichen Talenten in Musik oder Mathematik, der Aufstieg eines Napoleon aus bescheidenen Verhältnissen zu unerhörter Macht (Männer, die Geschichte machen).

Ebene 3 (Reaktion der ruhevollen Wachheit)
Wunder der Synchronizität, der yogischen Kräfte und der Vorahnungen; das Gefühl, die Gegenwart Gottes oder der Engel zu spüren.
Beispiel: Yogis, die ihre Körpertemperatur oder Herzschlagfrequenz kontrollieren können; der Besuch eines weit entfernten Menschen, der gerade gestorben ist; Beistand eines Schutzengels.

Ebene 4 (Intuitive Reaktion)
Wunder wie Telepathie, außersinnliche Wahrnehmung, Kenntnis früherer oder zukünftiger Leben, prophetische Fähigkeiten.

Beispiel: Gedanken oder Aura anderer Menschen lesen, Prophezeiungen, Astralreisen (Erlebnisse, bei denen sich das Bewußtsein vom Körper löst).

Ebene 5 (Kreative Reaktion)
Wunder göttlicher Inspiration, künstlerische Genies, spontane
Wunscherfüllung (Wünsche werden wahr).
Beispiel: Die Decke der Sixtinischen Kapelle, die plötzliche Ma-
nifestation eines Gedankens, Einsteins Erkenntnisse über Zeit
und Relativität.

Ebene 6 (Visionäre Reaktion)
Wunder wie Heilungen, körperliche Transformation, heilige Er-
scheinungen, übernatürliche Kräfte in höchster Vollendung.
Beispiel: Auf dem Wasser gehen, unheilbare Krankheiten durch
Berühren heilen, direkte Offenbarung der Mutter Gottes.

Ebene 7 (Spirituelle Reaktion)
Wunder der inneren Erleuchtung.
Beispiel: Das Leben großer Propheten und Lehrer – Buddha,
Jesus, Lao Tse.

Ich erwarte nicht, daß Skeptiker oder Atheisten bei der Lektüre dieses Buches plötzlich aufspringen und verkünden, Gott sei real.
Eine derartige Erkenntnis braucht Zeit und entfaltet sich allmählich in mehreren Phasen. Hier haben wir jedoch zumindest etwas
Konkretes von großem praktischem Nutzen. Wir können jetzt die
geheimnisvollen Begegnungen der Mystiker mit Gottes Wirklichkeit erklären. Derartige Begegnungen haben mich schon immer
tief bewegt, und ich weiß noch genau, wann meine Faszination begonnen hat. Der erste mir bekannte spirituelle »Reisende« wurde
»der Colonel« genannt, und seine Geschichte gehört zu den Samen, aus denen dieses Buch entstanden ist. Während ich sie hier
noch einmal erzähle, durchlebe ich im Geist seine Wirklichkeit,
die sich durch so viele wechselnde Phasen von Bedrohung zu Mitgefühl, von Frieden zu Einheit entfaltet hat. Er verkörpert die Ver-

heißung, daß sich die Wahrheit im Leben eines jeden Menschen offenbaren kann.

Als ich zehn Jahre alt war, lebte mein Vater als Militärarzt der indischen Armee mit seiner Familie in Assam. Kein anderes Land ist so grün und idyllisch. Wenn Eden mit Teeplantagen bedeckt war, so weit das Auge reicht, ist Assam ein Garten Eden. Mein Herz sang, wenn ich den Hügel hinauf zur Schule ging. Vielleicht bewirkte der Zauber des Ortes, daß ich damals den alten, zerlumpten Bettler bemerkte, der stets unter demselben Baum am Straßenrand saß, meist bewegungslos und schweigend. Die Frauen im Dorf glaubten fest daran, daß dieser verwahrloste Alte ein Heiliger war. Sie saßen stundenlang neben ihm und beteten um Heilung (oder ein Kind). Meine Großmutter versicherte mir, daß unsere Nachbarin von ihrer Arthritis geheilt worden war, indem sie an ihm vorbeiging und ihn in Gedanken um seinen Segen bat.

Merkwürdigerweise nannte jeder den alten Bettler »den Colonel«. Eines Tages konnte ich meine Neugier nicht länger bezähmen und fragte nach dem Grund. Oppo, mein bester Schulfreund, wußte eine Antwort. Seine Mutter war vom Colonel geheilt worden, und sein Vater, der als Zeitungsreporter in der Stadt arbeitete, erzählte mir eine bemerkenswerte Geschichte:

Gegen Ende des Zweiten Weltkriegs war ein erheblicher Teil der britischen Truppen, die verlorene, »vergessene Armee«, von den einfallenden Japanern in Burma gestellt oder gefangengenommen worden. Während der Monsunzeit regnete es unaufhörlich, die Kämpfe waren hart und schrecklich, die Behandlung der Kriegsgefangenen grausam. Auch Inder kämpften in der britischen Armee, darunter ein bengalischer Arzt namens Sengupta.

Als die Japaner sich zum Rückzug entschlossen, war Sengupta im Kriegsgefangenenlager am Rande des Verhungerns. Er wußte nicht, ob sich die britische Armee irgendwo in der Nähe befand, aber es spielte ohnehin keine Rolle mehr. Anstatt mit den Kriegsgefangenen in ein neues Lager zu marschieren, ließen die Japaner sie antreten und erschossen sie aus nächster Nähe mit einem Kopfschuß. Auch Sengupta war dabei. Der Gedanke, zu sterben und die

Qualen zu beenden, erfüllte ihn mit einer gewissen Erleichterung. Er hörte den Pistolenknall an seiner Schläfe, fühlte einen brennenden Schmerz und fiel zu Boden. Doch es war nicht das Ende. Wie durch ein Wunder kam er nach einigen Stunden wieder zu sich. Inzwischen war es Nacht geworden, und im Gefangenenlager war es totenstill.

Sengupta glaubte zu ersticken. Erst dann bemerkte er mit Entsetzen, daß er unter einem riesigen Leichenberg erwacht war. Beim Verlassen des Lagers hatte in der Eile niemand überprüft, ob er wirklich tot war. Sein schlaffer Körper war mit den anderen auf den Haufen geworfen worden. Es dauerte scheinbar eine Ewigkeit, bis Sengupta genug Kraft sammeln konnte, um ins Freie zu kriechen. Er stolperte zum Fluß und wusch sich, zitternd vor Furcht und Ekel. Ganz ohne Zweifel war er allein, und niemand würde zu seiner Rettung kommen.

Am Morgen beschloß er, sich zu Fuß in Sicherheit zu bringen. Er befand sich tief im Kriegsgebiet und hatte keinerlei Vorstellung von der Geographie Burmas. Sein einziger Gedanke war, nach Indien zurückzukehren – und genau das tat er. Er lebte von Früchten, Insekten und Regenwasser, wanderte bei Nacht und versteckte sich am Tag im Dschungel. Das Gebiet bestand aus endlosen Hügeln und der Boden aus tiefem Schlamm. Obwohl er gelegentlich an Dörfern und Bauernhöfen vorbeikam, wagte er nicht, irgendwo um Unterschlupf zu bitten. Wohl wissend, daß es damals in Burma noch Tiger gab, hörte er die Laute unbekannter wilder Tiere in der Dunkelheit und stolperte über Schlangen, die ihn in Angst und Schrecken versetzten.

Sengupta marschierte viele Monate, bevor er die Grenze zu Bengalen überquerte. Schließlich kam der ausgemergelte Held in Kalkutta an und ging ins Hauptquartier der britischen Armee. Er gab seinen Bericht ab und erzählte, was er vollbracht hatte. Die Briten glaubten ihm kein Wort und nahmen ihn gefangen. Er wurde als mutmaßlicher japanischer Spion oder Kollaborateur in Eisen gelegt. Seelisch und körperlich gebrochen lag er in seiner dunklen Zelle und überdachte sein Schicksal, das ihn von einem Gefängnis in das nächste geführt hatte.

Während dieser schmachvollen Zeit, in der Sengupta täglich verhört und später vor ein Kriegsgericht gestellt wurde, vollzog sich eine unerklärliche Wandlung. Er sprach niemals darüber, die Veränderung war jedoch verblüffend. An die Stelle von Bitterkeit trat vollständiger Frieden, die inneren wie auch die äußeren Wunden heilten (passend für jemanden, der in Zukunft andere heilen würde), und er hörte auf zu kämpfen. Gelassen wartete er auf das unvermeidliche Gerichtsurteil. Erstaunlicherweise trat das Unvermeidliche nicht ein. Nachdem die Amerikaner die Atombombe auf Japan abgeworfen hatten, fanden die Feindseligkeiten ein Ende. In einem plötzlichen Sinneswandel entschlossen sich die Briten, seine Geschichte zu glauben.

Innerhalb einer Woche holten sie Sengupta aus dem Gefängnis, zeichneten ihn mit einer Tapferkeitsmedaille aus und feierten ihn bei einer Parade in den Straßen von Kalkutta als Helden. Er schien die Freudenrufe ebensowenig zu beachten, wie er sein Leiden beachtet hatte. Er gab seinen Beruf als Arzt auf und wurde zum Wandermönch. Als er schließlich alt wurde, fand er seinen Ruheplatz unter dem Baum in Assam. Über seine Geschichte sprach er nicht. Die Leute aus dem Dorf gaben ihm den Namen »der Colonel«, vielleicht aufgrund der Schilderung, die sie von Oppos Vater, dem Zeitungsjournalisten, gehört hatten.

Natürlich war die erste brennende Frage eines Zehnjährigen, wie ein Mensch, der aus kurzer Entfernung mit einer Pistole erschossen worden war, überleben konnte. Oppos Vater zuckte die Achseln. Als die britischen Soldaten gefangengenommen wurden, hatten die meisten von ihnen indische Munition bei sich. Die Japaner richteten sie mit ihren eigenen Waffen hin. Sicher war eine Kugel fehlerhaft gewesen, sie hatte Pulver, aber keinen Schuß enthalten. Das war jedenfalls die beste rationale Erklärung. Soweit das Wunder.

Heute stelle ich noch eine andere Frage, die mir wichtiger ist: Wie kann sich extremes Leiden, das Grund genug wäre, allen Glauben zu verlieren, statt dessen in absoluten Glauben verwandeln? Niemand bezweifelte, daß der Colonel nach seinem Martyrium eine Art Heiligkeit erreicht hatte. Er hatte die mystische Reise unternommen; er hatte Gott bis zum Ende verfolgt. Mir wird jetzt die wunderbare Fähigkeit des menschlichen Gehirns bewußt, in allen Lebenslagen die spirituelle Wirklichkeit zu erkennen. Sengupta hätte allen Grund gehabt, sich von Widrigkeiten überwältigen zu lassen: von den Schrecken des Todes, der Gefahr, heute hier und am nächsten Tag verschwunden zu sein; von der Angst, das Gute werde niemals das Böse besiegen, und der unsicheren Freiheit, die jeden Augenblick von einer grausamen Obrigkeit ausgelöscht werden konnte.

Da wir in unruhigen Zeiten leben, ist es schwerer denn je, an Gott zu glauben. Dennoch ist jede Ebene der Offenbarung real. Erlösung ist eine andere Bezeichnung für die uns angeborene Fähigkeit, mit den Augen der Seele zu sehen. Jeden Tag hören wir zwei Stimmen in unserem Kopf, eine, die an die Dunkelheit, und eine, die an das Licht glaubt. Nur eine Wirklichkeit kann tatsächlich real sein. Unser neues Schichtenmodell der Wirklichkeit löst das Rätsel. Sengupta hatte eine Reise in die Übergangszone unternommen, wo Transformation möglich ist. Hier, wo sich feste Materie in unsichtbare Energie verwandelt, wird auch der Geist transformiert.

Senguptas Seelenreise entwickelte sich von der Kampf- oder Flucht-Reaktion über die ruhevolle Wachheit und die Intuition bis zur Vision. Schließlich fand er den Mut, für den Rest seines Lebens auf der Ebene der visionären Reaktion zu leben. Von Liebe umhüllt und durchdrungen von heiterer Gelassenheit, richtete er sich in seinem neuen Dasein ein. Das Gehirn hatte entdeckt, daß es das Gefängnis seiner alten Reaktionen verlassen, eine neue, höhere Ebene erreichen und diese als Gott erfahren konnte.

Jetzt liegt der ganze spirituelle Weg klar erkennbar vor uns: Gott entfaltet sich in einem Prozeß, der durch die Fähigkeit des Gehirns, das eigene Potential zu entfalten, ermöglicht wird. In jedem von uns wohnen Staunen, Liebe, Wandlungsfähigkeit und Wunder, nicht allein, weil wir uns danach sehnen, sondern weil sie unser Geburtsrecht sind. Unsere Nervenzellen haben sich entwickelt, damit wir dieses Streben nach Höherem verwirklichen können. Unser Gehirn bringt einen neuen und nützlichen Gott hervor – oder genauer gesagt, sieben Aspekte Gottes –, mit einer Spur aus Hinweisen, denen wir täglich folgen können.

Auf die Frage, weshalb wir überhaupt nach Gotteserkenntnis streben sollten, gebe ich eine eigennützige Antwort: Ich möchte Schöpfer sein. Die Möglichkeit, Urheber unseres eigenen Lebens zu werden, unser persönliches Schicksal bestimmen zu können, ist die höchste Verheißung der Spiritualität. Unbewußt leistet das Gehirn bereits jetzt diesen Dienst für uns, denn im Quantenbereich entscheidet es jeden Augenblick erneut, welche Reaktion angemessen ist. Das Universum ist ein überwältigendes Chaos. Um sinnvoll zu erscheinen, muß es interpretiert, entschlüsselt werden. Deshalb kann das Gehirn die Wirklichkeit nicht als gegeben hinnehmen, sondern muß unter den sieben Reaktionen auswählen. Diese Entscheidung wird auf der Quantenebene getroffen.

Um Gott zu erkennen, müssen wir die spirituelle Entwicklung bewußt unterstützen – diese Entscheidung ist Aufgabe unseres freien Willens. Wir treffen täglich sehr viel banalere Entscheidungen und reden uns ein, sie seien wichtig. In Wirklichkeit richten wir uns bei der Frage, welche Welt wir erkennen möchten, beständig nach den sieben fundamentalen Wahlmöglichkeiten. Wir wählen

1. Furcht, wenn wir ums Überleben kämpfen wollen,
2. Macht, wenn wir Wettbewerb und Erfolg wollen,
3. Kontemplation, wenn wir inneren Frieden suchen,
4. innere Erkenntnis, wenn wir Einsichten suchen,
5. Kreativität, wenn wir die Funktionsweisen der Natur entdecken möchten,
6. Liebe, wenn wir uns selbst und andere heilen möchten,
7. zu sein, wenn wir Gottes Schöpfung in ihrer Unendlichkeit schätzen wollen.

Diese Wahlmöglichkeiten folgen keiner Werteskala, die von schlecht über gut zu besser und am besten reicht. Wir sind fähig, alle Wahlmöglichkeiten gleichermaßen zu nutzen, denn sie gehören sozusagen zu unserer Grundausstattung. Viele Menschen haben jedoch nur die ersten Möglichkeiten aktiviert, so daß bestimmte Bereiche ihres Gehirns ungenutzt brachliegen. Da die meisten Menschen daher über eine sehr begrenzte Sicht des geistigen Bereichs verfügen, liegt es nahe, das Erkennen Gottes »Erwachen« zu nennen. Ein vollständig erwachtes Gehirn ist das Geheimnis der Gotteserkenntnis. Das Ziel ist letztlich das reine Sein auf der siebten Stufe, wo wir uns an der unendlichen Schöpfung Gottes ergötzen. Hier begegnen die jüdischen Mystiker, die nach Schechina, dem Licht, suchen, den Buddhisten auf der Suche nach »Satori«, und wenn sie ankommen, warten dort die alten vedischen Seher in Gegenwart Shivas, zusammen mit Christus und seinem Vater. Dieser Ort ist sowohl Anfang wie Ende des Prozesses, den wir Gott nennen. In diesem Prozeß entfalten sich Dinge wie Geist, Seele, Kraft und Liebe auf ganz neue Weise. Hier siegt Gewißheit über alle Zweifel, und wie die französische Schriftstellerin Simone Weil über die spirituelle Suche einmal sagte: »Nur Gewißheit kann hier genügen. Alles, was geringer ist als Gewißheit, ist Gottes nicht würdig.«

DAS GEHEIMNIS DER GEHEIMNISSE

Dies ist das Werk der Seele, das Gott am besten gefällt.

Die Wolke des Nichtwissens

Das Mysterium Gottes gäbe es nicht, wenn die Welt nicht auch ein Mysterium wäre. Einige Wissenschaftler glauben, daß wir näher denn je daran sind, eine »Weltformel« zu formulieren, von den Physikern auch »GUT« (für englisch »Grand Unified Theory«) genannt. Die Weltformel wird den Anfang des Universums und das Ende der Zeit, den ersten und letzten Atemzug der kosmischen Existenz erklären. Von den Quarks bis zu den Quasaren wird diese Formel alles offenbaren, wie es in alten Melodramen so schön heißt. Hat Gott in dieser allumfassenden Formel noch seinen Platz, oder wird er aus seiner eigenen Schöpfung verbannt? Sein Schicksal ist ohnehin von Bedeutung, wenn es aber mit dem unseren zusammenhängt, wird es das wichtigste überhaupt.

Betrachten wir noch einmal unser Schichtenmodell der Wirklichkeit mit seinen drei Ebenen:

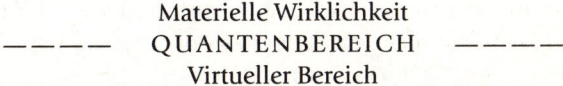

Materielle Wirklichkeit
——— QUANTENBEREICH ———
Virtueller Bereich

Man könnte leicht den Eindruck gewinnen, daß Gott in diesem Modell keinen Platz hat und daß sich an dem Tag, da die Weltformel alles erklärt, spirituelle Wunder in nüchterne Alltagsrealität verwandeln.

Jahrhundertelang blickte die Menschheit in den Spiegel der Natur und entdeckte darin Helden, Zauberer, Drachen und heilige Grale. Das Heilige war real, eine Quelle höchster Macht, und nichts auf der Welt, weder der Fluß noch das Donnergrollen, konnten ohne das Wirken eines Gottes existieren. Heute ist der Spiegel beschlagen. Wir sind den frühen Vorstellungen von einem Donnergott oder einem Helden auf dem Olymp entwachsen. Was sehen wir statt dessen? Eine Gesellschaft, die alte Mythen plündert und aus den Versatzstücken eine Stadt wie Las Vegas baut. Wenn man einem Mythos begegnen will, braucht man nur in das Hotel-Kasino »Excalibur« zu gehen. Hier herrscht allein die Göttin Fortuna, und die zu besiegenden Drachen sind die Spielautomaten. Sie gewinnen fast immer.

Wenn das Dichterwort zutrifft, daß wir uns durch eine Berührung der Natur die ganze Welt anverwandeln, dann genügt ein Kontakt mit dem Mythos, um die ganze Welt zu heiligen. In einer entmythologisierten Welt spüren wir einen Mangel – aber wissen wir, worin er besteht? Es gibt eine ganze Reihe von Hinweisen auf die Antwort, verstreut an den heiligen Stätten auf der ganzen Welt. Niemand kann vor der großen Pyramide des Cheops (oder Khufu, wie der ägyptische Name des Erbauers lautet) stehen, ohne die Anwesenheit einer Macht zu spüren, die es selbst in dem höchsten Wolkenkratzer nicht gibt. Der Pharao, der einst in den Tiefen dieser gewaltigen Grabanlage beigesetzt wurde, war ein Sterblicher. Aber er strebte nach Unsterblichkeit und untermauerte seine Sehnsucht, indem er die größte Steinmasse errichten ließ, die je an einem Platz übereinandergeschichtet wurde – das gilt selbst heute noch. Außerdem stützte er sich bei seinem ehrgeizigen Streben auf Gott. Khufu wurde als Abkömmling der Götter verehrt und war deshalb selbst ein Gottmensch. Ist die Pyramide nur der demonstrative Machtanspruch eines grenzenlos egoistischen Königs? Auch das. Aber sie ist noch mehr.

DIE GROSSEN FRAGEN DER MENSCHHEIT

Durch Khufus göttliche Verbindung war auch sein Volk mit den Göttern verbunden. Seit undenklichen Zeiten quälen sich die Menschen mit den gleichen Fragen herum: Habe ich eine Seele? Was geschieht nach dem Tod? Gibt es ein Leben nach dem Tod, und werde ich dann Gott begegnen? Die große Pyramide ist eine steingewordene Antwort. Man kann die Steine geradezu schreien hören: »Und ich bin doch unsterblich!«

Welch ein scharfer Kontrast zu Las Vegas. An Reichtum und Ehrgeiz kann es sich durchaus mit den Pharaonen messen. Aber sind die Menschen, die sich in die Vergnügungskathedralen drängen, der Antwort auf die großen Fragen irgendwie nähergekommen? Oder zwingt uns eine Welt ohne spirituelle Macht dazu, uns mit Zerstreuungen abzulenken, weil wir tief innerlich wissen, daß wir keinerlei Antworten haben?

Die Menschheitsfamilie ist in das Spirituelle eingebettet. Wir dürfen nicht zulassen, daß es aus unserem Leben verschwindet, denn sonst verlieren wir unsere Verbindung zu einer tieferen Wahrheit: daß wir alle einen gemeinsamen Ursprung haben, daß wir unterwegs sind zu einem höheren Ziel und daß jede unserer Handlungen aus einer kosmischen Perspektive bewertet wird. Verglichen mit diesem Erbe erscheint die Alltagswirklichkeit banal. Die Weltformel wird sich als wertlos, vielleicht sogar zerstörerisch erweisen, wenn wir sie nicht dazu benutzen können, das Spirituelle lebendig zu erhalten.

Glücklicherweise erzählen gerade die solidesten, verläßlichsten Dinge im Leben – eine Muschel, ein Zweig, ein Schlagloch mitten auf der Straße – vom Mysterium Gottes. Wer an einen Felsen glaubt, glaubt automatisch auch an Gott. Ich möchte das erklären.

Die materielle Alltagswirklichkeit bildet nur die oberste Schicht unseres Schichtenmodells. Sie besteht aus uns vertrauten Objekten, die wir sehen, hören, fühlen, schmecken und riechen können. Unsere Sinne versagen allerdings, sobald wir versuchen, sehr kleine Objekte von der Größe eines Atoms wahrzunehmen. Theoretisch müßte die schrittweise Verkleinerung irgendwo haltmachen, denn es gibt kein Atom, das kleiner ist als Wasserstoff, das erste Materieteilchen, das aus dem Urknall entstanden ist. Tatsächlich aber vollzieht sich jenseits des Atoms eine erstaunliche Veränderung – alle Festigkeit löst sich auf. Hier bestehen Atome aus vibrierenden Energiepaketen ohne jede Festigkeit, ohne Masse oder Größe – es gibt nichts, was die Sinne sehen oder fühlen könnten. Das lateinische Wort für Paket oder Päckchen ist »Quantum«. Damit beschreibt man in der Physik die Energieeinheit in einem

Atom – und, wie sich herausgestellt hat, auch eine neue Ebene der Realität.

Auf der Quantenebene ist alles anders als in der materiellen Welt. Es ist merkwürdig genug, sich vorzustellen, daß die Hand, die ich hochhalte, auf einer tieferen Ebene nur unsichtbare Schwingung im leeren Raum ist. Bereits auf der atomaren Ebene bestehen alle Objekte zu 99,9999 Prozent aus leerem Raum. Im Vergleich ist der Abstand zwischen einem Elektron und dem Kern, um den es herumsaust, größer als die Entfernung zwischen der Erde und der Sonne. Es ist jedoch unmöglich, ein solches Elektron einzufangen, denn es zerfällt seinerseits in Energieschwingungen, die in jeder Sekunde millionenfach entstehen und vergehen. Folglich ist das gesamte Universum nichts als eine Fata Morgana aus Quanten, die in jeder Sekunde millionenfach auftauchen und wieder vergehen. Auf der Quantenebene ist der ganze Kosmos nur eine schimmernde Lichterscheinung. Es existieren weder Sterne noch Galaxien, nur vibrierende Energiefelder, die unsere Sinne nicht wahrnehmen können, weil sie zu stumpf und zu langsam sind, um die unglaublich schnelle Bewegung von Licht und Elektrizität zu erfassen.

Im Tierreich gibt es Nervensysteme, die schneller reagieren, und solche, die langsamer sind als das menschliche Nervensystem. Die Nervenzellen einer Schnecke zum Beispiel nehmen Signale aus der Außenwelt nur sehr langsam auf. Sie können ein Ereignis, das in weniger als drei Sekunden erfolgt, nicht wahrnehmen. Nehmen wir an, eine Schnecke sieht einen Apfel. Wenn ich nun den Apfel mit einer raschen Bewegung wegnähme, könnte die Schnecke meine Hand nicht erkennen. Sie würde den Apfel vor ihren Augen verschwinden »sehen«.

Auf die gleiche Weise sind Quantenereignisse millionenmal zu schnell für unser Wahrnehmungsvermögen. Unser Gehirn spielt uns daher einen Streich: Es »sieht« die Objekte als fest und beständig in Zeit und Raum, ebenso wie uns ein Film als fortlaufend erscheint. Ein Film besteht aus Standbildern, die dem Auge mit einer Geschwindigkeit von vierundzwanzig Bildern pro Sekunde dargeboten werden. Zwischen den Bildwechseln treten vierundzwanzig

dunkle Lücken auf. Da unser Gehirn jedoch achtundvierzig Stand-
und Bewegungsbilder pro Sekunde nicht verarbeiten kann, verschmelzen die Bilder – es entsteht die Illusion des fortlaufenden
Films.

Wenn man diese Verschmelzungsfrequenz um viele Zehnerpo-
tenzen erhöht, entsteht daraus die Illusion, die wir Wirklichkeit
nennen. Wir alle existieren als aufleuchtende Photonen mit einer
schwarzen Lücke nach jedem Aufleuchten – aus dieser »Quanten-
Lightshow« besteht unser gesamter Körper, alle unsere Gedanken
und Wünsche sowie jedes Ereignis, an dem wir teilhaben. Anders
ausgedrückt: Wir werden ununterbrochen neu erschaffen. Die
Schöpfung findet in diesem Augenblick statt und hat immer stattgefunden.

Wer steht hinter dieser immerwährenden Schöpfung? Wessen
Geisteskraft oder Vision ist fähig, das Universum im Bruchteil
einer Sekunde verschwinden und wieder erstehen zu lassen?

DIE GÖTTLICHE KRAFT

Die Schöpfungskraft – als was sie sich auch immer herausstellen
wird – liegt selbst jenseits der Energie und damit jenseits einer
Kraft, die immerhin gasförmige Staubwolken in Sterne und
schließlich in die DNA verwandeln kann. In der Fachsprache der
Physik bezeichnen wir diesen Zustand unterhalb der Quantenebene als »virtuell«. Jenseits der Energieebene gibt es nichts, nur
Leere. Sichtbares Licht wird zu virtuellem Licht, realer Raum wird
zu virtuellem Raum, reale Zeit wird zu virtueller Zeit. Bei diesem
Übergang lösen sich alle Eigenschaften auf. Das Licht leuchtet
nicht mehr, der Raum umfaßt keine Entfernungen, die Zeit ist
ewig. Dies ist der Schoß aller Schöpfung, unendlich dynamisch
und lebendig. Worte wie leer, dunkel und kalt haben hier keine Bedeutung. Der virtuelle Bereich ist so unbegreiflich, daß nur die
Sprache der Religion ihn überhaupt beschreiben kann. In Indien
könnte ein frommer Gläubiger die Morgendämmerung mit einer
alten Hymne aus dem Rig Veda begrüßen:

»Am Anfang
gab es weder Existenz noch Nicht-Existenz,
diese ganze Welt bestand aus unmanifester Energie ...
Das Eine atmete ohne Atem, aus eigener Kraft.
Nichts bestand außer ihm ...«

In den modernen Sprachgebrauch übersetzt sagt dieser Vers, daß Gott nur im virtuellen Bereich zu finden ist. Dort ist die gesamte Energie unmanifest gespeichert, bevor sie in der manifesten Schöpfung Ausdruck findet.

Hat sich schon die Physik mit diesem Zustand jenseits von Zeit und Raum schwergetan, so die Vorstellungskraft der gewöhnlichen Menschen erst recht. Viele Leser sind vielleicht erstaunt, daß das uns vertraute Bild von Gottvater als weiß gewandetem Patriarchen auf dem Thron so wenig Autorität besitzt. Selbst in den jüdischen Schriften erscheint das Bild nur einmal, und zwar im Buch Daniel. In den Büchern Mose erfahren wir hingegen viele Male, Gott habe keine menschliche Gestalt.

Die heute weithin anerkannte Theorie über die Schöpfung lautet wie folgt:

Vor dem Urknall war der Raum unbegrenzt, wie ein Akkordeon, das sich in unendlich vielen Faltungen oder Dimensionen ausdehnt. Die Zeit existierte in Samenform, als ewige Gegenwart ohne Ereignisse, die also auch keine Vergangenheit, Gegenwart oder Zukunft benötigte. Dieser Zustand war einerseits gänzlich leer, andererseits voll. Er enthielt nichts, was wir hätten wahrnehmen können, jedoch alles in potentieller Form.

Wie die vedischen Seher verkündeten, konnte weder Existenz noch Nicht-Existenz festgestellt werden, da diese Dinge einen Anfang, eine Mitte und ein Ende haben. Physiker bezeichnen diesen Zustand häufig als Singularität: Raum, Zeit und die gesamte Materie waren in einem einzigen Punkt enthalten. Eine Singularität wird gedacht als der kleinste vorstellbare Punkt, also eigentlich überhaupt kein Punkt.

Wenn wir uns nun vorstellen können, daß der gesamte Kosmos mit einer strahlend hellen, ungeheuren Explosion aus diesem einen Punkt entstanden ist, müssen wir noch einen Schritt weiter gehen. Da der Zustand vor der Schöpfung keine Zeitdimension hatte, ist er noch gegenwärtig. Im virtuellen Bereich hat sich »der« Urknall niemals ereignet, paradoxerweise haben jedoch alle »Big Bangs« stattgefunden. Gleichgültig, wie oft das Universum sich über Milliarden von Lichtjahren ausdehnt, nur um wieder in sich zusammenzustürzen und sich in die Leere zurückzuziehen – auf der virtuellen Ebene geschieht nichts. Hier nähert sich die Physik der religiösen Vorstellung, Gott sei allgegenwärtig, allwissend und omnipotent. »Omnis« bedeutet alles, und der virtuelle Zustand wird, da er keinerlei Grenzen hat, passenderweise als das All bezeichnet.

Verständlicherweise finden wir es schwierig, über das All zu sprechen. In Indien nennt man es häufig »Das« oder auf Sanskrit *tat*. Im Augenblick der Erleuchtung überschreitet der Mensch die fünf Sinne und erkennt die einzig gültige Wahrheit: »Ich bin Das, du bist Das, und all dies ist Das.« Dieser Satz enthält kein Rätsel, er besagt lediglich, daß hinter dem Schleier der Schöpfung stets der alles umfassende Zustand vor der Schöpfung existiert.

Ein befreundeter Physiker formulierte die gleiche Wahrheit einmal moderner:

»Du mußt dir darüber klar sein, Deepak, daß Zeit nur ein kosmisches Hilfsmittel ist, um zu verhindern, daß alles auf einmal geschieht. Auf der materiellen Ebene brauchen wir dieses Hilfsmittel, nicht aber auf tiefer gelegenen Ebenen. Wenn wir uns selbst im virtuellen Zustand sehen könnten, ergäben das ganze Chaos und die wirbelnden Galaxien einen Sinn. Sie bilden ein Muster, das sich in vollkommener Symmetrie entfaltet. Aus dieser Perspektive ist der Endpunkt aller Schöpfung der jetzige Augenblick. Der gesamte Kosmos hat sich verschworen, um dich und mich zu schaffen, wie wir in dieser Sekunde dasitzen.«

Nichts ist faszinierender, als zu beobachten, wie sich die Grenzen zwischen Naturwissenschaften und Spiritualität verwischen. Für die Übergangszone gibt es keinen besseren Begriff als »Quantum« und für Gott kein passenderes Wort als »virtuell«. In diese Bereiche müssen wir uns hineinbegeben, um Wundern auf die Spur zu kommen. Wunder zeigen uns, daß Anfang und Ende der Wirklichkeit nicht auf der materiellen Ebene liegen.

»Wie finde ich Gott?« fragte einmal ein junger Schüler einen berühmten Guru in Indien. »Ich sehe keine Beweise für seine Existenz, und Millionen Menschen kommen ganz gut ohne ihn zurecht.«

»Alles, was ohne Gott geschieht, geschieht in Raum und Zeit. Das ist die Welt, die dir vertraut ist«, antwortete sein Meister. »Raum und Zeit sind wie ein Netz, das dich gefangenhält. Aber Netze haben immer Löcher. Finde ein solches Loch und springe hindurch. Dann wird Gott offenbar.«

Jede religiöse Tradition enthält solche Schlupflöcher, Fluchtwege in eine Welt jenseits der unseren. Im Thomas-Evangelium beschreibt Jesus es als seine Lebensaufgabe, die Jünger darin zu unterweisen, über die gänzlich an Raum und Zeit gebundenen Gesetzmäßigkeiten der fünf Sinne hinauszugehen:

> »Ich werde euch geben, was kein Auge gesehen und kein
> Ohr gehört und keine Hand berührt hat und was dem
> menschlichen Geist niemals in den Sinn gekommen ist.«

Jesus löste dieses Versprechen ein, indem er nahezu vierzig Wunder vollbrachte. Oft geschah es jedoch nur widerstrebend, als wären sie nicht sein eigentliches Anliegen. In Wirklichkeit wollte er damit zeigen, daß unsere Sinneswahrnehmung unzuverlässig ist. Der unheilbare Aussätzige erscheint nur als unheilbar, die wenigen Brote und Fische sind nur eine Illusion, der Sturm auf dem See Genezareth läßt sich durch einen reinen Willensakt beruhigen. Nach der Reinigung des Aussätzigen durch Berühren klingt Jesus besonders ungeduldig mit allen, die tief beeindruckt sind von seinen Taten:

> »Dann entließ ihn Jesus mit der folgenden strengen Ermahnung: ›Siehe zu, sage es niemand, sondern gehe hin und

zeige dich dem Priester und opfere die Gabe, die Mose befohlen hat, ihnen zum Zeugnis (für deine Heilung).‹«

Natürlich konnte der auf wundersame Weise Geheilte nicht anders, als es jedem, dem er begegnete, zu erzählen. Das Gerücht verbreitete sich rasch, bis Jesus wegen des Tumults nicht länger in der
Stadt bleiben konnte. Es wimmelte von Menschen, die ihr eigenes
Wunder haben wollten. Jesus floh aufs Land, aber sie verfolgten
ihn weiter. Würden wir auch derart von Ehrfurcht ergriffen, daß
uns der eigentliche Sinn entginge? Ich denke ja.

QUANTEN UND WUNDER

In Indien gibt es eine bekannte Heilige, die nachweislich einen Le-
prakranken durch Berühren geheilt hat. Ich habe über einen Guru
gelesen, der an Festtagen jedermann in sein Haus einlud, denn die
Gesetze der Gastfreundschaft waren ihm heilig. Er war nicht reich,
und seine Anhänger machten sich Sorgen, daß Hunderte von Gä-
sten zum Essen erscheinen würden. Der Guru lächelte nur und
äußerte eine seltsame Bitte: »Gebt allen aus diesen Behältern mit
Reis und Linsen zu essen, aber bedeckt sie zuerst mit einem Tuch.«
Die Behälter wurden zugedeckt, so daß niemand hineinsehen
konnte. Sooft die Schöpflöffel hineingetaucht wurden – es war
stets genügend Speise für alle darin. So vollbrachte der Guru das
gleiche Wunder wie Jesus.
    Solche Geschichten können einem leicht Ehrfurcht einflößen,
aber nützt uns das bei der Suche nach den Fakten? Aus unserer ehr-
fürchtigen Scheu hat sich eine Fülle von Aberglauben, Legenden
und häufig auch falschen Hoffnungen entwickelt.
    Doch aus dem Verschwimmen von Quanten und Wundern ent-
steht allmählich eine einzige Realität. Wenn wir nur tief genug in
die Naturgesetze eindringen könnten, sagt Stephen Hawking in
seinem Buch »Eine kurze Geschichte der Zeit«, würden wir eines
Tages den Geist Gottes erkennen. Er folgt damit einer berühmten
Bemerkung Einsteins: »Ich möchte wissen, wie Gott denkt, alles

übrige ist nur ein Detail.« Weil Einstein außergewöhnlicher Visionär war, hoffe ich, er hätte das folgende Modell über den Denkprozeß Gottes für den Anfang akzeptiert:

Virtueller Bereich – das Feld des GEISTES
Quantenbereich – das Feld des Geistes
Materielle Wirklichkeit – das Feld der physischen Existenz

GEIST steht hier für den transzendenten »Geist« (engl. »spirit«) im Unterschied zum denkenden »Geist« oder Verstand (engl. »mind«).

Sobald wir mit diesen Begriffen vertraut geworden sind, lassen sich alle Mysterien aufklären – alle religiösen Widersprüche lösen sich, und zum ersten Mal verstehen wir Gottes Wirken. Hier ein Beispiel aus dem Bereich des Heilens.

Im Jahr 1962 wurde der italienische Armeeoffizier Vittorio Michelli auf einer Bahre zur Grotte von Lourdes gebracht. Er litt unter einem bösartigen Tumor in fortgeschrittenem Stadium. Die linke Hüfte hatte sich fast vollständig zersetzt, so daß sein Hüftbein nur noch in einer weichen Gewebemasse »schwamm«. Der Offizier machte sich keine großen Hoffnungen auf eine Heilung, aber er ließ sich in dem heiligen Quellwasser baden, so wie Tausende anderer Kranker, die zu dieser Stätte pilgern. Im Verlauf der nächsten Monate erlebte er eine Wunderheilung, die in jeder Phase exakt mit Röntgenaufnahmen dokumentiert wurde. Nicht nur der Krebstumor verschwand, auch der Knochen wurde vollständig wiederhergestellt. Da die Medizin keine Erklärung für eine derartige Heilung hat, wurde dem italienischen Offizier bestätigt, daß an ihm in Lourdes durch die Mutter Gottes tatsächlich ein Wunder geschehen sei. (Meines Wissens gibt es etwa siebzig solcher Heilungen, deren Beweismaterial nach strengsten Maßstäben von einem internationalen Ärztegremium überprüft worden ist.)

Bei dieser Heilung stehen alle drei Wirklichkeitsebenen unseres Modells einzigartig miteinander in Verbindung: Der Körper des

Offiziers mit seiner Krebserkrankung befand sich auf der physischen Ebene, seine Gebete wirkten auf der Quantenebene, während das Einwirken Gottes von der virtuellen Ebene aus geschah. Unter diesem Blickwinkel erscheint das Wunder kalt und klinisch. In anderer Hinsicht werden dadurch alle Dinge zu Wundern. Und weshalb auch nicht? Sterne, Berge, Monarchfalter, selbst das Leben einer einzelnen Zelle hängen gleichermaßen davon ab, daß bestimmte Kommunikationswege offen sind. Der Kommunikationsfluß zwischen den Wirklichkeitsebenen ist deshalb wunderbar, weil sich die unsichtbare Leere mühelos in das leuchtende Orange eines Schmetterlingsflügels oder die feste Masse eines Berges verwandelt.

Diese unsichtbare Kraft ist heilig und mythisch, jedoch stets gegenwärtig. Der Wissenschaft muß man vorwerfen, daß sie versucht, diese Kraft wegzudiskutieren, nicht sie zu erklären. Eine wirkliche Weltformel müßte uns in der Kunst unterweisen, mit gleicher Kraft und Sicherheit auf allen drei Wirklichkeitsebenen zu leben. Danach streben alle Heiligen, denn darin liegt die wahre Bedeutung von Erleuchtung.

All das bedeutet: Das Mysterium Gottes und das Mysterium der Welt sind identisch. Das von Jesus gegebene Versprechen zu zeigen, was sich kein menschlicher Geist je vorgestellt hat, ist zu unseren Lebzeiten in Erfüllung gegangen. Der große dänische Physiker Niels Bohr stellte fest, die Quantenphysik sei nicht nur seltsamer, als wir uns vorstellen, sondern seltsamer, als wir in der Lage sind, uns vorzustellen. Hier sehen wir uns mit einem Glaubensgrundsatz der Mystiker konfrontiert: Was immer wir uns vorstellen können, wurde von Gott erschaffen und existiert bereits irgendwo, wenn nicht in dieser, dann in einer anderen Welt.

Viele Wissenschaftler stören sich am äußeren Drum und Dran der Religionen, aber brauchen wir das überhaupt? Ich erinnere mich, daß ich als junger Arzt von einem Patienten las, der an Krebs im Endstadium litt. Er wurde buchstäblich durch eine Injektion mit Salzlösung geheilt, also mit gewöhnlichem Salzwasser. Er kam in die Klinik, als sein ganzer Körper durch geschwollene Lymphknoten entstellt war. Die Geschichte ereignete sich in den fünfziger

Jahren, als die Medizin voller Optimismus auf ein rasch wirkendes Krebsheilmittel hoffte. Regelmäßig starben damals Patienten (oder starben beinahe) an den ersten primitiven Chemotherapien mit Senfgas, dem gleichen Giftgas, das die Soldaten im Ersten Weltkrieg umgebracht hatte.

Der Mann wollte unbedingt mit dem neuesten Wundermittel namens Krebiozen behandelt werden. Seinem Arzt widerstrebte es, das Medikament an jemanden zu verschwenden, der wahrscheinlich vor Ende der Woche tot sein würde. Aus Mitleid besorgte er sich eine Einzeldosis Krebiozen und verabreichte dem Mann die Spritze am Freitag. Er verreiste über das Wochenende und erwartete nicht, seinen Patienten wiederzusehen. Als er am Montag zurückkam, war der Patient außer sich vor Freude. Alle Krebssymptome waren verschwunden; die Lymphknotenschwellungen hatten sich zurückgebildet, und er fühlte sich gesund. Der Arzt war verblüfft und entließ den Mann als geheilt. Dabei war er sich bewußt, daß eine einzige Dosis Krebiozen in nur wenigen Tagen keine derartige Wirkung haben konnte.

Die Geschichte wird aber noch seltsamer. Einige Zeit später las der Patient in der Zeitung, daß Krebiozen sich bei Tests als unwirksam erwiesen hatte. Innerhalb weniger Tage bekam er einen Rückfall, und wiederum fand sich der Mann mit Krebs im Endstadium in der Klinik. Sein Arzt hatte kein Medikament für ihn und nahm deshalb Zuflucht zu einem drastischen Placebo. Er sagte dem Mann, er würde ihm eine Spritze mit einem »neuen, verbesserten« Krebiozen geben, während er ihm in Wahrheit nur Salzlösung injizierte.

Wieder wurde der Mann in wenigen Tagen gesund. Zum zweiten Mal verließ er die Klinik ohne irgendwelche Krebssymptome. Die Geschichte hat kein Happy-End, denn als der Mann später erfuhr, daß alle Hoffnung auf Krebiozen als Krebsmittel zunichte geworden war, bekam er das dritte Mal Lymphknotenkrebs und starb diesmal nach kurzer Zeit.

Die Geschichte zeigt, daß der Geist von der virtuellen Ebene über den Quantenbereich auf die physische Ebene einwirkt. Allen Wundern, ob sie in einem religiösen oder einem anderen Umfeld auftreten, liegt dieser Wirkmechanismus zugrunde. Religion kann trotz allem eine besondere Funktion haben, denn der Glaube an Gott ist eine Möglichkeit, die Kommunikationswege bis in den Bereich jenseits des Materiellen zu öffnen. Das gleiche gilt für Gebete oder Hoffnung, nicht aber für gewöhnliche Gedanken. Sollte es je eine Wissenschaft der Wunder geben, muß sie bei den immateriellen Werten des Geistes ansetzen.

GOTT BERÜHREN

Bisher haben wir das Rätsel nur zum Teil gelöst. Wieder schaue ich auf die große Cheops-Pyramide. Dieses Mal sehe ich sie nicht als beeindruckende Anhäufung von Sandsteinblöcken, sondern als Verkörperung einer Idee – sogar mehrerer Ideen. Die erste ist reine Kühnheit. Ursprünglich war die Pyramide vollständig mit polierten Kalksteinblöcken verkleidet gewesen, denn die Erbauer wollten die Sonne übertrumpfen. Das war ihr eigentliches Anliegen. Die kühnen Bewohner des alten Ägypten wären nichts weiter als ruhmreiche Arbeitsameisen, hätten sie nicht danach gestrebt, dem Sonnengott zu gleichen. Die Pyramide erinnert uns daran, daß menschliche Wesen über ihr Menschsein hinauswachsen wollen.

Die zweite diesem Bauwerk zugrundeliegende Idee zeigt die Pyramide als Wunder. Sakralbauten führen uns vor Augen, daß wir wundersame Geschöpfe sind, die Erstaunliches vollbringen sollten. Und das gilt auch heute noch. Mehr als viertausend Jahre vergingen, bevor wieder ein Bauwerk von ähnlichen Ausmaßen errichtet wurde, und zwar auf einem Küstenstreifen an der Ostküste Floridas.

Die Raketen-Startanlage auf dem Gelände des Kennedy Space Center, in der eine Trägerrakete vom Typ Saturn 5 (mit einer Höhe von hundertelf Metern) in aufrechter Startposition stehen kann, überwältigt durch ihre schiere Größe. Auch wenn man noch weit von dem hochragenden Bau entfernt ist, hat man in dem flachen Küstengebiet den Eindruck, bereits am Fuß der Anlage zu sein.

Aber nicht allein ihre Ausmaße sind ehrfurchtgebietend, sondern vor allem die Idee, die dahinter steht. Es ist die Suche des Menschen nach seinem Ursprung und seiner kosmischen Heimat. Einst bestand unsere Familie aus kosmischen Wesen – griechischen Göttern, indischen Gottheiten und Jahwe aus dem Buch Genesis. Die Menschheit sah ihren Ursprung eingebunden in die Erschaffung des Weltalls.

Heute werden gigantische Raketen abgeschossen, von denen eine demnächst interstellaren Staub sammeln soll, in dem man Mikroorganismen zu entdecken hofft. Wenn wir aus den Tiefen des Weltraums auch nur ein einziges Bakterium zurückbringen, haben wir unseren kosmischen Ursprung gefunden. Es wäre noch keine ganze Familie, aber ein Anfang. Wenn alte Mythen verblassen, keimen neue in unserer Seele auf. Prometheus brachte uns das Feuer; heute sind die Raketen das Feuer, das wir den Göttern zurückschicken. Wir geben das Geschenk zurück und strecken gleichzeitig die Hand aus. Wir verzehren uns danach zu wissen, daß wir wieder geheiligt sind. Sind wir es? Die Antwort finden wir nicht im intergalaktischen Staub, sondern in uns selbst. Die tiefsten Ebenen des Quantenbereichs sind das gemeinsame Terrain, wo wir unsere Hand ausstrecken, um Gott zu berühren. Dann geschieht ein zweifaches Wunder: Wir berühren das Göttliche und gleichzeitig uns selbst.

DIE SCHICHTEN DER WIRKLICHKEIT – EINE ÜBERSICHT

Bevor wir fortfahren, möchte ich mit Hilfe von drei Listen, in denen die drei Schichten der Wirklichkeit näher beschrieben sind, unseren Standort bestimmen. Es ist nicht notwendig, sie im Gedächtnis zu behalten oder intensiv zu studieren. Alles, was sie enthalten, wird später in klaren und einfachen Worten zur Sprache kommen. Aber dies scheint mir der richtige Moment, um einmal innezuhalten und nachzudenken. Im virtuellen Bereich haben wir, ohne religiöse Begrifflichkeiten zu verwenden, eine ansehnliche

Anzahl von Tatsachen über Gott herausgefunden. Es mögen seltsame Fakten sein, die sich nicht so ohne weiteres auf das Alltagsleben anwenden lassen. Ganz ohne Zweifel wird jedoch aus diesen Samen eine vollkommene Vision Gottes entstehen.

Virtueller Bereich – das Feld des Reinen Geistes

Keine Energie
Keine Zeit
Grenzenlos – jeder Punkt im Raum ist jeder andere Punkt
Ganzheit existiert an jedem Punkt
Unendliche Stille
Unendliche Dynamik
Steht mit allem in Beziehung
Unendliche Ordnungskraft
Ewig
Unermeßlich
Unsterblich, jenseits von Geburt und Tod
Ohne ursächlichen Zusammenhang

Quantenbereich – das Feld des Geistes

Die Schöpfung manifestiert sich
Energie existiert
Die Zeit beginnt
Der Raum dehnt sich von seinem Ursprung aus.
Ereignisse sind ungewiß
Wellen treten als Teilchen auf und umgekehrt
Nur Wahrscheinlichkeiten können gemessen werden
Ursache und Wirkung sind fließend
Geburt und Tod ereignen sich mit Lichtgeschwindigkeit
Information ist in Energie eingebettet

Materielle Wirklichkeit – das Feld der physischen Existenz

Ereignisse sind festgelegt
Objekte haben feste Grenzen
Materie beherrscht Energie
Dreidimensional
Durch die fünf Sinne erfahrbar
Linearer Zeitablauf
Veränderlich
Unterliegt dem Verfall
Organismen werden geboren und sterben
Vorhersagbar
Ursache und Wirkung sind festgelegt

DIE SIEBEN

STUFEN DER

GOTTES-

ERFAHRUNG

Wenn du dich Gott nicht angleichst,
kannst du Gott nicht erkennen.«
Unbekannter Häretiker,
3. Jahrhundert

Jeder Mensch hat das Recht auf eine ihm real erscheinende Version Gottes, aber viele dieser Versionen widersprechen einander. Als wir vor einigen Jahren eine lange Reise durch Indien machten, hatten wir einmal angehalten, um eine Gruppe Himalaya-Affen zu beobachten, die am Straßenrand spielte. Kaum ausgestiegen, waren wir von einer ganzen Horde, an die hundert Tiere, umringt. Während die anderen Fotos machten und den Affen Obst- und Brotstückchen hinwarfen, bemerkte ich eine alte Frau, die in der Nähe vor einem behelfsmäßigen Schrein unter einem Baum kniete. Sie betete zu Hanuman, einem Gott in Affengestalt. Mir wurde klar, daß diese Affenhorde hier herumlungerte, um die Opfergaben vom Altar zu stehlen und die Touristen um Leckerbissen anzubetteln.

Was ist eigentlich der Unterschied, dachte ich bei mir, zwischen diesen schnatternden, gewitzten Tieren, die alle Tricks kannten, um unsere Aufmerksamkeit zu fesseln, und einem Gott? Hanuman, der durch die Luft fliegen konnte und den man deshalb »Sohn des Windes« nannte, war einst ebenfalls in dieses Gebiet des Himalaya gekommen. Als Prinz Ramas Bruder in der Schlacht schwer verwundet worden war und im Sterben lag, wurde der fliegende Affenkönig ausgesandt, um das einzige Heilkraut zu finden, welches das Leben des Verwundeten retten konnte. Hanuman suchte überall, konnte das Kraut jedoch nirgends finden. Frustriert riß er den ganzen Berg aus, auf dem das Kraut wachsen sollte, brachte ihn eilends zu Rama und legte ihn zu seinen Füßen nieder.

Der alten Frau, die vor dem wackeligen Schrein kniete, war diese Geschichte gewiß von Kindheit an vertraut, aber weshalb sollte sie einen Affen anbeten, selbst wenn er fliegen konnte oder ein legendärer König war? Ihr Gesicht zeigte die gleiche Frömmigkeit wie ein Mensch, der zur Himmelsmutter oder zum Sohn Gottes betet. Geriet ihr Gebet auf Abwege, weil es einem Affen galt? Erreichte es überhaupt irgendein Ziel?

Das bringt uns zu der einfachsten und doch tiefgründigsten aller Fragen: Wer ist Gott? Er kann nicht schlicht unpersönlich sein – ein Prinzip oder eine Wirklichkeitsebene oder ein Feld. Wir sind in den Quanten- und in den virtuellen Bereich vorgedrungen, um ein Fundament für das Spirituelle zu errichten, aber das war nur der Anfang. Alle Religionen beschreiben Gott als unendlich und unbegrenzt. Daraus entsteht ein ungeheures Problem, denn ein unendlicher Gott ist überall und nirgends zugleich. Da er die Natur transzendiert, ist er nirgendwo zu finden. Wie wir zu Beginn sagten, müssen wir davon ausgehen, daß Gott keine Fingerabdrücke in der materiellen Welt hinterläßt.

Deshalb haben wir keine andere Wahl, als einen Ersatz für die Unendlichkeit zu finden. Dieser Ersatz sollte etwas von Gott enthalten, damit wir seine Gegenwart spüren können. In der Schöpfungsgeschichte heißt es, daß Gott Adam nach seinem Bilde schuf. Wir haben uns allerdings beinahe umgehend revanchiert, indem wir Gott immer wieder nach unserem Bild gestalteten. In Indien kann fast jedes Wesen, Ereignis oder Phänomen ein Abbild Gottes sein. Der Blitz wird angebetet, weil er von Gott Indra gesandt ist, eine Rupie ist das Symbol von Lakschmi, der Göttin des Wohlstands. In den Taxis von Delhi und Bombay baumelt als Schutzgottheit häufig am Rückspiegel eine kleine Plastikfigur von Ganesh, einem fröhlich lächelnden Elefanten mit einem dicken, runden Bauch. Immer ist den Menschen jedoch bewußt, daß damit nur eines verehrt wird – das Selbst. Es ist das gleiche »Ich«, das einem Menschen das Gefühl der Identität gibt, das sich über den Körper hinaus ausdehnt und die Natur, das gesamte Universum und letztlich den reinen Geist umfaßt.

Für westliche Menschen wäre die Verehrung eines Affengottes bestenfalls exotisch, die Anbetung des Selbst jedoch ein Skandal. Es gibt eine Anekdote über einen alten englischen Anthropologen, der den Hinduismus studierte.

Als er eines Tages durch den Dschungel kriecht, beobachtet er unbemerkt einen alten Mann, der in einem Hain tanzt. Voller Ekstase umarmt der Alte die Baumstämme mit den Worten: »Mein Gott, wie sehr liebe ich dich.« Dann fällt er zu Boden und singt: »Gesegnet seiest du, mein Gott.« Schließlich springt er auf, reckt die Arme zum Himmel empor und ruft: »Ich bin entzückt, deine Stimme zu hören und dein Antlitz zu erblicken.«

Da er dieses Schauspiel nicht länger ertragen kann, springt der Anthropologe aus den Büschen und sagt: »Guter Mann, ich muß Ihnen mitteilen, daß Sie ziemlich verrückt sind.«

»Wieso?« fragt der alte Mann verwirrt.

»Weil Sie ganz allein hier im Wald sind und glauben, daß Sie zu Gott sprechen«, antwortet der Anthropologe.

»Was meinen Sie mit ›allein‹?« gibt der Alte zurück.

Für jemanden, der Gott als das Selbst verehrt, ist niemand von uns allein. Dieses »Selbst« ist kein persönliches Ich, sondern eine alles durchdringende Gegenwart, der man sich nicht entziehen kann. Östliche Kulturen haben mit dieser Vorstellung keine Schwierigkeiten, aber je weiter man nach Westen kommt, desto größer wird das Unbehagen. Im dritten Jahrhundert der christlichen Zeitrechnung schrieb ein unbekannter Häretiker: »Wenn du dich Gott nicht angleichst, kannst du Gott nicht erkennen.« Aus diesem Glauben wurde kein Dogma (denn im Christentum ist es Ketzerei, das Menschliche und das Göttliche auf die gleiche Stufe zu stellen), aber auf anderen Bewußtseinsebenen läßt sich dieser Zusammenhang nicht leugnen.

Der Gott jeder Religion ist nur ein Fragment Gottes. Das kann nicht anders sein, denn ein unbegrenztes Wesen hat kein Abbild, keine Rolle zu spielen, keinen Ort innerhalb oder außerhalb des Universums. Die Religionen hingegen bieten uns viele Bilder an – Vater, Mutter, Gesetzgeber, Richter, Beherrscher des Universums. Den institutionalisierten Religionen lassen sich sieben Versionen Gottes zuordnen. Jede umfaßt zwar nur einen Teilaspekt, aber jede ist auch in sich vollständig genug, um eine einzigartige Welt hervorzubringen:

Stufe 1: Gott, der Beschützer
Stufe 2: Gott, der Allmächtige
Stufe 3: Der Gott des Friedens
Stufe 4: Gott, der Erlöser
Stufe 5: Der Schöpfergott
Stufe 6: Der Gott der Wunder
Stufe 7: Der Gott des reinen Seins – »Ich bin«

Jede Stufe entspricht einem bestimmten menschlichen Bedürfnis, was nur natürlich ist. Angesichts der überwältigenden Naturkräfte brauchten die Menschen einen Gott, der sie vor Schaden bewahrte. Wenn sie glaubten, sie hätten gegen das Gesetz verstoßen oder eine Sünde begangen, wandten sie sich an einen Gott, der sie einerseits richtete und ihnen andererseits ihre Sünden vergab. Die Menschen schufen sich so – und schaffen sich noch immer – aus rein egoistischen Gründen einen Gott nach ihrem eigenen Bild.

Einige Stufen, wie Erlöser- und Schöpfergott, sind uns aus der Bibel vertraut. Seit sich der Buddhismus im Westen größerer Beliebtheit erfreut, ist auch die letzte Stufe, in der Gott als ewige Stille und reines Sein erfahren wird, nicht mehr so fremd. Aber wir wollen hier keinen Vergleich der Religionen anstellen; keine Stufe erhebt Anspruch auf die absolute Wahrheit. Allerdings sieht die Beziehung zu Gott auf jeder Stufe anders aus. Wenn wir uns als Kinder Gottes betrachten, dann ist er für uns ein Beschützer oder ein Gesetzgeber. Diese Beziehung ändert sich, sobald wir uns selbst als Schöpfer sehen. Dann haben wir Anteil an einigen Funktionen Gottes und stehen zunehmend auf gleicher Ebene mit ihm. Wenn wir schließlich die Stufe »Ich bin« erreichen, ist Gott und den Menschen das gleiche reine Sein gemeinsam. Auf dem Weg von Stufe eins bis sieben wird die große Kluft zwischen Gott und den Gläubigen allmählich kleiner und schließt sich endlich ganz. Wir können deshalb sagen, daß wir Gott nicht nur aus Eitelkeit nach unserem Bilde formen, sondern vielmehr, weil wir ihn heimholen, mit ihm vertraut sein möchten. Ob wir jedoch Gott als den allmächtigen, strafenden Richter oder als wohltuende Quelle inneren Friedens sehen – wir erfassen niemals das ganze Bild.

Ein Atheist hält alle Formen des Göttlichen für falsche Projektionen. Die Menschen schreiben Gott menschliche Eigenschaften wie Gnade und Liebe zu, errichten dafür einen Altar und beten sie an. Alle, auch die abstraktesten Bilder von Gott, sind demnach völlig leer (mit »abstrakt« meine ich beispielsweise das Bilderverbot im Islam und im orthodoxen jüdischen Glauben, in denen Gott nicht in menschlicher Gestalt abgebildet werden darf). Ein Atheist sieht Religion als die höchste Form der Illusion an, da wir uns darin nur aus zweiter Hand selbst huldigen.

Diesem Vorwurf können wir zweierlei entgegenhalten. Zum einen, daß ein unendlicher Gott auf alle möglichen Weisen verehrt werden sollte; zum anderen, daß wir uns Gott in Stufen nähern müssen, um die riesige Kluft zwischen ihm und uns überhaupt schließen zu können. Das zweite Argument halte ich für überzeugender. Wenn wir uns im Spiegel nicht selbst erblicken, werden wir auch niemals Gott darin sehen. Betrachten wir noch einmal die Aufstellung, und wir erkennen, wie verschieden Gott als Antwort auf die jeweilige menschliche Situation erscheint:

Gott ist der Beschützer für Menschen, die sich in Gefahr sehen.

Gott ist allmächtig für Menschen, die nach Macht streben (oder nicht wissen, wie sie Macht erlangen können).

Gott bringt denjenigen Frieden, die ihr eigenes Inneres entdeckt haben.

Gott erlöst diejenigen, die sich einer Sünde bewußt sind.

Gott ist der Schöpfer, wenn wir nach dem Ursprung der Welt fragen.

Gott bewirkt Wunder, wenn die Naturgesetze ohne Vorwarnung plötzlich aufgehoben werden.

Gott ist reine Existenz – »Ich bin« – für diejenigen, die in Ekstase sind und das reine Sein erfahren.

Unsere Suche nach dem einzigen, wahren Gott entpuppt sich als eine Suche nach dem Unmöglichen. Die Kernfrage besteht aber nicht darin, wie viele Götter es gibt, sondern ob unsere spirituellen Bedürfnisse völlig erfüllt werden können. Wenn jemand fragt: »Gibt es Gott wirklich?«, dann muß die Antwort lauten: »Wer stellt die Frage?« Zwischen dem Wahrnehmenden und dem Objekt seiner Wahrnehmung besteht eine sehr enge Verbindung. Daß wir einzelne Wesenszüge Gottes wie Gnade und Liebe, Urteil und Erlösung hervorheben, zeigt, daß wir gezwungen sind, Gott menschliche Attribute zu verleihen. Das ist jedoch absolut legitim, da diese Eigenschaften ursprünglich von Gott selbst stammen. Mit anderen Worten, Menschliches und Göttliches sind durch einen Kreislauf miteinander verbunden. Von unserem Ursprung auf der virtuellen Ebene strömen die Qualitäten des reinen Geistes bis zu uns in die physisch-materielle Welt. Da jeder Stufe Gottes eine spezifische biologische Antwort zugeordnet ist, erfahren wir dieses Fließen in Form innerer Impulse durch unser Gehirn, das ein sehr überzeugendes Werkzeug des Geistes ist. Wir wissen eigentlich nur, daß es für Wahrnehmung, Denken und Bewegungsvorgänge verantwortlich ist. Doch dies sind machtvolle Instrumente. Auf der materiellen Ebene führt der einzige Weg, um Realität zu registrieren, über unser Gehirn, und der Geist muß durch biologische Vorgänge gefiltert werden.

Niemand benutzt das gesamte Gehirn auf einmal. Wir treffen eine Wahl aus einer Reihe von eingebauten Mechanismen. Davon gibt es sieben, wie wir gesehen haben, die sich unmittelbar auf spirituelle Erfahrungen beziehen:

1. Kampf- oder Flucht-Reaktion
2. Reaktive Reaktion
3. Reaktion der ruhevollen Wachheit
4. Intuitive Reaktion
5. Kreative Reaktion
6. Visionäre Reaktion
7. Spirituelle Reaktion

Im Anfangskapitel (»Ein realer und nützlicher Gott«) habe ich jede Reaktion nur mit knappen Worten beschrieben, doch trotz dieser verkürzten Form ist Ihnen sicher deutlich geworden, in welch hohem Maße das spirituelle Leben auf Gewohnheiten oder sogar unbewußten Reflexen beruht:

Die *Kampf- oder Flucht-Reaktion* ist ein primitiver, aus Urzeiten stammender Reflex zum Schutz der eigenen Person, den wir von unseren tierischen Vorfahren geerbt haben. Er versetzt den Körper in Alarmbereitschaft, um äußeren Gefahren und Bedrohungen zu begegnen. Diese Reaktion veranlaßt eine Mutter, zur Rettung ihres Kindes ein brennendes Haus zu betreten.

Die *reaktive Reaktion* bewirkt, daß wir das Ego und seine Bedürfnisse verteidigen. Wenn wir mit anderen konkurrieren und besser sein wollen als sie, kümmern wir uns automatisch um das »Ich« im Gegensatz zum »Du«. Dieser Reflex ist der Motor des Aktienmarkts, der politischen Parteien und religiöser Konflikte.

Ruhevolle Wachheit ist der erste Schritt, um uns von der Außenwelt zu lösen. Diese Reaktion schenkt innere Ruhe auch angesichts von Chaos und Bedrohung. Ruhevolle Wachheit finden wir im Gebet und in der Meditation.

Die *intuitive Reaktion* verlangt von der inneren Welt mehr als Ruhe und Frieden. Auf der Suche nach Antworten und Lösungen wenden wir uns nach innen. Intuition ist verbunden mit Synchronizität, plötzlichen Einsichten und religiösem Erwachen.

Die *kreative Reaktion* durchbricht eingefahrene Denkmuster. Das Bekannte wird aufgegeben, das Unbekannte erforscht. Kreativität ist gleichbedeutend mit Inspiration.

Bei der *visionären Reaktion* hat ein kosmisches »Ich«, das alle Grenzen überschreitet, die Stelle des individuellen Ego eingenommen. Anders als auf den vorherigen Stufen unterliegt es nicht mehr den Naturgesetzen, Wunder werden erstmals möglich. Propheten, Seher und Heiler lassen sich von Visionen leiten.

Die *spirituelle Reaktion* ist völlig frei von allen Begrenzungen. Wir erfahren sie als reine Glückseligkeit, reine Intelligenz, reines Sein. Auf dieser Stufe ist Gott universal und ebenso der Mensch. In jedem Zeitalter kennzeichnet das Spirituelle den vollständig Erleuchteten.

Jede dieser Reaktionen stellt eine natürliche Antwort des menschlichen Nervensystems dar. Wir alle besitzen von Geburt an die Fähigkeit, die ganze Bandbreite dieser Reaktionen zu erfahren. Beispielsweise erzeugt ein Adrenalinstoß angesichts einer drohenden Gefahr den überwältigenden Drang, zu fliehen oder sich zum Kampf zu stellen. Diese Reaktion wird von allen möglichen körperlichen Veränderungen begleitet, wie erhöhte Herzschlagfrequenz, stoßweise Atmung, erhöhter Blutdruck und so weiter. Während der Meditation dagegen reagiert das Nervensystem völlig anders. Die gleichen körperlichen Werte, die in der Kampf- oder Flucht-Reaktion erhöht waren, sind jetzt abgesenkt – subjektiv verspüren wir Ruhe und Frieden.

Die medizinische Forschung läßt an diesen Fakten keinen Zweifel, aber ich möchte noch einen Schritt weiter gehen, einen vielleicht überraschenden Schritt. Ich behaupte, daß das Gehirn in jeder Phase der spirituellen Entwicklung auf einzigartige Weise reagiert. Die wissenschaftlichen Daten über höhere Bewußtseinszustände sind noch sehr unvollständig. Wir wissen jedoch, daß der Körper dem reinen Geist auf seinem inneren Entwicklungsweg folgt. Es gibt Geistheiler, für deren Erfolge die Medizin keine Erklärung hat. Nicht weit entfernt von dem Gebiet im Himalaya, das ich besucht habe, sitzen Yogis viele Monate lang ununterbrochen in Trance, andere lassen sich tagelang in einem fast luftlosen Kasten vergraben oder verringern willentlich ihre Atem- und Herzfunktionen auf beinahe Null. Jede Religion berichtet von Heiligen, die nur wenig oder gar keine Nahrung zu sich nahmen (viele erklärten, sie lebten ausschließlich vom Licht Gottes). Gottesvisionen waren so überzeugend, daß ihre Weisheit sich verbreitete und Millionen Menschen als Leitstern diente; außergewöhnliche Beispiele selbstlosen Handelns und Mitgefühls beweisen, daß der Geist nicht nur vom Egoismus regiert wird.

Wir entscheiden uns für eine Gottesvorstellung, die mit unserer Interpretation der Wirklichkeit übereinstimmt, und diese wiederum hat biologische Wurzeln. Die alten vedischen Seher formulieren es klar und deutlich: »Die Welt ist, wie wir sind.« Wer in einer ständigen Bedrohungssituation lebt, für den ist die Kampf- oder Flucht-Reaktion absolut notwendig. Das gilt für einen Neandertaler, der sich einem Säbelzahntiger gegenübersieht, für den Soldaten in den Schützengräben des Ersten Weltkriegs oder für den wütenden, frustrierten Autofahrer im Stau auf der Autobahn. Jede biologische Reaktion läßt sich einem bestimmten Selbstbild zuordnen:

Reaktion	Die Identität basiert auf ...
Kampf- oder Flucht-Reaktion	Körper/Umwelt
Reaktiver Reflex	Ich und Persönlichkeit
Reaktion der ruhevollen Wachheit	Stiller Beobachter
Intuitive Reaktion	Der Wissende im Inneren
Kreative Reaktion	Mit-Schöpfer neben Gott
Visionäre Reaktion	Erleuchtung
Spirituelle Reaktion	Ursprung aller Dinge

Auf der rechten Seite sehen wir eine klare Abfolge der menschlichen Entwicklungsstufen. Wir werden mit dem Potential geboren, uns von der Stufe des bloßen Überlebens zum Gottesbewußtsein zu entwickeln – eine Fähigkeit, die uns von allen anderen Lebewesen unterscheidet. Ein vollkommener innerer Wachstumsprozeß ist zweifellos eine große Herausforderung. Wenn wir in einem Verkehrsstau stecken, »kochen« wir vor ohnmächtiger Wut – für höhere Gedanken ist da kein Platz mehr. Unter dem Einfluß des Adrenalins empfinden wir uns als gefangen und unfähig, irgend etwas dagegen zu tun.

In einer anderen Situation, etwa, wenn wir um eine Beförderung am Arbeitsplatz kämpfen, sehen wir die Dinge vom Standpunkt des Ego. Unsere Sorge gilt in dem Moment nicht dem Überleben (Ursache der Kampf- oder Flucht-Reaktion bei Tieren), sondern dem beruflichen Fortkommen. Wiederum sind die höheren Reaktionen blockiert – wenn wir aufhören würden zu kämpfen und für unsere Mitbewerber nur noch Liebe empfänden, hätten wir unsere Chancen auf den Job vertan.

Doch auch diese Sichtweise verblaßt auf der nächsten Stufe. Ein Bericht über sterbende Kinder in Afrika oder einen unnötigen Krieg in einem fernen Land weckt in uns vielleicht den Wunsch, eine Lösung des Problems zu finden, oder wir machen uns einfach nur Gedanken über die Sinnlosigkeit des Leidens. Diese höheren Reaktionen sind subtiler, feiner, auch spiritueller. Dennoch reagiert das Gehirn in jeder Situation auf der höchstmöglichen Ebene. Das tiefere Geheimnis, dem wir in diesem Kapitel nachgehen wollen, ist unsere Fähigkeit, von einem Wesen mit tierischen Instinkten zum Heiligen aufzusteigen. Hat jeder Mensch diese Möglichkeit, oder steht dieses Potential nur einem kleinen Bruchteil der Menschheit zur Verfügung? Zur Beantwortung dieser Frage wollen wir die Bedeutung jeder Stufe untersuchen und herausfinden, wie ein Mensch die Leiter inneren Wachstums erklimmt.

Trotz der ungeheuren Flexibilität des Nervensystems fallen wir immer wieder in eingeschliffene Gewohnheiten und Verhaltensmuster zurück, weil wir uns auf unsere alten Prägungen verlassen. Das gilt ganz besonders für unsere Glaubensvorstellungen. Als ich einmal in der Kairoer Altstadt eine Seitenstraße entlangging, sprang ein Mann aus dem Schatten eines Hauses und begann mit lauter Stimme auf einige Passanten einzureden. Da ich kein Arabisch spreche, wußte ich nicht, was er verkündete, aber sein zorniger Gesichtsausdruck ließ darauf schließen, daß seine Predigt etwas mit Gottesfurcht zu tun haben mußte. In jeder Religion gibt es den gleichen Ausdruck von Furcht, wenn ein Mensch davon überzeugt ist, daß die Welt von Bedrohung, Gefahr und Sünde beherrscht wird. Doch jede Religion kennt auch den Ausdruck von Liebe, wenn die Welt als reich, liebevoll und fürsorglich wahrgenommen wird. Es handelt sich zwar immer um Projektionen, aber ich sehe darin keinen Makel. Wir haben das Recht, Liebe, Gnade, Mitgefühl, Wahrheit und Gerechtigkeit auf der transzendenten Ebene zu verehren, ebenso wie wir das Recht haben, Gottes Urteil und Tadel zu fürchten. Wenn die Welt ist, wie wir sind, ist es nur logisch zu akzeptieren, daß auch Gott ist, wie wir sind.

- *Gott, der Beschützer,* gehört in eine Welt des bloßen Überlebens, voll von physischen Bedrohungen und Gefahren.
- *Gott, der Allmächtige,* gehört in eine Welt voller Machtkämpfe und Ehrgeiz, in der gnadenlose Konkurrenz herrscht.

- *Der Gott des Friedens* gehört in eine Welt der inneren Zurückge-
  zogenheit, wo Nachdenken und Kontemplation möglich sind.
- *Gott, der Erlöser,* gehört in eine Welt, in der persönliches Wachstum unterstützt wird und Einsichten sich als fruchtbar erweisen.
- *Gott, der Schöpfer,* gehört in eine Welt, die sich beständig selbst
  erneuert, in der Innovation und Entdeckungen geschätzt werden.
- *Der Gott der Wunder* gehört in eine Welt, in der es Propheten
  und Seher gibt und die spirituelle Vision unterstützt wird.
- *Der Gott des reinen Seins* – »Ich bin« – gehört in eine Welt, die
  alle Grenzen überschreitet, eine Welt der unendlichen Möglichkeiten.

Es ist erstaunlich, auf wie vielen Ebenen das menschliche Nervensystem zu arbeiten in der Lage ist. Wir bewegen uns nicht nur in
diesen unterschiedlichen Dimensionen, wir erforschen und verschmelzen sie auch miteinander und erschaffen uns neue Welten.
Wenn wir nicht erkennen, daß wir in vielen Dimensionen leben,
können wir dem Gottesbegriff nicht gerecht werden.

Als ich ein Junge war, betete meine Mutter einmal um ein Zeichen oder eine Botschaft Gottes – ich glaube, ein Traum hatte sie
tief beeindruckt. Eines Tages stand die Küchentür offen, und eine
große Kobra kroch herein. Als meine Mutter sie erblickte, schrie sie
nicht auf, sondern sank voller Ehrfurcht auf die Knie. In ihren Augen verkörperte diese Schlange den Gott Shiva – ihre Gebete waren
erhört worden.

Die Bewertung dieses Vorfalls hängt ganz von unserer persön-
lichen Interpretation des Geschehens ab. Wenn wir nicht glauben,
Shiva könne die Gestalt eines Tieres annehmen, erscheint es ver-
rückt, ja sogar abergläubisch und primitiv, eine Kobra zu verehren.
Wenn wir jedoch in allen Naturerscheinungen einen Ausdruck
Gottes sehen, haben wir auch die Wahl zwischen verschiedenen
Symbolen. Eines ist gewiß: Niemand kann am Bewußtsein eines
anderen Menschen teilhaben. So sehr ich meine Mutter liebe – die
Verehrung der Kobra war ihre persönliche, einzigartige Reaktion.

Was für sie ein herrliches Symbol Gottes war, mag andere ängstigen oder abstoßen. (Ich erinnere mich, daß ich viele Tage in der Schule unter der Leitung katholischer Mönche dasaß und mich fragte, wie jemand nur vor dem schrecklichen Bild des gekreuzigten Christus knien konnte.)

Ich hatte diese Gedanken einer Gruppe vorgetragen, als eine junge Frau einen Einwand vorbrachte. »Das Wort Projektion verstehe ich nicht. Wollen Sie damit sagen, daß wir Gott nur erfinden?« fragte sie.

»Ja und nein«, antwortete ich. »Eine Projektion ist etwas anderes als eine Halluzination ohne jeden Wirklichkeitsgehalt. Eine Projektion kommt aus dem Innern des Betrachters und definiert daher die Wahrnehmung der Wirklichkeit. Es ist Ihr Zugriff auf die Unendlichkeit.«

»Das heißt, Gott wäre nur ein Kommentar zu meiner Person?« fragte sie weiter.

»Gott kann nicht auf Ihre Person beschränkt sein, aber der Teil Gottes, den Sie erkennen, befaßt sich mit Ihnen, denn zu dieser Wahrnehmung benutzen Sie Ihr Gehirn, Ihre Sinne und Ihr Gedächtnis. Da Sie die Betrachterin sind, ist es angemessen, Gott als ein für Sie persönlich bedeutungsvolles Bild zu sehen.« Mir fielen die beeindruckenden Worte über die Rolle des Betrachters aus dem Brief des Paulus an die Korinther ein: »Jetzt schauen wir in einen Spiegel und sehen nur rätselhafte Umrisse«. Hier zum besseren Verständnis die Zeile im Zusammenhang:

»Als ich ein Kind war, redete ich wie ein Kind, dachte wie ein Kind und urteilte wie ein Kind. Als ich ein Mann wurde, legte ich ab, was Kind an mir war. Jetzt schauen wir in einen Spiegel und sehen nur rätselhafte Umrisse, dann aber (wenn wir Gott begegnen) schauen wir von Angesicht zu Angesicht. Jetzt erkenne ich unvollkommen, dann aber werde ich durch und durch erkennen, so wie ich auch durch und durch (von Gott) erkannt worden bin.«

Dieser Text wird gewöhnlich so interpretiert, daß wir nur eine un-
vollkommene und indirekte Erkenntnis von Gott haben, solange
wir auf den physischen Körper beschränkt sind. Erst am Tag des
Jüngsten Gerichts, wenn wir Gott von Angesicht zu Angesicht
schauen, wird unsere Wahrnehmung rein genug sein, um Gott und
uns selbst zu erkennen. Das ist aber nicht die einzige mögliche
Auslegung der Bibelstelle. Paulus könnte hier sagen, daß der Beobachter, der die Wahrheit erkennen will, letztlich nur sein eigenes
Spiegelbild sieht. Da diese Begrenzung sich nicht umgehen läßt,
sollten wir das Beste daraus machen. Wie ein heranwachsendes
Kind entwickeln wir eine zunehmend vollständige Sichtweise, bis
wir – wie Gott – eines Tages die Ganzheit erkennen. Im Laufe unserer Entwicklung erzählen die wechselnden Spiegelbilder ihre
eigene Geschichte, meist in Symbolen, wie wir sie aus Träumen
kennen – daher die rätselhaften Umrisse.

Auch die Wirklichkeit selbst ist vielleicht nur ein Symbol für das
Wirken Gottes. Der »primitive« Glaube der Antike und des Heiden-
tums, der Gott in jedem Grashalm, jedem Geschöpf und selbst in
der Erde und im Himmel verkörpert sah, enthält in diesem Fall die
höchste Wahrheit. Diese Wahrheit ist das Ziel jeder spirituellen Suche. Jede neue Ebene Gottes bringt uns weiter auf der Reise zu vollkommener Klarheit und unerschütterlichem Frieden.

1. STUFE:
GOTT, DER
BESCHÜTZER

DIE SIEBEN

STUFEN DER

GOTTES-

ERFAHRUNG

DIE KAMPF- ODER FLUCHT-REAKTION

In der Neurologie wird das Gehirn in einen alten und einen neuen Bereich unterteilt. Auf das neue Gehirn dürfen wir stolz sein: Seiner grauen Masse und vor allem der Großhirnrinde verdanken wir alle unsere vernünftigen Gedanken. Shakespeare bezog sich auf das neue Gehirn (und gebrauchte es), als er Hamlet im zweiten Akt die Worte in den Mund legte: »Welch ein Meisterwerk ist der Mensch! wie edel durch Vernunft! wie unbegrenzt an Fähigkeiten!« Allerdings ist Hamlet auch in einen Mordfall verstrickt, der nach Rache schreit; und je mehr er sich mit der Bluttat der Familie befaßt, desto tiefer dringt er in seinen eigenen Geist ein. Das alte Gehirn fordert sein Recht, es kämpft um das Überleben und ist auch bereit zu töten, um sich selbst zu schützen.

Spiegelbild des alten Gehirns ist ein Gott, der in bezug auf höhere Funktionen scheinbar wenig aufzuweisen hat. Er ist urtümlich und ausgesprochen unversöhnlich. Er weiß genau, wer sein Feind ist; Vergeben und Vergessen kennt er nicht. Viele der Eigenschaften, die dem Gott der Stufe eins zuzuschreiben sind, finden wir im Alten Testament:

> Er ist rachsüchtig,
> launenhaft,
> jähzornig,
> eifersüchtig.
> Er richtet – verteilt Belohnung und Strafe,
> ist unergründlich und
> reagiert bisweilen gnädig.

Diese Beschreibung trifft nicht nur auf Jahwe zu, der auch liebevolle und gütige Seiten hatte. Bei den Göttern Indiens und auf dem

Olymp begegnen wir dem gleichen unberechenbaren, gefährlichen Verhalten. Denn auf Stufe eins ist Gott sehr gefährlich: Er
bedient sich der Naturgewalten, um sogar seine Lieblingskinder
mit Stürmen, Fluten, Erdbeben und Krankheiten zu strafen. Die
Prüfung der Gläubigen besteht darin, trotz allem in einer solchen
Gottheit das Gute zu erkennen, und den meisten ist das auch gelungen. In vorgeschichtlicher Zeit war der Mensch unsäglichen
Bedrohungen durch die Natur ausgesetzt, täglich stand sein Überleben auf dem Spiel. Doch wie wir wissen, sollten diese Bedrohungen am Ende nicht den Sieg davontragen. Über allem schwebte
eine göttliche Gegenwart, welche die Menschen beschützte, und
trotz seines furchterregenden Temperaments war Gott, der Beschützer, für das Leben ebenso notwendig wie ein Vater für die
Familie.

Das alte Gehirn ist stur, und stur ist auch der alte Gott. Wie kultiviert sich ein Mensch auch immer benimmt, wenn man tief genug gräbt (Freud hat dies mit dem Freilegen aller Schichten in
einer archäologischen Ausgrabungsstätte verglichen), stößt man
auf primitive Reflexe. Wir wissen genug über diesen Bereich, der
sich im unteren, hinteren Teil des Schädels befindet und dem limbischen System zugeordnet ist, um festzustellen, daß das alte Gehirn sich ähnlich verhält wie Jahwe nach unserer obigen Beschreibung. Das alte Gehirn reagiert nicht logisch. Vielmehr feuert es
Impulse ab, die jede Logik zugunsten heftiger Emotionen und unwillkürlicher Reflexe außer Kraft setzen, und es wittert Gefahr in
jedem dunklen Winkel. Das bevorzugte Verhalten des alten Gehirns besteht darin, zu seiner eigenen Verteidigung um sich zu
schlagen. Aus diesem Grund dient ihm die Kampf- oder Flucht-
Reaktion als wichtigster Auslöser.

»Es ist mir egal, was Sie uns erzählen, es ist etwas Böses daran.
Es hat einen eigenen Willen, und nichts kann es aufhalten.« Bis
jetzt hatte der junge Mann versucht, seine Tränen zu verbergen,
nun aber brach seine Stimme.

»Ich weiß, daß dieser Eindruck entstehen kann«, antwortete ich
traurig. »Aber Krebs ist nur eine Krankheit.« Ich schaute ihn an und
unterbrach meine Erklärung der Strahlenbehandlung seines Kin-

des. Der Vater war außer sich. Aus seinen Worten sprachen Angst und Wut.

»Eines Tages hatte sie Kopfweh, nichts, über das man sich Sorgen zu machen brauchte. Und nun hat es sich verwandelt, in dieses – was auch immer.«

»Astrozytom – das ist eine Art Gehirntumor. Der Tumor Ihrer Tochter hat Grad IV erreicht, das heißt, er ist inoperabel und wächst sehr rasch.«

Dieses Gespräch liegt jetzt mehr als zehn Jahre zurück. Die Eltern, einfache Leute, waren damals Anfang Dreißig und hatten keinerlei Erfahrung im Umgang mit einer solchen Katastrophe. Vor knapp vierundzwanzig Stunden hatten sie ihre zwölfjährige Tochter, die immer wieder über Schwindelanfälle und Schmerzen hinter den Augen geklagt hatte, in die Klinik gebracht. Nach einer Reihe von Tests wurde eine bösartige Geschwulst festgestellt. Da Krebs bei Kindern rasch wächst, waren die Heilungschancen vermutlich sehr gering.

»Wir werden nicht aufgeben«, sagte ich. »Es müssen medizinische Entscheidungen getroffen werden, und dabei brauchen wir Ihre Hilfe.« Die Eltern waren wie betäubt. »Wir alle beten für Christina«, fuhr ich fort. »Manchmal liegt es einfach bei Gott.«

Das Gesicht des Vaters verfinsterte sich wieder. »Gott? Er hätte die ganze verdammte Sache von vornherein verhindern können. Wenn er solch eine sinnlose Tragödie geschehen läßt, warum sollten wir uns dann vormachen, er würde sie wieder rückgängig machen?«

Ich gab keine Antwort, und die Eltern wandten sich zum Gehen. »Sagen Sie ihnen einfach, sie sollen mit diesen Behandlungen anfangen. Wir werden es irgendwie durchstehen«, sagte der Vater. Er legte den Arm um seine Frau und ging mit ihr zurück zum Krankenbett ihres Kindes.

Die Hoffnung hatte versagt in diesem Moment der Krise, das bedeutet, wenn wir ganz ehrlich sind, Gott hatte versagt – der Gott der Stufe eins, der seine Kinder beschützen müßte. In einer Krise werden wir alle auf ein tiefes Gefühl der körperlichen Bedrohung zurückgeworfen, nicht nur bei einer Krebsdiagnose. Auch der Ver-

lust des Arbeitsplatzes kann wie eine Sache von Leben und Tod erfahren werden. Paare, die sich einen erbitterten Scheidungskampf
liefern, behandeln den ehemaligen Partner oft wie einen Todfeind.

Gottes Rolle als Beschützer ist so langlebig, weil das alte Gehirn
schon seit Urzeiten auf die gleiche Weise funktioniert. Unsere primitiven Reaktionen auf Gefahr haben eine Ursache, die sich nicht
so leicht abschaffen läßt, und das liegt an der Struktur des menschlichen Gehirns. Das alte Gehirn veranlaßt das endokrine System
dazu, Adrenalin in den Kreislauf auszuschütten, und zwingt so den
Körper – was immer das höhere Gehirn auch darüber denken
mag – zu tun, was ihm befohlen wird.

Versetzen Sie sich einmal in die Lage eines unschuldig Angeklagten. Stellen Sie sich vor, ein Unbekannter habe Beschuldigungen gegen Sie vorgebracht, und Sie sind gezwungen, vor Gericht zu
erscheinen. Trotz Ihrer Pflicht, den Regeln des Rechtsstaats gemäß
der Aufforderung nachzukommen, tauchen ganz gewiß bestimmte
primitive Gefühle in Ihnen auf, und diese sind durchaus alttestamentarischer Natur:

- Sie wollen es Ihrem Gegner heimzahlen. (Jahwe ist *rachsüchtig*.)
- Sie unternehmen alles Menschenmögliche, um Ihre Sache zu
  beweisen. (Jahwe ist *launisch*.)
- Sie kochen vor Wut, wenn Sie an das erlittene Unrecht denken.
  (Jahwe ist *jähzornig*.)
- Sie verlangen größtmögliche Aufmerksamkeit vom Gericht,
  denn Sie sehen nur Ihre Seite. (Jahwe ist *eifersüchtig*.)
- Sie wollen, daß Ihr Gegner bestraft wird, nachdem sich Ihre Unschuld herausgestellt hat. (Jahwe richtet, er *verteilt Belohnung
  und Strafe*.)
- Sie liegen nachts wach und fragen sich, wie Ihnen das passieren
  konnte. (Jahwe ist *unergründlich*.)
- Sie finden Trost in dem Glauben, daß das Gericht letztlich kein
  ungerechtes Urteil fällen wird. (Jahwe ist *zuweilen gnädig*.)

(Ich möchte noch einmal betonen, daß Jahwe nur als erläuterndes
Beispiel dient – man hätte auch Zeus oder Indra nehmen können.)

Der Gott der Stufe eins hat die Aufgabe, die Menschen zu beschützen. Deshalb versagt er, wenn die Schwachen einer Krankheit,
Tragödien oder der Gewalt zum Opfer fallen. Wenn wir aber der
Gefahr entrinnen und die Krise überleben, ist Gott erfolgreich. Im
Augenblick des Sieges fühlen sich Gottes Anhänger als Auserwählte. Sie triumphieren über ihre Feinde und wähnen sich noch
einmal (zumindest zeitweise) in Sicherheit, da der Himmel doch
auf ihrer Seite ist.

Die Vernunft lehrt uns, daß Gewalt Gegengewalt erzeugt – wir
wissen das ohne jeden Zweifel, nicht zuletzt durch die tragische
Geschichte des Krieges. Und doch gibt es eine Mauer zwischen der
Logik des neuen Gehirns, die auf Überlegung, Beobachtung und
der Fähigkeit beruht, über den reinen Überlebenstrieb hinauszugehen, und dem alten Gehirn. Dieses kämpft zuerst – oder rennt
weg – und stellt erst später Fragen.

DIE SIEBEN FRAGEN UND ANTWORTEN

WER BIN ICH?
Jemand, der überlebt.

Die Grundfrage »Wer ist Gott?« wirft auf jeder Stufe unmittelbar weitere Fragen auf. Die erste lautet: »Wer bin ich?« Auf Stufe eins beruht die Identität auf dem physischen Körper und der Umwelt. Hier geht es in erster Linie ums Überleben. Die Geschichte der biblischen Völker zeigt, daß die Hebräer in einer lebensfeindlichen Welt besser überleben konnten als in einer sinnlosen. Ihr Leben war sehr hart – nur mit unendlicher, ausdauernder Mühe konnten sie dem Land eine Ernte abgewinnen. Sie hatten zahlreiche Feinde. Da sie sich im Zentrum einer riesigen nomadischen Kultur befanden, waren die Hebräer gefangen in einer unendlichen Abfolge von Wanderungen. Wie war ein solches Dasein, das vom bloßen Überlebenskampf geprägt war, mit irgendeiner Art von gütigem Gott in Einklang zu bringen?

Eine Lösung bestand darin, ihn als einen launischen und unberechenbaren Vater anzusehen. Diese Rolle wird mit großer dramatischer Überzeugungskraft ausgeführt im Buch Genesis, das den Sündenfall von Adam und Eva sehr viel ausführlicher beschreibt als ihre Erschaffung.

Das erste Menschenpaar war der Inbegriff der ungehorsamen Kinder. Ihre Sünde bestand darin, daß sie Gottes Gebot, nicht vom Baum der Erkenntnis zu essen, mißachteten. Wenn wir den symbolischen Gehalt dieser Handlung untersuchen, so sehen wir einen Vater, der eifersüchtig über seine väterlichen Vorrechte wacht: Er weiß alles am besten, er hat die Macht, sein Wort ist Gesetz. Um diese Position aufrechtzuerhalten, müssen die Kinder Kinder bleiben. Aber sie sehnen sich danach, erwachsen zu werden und dann über das gleiche Wissen zu verfügen wie der Vater. Normalerweise wird das akzeptiert, doch Gott ist der einzige Vater, der niemals selbst Kind war. Das macht ihn nur noch unsympathischer, denn sein Zorn gegen Adam und Eva ist irrational in seiner Härte. Hier sein Fluch gegen Eva:

> »Ich will dir viel Mühsal schaffen, wenn du schwanger wirst, unter Mühen sollst du Kinder gebären. Und dein Verlangen soll nach deinem Manne sein, aber er soll dein Herr sein.«

Eva steht so sehr im Ruf, die Verführerin des Mannes zu sein, daß wir eines vergessen – sie tritt erst dann verführerisch auf, als Gott sie dazu gemacht hat. »Dein Verlangen soll nach deinem Manne sein« ist Teil des Fluchs, ebenso wie die Schmerzen bei der Geburt. Der Rest der Familie muß den Fluch ertragen, der über Adam ausgesprochen wird:

> »... verflucht sei der Acker um deinetwillen! Mit Mühsal sollst du dich von ihm nähren dein Leben lang. Dornen und Disteln soll er dir tragen, und du sollst das Kraut auf dem Felde essen. Im Schweiße deines Angesichts sollst du dein Brot essen, bis du wieder zu Erde werdest, davon du genommen bist. Denn du bist Erde und sollst zu Erde werden.«

Diese ganze Szene, die damit endet, daß Adam und Eva schmachvoll aus dem Paradies vertrieben werden, spaltet auch eine Familie: Zerstört ist der vertraute Umgang aus der Zeit, als Gott sich zusammen mit seinen Kindern im Garten Eden erfreute. Wenn auch das Paradies rasch zu einem Traum verblaßte – bald sollte Kain seinen Bruder Abel töten –, so prägte sich doch die Lektion um so tiefer ein: Die Menschen sind schuldig. Sie allein sind verantwortlich dafür, daß die Welt hart und schwierig ist; sie haben es sich selbst zuzuschreiben, daß die Geburt voller Schmerzen ist und daß der Mensch seinen Lebensunterhalt einer ihm fremd und feindlich gewordenen Erde abringen muß.

Die Schöpfungsgeschichte ist etwa zweitausend Jahre vor Christi Geburt entstanden. In ihrer endgültigen Fassung wurde sie von

Tempelschreibern niedergelegt, vermutlich erst tausend Jahre nach ihrer Entstehung. Die Frauen waren den Männern schon lange zuvor unterworfen, und die Mühen des Ackerbaus und der Geburt sind so alt wie die Menschheit. Für den Gott der Stufe eins mußte also auf bereits bestehende Verhältnisse zurückgegriffen werden.

Wenn sich die frühesten Verfasser des Alten Testaments fragten: »Wer bin ich?«, dann wußten sie, daß sie Sterbliche waren, die von Krankheiten und Hungersnöten geplagt wurden. Sie hatten unzählige Säuglinge bei der Geburt sterben sehen, und auch deren Mütter überlebten dabei oft nicht. Diese Dinge mußten einen Grund haben. Also fanden die Begriffe Sünde, Ungehorsam und Unwissen Eingang in die familiäre Beziehung zu Gott. Dennoch blieb Gott anwesend – er wacht über Adam und Eva trotz des ausgesprochenen Fluchs. Nach einer Weile findet er ihren Nachkommen Noah untadelig genug, um ihn vor dem Todesurteil zu erretten, das er selbst über alle Nachkommen der ersten Menschheitsfamilie ausgesprochen hatte.

Hier tritt jedoch eine weitere Ironie der Geschichte zutage. Die einzige Beteiligte an der Episode von Eva und dem Apfel, die die Wahrheit sagt, ist scheinbar die Schlange. Sie flüstert Eva ins Ohr, daß Gott ihnen verboten habe, vom Baum der Erkenntnis über Gut und Böse zu essen, weil sie dann wissend sein würden wie Gott selbst. Als Eva vorbringt, sie dürften von den verbotenen Früchten nicht essen, weil sie sonst sterben würden, antwortet die Schlange:

> »Ihr werdet keineswegs des Todes sterben, sondern Gott weiß: An dem Tage, da ihr davon esset, werden eure Augen aufgetan; und ihr werdet sein wie Gott und wissen, was gut und böse ist.«

Die Schlange führt ihnen eine Welt der Bewußtheit, Unabhängigkeit und Entscheidungsfreiheit vor Augen – alles Dinge, die sich auf Wissen gründen. Mit anderen Worten, die Schlange rät den Kindern Gottes, erwachsen zu werden, und dieser Versuchung können sie natürlich nicht widerstehen. Wer könnte das? (Der bekannte Mythenforscher Joseph Campbell hebt hervor, daß die um-

herwandernden hebräischen Stämme sich zu jener Zeit in einem
Gebiet aufhielten, in dem in der herrschenden Religion eine weise,
gütige Erdgöttin verehrt wurde, deren Symboltier die Schlange war.
Die Priester der israelitischen Stämme verkehrten diese Konstella-
tion in ihr Gegenteil: Sie machten die Frau zum Schurken in diesem Spiel und eine hinterlistige Schlange zu ihrer Verbündeten.)

Weshalb widersetzte sich Gott der natürlichen Entwicklung seiner Kinder? Warum wollte er nicht, daß sie Wissen erlangten? Er
verhält sich wie der schlimmste aller mißhandelnden Väter, indem
er Angst und Schrecken benutzt, um seine Nachkommen in einem
infantilen Zustand zu halten. Nie wissen sie, wann er sie das nächste Mal strafen wird, und, was noch schlimmer ist, er läßt sie im
Ungewissen darüber, ob der ursprüngliche Fluch jemals aufgehoben werden wird. Gute und schlechte Taten werden gegeneinander
aufgewogen, Belohnung und Strafe werden vom Richtertisch aus
verteilt, und doch kann die Menschheit der Schuldenlast nicht entrinnen, ganz gleich, wie tugendhaft sie ist.

Besser als den Gott der Stufe eins streng zu verurteilen ist die Erkenntnis, wie realistisch er ist. Viele Menschen leiden unter einem
schweren Schicksal, das tiefe seelische Wunden in der Familie hinterlassen hat. Jeder von uns trägt Erinnerungen an die schwierige
Phase des Erwachsenwerdens mit sich herum, und jeden Augenblick können alte Kindheitsängste wieder wach werden. Der Teil
unserer Persönlichkeit, der ums Überleben kämpft, lauert gleich
unter der Oberfläche unseres Wesens, ebenso wie das schuldbe-
wußte Kind. Der Gott der Stufe eins heilt die Wunden und bestärkt
uns in dem Glauben, daß wir überleben werden. Gleichzeitig erhält er unsere Bedürfnisse am Leben. Solange wir einen Beschützer
brauchen, klammern wir uns an die Rolle des Kindes.

WELCHE ROLLE SPIELE ICH IN DER WELT?
Ich komme zurecht.

Auf der ersten Stufe gibt es keinen Hinweis auf eine bevorzugte
Stellung des Menschen im Kosmos – ganz im Gegenteil. Die Na-

turkräfte sind blind, und ihre Macht steht außerhalb unserer Kontrolle. Neulich sah ich einen Bericht über eine kleine Stadt in Arkansas, die mitten in der Nacht von einem Tornado heimgesucht worden war. Wer überlebt hatte, war von dem ohrenbetäubenden Lärm wach geworden und geistesgegenwärtig genug gewesen, sich in den Keller zu retten. Als die Bewohner die Trümmer ihres Lebens betrachteten, flüsterten sie den immer gleichen Satz: »Ich verdanke mein Leben der Gnade Gottes.«

Dabei bedachten sie nicht (und sagten es auch nicht), daß der gleiche Gott den Sturm geschickt haben konnte. In Krisensituationen suchen die Menschen nach Wegen, die Krise zu bewältigen, und auf der ersten Stufe ist Gott ein solcher Bewältigungsmechanismus für alle Situationen, in denen das Überleben bedroht ist. In den schlimmsten Ghettovierteln, die von Drogen und Straßenkriminalität beherrscht werden, findet man auch den stärksten Glauben. Katastrophen steigern unsere Fähigkeit zur Bewältigung der Situation über ihre Grenzen hinaus. Ein Beispiel ist der willkürliche Tod von Kindern bei Schießereien in der Schule. Um der Verzweiflung zu entkommen, projizieren die Menschen ihre Hoffnungen über die Hoffnungslosigkeit hinaus auf Gott und finden Trost darin, daß er sie beschützen will.

WIE FINDE ICH GOTT?
Durch Furcht und liebende Hingabe.

Wenn Gott auf der ersten Stufe ein ambivalenter Gott ist, der mit einer Hand belohnt und mit der anderen straft, dann wird er auch auf zweierlei Weise erlebt. Beide, Furcht und Liebe, kommen ins Spiel. Für das biblische Geheiß, »Gott den Herrn zu lieben von ganzem Herzen, mit aller Kraft und von ganzer Seele«, gibt es immer ein Gegengewicht. Die Anordnung, den »Herrn zu fürchten«, wird in allen Religionen ausdrücklich formuliert, auch wenn der Glaube angeblich auf Liebe gegründet ist. (Jesus spricht ganz offen von den Übeltätern, die »ausgestoßen werden in die Finsternis hinaus; da wird sein ein Heulen und Zähneklappern«.)

Damit wird im Grunde genommen eine ambivalente Haltung verhindert. Eine gewisse Art von Frieden kennzeichnet Familien, in denen den Kindern gesagt wird, sie sollten ihre Eltern einfach lieben, während sie insgeheim auch Zorn, Haß und Eifersucht empfinden – »offiziell« gibt es eben nur positive Gefühle. Von außen mag das nach einem falschen Frieden aussehen, aber für die Familienmitglieder funktioniert es. Die Negativität ist damit natürlich nicht wirklich verbannt. Aber man muß schon sehr erwachsen sein, um mit einer Ambivalenz leben zu können, in der sich Hell und Dunkel, Liebe und Haß ständig vermischen. Auf Stufe eins wird dieser Weg nicht beschritten.

Einer meiner Freunde erzählte mir eine rührende Geschichte über den Tag, an dem er seiner Meinung nach erwachsen wurde. Er war ein behütetes, sogar verhätscheltes Kind, dessen Eltern niemals verschiedener Meinung waren. Sie zogen eine scharfe Grenze zwischen dem, was die Erwachsenen der Familie untereinander diskutierten und was sie ihren Kindern sagten. Das ist psychologisch richtig, und mein Freund erinnert sich an eine beinahe idyllische Kindheit ohne Ängste und Konflikte.

Als er etwa zehn Jahre alt war, erwachte er eines Nachts und hörte Lärm aus dem unteren Stockwerk. Angst kroch in ihm hoch, denn er war sicher, daß sich dort ein Verbrechen abspielte. Wenig später wurde ihm klar, daß seine Eltern laut miteinander stritten. In großer Bestürzung sprang er auf und lief nach unten. In der Küche fand er seine Eltern, die sich feindselig gegenüberstanden.

»Wenn du ihr was antust, bring ich dich um!« schrie er und stürzte sich auf den Vater. Die Eltern waren verwirrt und bemühten sich, den Jungen zu beruhigen. Es hatte keine Gewalt, nur eine ärgerliche Auseinandersetzung gegeben. Obgleich er die Situation schließlich verstand, hatte sich tief in seinem Inneren etwas verändert. Seine Welt war nicht mehr perfekt.

Er hatte einen Vorgeschmack von jener Mischung aus Liebe und Zorn, Frieden und Gewalt bekommen, mit der wir alle leben müssen. An die Stelle von Gewißheit war Mehrdeutigkeit getreten, denn die Menschen, denen er einst vertraut hatte, hatten ihm ihre dunkle Seite gezeigt. Das gleiche gilt für uns und im weiteren Sinne auch für Gott.

Wir alle stehen vor der Aufgabe, diesen Konflikt zu lösen, wenn auch auf unterschiedliche Weise. Einige Kinder versuchen, sich ihre Unschuld zu bewahren, indem sie leugnen, daß es auch das Gegenteil gibt. Sie verwandeln sich in Idealisten und Menschen mit Wunschdenken. Sie neigen stark dazu, alles »Negative« zu verleugnen, und warten ängstlich darauf, daß sich die Situation zum »Positiven« wendet. Andere Kinder ergreifen Partei. Sie schreiben alle angstauslösenden Züge einem schlechten Elternteil zu, während der andere stets gut ist. Beide Taktiken gehören zur Kategorie der Bewältigungsstrategien. Deshalb ist es nicht verwunderlich, daß sie in den Glaubensbereich der Stufe eins hineinspielen, die sich mit solchen Strategien befaßt.

Auf kosmische Dimensionen übertragen entspricht die Einteilung in einen guten und einen schlechten Elternteil dem Kampf zwischen Gott und dem Satan. Das alte Testament liefert uns reichlich Beweise dafür, daß Jahwe willkürlich und grausam genug ist, um die Rolle des schlechten Elternteils zu übernehmen. Selbst einem Mann von geradezu übermenschlicher Gerechtigkeit wie Moses ist es am Ende versagt, das verheißene Land zu sehen. Furcht und Liebe können niemals groß genug sein, um diesen Gott zufriedenzustellen. Seine Launenhaftigkeit ist grenzenlos.

Da diese Charakterisierung jedoch eigentlich nicht akzeptabel ist, muß es einen Widersacher (die wörtliche Bedeutung von Satan) geben, um Gott von der Schuld zu entlasten. Satan erscheint im Alten Testament als Verführer zur Sünde, als Täuscher, als Dieb der Seelen und als gefallener Engel Luzifer, der aus Stolz Gottes Macht zu erobern trachtete und dafür in die Hölle geworfen wurde. Man könnte ihn als »verdorbenes« Licht bezeichnen. Niemals wird er jedoch als Aspekt Gottes beschrieben. Die Trennung zwischen beiden vereinfacht die Geschichte, ebenso wie die Trennung in einen guten und einen schlechten Elternteil die Situation für ein Kind überschaubar macht.

Es gibt in der Religion eine weitere Bewältigungsstrategie, bei der das Negative geleugnet und stets das Positive hervorgehoben wird. Man muß schon sehr viel Unrecht übersehen, um Gott ausschließlich als gütig erscheinen zu lassen, aber den Gläubigen gelingt das. Wenn es mehrere Kinder in der Familie gibt, sind die Interpretationen im Familiendrama festgelegt. Ein Kind ist absolut davon überzeugt, daß es niemals Mißhandlung oder Konflikte gegeben hat, während das andere sicher ist, daß sie ununterbrochen vorhanden waren. Die Macht der Interpretation ist vom Bewußtsein abhängig – für uns existieren nur die Dinge, die uns bewußt sind, unabhängig davon, ob andere sie für real halten. Auf die Religion bezogen heißt das: Ein Teil der Gläubigen gibt sich damit zufrieden, Gott gleichzeitig zu lieben und zu fürchten. Diese Dualität bedeutet keinerlei Verdammung, Gott ist immer noch »vollkommen« (das heißt, er handelt stets »richtig«), denn diejenigen, die er bestraft, müssen Unrecht haben.

In diesem Fall ist der Glaube abhängig von einem deterministischen Wertesystem. Wenn ich krank werde, muß ich gesündigt haben, selbst wenn ich mir dessen nicht bewußt bin. Ich muß mein Inneres so lange prüfen, bis ich den Makel finde, und dann werde ich Gottes gerechtes Urteil erkennen. Für Außenstehende scheint das mißhandelte Kind mit perverser Logik einen Weg zu suchen, um sich selbst ins Unrecht zu setzen, damit der grausame Erwachsene recht haben kann. Auf Stufe eins hat Gott immer recht. Andernfalls wäre die Welt für uns viel zu gefährlich.

WAS IST DAS WESEN VON GUT UND BÖSE?
Gut sind Sicherheit, Bequemlichkeit, Nahrung, Schutz und Familie.
Böse sind körperliche Bedrohung und Verlassensein.

Besonders in einer Zeit des fortschreitenden Werteverfalls sehnen sich zahlreiche Menschen nach einer absoluten Norm für Gut und Böse. Auf Stufe eins erscheinen die Kategorien von Gut und Böse klar getrennt. Gut entspricht Sicherheit, Böse der Gefahr. Ein gutes Leben bietet materielle Belohnungen – Nahrung, Kleidung, Schutz und eine liebende Familie. Wer hingegen ein schlechtes Leben führt, wird verlassen, bleibt zurück, wird ein Opfer physischer Gewalt. Aber ist das Bild tatsächlich so eindeutig?

Wieder muß das Familiendrama als Beispiel herangezogen werden. Sozialarbeiter sind sich bewußt, daß mißhandelte Kinder den merkwürdigen Wunsch haben, ihre Eltern zu verteidigen. Selbst nach jahrelangen Mißhandlungen und emotionaler Grausamkeit ist es oft fast unmöglich, sie dazu zu überreden, gegen ihre Eltern auszusagen. Ihr Bedürfnis nach einem Beschützer ist zu stark – man könnte sagen, Liebe und Grausamkeit sind so eng ineinander verstrickt, daß die Psyche nicht in der Lage ist, sie zu trennen. Versucht man, das Kind aus der mißhandelnden Umgebung herauszunehmen, verspürt es eine tiefe Angst, die Quelle seiner Liebe zu verlieren. Auch im Erwachsenenalter hört die Verwirrung nicht auf. Da das alte Gehirn ein überwältigendes Bedürfnis nach Sicherheit hat, verteidigen sehr viele mißhandelte Frauen ihren Mann und kehren zu ihm zurück. Gut und Böse verwirren sich hoffnungslos.

Der Gott der Stufe eins ist genauso ambivalent. Vor zwanzig Jahren las ich eine ergreifende Fabel über eine Stadt, in der alles vollkommen ist: In dieser Stadt sind alle Menschen glücklich und gesund, das Wetter ist immer schön. Das einzig Geheimnisvolle besteht darin, daß jeden Tag einige Bewohner fortgehen, schweigend, ohne Erklärung. Niemand weiß den Grund dafür, aber das Phänomen bleibt. Schließlich stellt sich heraus, daß ein einziges Kind von seinen Eltern im Keller gefangengehalten und insgeheim gequält wird. Diejenigen, die fortgehen, kennen das Geheimnis; für sie ist die Stadt nicht mehr vollkommen. Die große Mehrheit weiß nichts davon, oder wenn sie es weiß, verschließt sie die Augen davor.

Fabeln lassen sich unterschiedlich deuten – diese trifft jedoch eine Aussage über den Gott der Stufe eins. Selbst wenn er als gütiger Vater verehrt wird, der uns niemals Schuld auferlegt hat, haftet seiner Güte doch der Makel des Leidens an. Ein Vater, der Liebe und Großzügigkeit schenkt, gilt nur als guter Vater, solange er kein Kind quält. Wer sich selbst als Kind Gottes betrachtet, muß sich mit diesem Problem auseinandersetzen. Wie in der Fabel wird es meist totgeschwiegen, weil das Sicherheitsbedürfnis zu groß ist. Außerdem sind unsere Fähigkeiten zur Krisenbewältigung begrenzt.

WAS IST FÜR MICH DIE WICHTIGSTE HERAUS-
FORDERUNG?
Zu überleben, zu beschützen und zu erhalten.

Auf jeder Stufe Gottes gibt es eine Herausforderung, die als höchstes menschliches Streben definiert werden kann. Gott existiert,
um uns zu inspirieren, und wir drücken das in den Zielen aus, die
wir uns selbst setzen. Ein Ziel ist die Grenze des Möglichen. Auf der
ersten Stufe werden die Grenzen durch die physischen Umstände
gezogen. Überleben ist das höchste Ziel in einer bedrohlichen Umwelt, wie zum Beispiel bei einer Schiffskatastrophe, einem Krieg,
einer Hungersnot oder in einer Familie, in der Mißbrauch geschieht. Dennoch muß Gott auf jeder Stufe die ganze Bandbreite
der menschlichen Möglichkeiten berücksichtigen – auch in
schlimmsten Situationen strebt ein Mensch nach mehr, als nur die
Lage zu bewältigen.
    Man könnte annehmen, der nächste Schritt sei die Flucht. Auf
Stufe eins wird sie jedoch vom Wirklichkeitsprinzip verhindert.
Ein Kind kann seiner Familie nicht entkommen, ebenso wie Opfer
von Hungerkatastrophen häufig der Dürre nicht entfliehen können. Der Geist versucht daher, Gott zu imitieren. Da Gott der Beschützer ist, versuchen wir, das Wertvollste in unserem Leben zu
schützen. Beschützer kennen wir in vielerlei Gestalt: Polizisten
schützen das Gesetz, Feuerwehrleute schützen die Sicherheit, Sozialarbeiter schützen die Hilflosen. Anders gesagt, Stufe eins ist die
sozialste der sieben Welten, mit denen wir uns befassen werden.
Hier lernt der Mensch Verantwortung und Fürsorge.
    Die Belohnung für den Schutz anderer liegt in der Liebe und dem
Respekt, die sie dem Beschützer entgegenbringen. Mit welcher Wut
reagieren Polizisten darauf, wenn sie gerade von denjenigen ver-
höhnt werden, für deren Schutz sie verantwortlich sind (beispielsweise bei Aufständen, politischen Demonstrationen und in Vierteln,
deren Bewohner verschiedenen Rassen angehören)! Der Beschützer
möchte respektiert werden. Regeln und Gesetzen gegenüber ist er
unbeugsam. Als Wächter sieht er überall Gefahr und möchte die
Bürger »zu ihrem eigenen Besten« an der Leine halten. Im Grunde ist

das eine elterliche Haltung, und Polizisten sind häufig im guten wie im schlechten Sinne väterlich. Ist der Täter reumütig, sind sie geneigt, die Gesetzesübertretung rasch zu vergeben. Zeigt der Übeltäter jedoch keine Reue, trifft ihn die ganze Härte des Gesetzes. Offene Verachtung ist die schlimmste Reaktion für einen Beschützer, der sich dann berechtigt fühlt, nach dem Buchstaben des Gesetzes vorzugehen, genauso wie Jahwe sich im Recht fühlte, Übertretungen seiner Gesetze zu bestrafen. Die göttliche Herrschaft konnte selbst für das auserwählte Volk sehr grausam sein, aber die Menschen außerhalb dieses Gesetzes (das heißt die Angehörigen einer anderen Religion) verdienten keine Gnade.

WAS IST MEINE GRÖSSTE STÄRKE?
Mut.

WAS IST MEIN GRÖSSTES HINDERNIS?
Angst vor Verlust, Angst vor dem Verlassensein.

Das Überleben in einer harten Umwelt verlangt angesichts widriger Umstände ganz offensichtlich Mut. Das Alte Testament ist die Welt von Helden wie Samson oder David, die Kämpfe austragen und Feinde besiegen. Ihr Sieg beweist, daß Gott sie mit Wohlwollen betrachtet. Wie wir jedoch wissen, läßt sich dieser Gott durch keine noch so große Anstrengung besänftigen. Der Mut, gegen andere zu kämpfen, muß sich schließlich wandeln zu dem Mut, ihm selbst entgegenzutreten.

In der Familienkonstellation beobachten wir hier einen Teufelskreis. Ein Kind, das sich vor dem gewalttätigen und unberechenbaren Vater fürchtet, wird bei dem Gedanken an eine offene Konfrontation mit ihm noch mehr Angst haben. Die Angst verstärkt also den Impuls, sich zu ducken. Da sie somit kein Ventil hat, steigert das Nachgeben wiederum die Angst. Der einzige Ausweg aus dem Dilemma liegt in der Überwindung des Hindernisses. Das gleiche gilt auch für jede Stufe Gottes. Ebenso wie in der Familie kann der

Anhänger eines furchterregenden Gottes nicht auf eine höhere
Stufe gelangen, wenn er nicht irgendwann aufschreit: »Ich habe es
satt, Angst zu haben. Wenn ich mich vor deinem Zorn verstecken
muß, bist du nicht mein Gott.«

Im gesellschaftlichen Umfeld können wir dieses Verhaltensmuster in der Rebellion gegen Autoritäten erkennen. Ein Polizist, der in
einem Korruptionsfall gegen seine Kollegen aussagt, vollzieht eine
Gratwanderung. Für die einen ist er ein Verräter, für die anderen folgt
er seinem Gewissen. Was ist die Wahrheit? Das hängt ganz von den
gesetzten Zielen ab. Korruption ist unvermeidlich, und da das System erhalten bleiben soll, müssen die Verantwortlichen entscheiden, wieviel Korruption es im Namen des Gemeinwohls verträgt.
Mütter und Väter treffen bei den Fehlern ihrer Kinder solche Entscheidungen jeden Tag, ebenso auch Polizisten bei Gesetzesübertre-
tungen. Andere sehen das gleiche System und entscheiden, daß es
nicht richtig sein kann, die Gesetze zu übertreten, die man eigentlich
schützen soll. Eltern können ihre Kinder nicht lehren, die Wahrheit
zu sagen, wenn sie selbst Lügner sind; Polizisten können nicht Beste-
chungsgelder annehmen und gleichzeitig Schurken festnehmen.

Es gibt keine klare Trennungslinie. Wie die institutionalisierten
Religionen zeigen, ist es möglich, lange Zeit mit einem zornigen,
eifersüchtigen, ungerechten Gott zu leben, obschon er auch die
Rolle des höchsten Richters innehat. Auf keiner Seite der Trennungslinie ist es besser; vielmehr müssen wir lernen, mit der Ambivalenz zu leben.

Die wichtige Frage ist eine psychologische Entscheidung. Mit
wieviel Angst können wir leben? Sobald dieses Hindernis überwunden ist, sobald die persönliche Integrität wichtiger ist als die
Zugehörigkeit zum System, erreichen wir eine neue Ebene. Daher
die Begeisterung vieler Anti-Kriegsdemonstranten, für die die Demonstrationen gegen die herrschenden Autoritäten die Geburt
einer neuen Ethik waren, die sich an Prinzipien, nicht an äußeren
Zwängen orientierte. Wenn man dies in einen inneren Konflikt
übersetzt, in dem die eine Stimme zur Rebellion aufruft, während
die andere mit Strafe für die Übertretung des Gesetzes droht, dann
erkennt man das Grunddrama von Stufe eins.

WORIN BESTEHT MEINE GRÖSSTE VERSUCHUNG?
Tyrannei.

In der Geschichte von Adam und Eva wurden die Kinder Gottes anscheinend zur Sünde verführt, aber in meinen Augen ist das nur die offizielle Version. Ungehorsam ist eine Gesetzesübertretung, weil der Wächter möchte, daß wir gehorchen. Die eigentliche Versuchung auf seiten Gottes wie auch auf seiten des Beschützers, der in seinem Namen handelt, besteht darin, ein Tyrann zu werden. Tyrannei ist Schutz, der zu weit geht. Sie herrscht in Familien, in denen Eltern zwischen Regeln und Freiheit keinen Ausgleich finden. Sie besteht in Gesellschaftssystemen, in denen die Gnade vergessen wurde.

Der Wunsch zu herrschen ist so verführerisch, daß wir uns mit dieser Versuchung wohl nicht weiter zu befassen brauchen. Interessanter ist die Frage, wie man ihr entgehen kann. In der Regel muß der Tyrann abgesetzt, gewaltsam gestürzt werden. In Gesellschaften wie auch in Familien geschieht das häufig durch Gewalt. Die Kinder rebellieren, indem sie die Autorität in symbolischer Form töten – in der Pubertät beispielsweise durch tollkühnes Verhalten, wenn Teenager betrunken Auto fahren. Neben Gewaltanwendung gibt es eine subtilere Methode, der Versuchung zu entgehen, nämlich, ihre Notwendigkeit zu durchschauen. In Mafia-Filmen betreiben die Gangster stets ein System organisierter Schutzgeld-Erpressung. Unter dem Vorwand, Schaden von dem Ladenbesitzer abzuwenden, verkaufen sie ihm ihren Schutz als Versicherung. Dieses System funktioniert jedoch nur mit Hilfe einer Lüge, denn die Bedrohung, die unter Kontrolle gehalten werden soll, kommt von den Gangstern selbst – sie sind Bedrohung und Versicherung in einem. Auf den spirituellen Bereich übertragen, kann Gottes Schutz nur dann akzeptiert werden, wenn man gleichzeitig leugnet, daß er auch die Bedrohung darstellt. Da letztlich nichts außerhalb Gottes existiert, ist eine Bitte um Schutz vor Sturm, Hungersnot, Krankheit und Unglück eine Bitte an den Missetäter selbst.

In einer psychiatrischen Fallstudie las ich von einem Vater, der sich große Sorgen wegen seiner dreijährigen Tochter machte. Das kleine Mädchen hatte Schlafprobleme und litt unter schweren Angstzuständen. Jeden Abend saß der Vater an ihrem Bett, las ihr Märchen vor und versuchte, sie zu beruhigen.

»Ich lese ihr die Geschichte von Rotkäppchen und dem bösen Wolf vor«, berichtete er dem Therapeuten, »und wenn sie Angst bekommt, versichere ich ihr, daß sie sich keine Sorgen zu machen braucht. Ich bin ja da, um sie zu beschützen.«

»Und Sie verstehen nicht, weshalb sie immer noch so viel Angst hat?« fragte der Therapeut.

»Nein, ganz und gar nicht«, antwortete der Vater. »Sollte ich sie noch mehr beruhigen?«

»Nein, Sie sollten sich fragen, warum Sie ihr grausame Geschichten vorlesen, wo sie doch ohnehin schon so viel Angst hat.«

In diesem Fall liegt die Antwort im Bedürfnis des Vaters, beruhigend zu wirken. Dieses Bedürfnis erklärt sich aus seiner Kindheit, als sein eigener Vater nicht da war, um die Ängste seines Kindes zu beruhigen. Es ist eine vielsagende Geschichte, denn sie stellt die zentrale Frage der Stufe eins: Aus welchem Grund mußte Gott die Welt so furchterregend gestalten? Geschah es aus Lust an der Tyrannei? Die Antwort liegt nicht bei Gott, sondern in unserer Interpretation Gottes. Um die erste Stufe zu überwinden, müssen wir zu einer neuen Interpretation aller bisher gestellten Fragen kommen: Wer ist Gott? Was für eine Welt hat er erschaffen? Wer bin ich? Welche Rolle spiele ich darin? Auf Stufe zwei ist das Grundproblem des Überlebens gelöst. Auf dieser Stufe ist viel weniger Furcht erforderlich, und zum ersten Mal sehen wir den Einfluß des neuen Gehirns. Trotz alledem ist das Reptiliengehirn immer noch irgendwo im Schädel vergraben und keineswegs durch das Großhirn ersetzt oder durch höhere Gehirnfunktionen blockiert. Auf die gleiche Weise ist der Gott der Stufe eins ein dauerhaftes Erbe, dem sich jeder Mensch stellen muß, bevor inneres Wachstum stattfinden kann.

2. STUFE: GOTT, DER ALLMÄCHTIGE

DIE REAKTIVE REAKTION

Ging es auf der ersten Stufe ums Überleben, so ist das Thema auf
Stufe zwei die Macht. Zweifellos liegt alle Macht bei Gott, und er
hütet sie eifersüchtig. Als zu Beginn des wissenschaftlichen Zeitalters die Geheimnisse der Elektrizität und die Elemente entdeckt
wurden, empfanden viele Menschen es als Sakrileg, das Wirken
Gottes genauer zu erforschen. Er besaß die Macht nicht nur, sie
stand ihm auch rechtmäßig zu. Den Menschen geziemte es, zu gehorchen – eine verständliche Haltung, wenn es Ziel des Lebens ist,
in den Himmel zu kommen. Wer wollte sein Seelenheil aufs Spiel
setzen, nur um zu begreifen, wie ein Blitz entsteht?

Freud weist jedoch darauf hin, daß Macht unwiderstehlich ist.
Sie gehört zu den Grundbedürfnissen des Lebens, zusammen mit
Geld und der Liebe der Frauen (Freuds Weltsicht war zwangsläufig
eine männliche). Wenn Hamlets Dilemma seine Wurzeln auf der
ersten Stufe hat, so ist Macbeth der Held der Stufe zwei. Macbeth
ermordet den König, seinen symbolischen Vater, hat dann aber mit
den Dämonen des Ehrgeizes zu kämpfen. Als Macbeth im ersten
Akt die drei Hexen auf der Heide trifft, prophezeien sie ihm, daß
seine Macht wachsen wird, bis er schließlich die Königswürde erringt. Darin liegt jedoch mehr als eine Vorhersage. Die Macht ist
Macbeths Fluch. Sie stachelt seine Schuldgefühle an und zwingt
ihn dazu, die Liebe aufzugeben. Er lebt im Schatten der Nacht,
schlaflos und voller Angst vor Intrigen, und schließlich treibt ihn
die Macht in den Wahnsinn. Der Gott des Machttriebs ist gefährlich, gleichwohl ist er zivilisierter als der Gott der Stufe eins. Der
neue Gott besitzt folgende Eigenschaften:

Souveränität
Er ist allmächtig,

gerecht,
erhört Gebete,
ist unparteiisch,
rational und
nach Regeln organisiert.

Im Vergleich zum Gott der Stufe eins ist diese Version Gottes sehr viel sozialer. Er wird von Menschen verehrt, die eine stabile Gesellschaft mit Gesetzen und einer Regierung gebildet haben. Der Allmächtige ist nicht mehr so unberechenbar wie sein Vorgänger. Zwar verhängt er immer noch Strafen, aber man kann jetzt besser verstehen, warum – der Übeltäter hatte ein Gesetz übertreten und wußte, daß er etwas Falsches tat. Der Raster seiner Gerechtigkeit ist nicht mehr so grob; Könige und Richter handeln in seinem Namen mit einem Gefühl der Rechtschaffenheit. Sie verdienen ihre Macht – zumindest sagen sie sich das. Wie Macbeth sind Machthaber leicht in unwiderstehlichen Trieben gefangen.

Das Machtdrama entstammt der reaktiven Reaktion, einer biologischen Notwendigkeit, um die Ichbedürfnisse zu befriedigen. Dieses Verhalten ist noch nicht ausführlich erforscht, doch vermutlich steht es mit dem Mittelhirn in Verbindung, das zwischen den ältesten tierischen Strukturen des alten Gehirns und der Rationalität der Großhirnrinde liegt. Es handelt sich hier um einen Schattenbereich, denn jahrzehntelang wurde bezweifelt, daß das Ich – das Identitäts- und Persönlichkeitsgefühl eines Menschen – angeboren sei. Dann zeigten Jerome Kagan und andere Forscher in entwicklungspsychologischen Untersuchungen an kleinen Kindern, daß eine persönliche Identität nicht durch einen Lernprozeß erworben wird. Bereits unmittelbar nach der Geburt sind einige Neugeborene extrovertiert, fordernd, mutig und neugierig, während andere introvertiert, ruhig, nicht fordernd und scheu bei der Erforschung ihrer Umgebung sind. Diese bleibenden Merkmale verstärken sich im Lauf der Kindheit und kennzeichnen einen Menschen das ganze Leben. Damit ist die Ichreaktion eindeutig angeboren.

Die Maxime der reaktiven Reaktion ist: »Ich will mehr.« Wenn

sie zu weit getrieben wird, mündet sie in Korruption, denn ein un-
ersättlicher Appetit muß den Wünschen anderer Menschen in die
Quere kommen. Für die biologische Entwicklung ist der Trieb nach
mehr jedoch lebenswichtig. Ein neugeborenes Kind zeigt keinerlei
Disziplin oder Kontrolle. Die Kinderpsychiatrie nimmt an, daß zu
Beginn des Lebens alle Grenzen fließend sind. Das Baby lebt in
einer uterusähnlichen Welt, in der die Wände, das Kinderbett, die
Decke und selbst die Arme der Mutter Teil einer undifferenzierten,
gestaltlosen Ganzheit sind. Aus diesen unklaren Empfindungen
die Grenzen des »Ich« herauszufinden ist die erste Aufgabe des
Heranwachsens.

Die Geburt des Ego ist am Anfang primitiv. Wenn ein kleines
Kind die heiße Herdplatte berührt und die Hand erschreckt
zurückzieht, erinnert es den Schmerz nicht nur als etwas Unange-
nehmes, sondern auch als etwas, das »ich« nicht will. Dieses Ichge-
fühl ist so ursprünglich, daß wir vergessen, wie es war, bevor wir es
hatten. Hat es eine Zeit gegeben, da meine Mutter mich anlächelte
und ich ihre Gefühle für meine eigenen hielt? Offensichtlich
nicht – ohne Denken oder Nachdenken ist das Ich mit uns in die
Welt eingetreten. Es waren »meine« Bedürfnisse, »meine« Wünsche, »meine« Lust und Unlust, und das ist so geblieben und hat
sich weiter verstärkt.

In der Welt der Mythologie gibt es keine rücksichtsvollen Götter. Das erste Gebot, das Moses empfängt, heißt: »Du sollst keine
anderen Götter neben mir haben.« Jahwe überlebt im Alten Testament alle Konkurrenten – wir werden kaum Zeuge irgendeines
Wettstreits. In anderen Glaubenssystemen, so bei den Griechen
oder den Hindu, findet ein ewiger Machtkampf statt und vermittelt
den Eindruck, daß Zeus und Shiva dauernd auf der Hut sein müssen, wenn sie die Macht im Götterhimmel behalten wollen. Der
Gott der Juden, der aus einem kleinen, vielfach eroberten Volk hervorgegangen ist, hat überraschend den Sieg davongetragen. Zehn
der zwölf Stämme wurden von übermächtigen Feinden vernichtet,
aber die Hebräer waren fähig, über ihre damalige Situation hinaus-
zusehen. Sie projizierten einen unerschütterlichen Gott an ihren
Himmel, der von den wechselnden Kräfteverhältnissen auf Erden

unberührt blieb – den ersten allmächtigen Gott, der alle Herausforderer überlebt hat.

Jahwe war erfolgreich, weil er beispielhaft für eine Welt stand, die sich in rascher Entwicklung befand – die Welt des Wettbewerbs und des Ehrgeizes. Bedingungslose Macht setzt sich mit Gewalt durch, während durch Ehrgeiz errungene Macht subtiler ist. Wenn es um das reine Überleben geht, verschafft sich der Mensch die benötigte Nahrung durch Stehlen; Sex bedeutet Vergewaltigung oder Entführung von Frauen anderer Stämme. Der Gott der Stufe zwei duldet weder Gewalt an Frauen noch Plünderung. In seiner hierarchisch strukturierten Welt entscheiden Könige oder Richter, wem die Ernte und wem die Frau rechtmäßig gehören. Stufe eins unterscheidet sich von Stufe zwei durch das Bemühen, die reine Macht durch Gesetze zu ersetzen. Allerdings ist ständig die Gefahr eines Rückfalls gegeben, denn Macht gewöhnt den Machthaber daran, daß er stets bekommt, was er will. Sie verführt leicht dazu, nach dem Motto »Macht geht vor Recht« die Bedürfnisse anderer zu mißachten. Um das zu verhindern, haben wir einen neuen Gott, einen allmächtigen Richter, der selbst dem mächtigsten König mit Vergeltung droht, sollte dieser zu weit gehen.

DIE SIEBEN FRAGEN UND ANTWORTEN

WER BIN ICH?
Ich, Persönlichkeit.

Alle Eltern kennen die Phase im Leben eines Kleinkinds, in der es seine Macht entdeckt. Das zweijährige Kind bekommt Wutanfälle, bettelt, schmeichelt und manipuliert jede Situation, um seinen Willen durchzusetzen. Damit testet es die Grenzen seines Ego aus. In der Zeit davor wurde die körperliche Koordination entwickelt, aber jetzt geht es darum herauszufinden, wie weit sich das Beharren auf dem »Ich, Mir, Mein« treiben läßt. Gute Eltern unterdrücken diese plötzliche Machtbegeisterung des Kindes nicht, auch wenn sie fast darüber verzweifeln. Sie wissen, daß dem Übermaß ein Gleichgewicht folgt, denn ohne das Erproben der Grenzen würde das Ich entweder völlig unterdrückt oder es würde sich in Allmachtsphantasien verlieren.

Bereits in den ersten Tagen nach der Geburt macht das Ich die Erfahrung, daß es nicht automatisch immer seinen Willen bekommt. Die Eltern sagen nein, und – noch bedeutsamer – sie führen ihr eigenes Leben: Sie versagen dem Kind damit das Anrecht auf ihre ständige Aufmerksamkeit. Diese Entdeckung erschreckt das Kind, aber es paßt sich den Gegebenheiten an. Damit bereitet es sich auf den größeren Schock vor, wenn es später herausfindet, daß es noch andere Kinder gibt, die ebenfalls die Liebe und Aufmerksamkeit seiner Eltern beanspruchen. Aus diesem Wettbewerb der konkurrierenden Egos entsteht das Drama der zweiten Stufe.

Wenn Sie wettbewerbsorientiert und ehrgeizig sind, haben Sie sich irgendwann mit dem Gott der Stufe zwei verbündet. Unsere Gesellschaft belohnt diese Eigenschaften so sehr, daß wir ihre Wurzeln meist übersehen. Stellen Sie sich vor, Ihr älterer Bruder und Sie bewerben sich um die gleiche Position in der Jugendliga der örtlichen Fußballmannschaft. Kurz bevor der Trainer seine Entscheidung trifft, haben Sie ähnliche Gefühle wie ein gläubiger Mensch vor Gott, dem Allmächtigen:

- Sie müssen sich in die Entscheidung des Trainers fügen. (Der Allmächtige ist *souverän*.)
- Selbst wenn Sie sich wehren wollten, liegt doch alle Macht bei den Erwachsenen. (Der Allmächtige ist *omnipotent*.)
- Sie müssen daran glauben, daß die Entscheidung zu Ihren Gunsten ausfallen wird, wenn Sie nur Ihr Bestes geben. (Der Allmächtige ist *gerecht*.)
- Sie können nur hoffen, daß der Trainer weiß, wie sehr Sie sich wünschen, Mitglied des Teams zu werden. (Der Allmächtige *erhört unsere Gebete*.)
- Der Trainer weiß, was er tut, und kann beurteilen, ob ein Spieler besser ist als ein anderer. (Der Allmächtige ist *unparteiisch und rational*.)
- Sie müssen die Spielregeln kennen und sich daran halten. Es würde gar nichts nützen, Ihren Bruder einfach zu verprügeln, um ins Team zu kommen. (Der Allmächtige *stellt Regeln und Gesetze auf*.)

Dieser psychologische Mechanismus ist nicht einfach nur eine Projektion des einzelnen – die Gesellschaft funktioniert nach den gleichen Denkschemata. Auf diese Weise bildet das Ego eine Brücke zwischen der Familie, wo den eigenen Bedürfnissen und Launen nachgegeben wird, und zum Beispiel der Schule, wo Regeln mehr Gültigkeit haben als Launen und viele andere Kinder ebenfalls berücksichtigt werden.

Das Ich ist der ständigen Versuchung ausgesetzt, in die paradiesische Kindheit zurückzukehren, in der es automatisch und ohne Konkurrenz Nahrung und Liebe bekam. Diese Phantasievorstellung kommt bei Erwachsenen zum Vorschein, die glauben, daß ihnen alles, was sie erworben haben, zustünde – ungeachtet der dazu

eingesetzten Mittel. Als John D. Rockefeller einmal gefragt wurde,
wie er zu seinem immensen Reichtum gekommen wäre, gab er die
berühmte Antwort: »Gott hat ihn mir geschenkt.« Auf der zweiten
Stufe ist das Gefühl, mit Gott verbunden zu sein, besonders wichtig, denn sonst würde man mit dem Allmächtigen konkurrieren. In
der Genesis sagt Gott, nachdem er am sechsten Tag den ersten
Mann und die erste Frau erschaffen hat:

> »Seid fruchtbar und mehret euch, und füllet die Erde und
> machet sie euch untertan und herrschet über die Fische im
> Meer, über die Vögel unter dem Himmel und über das Vieh
> und über alles Getier, das auf Erden kriecht.«

Als die Macht verteilt wurde, gab es einige bemerkenswerte Besonderheiten: Zum einen wurde sie an beide, Mann und Frau, vergeben. Dieses erste Menschenpaar kommt noch vor Adam und Eva,
und es bleibt ein Rätsel, weshalb die Verfasser der Bücher Mose
sich aufgerufen fühlten, die Menschen ein zweites Mal zu erschaffen. Zweitens gibt es keinen Hinweis auf Aggression oder Gewalt.
Gott stellt den Menschen Pflanzen als Nahrung zur Verfügung, nirgends wird erwähnt, daß sie töten sollen, um sich Nahrung zu beschaffen. Und endlich betrachtete Gott sein Werk und »siehe, es
war gut«. Daraus können wir schließen, daß Gott und die Menschen keine Konkurrenten waren, soweit es um die Beherrschung
der Erde ging. In den kommenden Zeitaltern sollte die Sicherung
des Friedens oft davon abhängen, daß sich ein Monarch mit der
Aura der »Herrschaft von Gottes Gnaden« umgab. (Macbeths
schlimmste Verbrechen waren nicht die Mordtaten, sondern die
Usurpation des Throns gegen das göttliche Recht der Könige.)
    Der Wunsch, alles zu bekommen, geht zwar nicht gerade häufig
in Erfüllung, aber andererseits gehört die Erde auch nicht den
Duckmäusern. Stufe zwei wird beherrscht von einem Gott, der
Stärke und Wettbewerb rechtfertigt. An die Möglichkeit zu verlieren wird dabei kein Gedanke verschwendet.

WELCHE ROLLE SPIELE ICH?
Ich gewinne.

Das Motto der Stufe zwei könnte lauten: »Gewinnen kommt direkt nach der Gottesfurcht«. Der Allmächtige heißt Leistungen und Erfolg gut. Die protestantische Arbeitsethik hat das zum Dogma erhoben, zu einem sehr einfachen, das frei ist von theologischen Komplikationen: Wer am härtesten arbeitet, erhält auch die größte Belohnung. Aber leitet sich dieser Glaube wirklich von spiritueller Einsicht ab, oder haben die Menschen in einer Welt, die ihnen harte Arbeit abverlangte, der Leistung nachträglich den Stempel von Gottes Einverständnis aufgedrückt? Jede mögliche Antwort wäre nur ein Zirkelschluß, denn die Situation der Menschen wird immer auf Gott projiziert, nur um als spirituelle Wahrheit wieder zurückzukehren.

Auf der ersten Stufe zieht der Sündenfall den Fluch nach sich, daß der Mensch sich mühselig ernähren muß, bis er wieder zu dem Staub wird, aus dem er gemacht ist. Obwohl es scheinbar ein Widerspruch ist, die Arbeit hier auf Stufe zwei zu verherrlichen, entspricht es doch genau der Art und Weise, wie inneres Wachstum vor sich geht. Es stellt sich ein bestimmtes Problem, das auf einer früheren Stufe nicht zu lösen ist, und dann wird es doch gelöst, indem man einen neuen Weg findet, damit umzugehen. Mit anderen Worten: Jede Stufe bringt einen Wandel der Perspektive oder sogar ein neues Weltbild mit sich.

Wenn wir die Bibel zum Maßstab nehmen, so finden wir reichlich Hinweise auf die Vorstellung, daß Gott Arbeit, Wettbewerb und Sieg wohlwollend betrachtet. Keiner der Könige des Volkes Israel wurde dafür bestraft, daß er Krieg führte. Joshua hätte die Mauern von Jericho durch das Blasen der Widderhörner ohne Gottes Hilfe nicht zum Einstürzen bringen können. Ein kriegerischer Gott ergreift Partei für David, als er scheinbar chancenlos gegen die haushoch überlegenen Philister zum Kampf antritt. Die meisten Siege im Alten Testament kommen durch ein Wunder oder mit Gottes Segen zustande.

Jesus hingegen spricht sich eindeutig gegen Krieg und Arbeit im allgemeinen aus. Geld bedeutet ihm nichts, und er verheißt den Jüngern (jedenfalls nach ihrem Verständnis), daß sie nur auf die Erlösung zu warten brauchen, und das bedeutete unter anderem auch die Befreiung von der Arbeit. In der Bergpredigt spricht Jesus darüber, daß die Menschen die Erfüllung aller irdischen Bedürfnisse Gott überlassen sollen. Dazu einige aussagekräftige Passagen aus dem Matthäus-Evangelium:

> »Ihr sollt euch nicht Schätze sammeln auf Erden, wo sie die Motten und der Rost fressen und wo die Diebe nachgraben und stehlen. Sammelt euch aber Schätze im Himmel.«

> »Niemand kann zwei Herren dienen ... Ihr könnt nicht Gott dienen und dem Mammon.«

> »Schauet die Lilien auf dem Felde, wie sie wachsen: sie arbeiten nicht, auch spinnen sie nicht. Ich sage euch, daß auch Salomo in all seiner Herrlichkeit nicht bekleidet gewesen ist wie derselben eine.«

Derlei Reden sorgten für Unruhe. Zum einen wurden dadurch die Macht und das Ansehen der Reichen untergraben. So sagt Jesus ausdrücklich zu einem wohlhabenden Mann, der sich um sein Seelenheil sorgt, er solle all seinen Besitz weggeben, denn sonst hätte er keine Chance, in den Himmel zu kommen:

> »Eher geht ein Kamel durch ein Nadelöhr, als daß ein Reicher in das Reich Gottes gelangt.«

Selbst wenn man das alles nicht wörtlich nimmt – die Gesellschaft hat unzählige Möglichkeiten gefunden, Gott und dem Geld zugleich zu dienen – so hat Jesus doch eine völlig andere Einstellung zur Macht als seine Umgebung. Macht bedeutet bei ihm nicht Erfolg, Arbeit, Planen, Sparen oder das Anhäufen von Gütern. Wird der Mensch dieser Dinge beraubt, bricht das Ego zusammen. Er braucht sie, um Reichtum anzuhäufen, Kriege zu führen oder die

Starken von den Schwachen zu trennen. Gerade diese Ziele wollte Jesus nicht unterstützen. Deshalb leuchtet es ein, daß er die Macht ablehnte. Er wollte, daß sich die menschlichen Wölfe zu den Lämmern legten.

Das stürzt uns jedoch in einen tiefen Konflikt, denn wir folgen den Bedürfnissen unseres Ego, das die Gewißheit braucht, daß wir gut sein und zugleich gewinnen können. Auf der zweiten Stufe ist eine Art von Arbeitsethik unabdingbar. Allerdings wird dabei immer die Furcht herumgeistern, daß Gott die Dinge, welche die Gesellschaft so reichlich belohnt, doch nicht wirklich gutheißt.

WIE FINDE ICH GOTT?
Durch Ehrfurcht und Gehorsam.

Die zweite Stufe ist viel weniger von der lähmenden Furcht vor Gott geprägt als die erste. Das Gefühl der Ehrfurcht – der Furcht sehr verwandt – ist jedoch allgegenwärtig. Wenn der urtümlichste Gott jemanden ganz plötzlich durch einen Blitzschlag tötete, konnten die Überlebenden nur darüber rätseln, was ihn wohl erzürnt hatte. Dieser neue Gott nun straft gemäß den erlassenen Gesetzen. Die meisten dieser Regeln erscheinen im großen und ganzen sinnvoll, denn keine Gesellschaft duldet Mord, Diebstahl, Lüge und das Verlangen nach dem Besitz eines anderen. Allerdings hat es der Allmächtige nicht nötig, sinnvoll zu erscheinen. Wie die mittelalterlichen Kirchenväter erklären, braucht Gott sein Wirken den Menschen gegenüber nicht zu rechtfertigen. Später ändert sich diese Haltung, aber solange Gott Ehrfurcht verbreitet, verlangt er von den Gläubigen blinden Gehorsam.

Jede Stufe Gottes enthält verborgene Fragen und Zweifel. In diesem Fall lautet die verborgene Frage: Kann Gott tatsächlich den Erwartungen entsprechen, die seine Drohungen auslösen? Der Allmächtige muß sicherstellen, daß niemand das herauszufinden versucht, er muß also seine Stärke demonstrieren. Der Gerechte muß konkrete Belohnungen erhalten und der Übeltäter seinen

Zorn zu spüren bekommen. Psalm 101 bestätigt den Bund zwischen Gott und dem Gläubigen:

»Von Gnade und Recht will ich singen
und dir, Herr, Lob sagen.
Ich handle umsichtig und redlich,
daß du mögest zu mir kommen;
ich wandle mit redlichem Herzen in meinem Hause.
... ich hasse den Übertreter und lasse ihn nicht bei mir bleiben.«

Als Teil dieser Loyalitätsbezeugung zählt der Psalm auf, was nicht geduldet wird: Falschheit, Verleumder, stolze Gebärden und hochmütige Herzen, Gottlose im allgemeinen.

Ich erinnere mich, wie ich im Alter von drei Jahren eine Lektion über die Macht Gottes bekam. Da meine Mutter mit einem neuen Baby beschäftigt war, hatten meine Eltern ein Kindermädchen, eine »ayah«, für mich engagiert. Sie hieß Mary da Silva und kam aus Goa, einer überwiegend christlichen Region Indiens, die unter europäischem Einfluß stand. Jeden Tag ging Mary mit mir im Kinderwagen im Park spazieren. Nach etwa einer Stunde hob sie mich heraus und setzte mich auf die Erde. Mit einem Stück Kreide malte sie einen Kreis um mich und verkündete mit feierlicher Stimme: »Wenn du dich aus dem Kreis herauswagst, ißt die Göttin Kali dein Herz und spuckt dein Blut aus.« Natürlich starb ich fast vor Angst vor dieser Drohung und wagte mich nie auch nur in die Nähe der Kreidelinie.

Wir verhalten uns wie Kühe, die es wegen eines eingelassenen Viehtritts nicht wagen, eine Straße zu überqueren, aus Angst, daß ihre Hufe in den Schlitzen steckenbleiben. Die Bauern täuschen die Tiere mitunter, indem sie ganz einfach die Form eines solchen Metallgitters auf die Straße malen. Schon der Anblick des Musters genügt, um die Kühe abzuschrecken. Auch die Gesetze Gottes könnten ein solches Phantom sein. Aus Angst wagen wir nicht, ungehorsam zu sein, auch wenn wir noch nie im Leben von Gott gestraft wurden. Unglücksfälle, die jeden treffen können – wie Krankheit, Bankrott oder der Verlust eines geliebten Menschen –, interpretieren wir deshalb als Strafen Gottes.

WAS IST DAS WESEN VON GUT UND BÖSE?
Gut bedeutet, man bekommt, was man sich wünscht.
Böse ist jedes Hindernis, das sich den Wünschen in den Weg
stellt.

Gehorsam wird nicht um seiner selbst willen erbracht, vielmehr erwartet der Gläubige eine Belohnung, wenn er den Gesetzen Gottes gehorcht. Auf Stufe zwei besteht sie darin, daß er bekommt, was er sich wünscht. Gott gestattet uns Wunscherfüllung und gibt uns bei dieser Abmachung das Gefühl, das Rechte zu tun. In seiner Rolle als Allmächtiger erhört Gott jetzt auch Gebete. In diesem Wertesystem dürfen sich die Reichen in Tugend hüllen, während die Armen moralisch suspekt und schändlich erscheinen. (Damit niemand glaubt, es handele sich um eine rein biblische Tradition oder das Ergebnis der protestantischen Arbeitsethik: In China ist kaufmännischer Erfolg seit Jahrhunderten der Maßstab für Frömmigkeit. Nur wenige asketische buddhistische Sekten haben die Gleichsetzung von Wohlstand und Gottgefälligkeit nicht übernommen.)

Es mag zwar wie eine klare Sache aussehen, wenn Gut und Böse je nach der empfangenen Belohnung bemessen werden, doch es hat auch seine Tücken. Wie jedes Kind spätestens im Kindergarten feststellt, wollen andere das gleiche wie man selbst, und manchmal reicht das Vorhandene nicht für alle aus. Die Regeln der Gruppe verbieten es, einfach zuzulangen und wegzulaufen. Also muß das Ich Wege finden, sich selbst mehr zu beschaffen und gleichzeitig gut zu bleiben. Nur selten besteht die Lösung dieses Zwiespalts in reiner Aufrichtigkeit und Zusammenarbeit mit den anderen.

Das Ergebnis ist vielmehr Manipulation, mit dem Zweck, das Gewünschte zu bekommen und dennoch dabei nicht zu schlecht auszusehen. Wenn ich das Spielzeug eines anderen haben will und ihn dazu überreden kann, es mir freiwillig zu geben, kann mich niemand (auch mein Gewissen nicht) des Diebstahls beschuldigen. Eine solche Berechnung ist sehr wichtig, um Schuldgefühle zu vermeiden, und noch wichtiger, wenn man Angst hat, daß Gott zu-

schaut und Buch führt. Merkwürdigerweise sind gerade die größten Manipulanten durch ihr Gewissen motiviert. Die Fähigkeit,
Gut und Böse zu unterscheiden und sich dennoch nicht ganz genau an den Unterschied zu halten, ist es, die jemanden, der andere
manipuliert, von einem Kriminellen oder einem Tyrannen unterscheidet.

Sind derartige Verhaltensweisen nur Abkürzungen, die wir alle
gern nehmen, um ein bestimmtes Ziel zu erreichen? Im Alten Testament wird deutlich, daß Gott ebenfalls manipulativ ist. Nachdem er die Welt mit der Sintflut zerstört hat, hindert ihn der Bund
mit Noah daran, eine totalitäre Macht auszuüben. Später geht er
subtiler vor – er lobt diejenigen, die sich an das Gesetz halten,
zieht sich zurück, wenn er erzürnt ist, und schickt eine endlose
Reihe von Propheten, die in ihren Predigten die Sünde geißeln,
um Schuldgefühle zu wecken. Auch heute noch benutzen wir in
unserer Gesellschaft die gleichen Taktiken. Durch sozialen Druck
erzwingen wir Anpassung an das Verhalten, das die Mehrheit für
richtig hält, und verschleiern, daß unangepaßte Verweigerer
(Pazifisten, Radikale, Kommunisten und so weiter) unterdrückt
werden.

WAS IST FÜR MICH DIE WICHTIGSTE HERAUS-
FORDERUNG?
Höchstleistung, Erfolg.

Auf Stufe zwei regiert nicht mehr die blanke Macht. Das Leben bekommt jetzt einen Hauch von Optimismus, denn die Welt will erforscht und erobert werden. Man kann sich der Begeisterung eines
zweijährigen Kindes kaum entziehen, wenn man beobachtet, wie
das »Ich, Mir, Mein« die Oberhand gewinnt. Die Entfaltung des
Ego verleiht ihm Stärke, obwohl damit oft schmerzliche Lektionen
verbunden sind.

Die buddhistische Lehre, daß das Ego auf dem Weg zur Erleuchtung ausgelöscht werden muß, können nur die wenigsten
Menschen akzeptieren. Allerdings stützt sie sich auf ein gutes Argu-

ment: Je mehr der Mensch sein Leben auf »Ich, Mir, Mein« konzentriert, desto größer wird seine Unsicherheit. Das Ego mit seinem unersättlichen Appetit nach Vergnügen, Macht, Sex und Geld möchte von allem immer mehr anhäufen. Aber niemand wird dadurch glücklich. Im Gegenteil, es macht einsam, denn man nimmt sich »seinen« Teil ja auf Kosten anderer. Außerdem stärkt es die Verlustangst. Noch schlimmer, man identifiziert sich zunehmend mit Äußerlichkeiten, was unweigerlich ein Gefühl der inneren Leere nach sich zieht. Auf der tiefsten Ebene kann der Weg zu Gott niemals über das Vergnügen führen, weil der Mensch, indem er Lust sucht und Schmerz vermeidet, im Zyklus der Dualität gefangen ist. Gott steht jedoch jenseits aller Gegensätze.

So überzeugend und vorteilhaft es auch sein mag, das Ego auszulöschen, nur wenige Menschen sind dazu bereit, die Bedürfnisse des »Ich, Mir, Mein« aufzugeben. Dies gilt besonders auf der zweiten Stufe, weil Gott seinen Segen den Erfolgreichen gibt.

Ein pensionierter Geschäftsführer kam eines Tages in meine Praxis, weil er glaubte, ein Hormonproblem zu haben. Ich fragte ihn nach den Symptomen.

»Wo soll ich anfangen?« klagte er. »Ich habe überhaupt keine Energie mehr. Meistens möchte ich morgens gar nicht aufstehen. Stundenlang sitze ich da, fühle mich bedrückt und grübele darüber nach, ob das Leben irgendeinen Sinn hat.«

Auf den ersten Blick schien es sich um eine Depression zu handeln, wahrscheinlich ausgelöst durch die kürzlich erfolgte Pensionierung. Medizinische Daten belegen eindeutig, daß ein plötzliches Ende der Berufstätigkeit ein gesundheitliches Risiko darstellt. Männer erliegen ohne Vorwarnung einem Herzinfarkt oder bekommen Krebs; einer Studie zufolge beträgt die Lebenserwartung leitender Angestellter nach der Pensionierung durchschnittlich nur dreiunddreißig Monate.

Ich führte pflichtgemäß eine Reihe von Untersuchungen durch. Wie ich erwartet hatte, war mit dem endokrinen System des Mannes alles in Ordnung. Als er das nächste Mal in die Praxis kam, fragte ich ihn: »Würden Sie mir einen Gefallen tun? Es ist etwas ganz Einfaches. Schließen Sie bitte Ihre Augen und bleiben Sie zehn Minuten still sitzen. Sie brauchen nicht auf die Uhr zu sehen, ich kümmere mich um die Zeit.«

Der Mann war ein wenig mißtrauisch, aber er tat, worum ich ihn gebeten hatte. Zehn Minuten verstrichen, und nach seinem Hin- und Herrutschen auf dem Stuhl zu schließen, waren ihm die letzten fünf Minuten recht schwer gefallen. Er öffnete die Augen und rief ärgerlich: »Weshalb sollte ich das tun? So ein Quatsch!«

»Sie waren zum Schluß ziemlich unruhig«, bemerkte ich.

»Am liebsten wäre ich aufgesprungen«, sagte er.

»Es sieht also nicht so aus, als wäre Energiemangel unser Problem.« Meine Bemerkung verwirrte ihn, und er sah bestürzt aus. »Ich glaube nicht, daß Sie Probleme mit den Hormonen, mit dem Stoffwechsel oder eine Depression haben«, fuhr ich fort. »Sie haben jahrelang Ihr äußeres Leben organisiert, eine Firma geleitet und viele Mitarbeiter geführt.«

»Genau, und ich vermisse das alles mehr, als ich Ihnen sagen kann«, seufzte er.

»Ich verstehe. Und jetzt, wo Sie sich nicht mehr auf äußere Angelegenheiten konzentrieren können, was merken Sie da? Sie haben sich kaum damit befaßt, Ihr inneres Leben zu ordnen. Ihr Problem ist nicht Energiemangel, sondern das Chaos in Ihrem Inneren. Sie haben Ihren Geist dazu erzogen, alles um Sie herum zu ordnen, aber Sie haben sich nie um die innere Ordnung gekümmert.«

Dieser Mann hatte sein ganzes bisheriges Leben den Werten der Stufe zwei gewidmet. Nun stand er vor der Aufgabe, sich nicht nach außen, sondern nach innen zu entwickeln. Die zweite Stufe ist derart auf Leistung ausgerichtet, daß das Ich die drohende Leere nicht bemerkt. Macht um ihrer selbst willen hat keinen Wert. Das Ansammeln von immer größerer Macht (zusammen mit Geld und Statussymbolen) hinterläßt eine große Bedeutungsleere. Das ist auch der Grund, warum Gott auf dieser Stufe absolute Treue fordert: Die Gläubigen sollen nicht zu tief nach innen schauen. Natürlich fordert der Allmächtige das nicht wirklich – es ist eine weitere Projektion. Der pensionierte Geschäftsführer aus meiner Geschichte mußte sich entscheiden, ob er anfangen wollte, sein inneres Leben zu kultivieren, oder lieber irgendein Unternehmen aufzubauen, um sich ein neues äußeres Betätigungsfeld zu verschaffen. Der Weg des geringsten Widerstands wäre der Aufbau eines neuen Unternehmens; der schwierigere Weg bestünde darin, das innere Chaos zu ordnen. Das ist die Entscheidung, die einen Menschen von der zweiten auf die dritte Stufe bringt.

WAS IST MEINE GRÖSSTE STÄRKE?
Leistungsfähigkeit.

WAS IST MEIN GRÖSSTES HINDERNIS?
Schuldgefühle, Opferhaltung.

Wer es genießt, seine Arbeit wirkungsvoll und mit Sachverstand zu erledigen, dem erscheint die zweite Stufe als attraktiver Ruheplatz auf dem spirituellen Weg. Die einzigen Menschen, die sich im Streben nach einer höheren Stufe davon lösen können, haben häufig im Leben einen drastischen Fehlschlag erlitten. Das soll keineswegs heißen, daß Fehlschläge als spirituell wertvoll anzusehen sind. Mißerfolge können auch Fallstricke sein, denn man fühlt sich leicht als Opfer – eine für den spirituellen Fortschritt sehr ungünstige Haltung. Andererseits ergeben sich aus Fehlschlägen einige Fragen zu den Glaubensgrundsätzen der zweiten Stufe: Warum hat Gott mich nicht belohnt, obwohl ich doch so hart gearbeitet habe? Fehlt ihm die Macht, mir Glück zu bescheren – oder hat er mich ganz vergessen? Solange diese Zweifel nicht auftauchen, ist der Gott der Stufe zwei für eine wettbewerbsorientierte Marktwirtschaft die ideale Gottheit. Zyniker haben ihn den Gott des »Schaffens und Raffens« genannt. Dennoch bleibt das Problem der Schuldgefühle.

»Ich komme aus einer Kleinstadt und bin der einzige Student aus meiner High School, der es je geschafft hat, an einer Eliteuniversität angenommen zu werden. Darauf war ich unheimlich stolz«, erzählte mir einer meiner Freunde.

»Vor einem Monat wollte ich nach der Arbeit ein neues Restaurant ausprobieren. Es war schon spät, als ich aus der Rechtsanwaltspraxis kam, in der ich arbeite, und zufällig hatte ein Obdachloser den Eingang zu unserem Gebäude zu seinem Nachtlager auserkoren. Er versperrte die Tür, und ich mußte über ihn hinwegsteigen, um zu meinem Taxi zu kommen. Natürlich habe ich schon vorher Obdachlose gesehen, aber es war das erste Mal, daß ich buchstäblich über einen hinweggehen mußte.

Das Bild verfolgte mich auf der ganzen Fahrt in die Innenstadt, und dann erinnerte ich mich an eine Szene aus meiner Studentenzeit vor zwanzig Jahren. Ich war gerade einen Monat auf dem College, als ich eines Tages durch den Stadtteil von Boston ging, der als ›Kampfzone‹ bekannt ist. Ich war eingeschüchtert und gleichzeitig fasziniert von den unzähligen Bars und Sexshops dort. Als ich mich schon wieder am Rand des Gebietes befand, bekam ein Obdachloser auf dem Bürgersteig vor mir einen epileptischen Anfall. Er fiel hin, und einige Passanten rannten los, um einen Krankenwagen zu rufen. Ich bin einfach weitergegangen. Als ich jetzt, zwanzig Jahre später, im Taxi saß, überkamen mich wieder die Gewissensbisse von damals. Ich hatte mich selbst belogen. Der Obdachlose vor der Tür unseres Bürogebäudes war eben doch nicht der erste Mensch, über den ich hinweggegangen war.«

Trotz der äußeren Belohnungen auf der zweiten Stufe ist sie doch mit dem Entstehen von Schuldgefühlen verbunden. Diese Form der Verurteilung erfordert keine allwissende Autorität, außer am Anfang. Jemand muß die Gebote festlegen, die definieren, was gut und was böse ist. Später sorgen die Gesetzestreuen schon selbst dafür, daß sie gehorchen. Auf die Familie übertragen, lassen sich die Ursprünge der Schuld an den gleichen Linien zurückverfolgen. Ein zweijähriges Kind, das einen Keks stibitzen will, hört von der Mutter, daß es etwas Falsches tut. Bis zu diesem Zeitpunkt ist es für das Kind kein Stehlen, wenn es sich einen Keks nimmt; es tut nur das, was sein Ego möchte.

Wenn das Kind es nun noch einmal tut, verwandelt sich die Handlung in Stehlen, denn es bricht ein Gebot. In den meisten Familien folgt darauf eine Strafe. Jetzt ist das Kind zwischen zwei Impulsen hin- und hergerissen – dem Vergnügen zu tun, was es will, und dem Schmerz, bestraft zu werden. Um ein Gewissen zu entwickeln, müssen diese beiden Kräfte einigermaßen ausgewogen sein, denn dann setzt sich das Kind selbst seine Grenzen. Es wird einen Keks nehmen, wenn es »richtig« (von der Mutter erlaubt) ist, und nicht danach greifen, wenn es »falsch« ist (durch ein schlechtes Gewissen Schuldgefühle verursacht).

Nach Freud entwickelt sich hier das Über-Ich, unser innerer Gesetzgeber. Es heißt »Über«-Ich, weil es von oben über das Ich wacht und es ständig mit Strafe bedroht. Manchmal ist es außerordentlich schwierig, das Über-Ich in seiner Strenge zu mäßigen. So wie manche Gläubige niemals akzeptieren, daß Gott vielleicht doch hin und wieder bereit ist, die Regeln nicht so genau zu nehmen, haben Neurotiker niemals gelernt, ihr Gewissen im richtigen Verhältnis zu sehen. Wegen der kleinsten Verfehlung fühlen sie sich ungeheuer schuldig. Sie entwickeln starre emotionale Grenzen und können anderen sehr schlecht vergeben. Sich selbst zu lieben ist ihnen unmöglich. Stufe zwei bietet zwar den Komfort genau festgelegter Gesetze, aber wir werden auch in die Falle gelockt, äußeren Regeln und Grenzen zu großen Wert beizumessen – auf Kosten unseres inneren Wachstums.

WORIN BESTEHT MEINE GRÖSSTE VERSUCHUNG?
Abhängigkeit.

Nicht von ungefähr ist eine wohlhabende und privilegierte Gesellschaft so anfällig für Süchte und Abhängigkeiten. Stufe zwei gründet sich auf Vergnügen und Lustgewinn, und wenn Lustgewinn zu Besessenheit wird, entsteht daraus Abhängigkeit. Ein Vergnügen, das wirklich erfüllend ist, folgt einem natürlichen Zyklus, der mit einem Wunsch beginnt und mit Sättigung und Zufriedenheit endet. Bei Abhängigkeit schließt sich der Kreis niemals.

Die zweite Stufe basiert außerdem auf Macht, und Macht ist bekanntermaßen egoistisch. Wenn liebende Eltern es als nahezu unmöglich empfinden, ihr verhätscheltes Kind loslassen zu können,

könnte ihre Entschuldigung lauten: »Ich liebe dich zu sehr, deshalb möchte ich nicht, daß du erwachsen wirst.« Doch das unaus-
gesprochene Motiv dahinter ist ein egoistisches: Ich brauche das
Vergnügen, das ich empfinde, solange du Kind bleibst. Der Gott
der Stufe zwei hütet eifersüchtig seine Macht über uns, denn sie
gefällt ihm. Er ist süchtig nach Kontrolle. Und ebenso wie bei
menschlicher Abhängigkeit ist Gott niemals zufrieden, ganz gleich,
wieviel Kontrolle er ausübt.

In ihren Sprechstunden begegnen Psychiater täglich Menschen,
die sich über den Gefühlsaufruhr in ihrem Leben beklagen und
blind sind für ihre Abhängigkeit von emotionalen Dramen. Sie
können ohne die Zerrissenheit der Haßliebe nicht leben; sie erzeugen Spannungen, säen Mißtrauen und lassen es niemals gut sein.
Auch andere Abhängigkeiten gründen sich auf Verhaltensweisen:
das Bedürfnis nach einem Fehler oder Mißstand im eigenen Leben
(der notfalls selbst erzeugt wird); die Besessenheit von der Angst,
etwas werde schiefgehen – das ist die »Was wäre, wenn«-Sucht –;
und schließlich der Zwang, um jeden Preis perfekt zu sein.

Diese letztgenannte Abhängigkeit hat eine weltliche Form angenommen bei Menschen, die sich nach der perfekten Familie, dem
perfekten Heim und der perfekten Karriere sehnen. Sie erkennen
nicht einmal die Ironie darin, daß eine solche Perfektion kalt und
tot ist – wir können sie nur um den Preis erreichen, daß wir unsere
angeborene Spontaneität abtöten, die sich ja ihrem Wesen nach niemals kontrollieren läßt. Der entsprechende spirituelle Zustand ist
gekennzeichnet durch das Ziel, Gott mit einem Leben zu gefallen,
das keinerlei Makel aufweist. Im Treueschwur in Psalm 101 macht
der Gläubige Versprechungen, die kein Mensch halten kann:

»Ich richte mein Auge nicht auf Schändliches ...
Falschheit sei meinem Herzen fern;
Ich will das Böse nicht kennen.«

Ein derartiger Absolutismus nähert sich bereits der Abhängigkeit –
und dies ist der Punkt auf der zweiten Stufe, wo der Fanatismus geboren wird.

Der Fanatiker ist in einem Selbstwiderspruch gefangen. Während ein orthodoxer Gläubiger damit zufrieden sein darf, daß er dem Gesetz bis ins kleinste Detail gehorcht, muß der Fanatiker sogar seine Gedanken reinigen. Eine vollständige Kontrolle des Geistes ist unerreichbar, was den Fanatiker jedoch nicht daran hindert, sich eine immer strengere Wachsamkeit gegen »schändliche Gedanken« aufzuerlegen. Fanatiker sind auch von der Unreinheit anderer besessen und öffnen damit der lückenlosen Kontrolle der menschlichen Unvollkommenheit Tür und Tor.

Dieses Schicksal erwartet jene, die auf Stufe zwei steckenbleiben: Sie verlieren das eigentliche Ziel eines spirituellen Lebens aus den Augen – die Menschen zu befreien und ihnen zu erlauben, in Unschuld und Liebe zu leben. Dieser Irrtum läßt sich erst dann beseitigen, wenn der Gläubige aufhört, sich ausschließlich um das Gesetz zu kümmern, aber dazu muß er erst sein inneres Leben entdecken. Das ist aber nur möglich, wenn er nicht mehr seine eigenen Wünsche kontrolliert. Wachsamkeit tötet letztlich jede Spontaneität. Sobald der Mensch im Leben mehr sieht als den Versuch, perfekt zu sein, erwachen die unterdrückten Wünsche zu neuem Leben. Diesmal werden sie jedoch nicht als böse, sondern als natürlich angesehen, und dann ist der Weg frei zur dritten Stufe. Wir empfinden es als wunderbare Befreiung, wenn die Wendung nach innen den Bann der »Ich, Mir, Mein«-Besessenheit bricht und ihre Begierden auslöscht.

3. STUFE: DER GOTT DES FRIEDENS

DIE SIEBEN

STUFEN DER

GOTTES-

ERFAHRUNG

DIE REAKTION DER RUHEVOLLEN WACHHEIT

Man kann dem Gott der vorangehenden Stufen eins und zwei nicht gerade ein großes Interesse am Frieden nachsagen. Ob er Fluten auslöst oder Kriege anzettelt – der Gott, den wir bisher kennengelernt haben, genießt den Kampf. Aber selbst solch starke Bindungen wie Angst und Ehrfurcht nutzen sich irgendwann ab. »Ihr glaubt, ihr seid geschaffen, um Gott zu dienen«, sagte einmal ein indischer Guru, »aber am Ende werdet ihr entdecken, daß Gott geschaffen wurde, um euch zu dienen.« Der Verdacht, daß daran etwas Wahres sein könnte, ist die Einführung der Stufe drei – bislang nämlich hatte sich die Waagschale tief zu Gottes Gunsten geneigt. Der Gehorsam ihm gegenüber war weitaus wichtiger gewesen als unsere eigenen Bedürfnisse.

Das Gleichgewicht verlagert sich allmählich, wenn wir entdecken, daß wir unsere Bedürfnisse selbst befriedigen können. Wir brauchen keinen Gott »hoch oben«, der uns Frieden und Weisheit bringt, denn die Großhirnrinde enthält bereits einen Mechanismus für beides. Wenn ein Mensch aufhört, sich auf äußere Aktivitäten zu konzentrieren, wenn er seine Augen schließt und sich entspannt, dann verändert sich automatisch auch die Gehirntätigkeit. Das Vorherrschen von Alphawellen verweist auf einen Ruhezustand bei gleichzeitiger Wachheit. Das Gehirn schläft nicht, hat aber auch keine Gedanken. Statt dessen stellt sich eine neue Art der Wachheit ein, in der die Stille nicht mit Gedanken gefüllt werden muß. Gleichzeitig stellen sich im Körper ähnliche Veränderungen ein: Blutdruck und Herzschlagfrequenz werden niedriger, der Sauerstoffverbrauch nimmt ab.

In der sachlichen Aufzählung mögen diese verschiedenen Veränderungen nicht sehr beeindruckend klingen, die subjektive Wirkung ist jedoch unter Umständen dramatisch. Friede tritt an die

Stelle der chaotischen geistigen Aktivität; die innere Unruhe hört
auf. Die Psalmen verkünden: »Lausche deinem Herzen und sei
still.« Oder noch deutlicher: »Sei still und wisse, ich bin Gott.« So
spricht der Gott der dritten Stufe, der durch die folgenden Begriffe
charakterisiert wird:

> Er ist losgelöst,
> gelassen,
> er spendet Trost,
> ist nicht fordernd,
> versöhnlich,
> still und
> meditativ.

Es scheint kaum möglich, daß diese gewaltlose Gottheit aus den
Stufen eins und zwei hervorgegangen sein soll – und er ist es auch
nicht. Die dritte Stufe transzendiert den zuvor herrschenden willkürlichen, fordernden Gott, ebenso wie das neue Gehirn das alte
transzendiert. Nur durch die Erkenntnis, daß der Friede in ihm
selbst wohnt, findet der Gläubige einen Ort, den göttliche Rach-
sucht und Vergeltung nicht erreichen kann. In dem Bestreben, sich
selbst zu erfahren, wendet sich der Geist nach innen und schafft so
die Grundlage für Kontemplation und Meditation in jeder religiösen Tradition.

Die ersten wissenschaftlichen Messungen des Zustands der ruhevollen Wachheit erfolgten bei Untersuchungen der Meditation
mit Mantras (insbesondere der Transzendentalen Meditation) in
den sechziger und siebziger Jahren. Bis dahin hatten westliche Wissenschaftler kein Interesse an der Meditation gezeigt. Niemand
hatte darüber nachgedacht, daß das Nervensystem seine Funktionsweise während der Meditation verändern müsse, sofern sie eine
authentische Erfahrung war. Frühe Experimente an der Menninger
Foundation hatten gezeigt, daß einige Yogis Herzschlagfrequenz
und Atmung fast bis auf Null absenken konnten. Physiologisch gesehen waren sie damit dem Tode nah; statt dessen berichteten sie
aber über inneren Frieden, Glückseligkeit und das Gefühl, mit Gott

eins zu sein. Auch handelte es sich bei diesem Phänomen nicht nur um eine Kuriosität aus dem Osten.

Im Dezember des Jahres 1577 wurde in der spanischen Stadt Àvila mitten in der Nacht ein Mönch gewaltsam entführt. Man brachte ihn nach Toledo und warf ihn dort in ein Kirchengefängnis. Die Entführer waren nicht Banditen, sondern Mitbrüder seines eigenen Karmeliterordens, denn er hatte das schwere Verbrechen begangen, in einem heftigen ordenspolitischen Streit als »Rebell« Partei für die falsche Seite zu ergreifen. Als Berater eines Karmeliterinnenklosters hatte er – anstatt dies dem Bischof zu überlassen – den Nonnen erlaubt, ihre Äbtissin selbst zu wählen.

Aus heutiger Sicht ist dieser Streit so gut wie bedeutungslos. Damals waren die Vorgesetzten des Mönchs jedoch ernsthaft erzürnt. Er wurde grausam gefoltert. Seine unbeleuchtete Zelle war nur ein kleiner Schrank, in dem er nicht einmal aufrecht stehen konnte. Jeden Tag führte man ihn in das Refektorium, wo er auf dem Fußboden Brot, Wasser und Fischabfälle zu essen bekam. Dann wurde er gefoltert: Während er auf dem Boden kniete, gingen die Mönche um ihn herum und schlugen ihn mit Lederpeitschen auf den nackten Rücken. Zunächst wurde er täglich geschlagen, später nur freitags, doch mit so großem Eifer, daß seine Schultern zeitlebens verkrüppelt blieben.

Wir kennen den gefolterten Mönch als den heiligen Johannes vom Kreuz, der gerade zu jener Zeit seine frömmsten Werke verfaßt hat. Während der heilige Johannes in dem dunklen Schrank eingeschlossen war, kümmerte ihn sein Martyrium so wenig, daß er nur um Schreibutensilien bat, um seine ekstatischen inneren Erfahrungen festzuhalten. Besondere Freude verspürte er über die Kommunikation mit Gott an einem für die Welt unerreichbaren Ort:

> »In einer dunklen Nacht,
> entflammt in Liebessehnen,
> o seliges Geschick!
> entfloh ich unbemerkt,
> da nun mein Haus in Ruhe lag.«

Diese Anfangszeilen aus »Die dunkle Nacht« beschreiben, wie die Seele dem Körper entflieht, ihn von körperlichem Schmerz befreit und den Heiligen ekstatische Freude erfahren läßt. Damit das geschehen kann, muß das Gehirn die inneren Erfahrungen von den äußeren trennen. In der Medizin treffen wir manchmal auf Patienten, die scheinbar immun gegen Schmerzen sind. In Fällen von fortgeschrittener Psychose reagieren Patienten, deren Muskulatur aufgrund der Krankheit verkrampft ist, völlig starr und gleichgültig auf Reize. Es gibt kein Zeichen der Schmerzempfindlichkeit – wie bei einem Patienten, dessen Nerven abgestorben sind. Ebenso gibt es Berichte über chronisch Schizophrene, die sich ohne Anzeichen einer Schmerzempfindung Schnittwunden oder Brandwunden an den Armen mit brennenden Zigaretten zufügen.

Ein großer Dichter und Heiliger gehört jedoch schwerlich in die gleiche Kategorie wie Menschen mit psychischen Krankheiten. Der heilige Johannes vom Kreuz stand unter dem Druck, seinen Peinigern zu entkommen. Die Not, einen Ausweg aus seiner qualvollen Lage zu finden, bildete vielleicht den psychologischen Auslöser für die Ekstase. In seinen Dichtungen flieht er zu Christus, seinem heimlichen Geliebten, der ihn liebkost und in seinen Armen tröstet:

»... und machte alle meine Sinne schwinden.«

»So blieb ich und vergaß mich selbst,
neigte das Antlitz über den Geliebten.
Alles erlosch, ich gab mich auf,
ließ meine Sorgen fahren,
vergessen unter Lilien.«

Der heilige Johannes beschreibt in sorgfältig gewählten Worten den Übergang von der materiellen Ebene, die den Körper gefangenhält, zur Quantenebene, auf der die körperlichen Schmerzen und Leiden ihren Einfluß verlieren. Grundlage für die Schönheit dieser spirituellen Erfahrung ist die Reaktion der ruhevollen Wachheit.

Sie können sich in eine vergleichbare Lage versetzen, indem Sie sich vorstellen, Sie seien ein Marathonläufer. Marathonläufe stellen die Ausdauer und Schmerzempfindlichkeit der Teilnehmer auf eine harte Probe. An einem bestimmten Punkt erfahren die Langstreckenläufer ein euphorisches Hochgefühl, die »Zone« genannt, in der sie jedes körperliche Unbehagen hinter sich lassen:

- Der Läufer fühlt keinen Schmerz mehr. (Der Gott des Friedens ist *losgelöst*.)
- Der Geist des Läufers hört auf zu kämpfen. (Der Gott des Friedens ist *gelassen*.)
- Die »Zone« macht den Läufer immun gegen Verletzung. (Der Gott des Friedens *spendet Trost*.)
- Sieg oder Niederlage bestimmen nicht mehr die Antriebskraft. (Der Gott des Friedens *fordert nichts*.)
- Es besteht kein Anlaß mehr zu kämpfen, die »Zone« übernimmt die Führung. (Der Gott des Friedens ist *versöhnlich*.)
- Der Läufer kommt geistig zur Ruhe. (Der Gott des Friedens ist *still*.)
- In der »Zone« dehnen sich Körper und Geist aus und verbinden sich mit der Ganzheit und Einheit aller Dinge. (Der Gott des Friedens ist *meditativ*.)

Ich habe von professionellen Tennisspielern gehört, die behaupten, daß es in jedem Spiel einen bestimmten Moment gibt, in dem es sich verselbständigt. Sie haben dann das Gefühl, als bewegten sie sich nach festgelegten Tanzschritten. Statt jeden Funken von Willenskraft einzusetzen, um den Ball zu erreichen, sehen sie sich vorwärtslaufen und den Ball treffen, als wäre es so vorherbestimmt. Der Gott des Friedens läßt sich weniger durch Eintauchen in das Innere finden – vielmehr wird er zur rechten Zeit aus dem Innern heraus aktiv.

DIE SIEBEN FRAGEN UND ANTWORTEN

WER BIN ICH?
Ein stiller Zeuge.

Der Gott der dritten Stufe ist ein Gott des Friedens, weil er uns den Ausweg aus dem Kampf zeigt. In der äußeren, vom Kampf beherrschten Welt gibt es keinen Frieden. Wer versucht, seine Umgebung zu kontrollieren – ich denke da an Perfektionisten und andere Menschen mit Zwangsverhalten –, hat die Aufforderung abgelehnt, eine innere Lösung zu finden.

»Ich bin nicht religiös erzogen worden«, erzählte mir ein Mann. »Weder in meiner Kindheit noch später war Religion ein Thema. Ich hatte mir sehr hohe Ziele gesteckt, die ich aus eigener Kraft erreichen wollte – eine sinnvolle Arbeit, eine Familie, Rückzug aus dem Arbeitsleben mit fünfzig.«

Da der Mann aus einer sehr wohlhabenden Familie stammte, war ein Job für ihn nicht so wichtig, außer es handelte sich um den Posten eines Generaldirektors. Er erreichte dieses Ziel und führte bereits mit fünfunddreißig Jahren eine Maschinenfabrik in Chicago. Alles verlief nach Plan bis zu einem verhängnisvollen Sportunfall.

»Ich habe mich nicht mehr angestrengt und auch nicht härter gespielt als sonst, aber irgend etwas muß ich gemacht haben, denn plötzlich hörte ich einen Knall, und dann fiel ich um. Das Ganze lief ab wie in Zeitlupe. Ich wußte sofort, daß meine Achillessehne gerissen war, aber dann geschah etwas Merkwürdiges.« Statt qualvollem Schmerz überkam ihn eine große Ruhe und Gelassenheit. »Es war so, als ob das alles einem anderen Menschen passierte. Ich lag da, während jemand den Krankenwagen rief, aber mein Geist schwebte irgendwo anders.«

Die Empfindung in diesem Moment war die einer süßen, geradezu glückseligen Gelassenheit. Der Mann – wir wollen ihn Thomas nennen – hatte so etwas noch nie erlebt. Sein Knöchel schwoll an und begann zu schmerzen, aber das Gefühl der Ruhe blieb. Erst als er dann im Streckverband in der Klinik lag, stellte Thomas fest, daß sich sein neugewonnener Friede allmählich wieder verlor. Er fragte sich, ob er vielleicht eine spirituelle Erfahrung gemacht hatte. Doch trotz intensiver Lektüre fand Thomas in den heiligen Schriften keine Passage, die dem entsprach, was er erlebt hatte.

Es ist nicht ungewöhnlich, daß Menschen plötzlich abrupt zur dritten Stufe durchbrechen. Anstelle eines aktiven, aufgeregten Geistes treffen sie unversehens auf einen stillen Zeugen. Die Interpretationen dieses Zustands gehen allerdings weit auseinander. Einige Menschen wenden sich sofort einer Religion zu, weil sie den inneren Frieden mit Gott, Christus oder Buddha gleichsetzen. Für andere steht das Losgelöstsein im Vordergrund: »Früher war ich Teil des Films«, sagte einmal jemand, »aber jetzt sitze ich im Zuschauerraum und schaue mir den Film an.«

Obwohl wir aus der Medizin wissen, daß das Gehirn die Schmerzempfindung ausschalten kann, gab es vor der Entdeckung der Endorphine – sogenannter körpereigener Morphine – für diese Selbst-Narkose keine Erklärung. Die Ekstase des heiligen Johannes oder die innere Ruhe des Mannes mit der gerissenen Achillessehne lassen sich jedoch nicht allein der Ausschüttung von Endorphinen zuschreiben. Wenn man die schmerzlindernden Mechanismen des Körpers untersucht, wird deutlich, daß das Gehirn nicht einfach nur Opiate ausschüttet, wenn Schmerz auftritt. In vielen Situationen läßt sich der Schmerz überhaupt nicht oder nur teilweise lindern, und zuweilen braucht man sogar einen Trick, damit das Gehirn überhaupt reagiert. Wenn man Patienten mit chronischen Schmerzen eine Salzlösung injiziert, ihnen jedoch sagt, es handle sich um ein starkes Schmerzmittel, wirkt die Injektion bei einigen tatsächlich schmerzstillend. Die gesamte Schmerztherapie läuft auf der psychologischen Ebene ab – es geht darum, den Patienten dazu zu bringen, seine Empfindungen anders zu interpretieren. Man erinnere sich an die berühmten »Schau-Operationen« unter dem Mao-Regime. Damals wurden Blinddarmoperationen an wachen Patienten vorgenommen, die während des Eingriffs fröhlich schwatzten und Tee tranken. Als einziges Narkosemittel wurde Akupunktur angewendet. Als Ärzte außerhalb von China den Versuch machten, dieses Kunststück zu wiederholen, waren die Ergebnisse bestenfalls unzuverlässig – zu stark unterscheidet sich östlicher Glaube von westlichem Skeptizismus.

Zwischen Schmerz und Gehirn muß es eine Instanz geben, die über die Intensität der Schmerzempfindung entscheidet. Erstaunlicherweise unterliegen alle körperlichen Reaktionen vollständig dieser Entscheidungsinstanz. Der Schmerzschalter befindet sich im Gehirn und wird geistig ausgelöst. Keinen Schmerz zu fühlen ist ebenso normal, wie sehr starke Schmerzen zu spüren.

Für den Menschen auf Stufe drei ist diese Entscheidungsinstanz kein Geheimnis. Er erkennt in ihr den Gott des Friedens, der nicht nur den körperlichen, sondern auch den Schmerz der in Aufruhr geratenen Seele lindert. Durch seine Wendung nach innen hat der Mensch einen Weg gefunden, dem Schmerz ein Ende zu bereiten.

WELCHE ROLLE SPIELE ICH?
Ich bleibe in mir selbst zentriert.

Ein bedrohlicher Gott war gerade richtig für eine bedrohliche Welt. Der Gott des Friedens ist nicht mehr gefährlich, denn er hat eine Welt des Alleinseins und der inneren Reflexion erschaffen. Worüber denken wir nach, wenn wir uns nach innen wenden? Die innere Welt scheint eine Landschaft zu sein, die wir alle sehr gut kennen. Sie ist voller Gedanken und Erinnerungen, Begierden und Wünsche. Wenn wir die Aufmerksamkeit auf die Ereignisse richten, die im Strom des Bewußtseins vorbeifließen, ist die Innenwelt für uns kein Geheimnis. Sie mag vielschichtig sein, weil unsere Gedanken so unterschiedlich sind und aus so vielen Richtungen kommen, aber ein Geist voller Gedanken gibt kein Rätsel auf.

Wer die dritte Stufe erreicht hat, den beschäftigt etwas ganz anderes. Ein Psychologe würde es den Kern oder das Zentrum der

Person nennen. Im Zentrum des Geistes ereignet sich nichts. Wir sind einfach wir selbst und warten, daß Gedanken kommen. »Zentriert zu bleiben« bedeutet vor allem, daß wir nicht mehr so leicht aus dem Gleichgewicht geraten. Selbst inmitten von äußerem Chaos bleiben wir bei uns selbst. (Wir erinnern uns an den Tennisspieler, der so konzentriert ist, daß das Spiel sich von selber spielt, während er sich wie vorherbestimmt auf den Ball zubewegt.)

Die eigene Mitte zu finden ist in vieler Hinsicht das größte Geschenk der Stufe drei, und der Gott des Friedens existiert, um seinen Anhängern zu versichern, daß es eine Zuflucht vor Angst und Verwirrung gibt. »In Frieden leg ich mich nieder und schlafe ein«, heißt es in Psalm 4, »denn du allein, Herr, läßt mich sorglos ruhen.« Die Verfasser der Heiligen Schrift sind sich stets bewußt, daß es in der Welt keinen Frieden gibt. Kampf und Streit sind Teil des Lebens, häufig aber auch politisch motiviert. Die Engel, die den Hirten auf dem Felde die Geburt Christi verkündigen, versprechen »Friede auf Erden und den Menschen ein Wohlgefallen«, denn der Messias hatte auch die Aufgabe, die turbulente Geschichte des auserwählten Volkes ein für allemal zu befrieden.

Weder hatte ein kriegerischer Gott dieses Problem zu lösen vermocht, noch konnten es unzählige Gesetze. Auch der Gott des Friedens kann den Menschen nicht einfach ein Ende von Streit und Kampf diktieren. Entweder muß sich die menschliche Natur ändern, oder der Mensch muß einen neuen Aspekt entdecken, der die Gewalt transzendiert. Auf der dritten Stufe ist dieser Aspekt die Zentriertheit. Wenn wir innere Ruhe finden, ist die Gewaltfrage gelöst, zumindest für den einzelnen. Einer meiner Freunde, ein Anhänger des Buddhismus, geht noch einen Schritt weiter: Wenn man den bewegungslosen Punkt in seinem Innern findet, so sagt er, ist man im Mittelpunkt des ganzen Universums.

»Hast Du schon einmal gemerkt, daß man, wenn man auf der Autobahn fährt, so tun kann, als ob man sich nicht bewegt? Man verkehrt seine Sichtweise, so daß man unbeweglich bleibt, während die Straße, die Landschaft und alle anderen sich bewegen. Den gleichen Trick kann man auch beim Joggen anwenden. Alles andere ist in Bewegung, fließt an dir vorbei, während du selbst an

Ort und Stelle bleibst.« Den meisten Menschen wird es vermutlich nicht schwerfallen, die Dinge einmal so zu sehen, aber für meinen Freund hat das Ganze noch eine tiefere Bedeutung. »Der stille Punkt, der sich niemals bewegt, ist der stille Zeuge. Oder er ist ihm zumindest so nahe, wie die meisten von uns an ihn herankommen können. Wenn man ihn gefunden hat, wird einem bewußt, daß es nicht nötig ist, sich in der endlosen Aktivität um einen herum zu verlieren. Es ist ebenso richtig, sich selbst im Zentrum aller Dinge zu sehen.«

Im östlichen Kulturkreis findet man dieses Argument häufiger. Die Buddhisten beispielsweise halten die Persönlichkeit für etwas Unwirkliches. Alle Etiketten, mit denen wir unsere Person versehen, sind nur eine Schar verschiedener Vögel, die sich zufällig auf dem gleichen Ast niedergelassen haben. Ich bin über fünfzig Jahre alt, Inder, ausgebildeter Arzt, verheiratet, habe zwei Kinder – aber diese Fakten beschreiben nicht mein eigentliches Selbst. Diese Eigenschaften haben beschlossen, »sich auf dem gleichen Ast niederzulassen«, und bilden so die Illusion meiner Identität. Aber wie haben sie alle den gleichen Ast gefunden? Dem Buddhismus zufolge habe ich sie durch Zuneigung und Abneigung an mich gebunden. Ich habe es vorgezogen, in diesem Leben nicht weiblich, sondern männlich, nicht westlich, sondern östlich, nicht alleinstehend, sondern verheiratet zu sein, und so weiter. Die Wahl erfolgt völlig willkürlich, das jeweilige Gegenteil wäre ebenso richtig. Aufgrund bestimmter Tendenzen aus meiner Vergangenheit (in Indien würden wir sagen, aus meinen früheren Leben, aber das ist nicht notwendig) treffe ich meine persönlichen Entscheidungen. Ich bin so stark an diese Vorlieben gebunden, daß ich mich mit ihnen identifiziere. Mein Ego sieht das Haus, das Auto, die Familie, die Karriere, meinen Besitz und sagt: »Das bin ich.«

Nach buddhistischen Begriffen ist nichts davon wahr. Jeden Augenblick kann einer der Vögel davonfliegen. Genau das geschieht, wenn ich sterbe. Falls meine Seele fortbesteht (Buddha selbst hat sich nicht darüber ausgelassen, was nach dem Tod geschieht), nachdem ich meinen Körper aufgegeben habe, werden sich meine Entscheidungen in nichts auflösen. Wer bin ich also, wenn ich

nicht aus diesen Millionen von Entscheidungen bestehe, die mir
wie ein festgeklebter Mantel anhaften? Ich bin nichts als der bewe-
gungslose Punkt reinen Bewußtseins im Zentrum. Wenn ich alle jemals gemachten Erfahrungen abstreife, bleibt nur das. Diese Wahrheit zu erkennen bedeutet – so lehrt der Buddhismus –, frei zu
sein. Es ist also eine durchaus sinnvolle Erfahrung, wenn man sich
selbst beim Fahren auf der Autobahn als bewegungslosen Punkt
sieht. Es bringt uns der Erkenntnis, wer wir wirklich sind, einen
Schritt näher.

WIE FINDE ICH GOTT?
Durch Meditation, stille Kontemplation.

Stufe drei konzentriert sich zweifellos auf das Selbst. Das Alte Testament stellt in klaren Worten fest, daß der Weg zum Frieden über
das Vertrauen zu Gott als äußerer Macht führt. Er steht im Mittelpunkt der Aufmerksamkeit, jederzeit. In der Bibel liest sich das fol-
gendermaßen: »Großen Frieden haben die, die deine Gesetze lieben«, und »Wessen Geist auf dich gerichtet ist, dessen Frieden wirst
du bewahren, weil er auf dich vertraut.«
   Nicht mehr auf Gott zu vertrauen und sich statt dessen auf sich
selbst zu verlassen kann sehr gefährlich sein, ja sogar auf Ketzerei
hinauslaufen. Seit dem Sündenfall trennt die Sünde den Menschen
von Gott. Gott ist »da oben« im Himmel, während ich »hier unten«
auf der Erde bin, dem Tal der Tränen und Mühsal. In diesem System
darf ich Gott zwar um Hilfe und Trost bitten, aber er entscheidet,
ob er mir antworten will. Es steht nicht in meiner Macht, daraus
eine dauerhafte Verbindung zu machen. Meine Unvollkommenheit – und Gottes Gesetze – verbieten das.
   Es gibt allerdings einige wenige Hinweise darauf, daß ich mich
auf einen anderen Weg wagen kann. In der Bibel finden sich auch
Verse wie: »Trachtet am ersten nach dem Reich Gottes.« Die Mittel,
um sich in sich selbst zu versenken, hauptsächlich Meditation und
stille Kontemplation, sind dem Gebet recht ähnlich. Wenn der
Satz: »In der Stille wird dir deine Seele gehören« zutrifft, warum

sollte sich Gott daran stören, wie ich diese Stille finde? Die religiösen Argumente werden zweitrangig, sobald wir erkannt haben, daß hinter der ruhevollen Wachheit eine biologische Reaktion steht, in welchen Glauben auch immer wir sie einkleiden.

Die Wurzeln der Meditation liegen zweifellos im östlichen Kulturkreis. In der hinduistischen Tradition beginnt mit der meditativen Wendung nach innen eine Suche, die schließlich in der Erleuchtung gipfelt. Herbert Benson von der Harvard University hat einen wichtigen Beitrag dazu geleistet, die Meditation ohne Bindung an eine Religion populär zu machen. Seine »Entspannungsreaktion« fußt auf den Prinzipien der Transzendentalen Meditation, ohne deren spirituelle Elemente einzubeziehen. Er ersetzte das Mantra durch ein beliebiges neutrales Wort, das der Meditierende im Geist wiederholt, während er langsam ein- und ausatmet (er schlug das englische Wort one vor). Andere, und ich schließe mich ihnen an, haben diese Methode nicht gutgeheißen. Das Mantra dient als Mittel, tiefere spirituelle Ebenen im Innern des Geistes zu entfalten, und deshalb kommt ihm eine zentrale Bedeutung zu. Für uns muß das rezitierte Wort eine Verbindung zu Gott haben.

Die spirituellen Eigenschaften der Mantras stützen sich auf zwei Grundlagen. Einige orthodoxe Hindu sehen in jedem Mantra eine Version des göttlichen Namens, während für andere – und das kommt der Quantenphysik sehr nahe – der Schlüssel in der Schwingung des Mantras liegt. Schwingung bedeutet hier die Frequenz der Gehirnaktivität der Großhirnrinde. Das Mantra bildet eine Rückkoppelungsschleife: Das Gehirn erzeugt den Klang, hört ihn und antwortet auf einer tieferen Bewußtseinsebene. Das hat nichts mit Mystik zu tun. Der Mensch könnte jeden der fünf Sinne als Zugang zu dieser Rückkoppelungsschleife benutzen. Die alten Schriften der »Shiva Sutras« beschreiben über hundert Wege des Transzendierens. Der Meditierende schaut zum Beispiel in den blauen Himmel und dann darüber hinaus, oder er sieht die Schönheit einer Frau und erkennt dann den Urgrund dieser Schönheit. Dahinter steht immer die Absicht, die fünf Sinne zu überschreiten und ihren Ursprung zu erfahren. (Das Klischee, daß Buddhisten auf ihren Nabel starren, ist eine Mißdeutung der Meditationstech-

nik, den Geist auf einen einzigen Punkt zu konzentrieren und sich
dabei den Nabel als einen solchen Punkt vorzustellen. In einigen
Traditionen ist der Nabel außerdem ein Energiepunkt mit spiritueller Bedeutung.)

In allen Fällen begleitet den Vorgang des Transzendierens ein
Zustand feinerer Gehirntätigkeit. Nach der zugrundeliegenden
Theorie folgt die geistige Aktivität ihren eigenen Gesetzmäßigkeiten und wird immer subtiler, bis vollkommene Stille erfahren
wird. Dieser Stille kommt eine große Bedeutung zu, denn sie ist der
Ursprung des Denkens. Das Mantra wird immer unklarer und verschwommener, bis es schließlich ganz verschwindet. An diesem
Punkt überschreitet das Bewußtsein die Grenze zur Quantenebene. Zum erstenmal im Verlauf unserer inneren Entwicklung verlassen wir hier die materielle Ebene und betreten einen Bereich,
wo die Spiritualität ihren eigenen Gesetzen gehorcht.

Hartnäckig hält sich die Behauptung, daß überhaupt nichts in
dieser Art passieren würde, daß es vielleicht angenehm sei, wenn
das Gehirn lerne, zur Ruhe zu kommen – spirituell aber sei das
nicht. Dieser Einwand erledigt sich mit der Feststellung, daß darüber gar keine grundsätzliche Meinungsverschiedenheit besteht.
Die Großhirnrinde erzeugt Gedanken, indem sie Energie in Form
von Photonen nutzt, deren Wechselwirkungen auf der Quantenebene stattfinden. Das heißt, jeder Gedanke kann zu seinem Ursprung auf einer tieferen Ebene zurückverfolgt werden. Es gibt
keine eigenständigen »spirituellen« Gedanken. Gewöhnlich überschreiten Gedanken jedoch nicht die Quantengrenze, obschon sie
das könnten (wie Bensons nicht-spirituelle Technik beweist). Wir
bleiben auf der materiellen Ebene, weil sich unsere Aufmerksamkeit auf den Inhalt der Gedanken richtet. Die Aufmerksamkeit wird
eher nach außen als nach innen gelenkt.

Ebenso wie Bensons neutrales Wort one besitzt auch ein Mantra
wenig oder keine Bedeutung, die uns ablenkt. Deshalb ist es leichter, über ein Mantra nach innen zu gehen als durch ein Gebet oder
durch verbale Kontemplation (bei der man sich mit einem Aspekt
Gottes nachdenkend beschäftigt).

Zweifellos wehren sich die Menschen gegen die Vorstellung,

daß Gott ein ganz und gar inneres Phänomen ist. Die große Mehrheit der Gläubigen in aller Welt ist den Stufen eins und zwei verhaftet und glaubt an einen Gott »dort oben« oder zumindest außerhalb ihrer selbst. Das Problem wird dadurch erschwert, daß der Versenkungsvorgang selbst keine Offenbarung ist, sondern nur ein Anfang. Der zur Ruhe gekommene Geist bietet keine spontanen göttlichen Einsichten. Welch große Bedeutung er hat, wird jedoch ausführlich in einer mittelalterlichen Schrift geschildert, die den Titel »Die Wolke des Nichtwissens« trägt. Der anonyme Autor, der das Werk im England des späten 14. Jahrhunderts verfaßte, läßt uns wissen, daß Gott, die Engel und alle Heiligen höchste Freude empfinden, wenn ein Mensch mit seiner inneren Arbeit beginnt. Anfangs ist von dieser Begeisterung allerdings wenig zu spüren:

> »Denn zu Beginn findest du nichts als eine Finsternis, sozusagen eine Wolke des Nichtwissens ... Diese Dunkelheit und diese Wolke stehen zwischen dir und deinem Gott, was immer du auch tust.«

Das Hindernis nimmt zwei Formen an: Man kann Gott weder durch Vernunft erfassen noch in der »Süßigkeit der affektiven Hingabe« spüren. Mit anderen Worten, Gott entzieht sich sowohl den Gefühlen als auch dem Intellekt. Die Wolke des Nichtwissens ist unsere einzige Richtschnur. Die Lösung, so der mittelalterliche Lehrmeister, liegt einzig in der Beharrlichkeit. Die innere Arbeit muß fortgesetzt werden. Dann wird ein subtiles Argument vorgetragen. Jeder einzelne Gedanke, so der Verfasser, drängt sich zwischen uns und unseren Gott, denn der Gedanke wirft ein Licht auf seinen Inhalt. Die konzentrierte Aufmerksamkeit ist auf den Gedanken geheftet wie »das Auge des Schützen auf die Zielscheibe, auf die er schießt«. Die Wolke der Unwissenheit verwirrt uns zwar, aber sie ist Gott näher als selbst ein Gedanke an Gott und seine herrliche Schöpfung. Wir werden angehalten, uns in eine »Wolke des Vergessens« zu begeben, die alles außer der Stille der inneren Welt entschwinden läßt.

Jahrhundertelang erschien diese Schrift als völlig rätselhaft. Sie enthüllt jedoch ihren ganzen Sinn, sobald wir sie im Zusammenhang mit der Reaktion der ruhevollen Wachheit interpretieren, die keine Gedanken umfaßt. Der Autor hat sich tief genug eingelassen, um den Gott der Stufe drei zu finden, der jenseits aller materiellen Betrachtungen steht. Ein gewagter Schritt angesichts von Priestern, Kathedralen, Schreinen, heiligen Reliquien, Dogmen und dem ganzen materiellen Drum und Dran der christlichen Religion im Mittelalter. Aber auch heute wäre es ein mutiger Schritt, denn wir sind noch immer süchtig nach äußeren Dingen. Die Menschen wollen einen Gott, den sie sehen und berühren und mit dem sie sprechen können.

Wie radikal die Ausführungen des mittelalterlichen Autors tatsächlich sind, wird im nächsten Abschnitt des Buches deutlich:

> »Bei diesem Werk nützt es wenig oder gar nichts, wenn man
> an Gottes Güte und Erhabenheit, an Unsere Liebe Frau oder
> an die Engel und Heiligen im Himmel denkt, auch nicht
> an die Freuden im Himmel ... ... ist es doch viel besser, an
> Sein bloßes Sein zu denken.«

Dieses »bloße Sein« ist inhaltslose Bewußtheit, reiner Geist, der sich naturgemäß nicht in ein paar Stunden oder Tagen entfaltet. Wie die anderen zuvor, betreten wir auch diese Stufe, um sie dann zu erforschen. Wer die Religion liebt, empfindet diese Phase anfangs als trostlos, denn sie ist bar aller Rituale und Tröstungen des organisierten Glaubens. Stufe drei birgt eher ein Versprechen als die Erfüllung, denn der Suchende beschreitet einen einsamen Weg. Der anonyme Verfasser gibt uns das Versprechen, indem er immer wieder betont, daß schließlich inniges Entzücken und süße Liebe aus der Stille hervorgehen werden. Die Arbeit an der inneren Entwicklung geschieht nur zu einem Zweck – die Liebe Gottes zu spüren –, und es gibt keinen anderen Weg zu diesem Ziel.

WAS IST DAS WESEN VON GUT UND BÖSE?
Gut sind Klarheit, innere Ruhe und Verbindung zum Selbst.
Böse sind innere Unruhe und Chaos.

An dieser Stelle mögen sich manche Leser fragen, wie viele Menschen es wohl jemals bis zu Stufe drei gebracht haben. Wenn wir uns in der Welt umschauen, sehen wir ungeheuer viel Leid und Kampf. Selbst eine Gesellschaft, in der Überfluß herrscht, preist Arbeit und Leistung als höchste Güter der herrschenden Wertvorstellungen. »Von nichts kommt nichts« und »Wer sich selbst hilft, dem hilft Gott« sind die gängigen Parolen.

Jede Stufe inneren Wachstums ist mühsam erarbeitet. Es gibt keine äußere Macht, die einen am Kragen packt und einfach auf dem Weg ein Stück vorwärts trägt. Auch die äußeren Umstände beeinflussen nicht unbedingt die Wertvorstellungen eines Menschen. Ich erinnere mich an den allgemeinen Schock, als Alexander Solschenizyn 1976, auf dem Höhepunkt des Kalten Krieges, nach Amerika kam. Alle erwarteten, daß er die Überlegenheit des Westens mit all seiner Freiheit des Individuums in den Himmel heben würde, die ganz im Gegensatz stand zu der seelenlosen Unterdrückung, die er in der Sowjetunion hinter sich gelassen hatte. Obwohl er acht Jahre lang schreckliche Qualen in einem Gulag durchlitt, nachdem er einen Brief gegen Stalin verfaßt hatte, versetzte Solschenizyn den Amerikanern einen tiefen Schock, als er die spirituelle Leere ihrer konsumorientierten Gesellschaft anprangerte. Danach konnte er nur unbeschadet weiterleben, indem er sich in die Einsamkeit der Wälder von Neuengland zurückzog. Dort lebte er bis 1994 ebenso unbeachtet wie einst Henry David Thoreau, der das gleiche vor hundertfünfzig Jahren tat.

Jeder Mensch sieht sich an der Schwelle zu Stufe drei mit gegensätzlichen Werten konfrontiert. Gut und Böse werden nicht länger daran gemessen, was in der äußeren Welt geschieht, der Kompaß zeigt vielmehr nach innen. Gut ist der Mensch, der im Selbst zentriert bleibt, was innere Klarheit und Gelassenheit mit sich bringt. Böse ist jede Störung dieser Klarheit, denn sie führt zu Verwirrung, innerer Unruhe und der Unfähigkeit, die Wahrheit zu erkennen.

Die Erfahrung der Innenwelt kann niemals allen zugänglich sein. Vor fünfzig Jahren bezeichnete der Soziologe David Riesman die große Mehrheit der Bevölkerung als »von außen bestimmt« und eine kleine Minderheit als »von innen bestimmt«. Die Bestimmung von außen leitet sich davon ab, was andere über einen denken. Wer von außen bestimmt wird, sehnt sich nach Bestätigung und versucht, Ablehnung zu vermeiden; er paßt sich der Mehrheit an und der vorherrschenden Meinung. Die Bestimmung von innen heraus wurzelt in einem stabilen, unerschütterlichen Selbst: Ein von innen bestimmter Mensch braucht keine Bestätigung. Seine Unabhängigkeit macht es ihm viel leichter, die herrschende Meinung zu hinterfragen. Vom eigenen Innern gelenkt zu sein macht einen Menschen nicht religiös, aber seine Religion entspricht der Stufe drei.

WAS IST FÜR MICH DIE WICHTIGSTE HERAUS-FORDERUNG?
Engagiert und unabhängig zugleich zu sein.

Nun können wir besser verstehen, was Jesus meinte, als er seine Jünger anwies, »in der Welt, aber nicht von der Welt« zu sein. Er wollte, daß sie beides waren: nicht gebunden und engagiert – nicht gebunden in dem Sinn, daß niemand nach ihrer Seele greifen konnte, und engagiert in dem Sinn, daß sie motiviert blieben, ein würdiges Leben zu führen. Darin besteht der Balanceakt der dritten Stufe, der vielen Menschen Probleme bereitet.

Dem Verfasser der »Wolke des Nichtwissens« zufolge liegt das wahre Dilemma weder darin, sich nach innen zu wenden, noch darin, die Gesellschaft und ihre Werte zurückzuweisen. Er beschreibt die spirituelle Entwicklung mit folgenden Worten:

> »Sei keinesfalls darauf bedacht, in deinem Inneren zu verweilen, und ich will auch, kurz gesagt, nicht, daß du außer dir, über dir, hinter dir noch auf dieser oder jener Seite von dir seiest.«

Damit bleibt also nur das Nirgendwo, und genau dorthin sollen wir seiner Meinung nach gehen. Gott kann nicht im menschlichen Geist enthalten sein; er ist nichts im Vergleich zu den Myriaden menschlicher Gedanken und Bestrebungen. In diesem Nichts und diesem Nirgendwo liegt jedoch ein ungeheures Geheimnis:

>>Wer nimmt sich heraus, es das Nichts zu nennen? Sicher ist es unser äußerlicher Mensch, nicht unser innerer; unser innerer nennt es das All, denn es hat ihn gelehrt, alles Existierende, sei es körperlich oder geistig, zu erkennen, ohne irgendein Ding oder Wesen für sich gesondert zu betrachten.<<

Dies ist eine bemerkenswerte Beschreibung des Wesens der Stille. Es ist nicht die Stille eines leeren Geistes – auch wer innere Stille erfährt, denkt weiter wie sonst auch. Das Denken findet jedoch vor einem Hintergrund des Nicht-Denkens statt. Der Autor vergleicht es mit einem Erkennen ohne Bemühen. Den Geist erfüllt ein Wissen, das alles zu fassen, aber nichts in Begriffe zu kleiden vermag. Deshalb wenden wir uns diesem Wissen zu, das allem zugrunde liegt. Anfangs können wir nichts erkennen – es ist die Zeit der Dunkelheit und der Wolke des Nichtwissens. Aber die Jagd hat begonnen, und wenn man seinem Anliegen treu bleibt, äußere Antworten immer wieder zurückweist und niemals den Glauben an die Realität des verborgenen Ziels aufgibt, dann trägt die Suche schließlich Früchte.

Während dieser ganzen Zeit, in der die Arbeit an der inneren Entwicklung stattfindet, muß das äußere Leben weitergehen. Auf diesen Balanceakt spielte Jesus an, als er davon sprach, in der Welt, aber nicht von der Welt zu sein. Oder, wie wir es anfangs genannt haben, losgelöst und engagiert zugleich zu sein.

WAS IST MEINE GRÖSSTE STÄRKE?
Unabhängigkeit.

WAS IST MEIN GRÖSSTES HINDERNIS?
Fatalismus.

Nachdem wir das Gleichgewicht zwischen innerem und äußerem Leben erörtert haben, stellt sich die Frage, wie dieser Balanceakt in der Praxis aussieht. Auf Stufe drei stellt der Mensch fest, daß er unabhängig ist. Indem er sich von dem sozialen Druck befreit, kann er sein, wie er ist. Aber dabei gibt es auch die Gefahr des Fatalismus – ein Gefühl, daß diese Freiheit nur eine Form von Isolation ist, ohne Hoffnung, auf andere einwirken zu können. Wie kann jemand die Bedeutung dieser Stufe verstehen, der sie noch nicht erreicht hat? Das Ganze klingt recht paradox, und wiederum trifft der Autor der »Wolke des Nichtwissens« den Nagel auf den Kopf.

Er erklärt, daß der weltliche Mensch (und unser eigenes Ego) danach strebt, überall zu sein, während Gott nirgends ist; sie wollen etwas darstellen, während Gott nichts ist. Aus diesem Grund sind spirituelle Sucher Außenseiter der Gesellschaft – Mönche und Nonnen sind dafür die extremsten Beispiele. Entsagung ist also beinahe eine Voraussetzung für diesen Weg, denn ein innerer Gott paßt sich nicht an.

Zwar schätzt jede Kultur ihre Heiligen, und dennoch stellt die Wendung nach innen, zumindest was die Gesellschaft betrifft, offensichtlich eine Gefahr dar. Lange bevor irgend jemand die Bedeutung Gandhis für das Schicksal des britischen Weltreichs ahnen konnte, schrieb der berühmte Gelehrte Gilbert Murray im Jahr 1918 die folgenden prophetischen Worte: »Die Mächtigen sollten sich sehr genau überlegen, wie sie mit einem Mann umgehen, dem Sinnesfreude, Reichtümer, Bequemlichkeit, Lob oder Beförderung nichts bedeuten, der nur darauf bedacht ist zu tun, was er für richtig hält. Er ist ein gefährlicher und unbequemer Gegner, denn sein Körper, den man immer bezwingen kann, liefert nur wenig Angriffsfläche gegen seine Seele.«

Eine Angriffsfläche, etwas, an das man sich halten kann, fehlt auf der dritten Stufe. Da Gandhi den Äußerlichkeiten des Lebens entsagt hatte, bot er keine der üblichen Angriffspunkte. Die Machthaber konnten ihn weder mit dem Verlust seiner Arbeit, seines Hauses, seiner Familie oder auch mit Gefängnis und Tod einschüchtern (dennoch probierten sie all diese Druckmittel bei ihm aus). Damit will ich keineswegs sagen, daß Gandhi auf seiner spirituellen Reise nur bis zur dritten Stufe gekommen ist, aber seine Haltung zeigt, daß es sinnlos ist, gegen innere Freiheit Macht einzusetzen. Der Gott des Friedens bescheinigt einem nicht durch Geld oder Status, wie gut man ist. Die eigene innere Gewißheit ist Bestätigung genug, und das kommt Gottes Segen gleich. In diesem Stadium des inneren Wachstums ist die Macht der inneren Versenkung verschleiert, wir stoßen auf Dunkelheit und eine Wolke des Nichtwissens. Dennoch ist die Anziehungskraft des Spirituellen real. Man hat das Gefühl, trotz aller äußeren Opfer etwas gewonnen zu haben, wenn sich auch erst später herausstellt, was es ist. Auf dieser Stufe befindet sich der Suchende in einer Phase der Anpassung an eine neue, sehr ungewohnte Welt.

WORIN BESTEHT MEINE GRÖSSTE VERSUCHUNG?
Introvertiertheit.

Ich habe mich bemüht zu zeigen, daß das Ziel der Stufe drei nicht darin besteht, ein introvertierter Mensch zu werden. Gerade wenn man Begriffe wie innere Versenkung und innere Stille mißversteht, liegt darin eine große Verlockung. Worte haben auf der Quantenebene einen schweren Stand. Stille bedeutet nicht, ohne Gedanken zu sein; das Innere steht nicht im Gegensatz zum Äußeren. Aber das Ich neigt dazu, spirituelle Werte für sich zu vereinnahmen und ihrem eigentlichen Zweck zu entfremden. Ein Mensch, der sich seinem Wesen nach gern von der Welt zurückzieht, kann sich damit entschuldigen, daß Spiritualität nach innen gerichtet ist. Ein Pessimist tröstet sich vielleicht damit, daß er die materielle Welt zu Recht zurückweist.

Dennoch hat Introvertiertheit mit Spiritualität nichts zu tun, denn hinter dieser Haltung verbergen sich alle möglichen negativen Ansichten über den Wert des äußeren Lebens. Der Introvertierte »stellt sein Licht unter den Scheffel« und tut damit genau das, wovor Jesus gewarnt hat. Ich kenne einen Mann, der sich selbst als

innerlichen Aussteiger bezeichnet. Seine Grundhaltung ist Abscheu vor der Welt. In seinen Augen ist Politik korrupt, Geschäfts-
leute sind habgierig, alles Streben ist eitel, persönliche Bindung
eine Falle. Überflüssig zu erwähnen, daß die Gesellschaft dieses
Mannes oft ziemlich anstrengend ist, obwohl er sich selbst als
guten, ja vorbildlichen Buddhisten empfindet. Sein Pfad der Entsagung – wie er es sieht – besteht jedoch in Wirklichkeit nur aus
Ablehnung. Beides liegt so nah beieinander, daß man es leicht miteinander verwechseln kann.

Der verräterische Unterschied besteht darin, daß die Ablehnung stark ichbezogen ist. »Ich« entscheide, daß »sie« (die ande-
ren, die Welt im allgemeinen) mir nicht gut genug sind. Das Ich
findet für seine ablehnende Haltung viele gute und glaubhafte
Gründe. Wenn man sich in der Welt engagiert, macht man sich die
Hände schmutzig und wird häufig entmutigt. Andererseits ist auch
die angestrebte Spiritualität ein integraler Bestandteil der Welt.
Gott entfaltet die gesamte Schöpfung – nicht nur ihre angenehmen
Aspekte. Wer schon zu Beginn dies oder jenes ablehnt, kann es am
Ende nur schwer wieder akzeptieren. Der Introvertierte verweigert
sich allem, einige wenige Erfahrungshäppchen ausgenommen, die
es durch die Pforten geschafft haben, die das Ego bewacht.

Im Gegensatz dazu ist wahre Entsagung durch die Erfahrung
gekennzeichnet, daß sich die eigentliche Wirklichkeit hinter der
Maske der materiellen Welt verbirgt. Nur das »Nichts und Nirgendwo« Gottes ist real, und deshalb wendet sich die Aufmerksamkeit von äußeren Belohnungen ab. Der reichste Mann der Welt
könnte durchaus jemand sein, der Verzicht übt, vorausgesetzt, er
hat die richtigen Einsichten. Ein zurückgezogen lebender Mönch,
der habsüchtig und selbstsüchtig ist, würde das angestrebte Ziel,
die Entsagung, verfehlen. Ebenso kann ein Mensch außerordentlich aktiv und extrovertiert sein; das tut der inneren Suche keinen
Abbruch. Das Kernproblem auf der dritten Stufe hat mit Treue zu
tun. Leisten wir unseren Treueschwur schließlich der inneren oder
der äußeren Welt? Auf der langen Reise stellen sich uns viele Her-
ausforderungen in den Weg, und wie man sich auch dazu äußert –
die echte Antwort wird sich im Feuer der Erfahrungen zeigen.

4. STUFE: GOTT, DER ERLÖSER

DIE SIEBEN

STUFEN DER

GOTTES-

ERFAHRUNG

DIE INTUITIVE REAKTION

Das Gehirn kennt einen aktiven Zustand und eine Ruhephase. Reicht das nicht? Wonach könnte der Geist noch streben, wenn er einmal Frieden in sich selbst gefunden hat? Unter diesem Blickwinkel erscheinen die höheren Stufen der Spiritualität ein Geheimnis zu bergen, denn jenseits der Stille ist nichts. Wir müssen nach dem Ausschau halten, was aus der Stille hervorgehen kann – Weisheit.

Die Psychologen sind sich durchaus bewußt, daß Weisheit tatsächlich etwas Auffälliges ist. Wenn Versuchspersonen verschiedenen Alters eine Reihe von Problemen lösen sollen, geben ältere Menschen weisere Antworten als jüngere. Das zur Debatte stehende Problem kann alles mögliche sein – zu beurteilen, ob man bei einem Geschäft betrogen wurde, oder wie man einen internationalen Streitfall, der zum Krieg führen könnte, beilegt. Eine weise Antwort wäre etwa, abzuwarten und nicht impulsiv zu handeln, von verschiedenen Seiten Rat einzuholen und keine voreiligen Schlüsse zu ziehen. Die Art des Problems spielt eigentlich keine Rolle, denn Weisheit ist eine bestimmte Perspektive, die sich auf jede Situation anwenden läßt.

So wie auf Stufe drei ein friedlicher Gott das Licht der Welt erblickt, wird auf Stufe vier ein weiser Gott geboren. Er ist willens, sich nicht von seinen Rachegelüsten leiten zu lassen. Er hört auf, uns alte Sünden vorzuhalten, und er hat mehr im Blick als rechtes oder unrechtes Handeln. In der Rolle des Erlösers beginnt Gott, alle belastenden Urteile zurückzunehmen. Deshalb läßt seine Weisheit in uns das Gefühl entstehen, geliebt und umsorgt zu werden. Auf diese Weise wird die Einsamkeit der inneren Welt gemildert. Gott, der Erlöser, besitzt ausschließlich positive Eigenschaften:

Er ist verständnisvoll,
tolerant,
versöhnlich,
er verurteilt nicht,
er ist allumfassend und
akzeptiert alles.

Sie werden feststellen, daß keine dieser Eigenschaften das Ergebnis des Denkens ist – wenn wir sie bei einem Menschen finden, würden wir von charakterlichen Vorzügen sprechen. Doch hier geht es nicht um die psychologische Version einer von Alter und Erfahrung abhängigen Weisheit, sondern um etwas viel Tieferes. Spirituelle Meister weisen auf eine rätselhafte Fähigkeit hin, die sie »zweite Aufmerksamkeit« nennen. Die erste Aufmerksamkeit richtet sich auf die anstehende Aufgabe und bedient sich dabei der von den fünf Sinnen gelieferten Informationen. Sie drückt sich in Gedanken und Gefühlen aus. Die zweite Aufmerksamkeit ist anders. Sie sieht über die unmittelbar anstehende Aufgabe hinaus und betrachtet das Leben aus einem grundsätzlicheren Blickwinkel. Aus dieser Quelle entspringt die Weisheit, und erst wenn die zweite Aufmerksamkeit kultiviert worden ist, erscheint der Gott der vierten Stufe.

Ich kenne einen ehrgeizigen Autor, der sehr viel Geld mit einem Buch verdiente, das völlig unerwartet zu einem Bestseller wurde. Voller Begeisterung darüber, daß er plötzlich mehrere hunderttausend Dollar zur Verfügung hatte, entschloß er sich, die ganze Summe in ein riskantes Ölgeschäft zu stecken. Seine Freunde warnten ihn, daß sich die weitaus meisten Anleger bei dieser Art von Geschäften ruinieren, bevor überhaupt Öl entdeckt wird. Der Autor ließ sich jedoch nicht abschrecken und stürzte sich trotz seiner Unerfahrenheit in diese Unternehmung. Er besuchte sogar die potentiellen Ölquellen, die über ganz Kansas verstreut waren.

Sechs Monate später traf ich ihn bei einer Verlagsveranstaltung wieder. Er hatte sein ganzes Geld verloren, und er klang bedrückt. »Alle sind sehr nett zu mir«, sagte er verlegen. »Meine Freunde verkneifen sich ihre ›Ich hab's dir ja gesagt‹-Kommentare. Aber der finanzielle Verlust ist eigentlich nicht das schlimmste, auch nicht die Demütigung. Was mich quält, ist etwas anderes. Verstehen Sie, ich wußte vom ersten Moment an, daß diese Investition nichts bringen würde. Ich hatte nicht den geringsten Zweifel, daß ich dabei war, eine furchtbare Entscheidung zu treffen, und ich lief den ganzen Tag herum wie ein Schizophrener: Einerseits war ich total zuversichtlich, und andererseits wußte ich, daß es schiefgehen würde.«

Dieses dramatische Beispiel zeigt, daß wir alle gleichzeitig auf mehreren Wirklichkeitsebenen zu Hause sind. Die erste Aufmerksamkeit organisiert das Leben auf der Oberfläche; die zweite Aufmerksamkeit organisiert die tieferen Ebenen. Intuition und Weisheit wurzeln in der zweiten Aufmerksamkeit und sind deshalb mit dem gewöhnlichen Denken nicht vergleichbar. Der Mann aus der Geschichte schenkte seiner Intuition keine Beachtung, sondern führte sein zum Scheitern verurteiltes Projekt zu Ende. Er ignorierte sein Unterbewußtsein, das im voraus wußte, was geschehen würde. Erst wenn wir mit dem Unbewußten vertraut geworden sind, tritt der Gott der Stufe vier in unser Leben.

Therapeuten kennen in diesem Zusammenhang eine Übung, bei der man sich vorstellt, man befinde sich in einer dunklen Höhle. Sie sind hierhergekommen, um den perfekten Ratgeber zu finden, der Sie am Ende eines Tunnels erwartet. Sie gehen ruhig und erwartungsvoll auf ihn zu – die Höhle ist warm und sicher. Am Ende des Tunnels öffnet sich ein Raum, und Sie sehen Ihren Ratgeber, der Ihnen den Rücken zuwendet. Langsam dreht er sich um – an diesem Punkt sollen Sie erkennen, wer von allen Menschen, die Sie je getroffen haben, Ihnen gegenüberstehen wird. Wer es auch sein wird – Ihre Großmutter, ein früherer Lehrer oder auch jemand, den Sie nicht persönlich kennen, wie Einstein oder den Dalai Lama –, es gibt doch bestimmte Eigenschaften, die Sie von Ihrem Mentor erwarten:

- Ein Ratgeber sollte Sie und Ihre Ziele kennen. (Gott, der Erlöser, ist *verständnisvoll*.)
- Ein Ratgeber sollte auch Ihre Fehler akzeptieren. (Gott, der Erlöser, ist *tolerant*.)

- Wenn Sie über Dinge sprechen, die Sie noch nie einem anderen Menschen gesagt haben und derentwegen Sie sich schuldig und beschämt fühlen, sollte ein Ratgeber Sie von der Schuld freisprechen. (Gott, der Erlöser, ist *versöhnlich*.)
- Da der Ratgeber weise ist, sollte er sich in Ihre Entscheidungen nicht einmischen oder sie als falsch brandmarken. (Gott, der Erlöser, *verurteilt nicht*.)
- Ein Ratgeber sollte die menschliche Natur in all ihren Spielarten verstehen. (Gott, der Erlöser, ist *allumfassend*.)
- Sie sollten sich bei Ihrem Ratgeber sicher und mit ihm eng verbunden fühlen. (Gott, der Erlöser, *akzeptiert alles*.)

Die Rolle des Mentors oder Ratgebers ist nicht an ein bestimmtes Geschlecht gebunden. (Mentor hieß ursprünglich der Lehrer und Führer von Telemachos, dem Sohn des Odysseus. Athene, die Göttin der Weisheit, nahm oft seine Gestalt an, um ihn zu beraten.) Auf Stufe vier erkennen wir zum erstenmal ein weibliches Element in der Natur Gottes. Im Gegensatz zur männlichen Vernunft gelten Intuition und Unbewußtes allgemein als weiblich. Biologisch ausgedrückt: die Dominanz der rechten oder die der linken Gehirnhälfte. Die Tatsache, daß die rechte Gehirnhälfte für Musik, Kunst, Phantasie und räumliche Wahrnehmung – vielleicht auch für die Intuition – zuständig ist, bedeutet nicht, daß der Gott der Stufe vier dort wohnt – obwohl die Vermutung naheläge. In den Mythen aus aller Welt gibt es Helden, die direkt mit den Göttern sprechen. Einige Anthropologen haben darüber spekuliert, daß ebenso, wie die rechte Gehirnhälfte völlig unabhängig von der linken auch nonverbale, nichtrationale Einsichten haben kann, unsere Urahnen ungeachtet der Ratio Götter, Feen, Gnome, Engel und andere Wesen wahrnehmen konnten, deren physische Existenz durch die linke Gehirnhälfte stark angezweifelt wird.

Heute ist unsere Wahrnehmung sehr viel eingeschränkter. Einige wenige Menschen können berichten, daß sie mit der Jungfrau Maria gesprochen haben, wir anderen haben göttliche Stimmen als Intuition verinnerlicht. Näher, als ein bestimmtes »Gefühl im Bauch« zu haben, kommen viele Menschen nicht mehr an das Orakel von Delphi heran. Natürlich können wir aber auch heute noch den Verstand umgehen, um zu Einsicht zu gelangen. Intuition erfordert kein Nachdenken oder bewußte geistige Arbeit. Wie ein Blitz zuckt sie durch den Geist, und ohne sie mit dem Verstand erklären zu können, wissen wir, daß sie richtig ist.

Vermutlich liegen die Ursprünge der ersten und zweiten Aufmerksamkeit jeweils in den beiden Gehirnhälften, denn dominant bedeutet nicht beherrschend. Jeder Mensch hat ab und zu intuitive Einsichten und vernunftgeprägte Gedanken nebeneinander. Jeder Arzt kennt Patienten, die im voraus wissen, ob sie Krebs haben oder ob eine Operation erfolgreich verlaufen wird. Als junger Arzt begegnete ich einmal einer Frau, die Angst um das Leben ihres Mannes hatte, als dieser wegen einer Operation ins Krankenhaus kam. Dabei ging es um einen kleinen, keineswegs lebensbedrohlichen Eingriff.

»Das weiß ich«, sagte die Frau, »aber ich mache mir Sorgen wegen des Chirurgen. Ich habe einfach kein gutes Gefühl bei ihm.« Alle Welt – ihr Mann und ich eingeschlossen – versuchten sie zu beruhigen. Dr. X war ein bekannter und geschickter Chirurg, doch die Frau blieb beunruhigt.

Dann geschah etwas Merkwürdiges. Während des Eingriffs trat bei dem Patienten eine seltene Reaktion auf die Narkose auf. Er starb auf dem Operationstisch und konnte nicht wiederbelebt werden. Ich war erschüttert, seine Frau untröstlich. Sie hatte gewußt, was passieren würde. Und doch hatte sie – auf der rationalen Ebene – nichts vorbringen können, um die Operation zu verhindern.

Dieses Aufeinanderprallen der ersten und zweiten Aufmerksamkeit bildet das zentrale Drama auf Stufe vier. Die große Frage ist, wie wir lernen können, der zweiten Aufmerksamkeit zu vertrauen, obwohl das Unbewußte als unzuverlässig, wenn nicht gar dunkel und bedrohlich gilt. Erst wenn wir uns mehr und mehr mit dem Wissenden identifizieren – jenem Teil in uns selbst, der intuitiv, weise und mit der Quantenwelt vollkommen vertraut ist –, nimmt Gott eine andere Gestalt an. Er wandelt sich von allmächtig zu allwissend.

DIE SIEBEN FRAGEN UND ANTWORTEN

WER BIN ICH?
Der Wissende im Inneren.

Erst wenn Sie sich mit Ihrer Intuition identifizieren, werden Sie ihr vertrauen können. Hier kommt das Selbstwertgefühl ins Spiel. In den frühen Stadien des inneren Wachstums wird nur derjenige respektiert, der zu einer Gruppe gehört und ihre Werte akzeptiert. Einwände, die der Wissende im Inneren vorbringt, werden erstickt. Da die eigene Intuition die unangenehme Eigenschaft hat, unbequeme Wahrheiten zu sagen, wird sie deshalb sogar zum Feind. Ein Soldat beispielsweise, der sein Leben an der Front opfert, kann sich Gedanken über die Barbarei des Krieges und die Berechtigung des Pazifismus nicht leisten. Wenn seine innere Stimme sagt: »Was hat das Ganze für einen Sinn? Ich bin ja auch ein Feind, nur in einer anderen Haut«, verliert er seine Selbstachtung.

Ein Mensch auf Stufe vier hat die in der Gruppe gültigen Werte schon lange zuvor aufgegeben. Die Verlockungen, die Krieg, Konkurrenz, Aktienmarkt, Ruhm und Reichtum zu bieten haben, sind verblaßt. Da gesellschaftliche Isolation allerdings auch nicht gerade ein erstrebenswertes Schicksal ist, kommt uns der Wissende im Inneren zu Hilfe. Er erschließt uns eine neue Quelle der Selbstachtung mit Werten, die sich auf keine andere Weise gewinnen lassen. Die folgenden Zeilen des großen persischen Mystikers Rumi vermitteln einen Eindruck von der Faszination der Innenwelt:

»Wenn ich gestorben bin,
werde ich mit den Engeln emporschweben,
und wenn ich bei den Engeln sterbe,

was ich dann sein werde,
kannst du dir nicht vorstellen.«

Auf Stufe vier verliert die Leere des äußeren Lebens an Bedeutung,
da eine neue Reise begonnen hat. Weise vergeuden ihre Zeit nicht
mit Betrachtungen der eigenen Weisheit. Vielmehr durchmessen
sie Raum und Zeit auf einer Seelenreise, die keine Hindernisse
kennt. Die für Stufe vier charakteristische Sehnsucht nach dem
Alleinsein ist auf gespannte Erwartung zurückzuführen, denn der
Suchende kann den nächsten Akt des Seelenschauspiels kaum erwarten.

Der Begriff Erlösung vermittelt nur einen blassen Abglanz davon, wie allumfassend diese Reise nach innen ist. Bei dem Wissenden im Inneren geht es um weitaus mehr als nur um die Befreiung
von Sünde. Allerdings würde sich jemand, der noch unter Schuld-
und Schamgefühlen leidet, auch gar nicht erst auf diese Reise machen. Wenn man versuchen will, die Engel zu erreichen, braucht
man nicht perfekt zu sein, aber man muß über längere Zeiträume
mit sich selbst allein sein können. Ein Sündenbewußtsein ist dabei
nur hinderlich. Wie ein etwas zynischer Freund, ein Psychiater,
gern sagt: »Du weißt fast alles über menschliche Motive, wenn du
dir über eins klar wirst: Neunundneunzig Prozent der Menschheit
verwenden neunundneunzig Prozent ihrer Zeit darauf, schmerzliche Wahrheiten zu vermeiden.«

Menschen, die ihre Zeit mit anderen Dingen verbringen, können manchmal rätselhaft erscheinen. Der Wissende im Inneren
kümmert sich wenig um die fünf Sinne; es ist ihm auch gleich, wie
der Verstand eine Situation beurteilt. Der Wissende weiß einfach.
Dieses Geheimnis ist Gegenstand einer Zen-Parabel.

Ein junger Mönch geht zu seinem Meister, dem Abt eines Klosters,
und sagt: »Ich möchte wissen, worin der Sinn des Lebens besteht.
Meister, kannst du mir das bitte sagen?«

Der Meister, der für seine kalligraphische Kunstfertigkeit
berühmt ist, nimmt einen Pinsel und schreibt rasch das Wort Aufmerksamkeit auf ein Blatt Papier. Der Schüler wartet, aber es ge-

schieht nichts weiter. »Meister, ich werde hier sitzen bleiben, bis du mir den Sinn des Lebens erklärt hast«, wiederholt er.

Er setzt sich, und nach einer kleinen Weile nimmt der Meister wiederum den Pinsel und schreibt noch einmal das Wort Aufmerksamkeit auf das Papier.

»Das verstehe ich nicht«, protestiert der Schüler. »Man sagt, du hättest höchste Erleuchtung erlangt, und ich sehne mich nach Unterweisung. Kannst du mir nicht dein Geheimnis verraten?« Aber zum dritten Mal hat der Meister nichts zu sagen, sondern taucht nur den Pinsel in die schwarze Tusche und schreibt das Wort Aufmerksamkeit. Die Ungeduld des jungen Mönchs wandelt sich zu Mutlosigkeit.

»Du kannst mich also nichts lehren?« klagt er. »Wenn ich nur wüßte, wohin ich mich wenden soll. Ich bin schon so lange auf der Suche.« Er erhebt sich und geht. Der alte Meister sieht ihm voller Mitgefühl nach, nimmt den Pinsel und schreibt in einem Zug das Wort Aufmerksamkeit.

Diese kleine Geschichte ist weniger zen-haft, wenn man erkennt, daß der Meister über die zweite Aufmerksamkeit spricht. Er kann die ernsthaften Fragen des Schülers nicht beantworten, denn auf der Ebene der ersten Aufmerksamkeit gibt es keine Antworten. Der Schüler kann auch nichts von der Begeisterung des Meisters ahnen, denn dafür fehlen alle äußeren Merkmale. Die Feststellung »Gott hinterläßt keine Spuren in der materiellen Welt« drückt das gleiche aus. Gott fasziniert uns auf Stufe vier nicht, weil wir Schutz oder Trost brauchen, sondern weil wir seine Beute jagen. Die Herausforderung der Jagd wächst, wenn die Beute keine Spuren im Schnee hinterläßt.

WELCHE ROLLE SPIELE ICH?
Ich verstehe.

Auf Stufe drei läßt die Innenwelt nur wenig Aktivität erkennen. Auch Schiffe können bei Windstille nicht segeln. Sie liegen auf dem Wasser und warten. Auf Stufe vier erwacht nun die Innenwelt zum Leben, Ruhe und Frieden lassen sich jetzt konkret nutzen. Wir verstehen die Struktur der Wirklichkeit, die menschliche Natur enthüllt uns ihre Geheimnisse. Folgende Einsichten tauchen auf:

- Es gibt keine Opfer.
- Alles ist wohlgeordnet; die Dinge geschehen nach Plan.
- Zufälle werden von einer höheren Weisheit gesteuert.
- Chaos ist eine Illusion, alle Ereignisse folgen einer umfassenden Ordnung.
- Nichts geschieht ohne Grund.

Bei diesen Einsichten geht es um die Frage, weshalb die Dinge so geschehen, wie sie geschehen. Das ist eine grundlegende Frage. Wir alle stellen sie uns, meist jedoch eher beiläufig. Es ist uns nicht so wichtig, das Wirken des Schicksals zu ergründen. Wir akzeptieren, daß manches scheinbar vorherbestimmt ist und anderes eher zufällig geschieht. Auf Stufe vier stellt sich die Frage nach dem Schicksal allerdings drängender: Man hat bis dahin genügend Beispiele dafür erlebt, daß »eine unsichtbare Macht ihre Hand im Spiel« hatte. Es mögen kleine Vorkommnisse sein, aber sie lassen sich nicht länger beiseite schieben.

Vor kurzem drückte ich irgendeine falsche Taste auf dem Computer, was zur Folge hatte, daß ein großer Teil einer wichtigen Arbeit verschwand. In der Nacht konnte ich kaum schlafen. Die einzige Hilfe – wenn überhaupt – war eine Software, die meine verlorenen Kapitel vielleicht retten konnte. Das Warten auf die Expreß-Lieferung am nächsten Morgen war qualvoll, und natürlich kam sie nicht pünktlich. Ich hatte schon den Telefonhörer in der Hand und wählte gerade die Nummer des Paketdienstes, als ein Nachbar an die Tür klopfte.

»Ich glaube, das hier ist für Sie«, sagte er und reichte mir ein Paket, das er auf seinem Weg zum Auto gefunden hatte. Es hatte vor dem falschen Eingang gelegen, vor einer alten, abgesperrten Tür. Der Fahrer des Paketdienstes hatte nicht geklingelt, weil es an dieser Tür keine Klingel gibt.

Nicht nur, daß mich das Paket erreichte, als ich gerade dabei war, per Telefon ein mittleres Chaos auszulösen, außerdem hatte jemand das Päckchen gefunden, der vorher noch nie spontan vorbeigekommen war. Wie konnten all diese – wenn auch geringfügigen – Dinge zusammentreffen?

Auf Stufe vier wird uns die Suche nach der Antwort keine Ruhe lassen. Wenn wir lange genug aufmerksam (stets das Schlüsselwort) waren, erkennen wir die zugrundeliegenden Strukturen, nach denen Ereignisse ablaufen. Wir erkennen auch, daß sie Lehren, Botschaften oder Zeichen enthalten – die äußere Welt versucht, sich uns auf diese Weise mitzuteilen –, und dann sehen wir, daß äußere Ereignisse im Grunde Symbole innerer Ereignisse sind. (In meinem Fall bestand das innere Ereignis aus einer ärgerlichen Spannung, von der ich mich befreien wollte.) Die Schwingungen entstehen im (stillen) Zentrum, ziehen immer größere Kreise, bis wir sehen, daß hinter der »unsichtbaren Macht« Absicht und große Weisheit verborgen sind.

Diese Einsichten legen den Schluß nahe, daß es keine Opfer gibt – eine Äußerung, die man häufig von Weisen hören kann. Ihre Behauptung, alles sei weise und gerecht geordnet, erfüllt uns jedoch mit Verwirrung. Betrifft das auch Kriege, Brände, Zufallsmorde, Flugzeugkatastrophen, Tyrannei, Kriminelle und so weiter? Bei alledem gibt es Opfer und häufig genug auch grausame Schlächter. Wie konnte der Dichter Robert Browning so kühn behaupten, Gott sei im Himmel und in der Welt sei alles in Ordnung? Er wußte es von Gott selbst, aber von dem Gott, dem wir erst auf Stufe vier begegnen.

An diesem Punkt sollten wir fragen, was der Wissende im Inneren eigentlich weiß. Nach der gängigen Definition ist Wissen im Gedächtnis gespeicherte Erfahrung. Niemand wüßte, daß Wasser bei 100 Grad Celsius kocht, wenn es keine entsprechende Erinnerung gäbe. Weise müßten demnach viel mehr Erinnerungen als andere Menschen haben oder mit einer größeren Gehirnkapazität auf die Welt kommen. Trifft das wirklich zu? Nach einer Scheidung klagt ein Partner vielleicht, er habe schon in den Flitterwochen gewußt, daß die Ehe nicht funktionieren würde. Doch die Bedeutung dieser Intuition wird erst im Rückblick klar. Wie verläßlich ist Intuition bereits vor der Erfahrung?

Das wissen anscheinend nur die Weisen. Weisheit bedeutet, mit Sicherheit und Unsicherheit ins reine gekommen zu sein. Auf Stufe vier leben wir spontan, jedoch im Einklang mit einem zugrundeliegenden Plan. Die Dinge geschehen überraschend, folgen jedoch einer unerbittlichen Logik. Weisheit stellt sich häufig erst ein, nachdem die Phase des intellektuellen Prüfens vorüber ist. Man erreicht einen Punkt, an dem eine Situation nicht mehr von allen Seiten beleuchtet werden muß, sondern Einfachheit vorherrscht. Ein Weiser strahlt eine Atmosphäre der inneren Ruhe aus, die keiner äußeren Bestätigung bedarf. Die Höhen und Tiefen des Lebens sind eins geworden. Das Neue Testament nennt dies »den Frieden, der Verstehen übersteigt«, weil es weiter reicht als das Denken – und wie sehr wir uns auch den Kopf zerbrechen, der Verstand wird uns niemals dorthin bringen.

WIE FINDE ICH GOTT?
Indem ich mich selbst akzeptiere.

In der Innenwelt gibt es bisweilen Stürme, viel schlimmer aber sind die Zweifel. »Zweifel ist die Trockenfäule des Glaubens«, wie es ein indischer Heiliger formuliert hat. Niemand kann auf der vierten Stufe vorankommen, wenn er noch an sich selbst zweifelt, denn hier kann er sich nur auf das Selbst verlassen. Äußere Unterstützung bietet keine Sicherheit mehr. Im alltäglichen Leben erfüllt uns ein solcher Verlust mit großer Angst. Niemand übernimmt gern die Rolle des Außenseiters, des Vaterlandslosen oder des Verräters. Ich habe im Kino miterlebt, daß Dutzende von Zuschauern bei der Szene zu schluchzen begannen, wo der »Elefantenmensch« von einem neugierigen Mob durch den Bahnhof gejagt wird. Sein häßlicher Kopf ist in einem Sack verborgen, und wenn ihn seine Verfolger schließlich in die Enge getrieben haben, dreht er sich um und ruft voller Qual: »Ich bin kein Tier, ich bin ein menschliches Wesen!«

Dieser Schrei ist der Angstschrei unseres tiefsten Unterbewußtseins. Außenseiter haben etwas Monströses an sich, als normal gilt nur, wer von der Allgemeinheit akzeptiert wird. Auf der vierten Stufe gibt es jedoch nichts mehr, woran man sich halten könnte.

»Mit dieser Frau war ich fast verlobt«, erzählte mir ein Freund, der einige Jahre in einer klosterähnlichen Umgebung verbracht hatte. »Es ist jetzt schon eine ganze Weile her, und ich hatte damals keine Erfahrung auf diesem Gebiet. Eines Abends saßen wir im Dunkeln auf dem Sofa. Sie hatte den Kopf an meine Brust geschmiegt, und ich fühlte mich ihr so nah, daß ich sagte: ›Weißt du, so sehr ich dich liebe, ich glaube, ich liebe die Menschheit genauso.‹

Mit einem entsetzten Gesichtsausdruck fuhr sie hoch: ›Das ist wirklich das Schlimmste, was du mir sagen konntest‹, rief sie. Ich verstand sie nicht. Kurz darauf haben wir uns getrennt, und ich weiß immer noch nicht genau, warum sie so verstört war.«

In jenem Augenblick waren zwei Weltanschauungen aufeinandergeprallt. Die Frau empfand die Worte ihres Geliebten als Verrat, denn sie suchte Halt bei ihm. Durch seine Liebe (zu ihr und nicht zu einer anderen) fühlte sie sich vollständiger, er gab ihrer Identität eine äußere Bestätigung. Die Gefühle des Mannes gingen in die entgegengesetzte Richtung – in seinen Augen wurde seine Liebe größer, indem er die Menschheit darin einschloß. Im Grunde verstand er nicht, daß sie einen Halt brauchte. Er strebte nach einem Zustand, in dem die Liebe zu einem Menschen die Liebe zu allen Menschen umfaßt. Dieses Ziel ist nicht leicht zu erreichen. Die meisten Menschen halten es nicht einmal für erstrebenswert (zumindest nicht für sich selbst – allenfalls für den Heiligen Franziskus oder einen Bodhisattva, einen angehenden Buddha). Schon als Kinder haben uns Eltern und Freunde, später der Ehepartner und die eigene Familie Sicherheit gegeben. Unsere Bindungen zeigen uns, daß wir ein Leben lang Unterstützung brauchen.

Auf Stufe vier löst sich das bisherige soziale Sicherheitssystem auf – der Mensch ist nun darauf angewiesen, in seinem Inneren, in seinem eigenen Selbst Halt zu finden. Selbstakzeptanz ist der Weg zu Gott. Das bedeutet nicht, daß unsere innere Stimme beruhi-

gende Worte flüstert oder wir uns eine neue spirituelle Familie suchen. Wenn Jesus seinen Jüngern sagt, daß sie sterben müssen,
meint er damit einen Zustand des inneren Ungebundenseins. Kein
kaltes, herzloses Ungebundensein, vielmehr eine Erweiterung, die
nicht mehr unterscheiden muß zwischen mir und dir, dein und
mein, meinen Wünschen und deinen Wünschen. Derartige Unterscheidungen gehören zur Dualität des Ego. Das Ziel der vierten
Stufe ist jedoch eine Grenzüberschreitung. Wenn sie die Aufgabe
der alten Sicherheitssysteme erfordert, zahlt der Mensch diesen
Preis gern. Die Seelenreise wird von einer inneren Leidenschaft be-
feuert, die nach ihrer eigenen Erfüllung verlangt.

WAS IST DAS WESEN VON GUT UND BÖSE?
Gut ist Klarheit, das Erkennen der Wahrheit.
Böse ist Blindheit, das Verleugnen der Wahrheit.

Oberflächlich gesehen ist der Mensch auf Stufe vier ein Aussteiger.
Ohne soziale Einbindung verliert er seine Rolle in der Gesellschaft.
Die Gruppe der Unangepaßten, die sich an den Rändern jeder kulturellen Gemeinschaft bildet, besteht aus Verrückten, Sehern, Weisen, Hellsehern, Dichtern und Visionären. Es ist nicht leicht herauszufinden, wer was ist, und die Tatsache, daß sie alle offenbar
auf Kosten der Gesellschaft leben, ärgert viele Leute. Sokrates
wurde nur deshalb zum Tode verurteilt, weil er weise war – die
Behörden nannten es, »die Jugend der Stadt zu verderben« und
»neuartigen religiösen Glaubensrichtungen zu folgen«. Im Laufe
der Geschichte begegnen wir immer wieder ähnlichen Schicksalen.
Die tiefsten Einsichten sind üblicherweise nicht gesellschaftlich
akzeptabel. Deshalb werden sie als verrückt, ketzerisch oder kriminell angesehen.

Auf der vierten Stufe bilden Gut und Böse zwar noch Gegensätze, aber der Kontrast ist weitaus schwächer als vorher. Gut
bedeutet Klarheit des Geistes und damit die Fähigkeit, die Wahrheit zu erkennen. Böse bedeutet Blindheit oder Unwissenheit und
damit die Unmöglichkeit, die Wahrheit zu erkennen. In beiden

Fällen sind damit auf das Selbst bezogene Eigenschaften gemeint. Der Mensch akzeptiert jetzt die Verantwortung dafür, »die Wahrheit« nach eigenen Erkenntnissen zu definieren.

Daraus ergibt sich jedoch ein weiterer Vorwurf. Was passiert, wenn die Wahrheit einfach der eigenen Bequemlichkeit folgt? Vielleicht wird der Diebstahl eines Brotes durch »meine Wahrheit« gerechtfertigt, daß ich hungrig bin. Diese Art der situationsgebundenen Ethik ist jedoch nicht das entscheidende Problem. Auf Stufe vier ist die Wahrheit viel schwerer faßbar, ja sogar mystisch. Sie enthält eine spirituelle Reinheit, die sich schwer bestimmen läßt. Als Jesus seine Anhänger lehrte, »die Wahrheit wird euch frei machen«, meinte er damit nicht bestimmte Tatsachen oder Lehrsätze, sondern eine offenbarte Wahrheit. Im modernen Sprachgebrauch würden wir vielleicht übersetzen: Sucht den inneren Wissenden, und er wird euch befreien.

Mit anderen Worten, die Suche nach Wahrheit wird zu einer Sache, von der uns niemand abhalten kann. Das Gute bedeutet, der Suche treu zu bleiben – das Böse, sich von der Suche ablenken zu lassen. Sokrates blieb auch nach seinem Todesurteil unerschütterlich. Er lehnte es ab, sich aus dem Gefängnis befreien zu lassen und mit den Freunden aus Athen über das Meer zu fliehen. Das Böse bestand für ihn nicht darin, durch den Spruch eines korrupten Gerichts zu sterben, sondern darin, sich selbst zu verraten. Seine Furchtlosigkeit angesichts des Todes stieß auf Unverständnis. Umgeben von weinenden, frustrierten Schülern erklärte er, daß der Tod unausweichlich sei. Er war wie ein Mann, der ruhig Schritt für Schritt auf den Abgrund zugegangen ist, im vollen Bewußtsein dessen, was ihn erwartet. Aus welchem Grund sollte er nun, da er am Rande steht, vor dem letzten Schritt Angst haben?

Dies ist ein geradezu perfektes Beispiel für die Argumentation auf Stufe vier. Die Suche hat ein Ziel, das bis zum Ende verfolgt wird. Sokrates trank den Schierlingsbecher und starb als Vaterlandsverräter. Er war sich selbst jedoch treu geblieben und bekannte sich damit zum höchsten Guten.

WAS IST FÜR MICH DIE WICHTIGSTE HERAUS-
FORDERUNG?
Die Dualität zu überschreiten.

Ich habe das Thema Sünde aufgeschoben, bis wir die innere Welt besser kennengelernt hatten. Sündhaftigkeit ist ein hartnäckiges Problem. Keiner von uns war in seiner Kindheit vollkommen, und deshalb tragen wir alle die Stempel von Schuld und Scham. Selbst in kulturellen Gemeinschaften, die keine Geschichte in der Art des Sündenfalls mit der daraus folgenden Erbsünde kennen, hält sich die Schuld. Die Frage ist, ob sie uns innewohnt. Das heißt, haben wir irgend etwas getan und müssen uns deshalb schuldig fühlen, oder ist sie ein Merkmal der menschlichen Natur?

Sünde kann man definieren als Unrecht, das einen prägenden Eindruck hinterläßt. Wenn man etwas falsch macht und es wieder vergißt, hat das keine Konsequenzen, ebensowenig wie ein Versehen – wenn ein Topf, in dem unbeobachtet etwas kocht, Feuer fängt, ist das ein Zufall und keine Sünde. In östlichen Religionen wird jede Handlung, die einen Eindruck hinterläßt, Karma genannt. Diese Definition ist viel weiter gefaßt als die der Sünde und enthält keine moralische Schuld. Die Leute sprechen häufig vom schlechten Karma und konzentrieren sich auf den Aspekt des Unrechts. In seiner reinsten Form aber kann Karma sowohl richtig als auch falsch sein und dennoch einen prägenden Eindruck hinterlassen.

Die Bedeutung dieses Unterschieds klärt sich auf Stufe vier, wo weniger streng nach Recht und Unrecht beurteilt wird und der Wunsch entsteht, sich von beidem zu befreien. Es hätte keinen Sinn, dieses Ziel zu verfolgen, bevor man die vierte Stufe erreicht hat. In früheren Stadien wird sehr viel Kraft auf den Versuch verwendet, gut zu sein. Gott straft die Bösen, und das schlechte Gewissen tut ein übriges. Doch der Gott der vierten Stufe richtet sein Augenmerk auf Erlösung und sieht Heilige und Sünder im gleichen Licht. Vor ihm sind alle Handlungen gleich. Eine derartige Bewertung ist ein Skandal. Die Gesellschaft hat die Aufgabe, eine scharfe Linie zwischen Recht und Unrecht zu ziehen, nicht sie zu verwischen. Als Jesus mit Aussätzigen und Außenseitern verkehrte, als er die religiösen Gebräuche mißachtete und die große Zahl der jüdischen Gesetze auf zwei reduzierte (›Du sollst keine anderen Götter haben neben mir‹ und ›Liebe deinen Nächsten wie dich selbst‹), hielten ihn die Menschen seiner Umgebung entweder für verrückt oder für kriminell.

In Wirklichkeit handelte er äußerst verantwortungsvoll. Jesus formulierte das Gesetz des Karma sehr prägnant in dem Satz: »Wie du säst, so sollst du ernten.« Er hatte nicht die Absicht, Unrecht durchgehen zu lassen, sondern wies vielmehr auf ein spirituelles Gesetz hin: Dein gegenwärtiges Handeln bestimmt deine Zukunft. Dieses übergeordnete Gesetz läßt sich nicht umgehen, unabhängig davon, ob eine Tat als gut oder schlecht gilt. Wer das anzweifelt, sieht nur die Oberfläche. Auf Stufe vier ist die Einsicht groß genug, um zu erkennen, daß alle Handlungen der Vergangenheit dazu bestimmt sind, sich bei mir »auf einem Ast niederzulassen«. Dieser Mechanismus hat Vorrang vor der Bewertung einer Tat als Sünde.

Was aber ist dann die Vergebung der Sünden? Wie erlöst man seine Seele? Die Antwort zu finden ist die wesentliche Herausforderung dieser Stufe. Eine erlöste Seele erkennt sich selbst als neu und makellos. Nach dem Gesetz des Karma wäre es unmöglich, diesen Zustand der Unschuld jemals zu erreichen, denn der Kreislauf von Säen und Ernten hört niemals auf. (Anders als die Sünde packt uns das Karma auch bei einem Unfall oder einem unbeabsichtigten Fehler – eine Handlung ist unabhängig von den Umständen stets eine Handlung und hat somit Konsequenzen.)

Das Problem wird zusätzlich dadurch kompliziert, daß der Mensch in einem Leben Millionen von Handlungen durchführt, die sich auf allen Ebenen überschneiden. Auch Gefühle und Absichten spielen hinein. Ist ein Mensch, der den Armen Geld gibt, weil er seine Seele retten möchte, tugendhaft? Ist es richtig für einen Mann, eine Frau zu heiraten, die sein Kind trägt, obwohl er sie nicht liebt? Gut und Böse voneinander zu unterscheiden ist außerordentlich schwierig. Die Lehre vom Karma erschwert die Berechnung noch mehr, denn es gibt immer irgendeine Kleinigkeit, die man übersehen hat.

Es kann ein Leben lang dauern, hinter dieses Rätsel zu kommen, aber zumindest in der Theorie ist die Antwort einfach: Die Seele wird erlöst durch ihre Hinwendung zu Gott. Der Erlöser ist das einzige Wesen im gesamten Kosmos, das frei ist von Karma (oder Sünde). Genauer gesagt: Gott transzendiert das Karma, weil er sich als einziger außerhalb des Universums befindet. Auf Stufe vier hat der Mensch kein Interesse daran, um eine wundersame Erlösung von allen vergangenen schlechten Taten zu bitten. Wonach er sucht, ist eine Möglichkeit, den Kosmos ebenfalls zu verlassen. Mit anderen Worten, er möchte, daß das Gesetz »Wie du säst, so sollst du ernten« widerrufen wird.

Wie sollte so etwas möglich sein? Natürlich ist niemand imstande, das Gesetz von Ursache und Wirkung aufzuheben. In der östlichen Philosophie heißt es über das Karma, daß unrechte Handlungen die Seele über Zeit und Raum hinweg verfolgen, bis die Schuld bezahlt ist. Selbst der Tod löscht die karmische Schuld nicht aus; das geschieht nur, wenn man selbst Opfer des gleichen Unrechts wird, das man begangen hat, oder dadurch, daß man schlechte Taten durch gute ausgleicht.

Auf der Ebene der zweiten Aufmerksamkeit spielt dieser Kreislauf jedoch keine Rolle. Das Gesetz des Karma braucht dort nicht aufgehoben zu werden. Trotz all der vielen Aktivitäten an der Oberfläche des Lebens bleibt ein Funke innerer Bewußtheit davon unberührt. In dem Augenblick, in dem sie morgens erwachen, sind der Heilige und der Sünder am gleichen Ort. Beide fühlen sich lebendig und wach. Dieser Ort der inneren Bewußtheit liegt jenseits von Belohnung und Strafe, er kennt keine Dualität. Auf Stufe vier besteht die Herausforderung darin, diesen inneren Ort zu finden, ihn festzuhalten und dort zu verweilen. Wenn man diese Aufgabe erfüllt hat, löst sich die Dualität auf. Man ist frei von allen Bindungen an gute oder schlechte Taten. Die Christen würden sagen, die Seele ist erlöst und hat ihre Unschuld zurückgewonnen.

WAS IST MEINE GRÖSSTE STÄRKE?
Einsicht.

WAS IST MEIN GRÖSSTES HINDERNIS?
Irrtum.

An früherer Stelle habe ich bereits erwähnt, daß auf Stufe vier alle Anker gekappt sind. Jetzt kennen wir den Grund. Bei der inneren Suche geht es um das Lösen von Bindungen. Nicht alle Abhängigkeiten verschwinden gleichzeitig, nicht alle sind gleichwertig. Es ist ganz normal, tiefe Einsichten über sich selbst zu gewinnen und wegen bestimmter Dinge dennoch soviel Scham- und Schuldgefühle wie ein kleines Kind zu haben. Die Seele ist wie eine Lumpenarmee auf dem Vormarsch: Einige Aspekte kommen rasch voran, andere hinken hinterher.

Das hat wiederum karmische Gründe: Nicht alle unsere früheren Handlungen hinterlassen gleich starke Eindrücke. Einige Menschen werden ein Leben lang von scheinbar geringfügigen Ereignissen aus ihrer Vergangenheit verfolgt. Einer meiner Bekannten mußte Hunderte von Angestellten entlassen, ein Unternehmen neu organisieren, das schließlich doch scheiterte, und das Schicksal vieler Menschen lag in seiner Hand. Seine Entscheidungen waren gut gemeint, stürzten die Betroffenen jedoch häufig in Kummer und Not. All dies raubt ihm nicht den Schlaf. Aber tief in seinem Herzen kann er sich selbst nicht verzeihen, daß er, als seine Mutter starb, nicht an ihrer Seite war. Der Gedanke, daß viele Dinge ungesagt blieben, verursacht ihm täglich neue Schuldgefühle. Er ist sich zwar bewußt, daß seine Mutter seine Liebe auf einer bestimmten Ebene spürt, aber das heilt nicht die Wunde der Schuldgefühle.

Wegen ihrer intensiven Subjektivität erfordert die vierte Stufe neue Taktiken. Niemand außer uns selbst kann uns Absolution erteilen. Nur die eigene Einsicht kann uns helfen, ein Hindernis zu überwinden. Schaffen wir das nicht, müssen wir solange mit den Irrtümern kämpfen, bis es uns schließlich gelingt, sie zu besiegen. Was meinen Bekannten betrifft, so besteht sein Irrtum darin, daß er sich für schlecht hält, weil er nicht bei seiner Mutter war. (Tatsächlich hatte er gar keine Wahl, da sich seine Heimreise ohne sein Zutun verzögerte.) Er sollte zu der Einsicht kommen, daß seine aufrichtige Liebe keiner äußeren Demonstration bedarf. Abgesehen von diesen Einzelheiten gibt es nur eine Einsicht und einen Irrtum auf Stufe vier. Es ist die Einsicht, daß alles in Ordnung ist. Der Irrtum liegt in unserer Annahme, wir hätten unverzeihliche Fehler begangen. Der Grund dafür, daß alles in Ordnung ist, liegt in der Erlösung. In den Augen Gottes sind alle Seelen unschuldig. Aus dem gleichen Grund erkennen wir, daß es ein Irrtum ist, an Fehlern aus der Vergangenheit festzuhalten. Sie können unsere Seele nicht mehr beflecken, und die Reste von Schuld, Scham und Vergeltung werden zu gegebener Zeit getilgt.

WORIN BESTEHT MEINE GRÖSSTE VERSUCHUNG?
Täuschung.

Damit ist sowohl die Selbsttäuschung wie auch die Täuschung anderer gemeint. Jedes Stadium des inneren Wachstums enthält mehr Freiheit als das vorangegangene. Sich von der Sünde zu befreien ist eine große Leistung der Stufe vier, doch der Preis der Erlösung ist ständige Wachsamkeit. Es fällt schwer, sich ununterbrochen selbst zu prüfen. Eine innere Stimme drängt uns häufig, doch nachsichtiger zu sein, die Dinge zu akzeptieren, wie sie sind, und sich so zu verhalten wie andere auch. Würden wir diesem Rat folgen, wäre das Leben sehr viel angenehmer. Sokrates hätte sich dafür entschuldigen können, daß er die Moralvorstellungen der Athener verletzt hatte. Er hätte die allgemein anerkannten Werte statt seiner eigenen vertreten können. Den leichten Weg zu gehen läuft jedoch auf Selbsttäuschung hinaus, denn das Wachstum der inneren Weisheit läßt sich nicht aufhalten. (Mit Platons anschaulichen Worten: »Einmal entzündet, verlischt die Flamme der Wahrheit nie mehr.«) Nur ein Mensch, der nicht mehr der Selbsttäuschung erliegt, ist auf Stufe vier wirklich frei von allen äußeren Werten.

Bei jedem Menschen dauert das Stadium dieser Versuchung verschieden lang. Mythen berichten zwar hin und wieder von einer augenblicklichen Erlösung durch die Gnade Gottes, aber in Wirklichkeit ist es eine langwierige Entwicklung mit vielen Umwegen.

»Ich habe das Gefühl, meine Seele ist wie eins von den Eichhörnchen im Park«, sagte einmal jemand zu mir. »Wenn man versucht,
ein Eichhörnchen zu füttern, nimmt es einem die Erdnuß nicht sofort aus der Hand. Es flitzt auf einen zu, verliert dann den Mut und
huscht wieder weg. Die kleinste Bewegung verscheucht es, und erst
nach einigen Täuschungsmanövern ist es mutig genug, sich zu holen, was es will.« Eine zutreffende Parallele. Auf einer Ebene möchten wir alle frei von Schuld sein. Wie Rumi in einem Aphorismus
sagt: »Jenseits aller Begriffe von Recht und Unrecht gibt es ein
Feld – willst du mich dort treffen?« Wie sehr wir uns auch danach
sehnen, dorthin führt keine Schnellstraße. Unsere alten Eindrücke
sind sehr stark; Schuld- und Schamgefühle erinnern uns immer
wieder daran, daß ein Willensakt nicht ausreicht, um dem Konzept
von Recht und Unrecht zu entfliehen. Der Prozeß muß ohne Täuschung voranschreiten. Man kann das Gefühl der Unvollkommenheit oder Sünde nicht täuschen in der Hoffnung, ein für alle Mal
reinen Tisch zu machen. Der Prozeß erfordert viel Arbeit in Form
von Meditation, Selbstbesinnung und Übernahme von Verantwortung. Der Suchende muß sich nach dem richten, was er jeweils als
Wahrheit erkennen kann. Jeder Schritt nach vorn muß geprüft werden, und bis zum Ende besteht die Versuchung, rückwärts zu gehen.

Der Mensch muß alles Erforderliche tun, um sich selbst ganz
akzeptieren zu können. Der Triumph auf Stufe vier erweist sich
schließlich als Widerspruch: In dem Augenblick, in dem man erkennt, daß man in Ordnung ist, daß man sich nie mehr um Recht
und Unrecht sorgen muß, merkt man, daß man von Anfang an
richtig gehandelt hat. Erlösung schenkt der Seele ein Gefühl der
Unschuld, die im Grunde niemals verlorengegangen war. Einfacher gesagt: Der ganze Prozeß, sich selbst treu zu bleiben, wird belohnt mit einer höheren Bewußtheit. Auf dieser Ebene sind die
Probleme der Dualität überwunden, und wenn das der Fall ist,
stellt sich ein subjektives Gefühl der Erlösung ein.

5. STUFE:
GOTT, DER
SCHÖPFER

DIE SIEBEN

STUFEN DER

GOTTES-

ERFAHRUNG

DIE KREATIVE REAKTION

Es gibt eine Ebene der Kreativität, die weit über das hinausgeht, was wir bisher besprochen haben. Diese schöpferische Kraft beginnt sich zu entfalten, wenn die Intuition so stark wird, daß sie sich einen Weg in ihr Umfeld bahnen muß. Diese »Super-Intuition« steuert Ereignisse und erfüllt Wünsche, so als arbeite ein Künstler nicht mit Farbe und Leinwand, sondern mit dem Rohmaterial des Lebens selbst. Das folgende Beispiel aus meinem eigenen Leben begann ganz alltäglich und wurde dann immer verblüffender:

Vor ein paar Monaten saß ich in meinem Büro über einem Projekt, für das mir noch einige Bilder fehlten, aber ich kannte keinen professionellen Illustrator. Ich dachte gerade darüber nach, wie ich wohl jemanden finden könnte, als das Telefon klingelte. Es war meine erwachsene Tochter Mallika, die aus Indien anrief. Ich erzählte ihr von meinem Problem, und sie schlug mir sofort eine irische Grafikerin namens Suzanne Malcolm (Name geändert) vor. Wir hatten beide keine Ahnung, wo sie wohnte. Ich legte auf und dachte nicht mehr daran, bis mich am Nachmittag ein befreundeter Verleger aus London anrief. Mit einer leisen Hoffnung fragte ich ihn nach Suzanne Malcolm, aber er kannte sie nicht. Eine Stunde später war er auf einer Cocktail-Party, als der Gast neben ihm einen Anruf auf seinem Handy bekam und »Suzanne?« sagte.

Mein Verleger folgte einer plötzlichen Eingebung und fragte: »Das ist nicht zufällig Suzanne Malcolm, mit der Sie sprechen?« Erstaunlicherweise war sie es. Mein Freund notierte sich ihre Telefonnummer und bat sie, mich anzurufen. Inzwischen – es war immer noch derselbe Tag – war ich nach Los Angeles geflogen, um dort einen Vortrag zu halten. Da ich noch etwas Zeit hatte, parkte ich meinen Mietwagen am Straßenrand, ohne genau zu wissen, wo ich war, und hörte die Nachrichten auf meinem Handy ab. Suzanne Malcolm hatte mich angerufen. Erfreut wählte ich die Nummer, die sie mir hinterlassen hatte.

»Hallo?« sagte eine Frauenstimme.

»Hallo, Suzanne«, sagte ich und stellte mich vor. »Könnten Sie vielleicht von Dublin hierherkommen? Ich habe einen Illustrationsauftrag für Sie.«

»Das trifft sich gut, ich bin nämlich gerade nicht in Irland, sondern in Los Angeles.«

»Ist ja toll. Wo wohnen Sie?« fragte ich.

»Ich weiß es nicht genau«, antwortete sie. »Moment ... in der Dominic Street, Nummer 3312.«

Ich sah zum Fenster hinaus und spürte, wie mich ein Schauder überlief – ich hatte direkt vor ihrem Haus geparkt.

Wie ahnungslos wir doch sind, wenn wir in Gottes Reichweite geraten! In diesem Beispiel ist mehr als Intuition im Spiel, denn keiner der Beteiligten hatte eine Eingebung. Es ist auch mehr als ein bedeutsamer Zufall, denn es war ja nicht nur eine zufällige Begegnung, die sich erst später als bedeutungsvoll erwies. Wie soll man das nennen, wenn eine Kette von Ereignissen mit einer vagen Absicht beginnt und sich dann – über zwei Kontinente, mehrere Zeitzonen und die Zufälligkeiten im Leben von vier Menschen hinweg – zu einer Einheit fügt?

Die Antwort heißt Kreativität. Das Geist-Feld, das jenseits von Zeit und Raum liegt, kann alle diese Faktoren in seinem Sinne manipulieren. Normalerweise ist sein Wirken unsichtbar. Bis zur fünften Stufe erkennen wir nicht, wie sich die Räder des Schicksals drehen. Aber nun ist die Zeit gekommen, wo das Schicksal nicht mehr vor den Blicken verborgen werden muß. Das geschieht erst, wenn ein Mensch alle Konzepte von Unfällen, Zufällen und willkürlichen Ereignissen aufgibt und statt dessen Verantwortung für alles übernimmt, was geschieht, und sei es noch so banal. Die Ereignisse passieren nicht mehr »da draußen«, sondern werden von den eigenen Absichten gesteuert. Stufe fünf vereint das Individuum als Mit-Schöpfer mit Gott in einer Partnerschaft. Wenn Sie bereit sind, diesen Bund zu schließen, hat der Gott, dem Sie begegnen, folgende Eigenschaften:

Er besitzt unbegrenztes Schöpferpotential,
beherrscht Raum und Zeit und
gibt im Überfluß.
Er ist offen,
großzügig und
zeigt sich bereit, erkannt zu werden.
Er ist voller Inspiration.

Dies ist der intimste, vertrauteste Gott, den wir uns bis jetzt vorgestellt haben. Der Grund dafür ist die Offenheit, der Schlüssel zu Stufe fünf. Gott, der Schöpfer, ist bereit, seine Macht mit seiner Schöpfung zu teilen. Seine überfließende Großzügigkeit ergibt sich aus seiner Offenheit. Der Schöpfer ist weitaus umfassender als alle bisherigen Gottheiten, und unser Geist muß erst einmal begreifen, was es heißt, alle Zeit und allen Raum zur Verfügung zu haben.

Als Adam und Eva die verbotene Frucht gegessen hatten, empfanden sie sofort ein Gefühl der Scham. Dieser erste Moment der Selbstbewußtheit veranlaßte sie, sich vor Gott zu verstecken, und bis zu einem gewissen Grad haben wir uns seither immer versteckt. Anders gesagt, das Sündenbewußtsein hat uns unserer eigenen Kreativität beraubt, die der Schöpferkraft Gottes ähneln oder sogar gleichen könnte. Die Rückkehr zu dieser Quelle ist das durchgängige Motiv von der ersten Stufe an. Auf der fünften Stufe gibt es endlich keine Spur der Erbsünde mehr, keinen Makel, für den wir büßen müßten.

Um auf das Beispiel aus meinem Leben zurückzukommen: Daß ich meine Illustratorin gefunden habe, bedeutet nicht, daß ich auf Stufe fünf angekommen bin. Die entscheidende Frage ist, welche Rolle ich dabei gespielt habe. Wenn ich mich selbst außerhalb des Vorgangs sehe, dann bin ich kein Mit-Schöpfer. Vom Tode erweckt, war Lazarus zutiefst erstaunt. Er selbst erweckte jedoch niemanden und behauptete auch nicht, er hätte das Wunder allein vollbracht.

Für das Bündnis mit Gott müssen wir unsere Seite der Partnerschaft aufrechterhalten, und dazu brauchen wir einige ganz besondere Überzeugungen:

- Wir müssen uns selbst im Zentrum des schöpferischen Prozesses sehen.
- Wir müssen die Verantwortung für alle Ergebnisse übernehmen.
- Wir müssen erkennen, daß alle Gedanken, auch die geringsten, Folgen haben.
- Wir müssen uns mit einem erweiterten Selbst identifizieren, das größer ist als jenes Selbst, das hier und jetzt in unserem begrenzten Körper lebt.

Viele Menschen, die den spirituellen Weg eingeschlagen haben, akzeptieren bereitwillig eine oder mehrere dieser Überzeugungen. Entscheidend ist jedoch, ob man danach lebt. Eine Voraussetzung dafür sind viele Jahre der Meditation, der Kontemplation oder des Gebets. Eine weitere ist die Arbeit an der inneren Entwicklung, um alle Selbstzweifel und den Glauben an die eigene Unvollkommenheit aufzulösen. Da es auf dieser Stufe vor allem um Macht geht, muß man klären, ob man es verdient, damit umzugehen. Menschen, die Stufe fünf erreicht haben, sind in sich gekehrt und bleiben meist für sich. Alle aber wissen, daß ihre Absichten durchaus zählen. Dinge geschehen, weil sie es so wollen, unabhängig davon, ob die Resultate gut oder schlecht für sie sind oder ihnen offensichtliche Vorteile bringen. Diese Menschen sind außerhalb ihres abgeschirmten Privatbereichs nicht unbedingt großartig, reich oder berühmt. Sie sind jedoch überglücklich in dem Wissen, daß Gott seinen schöpferischen Genius mit ihnen teilt.

Die Gehirnforschung weiß nur wenig über die Mechanismen, die an diesen Prozessen beteiligt sind. Man nimmt an, daß die Großhirnrinde als erstes eine ruhevolle Wachheit entstehen läßt, wenn ein Mensch sich in einem schöpferischen Zustand befindet. Das heißt, es treten die für entspannte Wachheit charakteristischen Alpha-Wellen auf; subjektiv fühlt man sich offen und aufnahmefähig. Im Unterschied zu anderen Entspannungsphasen ist man in diesem Zustand jedoch auf der Suche nach einer Inspiration – und wenn sie auftaucht, registriert der Geist diesen Moment mit dem freudigen Ausruf »Heureka!« (griech.: »Ich hab's gefunden!«). Viele berühmte Künstler und Erfinder beschreiben die überaus wichtige Rolle, die diese Erfahrung bei ihrem Werk gespielt hat. Eine Heureka-Erfahrung ist nicht Ergebnis normalen Denkens. Wahrhaft schöpferische Menschen stellen ihrem Geist eine Frage und warten dann auf die Antwort – daraus ergibt sich auch die Notwendigkeit, in einen entspannten Zustand überzugehen.

Was geschieht im Gehirn während der Stunden oder Tage, bevor die schöpferische Antwort auftaucht? Wir wissen es nicht. Während Einstein über dem großen Durchbruch der theoretischen Physik brütete, unterschied sich seine Gehirntätigkeit nicht von der anderer Menschen.

Dennoch ist es unbestreitbar, daß der Geist hier etwas äußerst Ungewöhnliches erschafft, besonders wenn wir den Begriff Kreativität weiter fassen als das, was ein Einstein oder auch Michelangelo vollbrachten. Wenn Kreativität bedeutet, daß wir aus der Raumzeit unser eigenes Schicksal gestalten, dann suchen wir auf der materiellen Ebene vergebens nach Hinweisen dafür. Hier geht es um Schöpferkraft im Quantenbereich. Ich habe unser Quantenmodell der Wirklichkeit eine Zeitlang außer acht gelassen, um Gott aus einem eher menschlichen, persönlichen Blickwinkel darzustellen. Sobald wir uns aber dem Wunderbaren nähern, müssen wir zum Quantenbereich zurückkehren, denn es gibt keine andere brauchbare Erklärung für derartige Kräfte.

»Es gibt keine Wunder«, sagte ein indischer Meister einmal, »es sei denn, man sieht das ganze Leben als Wunder an.« Er meinte damit etwas ganz Spezielles. Die Welt erscheint uns nicht als Ergebnis eines Wunders, sondern als gegebene Tatsache, während das Verwandeln von Wasser in Wein uns absolut wunderbar vorkommt. Auf der Quantenebene sind beide jedoch eins. Wenn ich aus dem Fenster schaue, sehe ich vor dem Ozean im Hintergrund eine alte, knorrige Eiche. Steht der Baum wirklich dort als gegebenes Objekt in der Landschaft? Keineswegs. Für ein Neutrino, das die gesamte

Erde in ein paar Millionstel Sekunden durchdringt, sind feste Gegenstände so luftig wie Nebel. Mein Nervensystem muß die Eiche aus einem Nebel aus Quantendaten erschaffen. Alles an dem Baum ist verformbar. Für ein Proton, dessen Lebensspanne Tausende von Jahren beträgt, lebt die Eiche nur den Bruchteil einer Sekunde. Für eine Eintagsfliege scheint die Eiche buchstäblich ewig zu leben. Für einen Druiden wäre der Baum heilig, von Waldgöttern beseelt und daher eine Quelle großer Macht. Für einen Holzarbeiter ist sie nur die Arbeit eines Tages.

Nehmen Sie irgendeine Eigenschaft des Baumes, und sie verändert sich je nach Betrachter. Zum Beispiel die Umgebung des Baums: Ich nehme alle Qualitäten der Luft, des Meeres, der Erde und der Sonne wahr. In einem wahnhaften Krampfzustand würde ich nichts mehr von alledem sehen. In einem Zustand religiöser Inspiration dagegen würden vielleicht die Farben, Gerüche und Klänge stärker hervortreten. Dabei handelt es sich um mehr als eine subjektive Veränderung, denn mein Gehirn muß virtuelle Photonen in Sinnesinformationen umwandeln.

Da wir über dieses Phänomen bereits gesprochen haben, will ich hier nur den wichtigsten Punkt aufgreifen: Es gibt keinen Baum »da draußen«. Nichts, was wir sehen, hören, fühlen, schmecken oder riechen, existiert ohne das Gehirn, das diese Dinge erschafft. Wir sind derart daran gewöhnt, die Welt als gegebene Tatsache hinzunehmen, daß wir unsere schöpferische Rolle darin vergessen. Allerdings ist eine Welt ohne Sehen durchaus vorstellbar – ein Beispiel sind blinde, in unterirdischen Grotten lebende Fische. Da ihre Umwelt keine Photonen sichtbaren Lichts enthält, brauchen sie auch keine Augen. Für sie ist das kein Verlust, lediglich eine ungenutzte Möglichkeit. Genauso ist es, wenn ein Mensch die Fähigkeit besitzt, die Ereignisse in seinem Leben kreativ zu gestalten, während ein anderer nur Zufallsereignisse erlebt – der Unterschied beruht auf den nicht genutzten Möglichkeiten.

Viele von uns setzen ihren Möglichkeiten Grenzen, und deshalb empfinden wir höhere Kreativität als Wunder, was sie keineswegs ist. Rufen Sie sich doch einmal eine Szene aus Ihrer Kindheit ins Gedächtnis. Den meisten Menschen fällt es nicht schwer, sich beispielsweise mit ihrer Familie an den Strand zurückzuversetzen. Mit einer lebhaften Phantasie kann man sogar ganz in der Szene aufgehen, Wärme und Sonnenschein fühlen, spüren, wie die Brandung über den Körper spült. Zwischen dem geistigen Bild und einem tatsächlichen Strandbesuch besteht kein großer Unterschied. In beiden Fällen verwandelt das Gehirn virtuelle Photonen in ein Erfahrungsmuster. Als Jesus Wasser in Wein verwandelte, benutzte er die gleiche Fähigkeit, er hob nur die willkürliche Trennung zwischen vorgestellten und realen Ergebnissen auf.

Auf Stufe fünf liebäugelt ein Mensch mit der Möglichkeit, diese Trennlinie zu überschreiten. Wir befinden uns noch nicht in der Phase der vollständigen Wunder wie freischwebende Körper bei der Levitation oder Auferstehung von den Toten. Auf dieser Stufe sind wir noch Lehrlinge, wir schauen bloß in den Zauberkasten, der die Geheimnisse des Meisters enthält, aber wir beherrschen sie noch nicht selbst. Anders gesagt, es besteht immer noch eine schmale Kluft zwischen dem individuellen Geist und seiner Quelle auf der virtuellen Ebene. Uns selbst auf Stufe fünf zu sehen, ist etwa so, als wären wir ein Lieblingsschüler von Mozart oder Leonardo da Vinci. Um in den Augen des Meisters als Künstler zu gelten, muß sich die folgende Beziehung entwickeln:

- Wir müssen darauf vertrauen, daß der Lehrer ein großer Meister ist. (Das kreative Potential Gottes, des Schöpfers, ist *unbegrenzt.*)
- Wir erwarten vom Meister, daß er überzeugend in seinem gewählten Bereich arbeitet. (Gott, der Schöpfer, verwendet als Ausdrucksmittel die Wirklichkeit selbst: Er *beherrscht Raum und Zeit.*)
- Der Meister soll über sehr viel Wissen verfügen, das er uns lehren kann. (Gott, der Schöpfer, gibt *großzügig* aus dem *Überfluß.*)
- Der Meister sollte nicht ausschließlich nach innen gewandt und damit unzugänglich sein. (Gott, der Schöpfer, ist *offen.*)
- Der Meister sollte sein Wissen nicht verschweigen. (Gott, der Schöpfer, ist bereit, *erkannt zu werden.*)

- Der Meister sollte nicht auf mechanische Fähigkeiten beschränkt sein, sondern aus den Quellen des Genius schöpfen.
(Gott, der Schöpfer, ist *voller Inspiration.*)

In früheren Stadien des inneren Wachstums wäre es gottesläster-
lich oder zumindest unverschämt gewesen, eine derartige Beziehung anzustreben. Eine solche Vertrautheit war bisher weder er-
wünscht noch gestattet. Auf Stufe fünf erkennt der Mensch Gott
jedoch als Wesen ohne Wünsche. Und da er keine Vorlieben hat, ist
alles erlaubt. Die Hindernisse, die sich uns in den Weg stellen –
und das gilt für jede Entwicklungsstufe –, existieren nur in unserem Inneren. Gott ist unendlich und folglich allumfassend. Gott
fällt kein Urteil, aus seiner Sicht sind alle Wahlmöglichkeiten
gleichwertig. Wenn ein Mensch das erkennt, offenbart Gott plötzlich seine tiefsten Geheimnisse – nicht, weil er sich eines Besseren
besonnen hätte, sondern weil sich unsere Sichtweise verändert hat.

DIE SIEBEN FRAGEN UND ANTWORTEN

WER BIN ICH?
Gottes Mit-Schöpfer.

Der Vergleich mit dem Meisterschüler stimmt nur bis zu einem bestimmten Punkt. Wir können niemals Gott in Person begegnen, und er verkündet nicht, was er zu lehren hat. Das Ganze ist ein innerer Vorgang. Von einem Mit-Schöpfer wird jedoch mehr verlangt als von den meisten Menschen, die einfach leben und beliebige Wünsche haben. Ein Mit-Schöpfer gibt seinen Wünschen eine bestimmte Richtung. Nicht im Sinne einer Kontrolle oder Manipulation, denn solche Entscheidungen werden vom Ego getroffen. Auf Stufe fünf geht es darum, Autor des eigenen Lebens zu werden oder – wie es jemand einmal ausgedrückt hat – das eigene Schicksalsbuch zu schreiben. Wie geht das?

Als erstes muß man sich den Unterschied zwischen vorher und nachher bewußtmachen. Bis man zum Autor seines eigenen Lebens wird, fühlt man sich unzulänglich und ohnmächtig. Ständig geschehen unvorhergesehene Ereignisse. Jeder Tag bringt neue große oder kleine Hindernisse. Meist besteht sogar große Unklarheit darüber, was man überhaupt will. Solange Konflikte und Verwirrung die Basis unseres Handelns bilden, bleiben wir scheinbar ein Spielball der äußeren Umstände.

Sobald wir jedoch die Autorschaft für unser eigenes Leben übernehmen, schwinden alle Zweifel an den Ergebnissen. Was auch immer geschieht, jedes Ereignis hat seinen Platz und seine Bedeutung. Wir erkennen den Sinn unseres spirituellen Weges selbst bis ins kleinste Detail. Es ist nicht so, daß unser Ego morgens erwacht und den ganzen Tag durchplant. Die Ereignisse entwickeln sich immer noch unvorhersehbar. Aber in dem Augenblick, wo sie geschehen, wissen wir, daß wir ihnen gewachsen sind. Keine Frage taucht auf, die nicht ihre Antwort in irgendeiner Form bereits enthält. Das Abenteuer besteht darin, die kreativen Lösungen zu entdecken, die uns am besten gefallen. Ebenso wie ein Schriftsteller, der jede beliebige Welt auf dem Papier entstehen lassen kann, werden auch wir zu Autoren – ohne äußere Hilfe und ohne fremde Meinung, allein aufgrund unserer eigenen Neigungen.

Stufe fünf ist nicht die letzte Phase, denn wir haben ja die Grenze zu den Wundern noch nicht überschritten. An der Art, wie sich unsere Wünsche erfüllen, können wir ablesen, ob wir uns auf Stufe fünf befinden. Wenn wir uns fast ausschließlich auf innere Prozesse verlassen, dann sind wir – mit einem Minimum an Aufwand – Mit-Schöpfer der Wirklichkeit.

WELCHE ROLLE SPIELE ICH?
Ich beabsichtige.

Bei genauerem Hinsehen läßt sich der Schöpfungsakt auf ein einziges Element reduzieren: Absicht. Auf der fünften Stufe muß man sich keine esoterischen Techniken aneignen, es gibt keine Zaubertricks zur Verwirklichung eines Gedankens, kein geheimes Wunderwirken. Man wünscht sich etwas, und es geschieht. Erfolgreiche Menschen sagen in Interviews häufig immer wieder das gleiche: »Ich hatte einen Traum und habe daran festgehalten, weil ich sicher war, daß er in Erfüllung gehen würde.« Diese Haltung ist ein Merkmal – oder besser das kennzeichnende Merkmal – der Mit-Schöpfung. Natürlich läßt sich ein großes Ziel nur mit sehr viel Arbeit erreichen, aber da auf Stufe fünf der Erfolg niemals in Frage steht, ist Leistung nicht das Primäre. Sie ist nur ein notwendiges Mittel zum Ziel. Viele erfolgreiche Menschen berichten, daß sich ihre erstaunliche Karriere fast automatisch entwickelt hätte, so als ginge es um eine andere Person, nicht um sie selbst. Wie man es auch empfindet, im Zentrum dieses Prozesses gibt es immer eine Absicht.

Bei Menschen, die die Kunst der Absicht beherrschen, haben

sich folgende Verhaltensweisen und Eigenschaften herauskristallisiert:

1. Sie sind nicht auf die Vergangenheit fixiert oder darauf, wie die Dinge sich entwickeln sollten.
2. Sie reagieren rasch auf Irrtümer oder Fehler.
3. Sie sind wach und auch für feinste Signale empfänglich.
4. Sie haben eine gute Geist-Körper-Koordination.
5. Sie haben keine Probleme im Umgang mit Unsicherheit und Mehrdeutigkeit.
6. Sie warten geduldig auf die Erfüllung ihrer Wünsche und vertrauen darauf, daß das Universum die Ergebnisse ermöglicht.
7. Sie erkennen karmische Verbindungen und die Bedeutung scheinbar zufälliger Ereignisse.

Diese Eigenschaften beantworten auch die früher gestellte Frage nach dem Nutzen der inneren Stille. Es ist ein schöpferischer Nutzen. Die Formulierung dieser sieben Eigenschaften enthält wichtige Lektionen über das Leben. Allein über diese Liste ließe sich ein ganzes Buch schreiben; hier nur eine kurze Zusammenfassung: Die praktische Umsetzung einer Idee bedarf immer der Absicht. Ein Geistesblitz existiert bis zu seiner praktischen Umsetzung nur in unserem Kopf. Es stellt sich also die Frage, wie die Verwirklichung zustandekommt. Es gibt gut funktionierende und unwirksame Möglichkeiten. Die wirksamste Möglichkeit demonstriert uns unser eigener Geist. Wenn ich Sie bitte, an einen Elefanten zu denken, erscheint das Bild einfach in Ihrem Kopf. Auch wenn Millionen von Nervenzellen das Bild unter Verwendung von chemischer und elektrischer Energie koordinieren mußten, kümmert Sie das nicht weiter. Für Sie sind Absicht und Ergebnis eins; alle Zwischenschritte bleiben unsichtbar.

Betrachten wir nun einmal eine umfassendere Absicht, zum Beispiel den Plan, Medizin zu studieren. Zwischen der anfänglichen Idee und ihrer Verwirklichung liegen viele Schritte, die sich keineswegs nur im Inneren abspielen: Es gilt, das Studium zu finanzieren, Prüfungen zu bestehen, als Arzt zugelassen zu werden

und so weiter. Aber ebenso wie das Bild vom Elefanten stützt sich
jeder Schritt auf Hirnfunktionen, die unsichtbar miteinander verknüpft sind. Wir denken, bewegen und handeln aufgrund einer
Absicht. Auf Stufe fünf wird diese automatische Steuerung auf die
äußere Welt ausgedehnt. Das heißt, wir gehen davon aus, daß das
ganze Medizinstudium mit dem geringsten Kraftaufwand ohne
Hindernisse abläuft. Die Grenze zwischen »hier drin« und »dort
draußen« ist durchlässiger geworden. Alle Ereignisse finden
zunächst im Geist statt und manifestieren sich erst dann in der
äußeren Welt.

Wenn wir uns dieser Tatsache erst einmal bewußt geworden
sind, können wir ungehindert den sieben Prinzipien der obigen Liste folgen. Wir brauchen uns nicht um die Entwicklung der Dinge
zu sorgen, denn wir haben das Ergebnis dem Kosmos überlassen.
Vergangene Erfolge oder Mißerfolge sind unwichtig, denn jede Absicht wird von neuem berechnet, unabhängig von alten Verhaltens-
mustern. Da der Zeitablauf auf einer tieferen Ebene perfekt pro-
grammiert wird, können wir jeden Schritt in Ruhe abwarten.
Während der Monate und Jahre des Medizinstudiums beobachten
wir als stiller Zeuge, wie sich die Teile des Prozesses zusammenfü-
gen. Selbst wenn wir handeln, bleibt das »Tun« unpersönlich. Das
Ich ist vielleicht enttäuscht, daß Ereignis A anstelle des erwarteten
Ereignisses B eingetreten ist, aber auf einer tieferen Ebene wissen
wir, daß sich B aus gutem Grund ereignet hat. Sobald der Grund
offensichtlich wird, erkennen wir die karmische Verbindung. Da
niemand vollkommen ist, machen wir immer noch Fehler, aber
wir passen uns rasch an. Sich gegen irgendeine Entwicklung zu
wehren, ist nicht notwendig, da wir ja schließlich nicht dafür verantwortlich sind, ob die Dinge ›klappen‹ – die anfängliche Absicht
war unsere wichtigste Aufgabe. (Skeptiker fragen sich vielleicht,
weshalb wir nicht den perfekten Mord oder die Unterschlagung
von einer Million Mark beabsichtigen. Das Universum unterstützt
meist jedoch das, was für uns selbst am besten ist, und nicht das,
was unseren wechselnden Launen entspricht.)

Wenn sich die Absicht schließlich in der Praxis verwirklicht,
verhalten wir uns nicht wie ein Reisender im Zug, also passiv, son-

dern so sensibel und wach wie möglich. Die Wendepunkte des Lebens machen sich anfangs nur als schwache Signale bemerkbar; erst wenn wir ihnen folgen, verstärken sie sich. Ein wesentlicher Faktor der spirituellen Entwicklung ist die Wachsamkeit gegenüber winzigen Hinweisen. Gott spricht stets in der Stille, zuweilen ist die Stille jedoch lauter als sonst.

WIE FINDE ICH GOTT?
Durch Inspiration.

»Folge deinem Glücksgefühl«, lautet ein Rat von Joseph Campbell, der häufig zitiert wird. Aber wie soll das im einzelnen geschehen? Vielleicht macht es mich glücklich, Sahnetorte zu essen, aber wenn ich diesem Bedürfnis nachgebe, stellen sich nach einer Weile unangenehme Auswirkungen ein. Auch Menschen, die habgierig oder egoistisch sind, Mißbrauch treiben, kontrollieren wollen oder abhängig sind, nehmen vielleicht irrtümlich an, sie folgten ihrem Glücksgefühl. Auf der fünften Stufe wird Glückseligkeit deshalb besser als Inspiration beschrieben. Es sind nun nicht mehr die Ichbedürfnisse, die unsere Absichten steuern, sondern wir fühlen uns aufgerufen, einen sinnvollen Beitrag zu leisten. Der Wunsch nach Genuß ist zwar immer noch heftig, aber er ist nicht mehr auf etwas Bestimmtes beschränkt (zum Beispiel auf einen Orgasmus oder den Besuch eines Top-Restaurants). Oft hat man das Gefühl, neben sich zu stehen. Wenn Gott die Führung übernimmt, erfüllt uns die Verwirklichung unserer Wünsche mit Glückseligkeit, wohingegen die Erfüllung von Ichbedürfnissen oft erstaunlich schal ist – fragen Sie einmal jemanden, der im Lotto gewonnen hat, sechs Monate später, wie er sich fühlt.

Inspiriert zu sein ist das Merkmal eines entwickelten Bewußtseinszustands. Vor etwa vierzig Jahren bezeichnete Abraham Maslow als erster den Durchbruch zu einem Zustand erweiterten Bewußtseins als Gipfelerfahrung. Gipfelerfahrungen und Inspiration haben viele Eigenschaften gemeinsam, so beispielsweise Momente intensiven Glücks und das Gefühl, neben sich zu stehen. Menschen haben über Gipfelerfahrungen auf dem Mount Everest berichtet, aber sie können auch auftreten, wenn man voller Ekstase Musik macht, wenn man sich verliebt oder einen großen Sieg erringt. Der Geist empfängt dabei einen starken Impuls aus dem Unbewußten, und selbst wenn es nur ein einmaliges Erlebnis ist, kann das überwältigende Kraftgefühl dieser Erfahrung den Lauf der Ereignisse noch viele Jahre lang beeinflussen.

Seit Freuds Theorie über die Entstehung der Neurosen hält die Psychologie daran fest, daß die biologische Natur des Menschen durch Gewalt und Verdrängung belastet ist. Dieses Modell rückte das Unbewußte nicht in die Nähe Gottes, sondern brandmarkte es als Ursprung dunkler Triebe. Unsere schlimmsten Instinkte erhielten dadurch zwar den Anstrich des Normalen, galten nun aber auch als unausweichlich, nur überlagert von den besseren Instinkten wie Liebe und Friedfertigkeit. Maslow kam zu völlig anderen Ergebnissen: Für ihn waren Gewalt oder Unrecht keineswegs normal.

Zwar stellte Maslow die Theorie auf, daß Gipfelerfahrungen einen Einblick in die eigentliche Normalität der Psyche gewähren, aber er konnte keine Gipfelerlebnisse von längerer Dauer nachweisen. Maslow und andere Forscher, die an diesem Phänomen interessiert waren, fanden heraus, daß nur knapp fünf Prozent der Bevölkerung zeitweise eine solche Transformation erlebt hatten. In diesen Fällen waren die Veränderungen allerdings bemerkenswert: Diese Menschen fühlten sich jederzeit sicher aufgehoben, hatten Vertrauen, besaßen sowohl Selbstachtung als auch Respekt vor anderen, empfanden Dankbarkeit dem Leben gegenüber und waren immer wieder erstaunt darüber, daß sich die Welt ihnen tagtäglich – jahrein, jahraus – so neu und lebendig präsentierte.

Diese Handvoll Menschen erhielt das Etikett »selbstverwirklicht« und geriet dann mehr oder weniger in Vergessenheit. Die Norm wurde nicht neu definiert. Der Grund dafür war nicht ein Mangel an Einsicht, es schien vielmehr unrealistisch, das Wesen des Menschen derart positiv zu definieren. Freud hatte ja bereits festgeschrieben, daß die menschliche Natur verborgene Neigun-

gen enthält, die wie gefangene Ungeheuer unter der Oberfläche
lauern, bereit, uns jeden Moment zu überwältigen.

Maslow selbst war davon überzeugt, daß der Mensch von Natur
aus vertrauenswürdig und zu großem inneren Wachstum fähig ist.
Er mußte jedoch einräumen, daß dem erhebliche Hindernisse ent-
gegenstehen. Die meisten Menschen sind zu bedürftig, um innerlich zu wachsen – solange wir unbefriedigte Bedürfnisse haben,
sind wir vor allem mit deren Erfüllung beschäftigt. Maslow unter-
teilte die menschlichen Bedürfnisse in vier Ebenen: Die erste umfaßt die physischen Bedürfnisse nach Nahrung und Kleidung;
die nächste das Bedürfnis nach Sicherheit, die dritte das Bedürfnis
nach Zugehörigkeit und Liebe und die vierte schließlich das
Verlangen nach Selbstachtung. Diese menschlichen Elementar-
bedürfnisse erfordern sehr viel innere Arbeit. Nach Maslow sind
sie hierarchisch übereinander angeordnet. Nur auf der Spitze der
Pyramide erhält ein Mensch die Möglichkeit, sich selbst zu verwirklichen.

Nach diesem Maßstab ist Spiritualität größtenteils Wunschdenken. Wenn jemand sich Gott zuwendet, um sich sicher oder geliebt
zu fühlen, geschieht das im Grunde aus Bedürftigkeit. Gott wird jedenfalls von seiner Seite nicht eingreifen, um die Situation zu verändern. Das Leben dreht sich gewöhnlich vor allem um die Befriedigung der menschlichen Grundbedürfnisse. Damit das Spirituelle
wieder Einzug in das Leben hält, muß es etwas vollbringen, was
Liebe, Sicherheit, Selbstachtung und Glück nicht können. Hier
kommt die Inspiration ins Spiel. Wenn wir inspiriert sind, handeln
wir nicht aus Bedürftigkeit. Inspiration ist, wie die Bibel sagt, ein
Wirken der Gnade Gottes, ein Segen.

Auf Stufe fünf dehnt sich das Gefühl, gesegnet zu sein, über den
Moment hinaus. Man braucht spirituell nicht besonders entwickelt
zu sein, um auf der Spitze des Mount Everest oder bei der Überrei-
chung des Nobel-Preises ein Gefühl des Triumphs zu verspüren. Spirituelles Wachstum zeigt sich erst, wenn auch die kleinen Dinge Anteil an dem Segen haben. Wie der Dichter Walt Whitman schrieb:
»Eine Purpurwinde vor meinem Fenster bringt mir mehr Freude als
alle Metaphysik in Büchern.« (Dieser Dichter schockierte seine Leser

mit der Erklärung, der Geruch seiner Achselhöhlen wäre heiliger als jede Kirche.) Ein Mensch auf Stufe fünf erkennt Schönheit in allen Dingen.

WAS IST DAS WESEN VON GUT UND BÖSE?
Gut ist höheres Bewußtsein.
Böse ist niedrigeres Bewußtsein.

»Für mich hat ein neuer Lebensabschnitt auf sehr banale Weise begonnen«, erzählte mir einmal eine Frau. »Ich war in einem Hotelzimmer und saß am Fenster. Meine Pläne für den Tag hatten sich zerschlagen, weil es, wie schon die ganze Nacht hindurch, heftig regnete, und ich war ziemlich schlecht gelaunt. Ich schaute hinaus auf einen Wolkenkratzer schräg gegenüber, und plötzlich dachte ich, es sähe bestimmt schön aus, wenn die Sonne auf dieses Gebäude scheinen würde. Wahrscheinlich hatte ich nie im Leben einen banaleren Gedanken.

Auf einmal, mitten in dem Regenguß, teilten sich die Wolken, und ein heller Sonnenstrahl landete genau dort, wohin ich schaute. Er blieb einen Augenblick, so als wollte er sagen: ›O.k., hast du verstanden?‹, und dann schlossen sich die Wolken wieder. Ich war nicht erschüttert, merkwürdigerweise nicht einmal überrascht, doch dieser kleine Vorfall hatte eine ungeheure Wirkung auf mich. Ich begann daran zu glauben, daß meine Gedanken mit der äußeren Wirklichkeit verbunden waren.«

Wenn diese Verbindung erst einmal besteht, wird sie zum wertvollsten Gut im Leben eines Menschen, das zu verlieren unsere größte Angst ist. Auf Stufe fünf wird der Verlust der Gnade zu einer persönlichen Bedrohung. Ist diese Furcht begründet? Ja und nein. Natürlich kann für niemanden auf der fünften Stufe jeder Wunsch in Erfüllung gehen. Weiterhin gibt es schlimme Dinge wie Schmerz und Angst. Menschen, die äußerst erfolgreich waren, geraten plötzlich außer Kontrolle, verlieren ihren Mittelpunkt und ihr Vertrauen in die innere Gewißheit, die auf jeder Bewußtseinsebene notwendig ist. Schuld daran ist manchmal äußerer Druck, oder auch innere Dämonen können an die Oberfläche kommen. Jedenfalls ist die fünfte Stufe kein magischer Zufluchtsort.

Andererseits sind solche Rückschläge nur vorübergehend. Das Ich hat vergessen, daß es sich in einem Lernprozeß befindet. Wenn die Dinge schieflaufen, ist das nicht auf Versagen oder gar auf das Böse zurückzuführen. Mit-Schöpfer zu sein bedeutet vollkommene Meisterschaft, und diese ist während der Lehrzeit noch nicht erlangt worden. Unsere Gesellschaft schenkt diesen Zusammenhängen kaum Beachtung. Trotz all der klischeehaften Sätze, daß man seine Träume verwirklichen sollte, wird einem nirgends beigebracht, daß Erfolg vom Bewußtseinszustand abhängt. Gurus und Meister sind rar, das Vermächtnis der Weisheit findet sich nur in Büchern. Das bedeutet, daß fast jeder, der sich auf die spirituelle Suche begibt, zu seinem eigenen Führer werden muß. Sogar Gott, der eigentliche Führer, wird als Aspekt des eigenen Selbst erkannt. In diesem Zusammenhang ist der Rückfall in einen niedrigeren Bewußtseinszustand eine immer gegenwärtige und reale Bedrohung, denn man läuft Gefahr, die einzig wichtige Beziehung zu verlieren, diejenige zwischen dem Ich und dem Selbst. Zwar kann das in Wahrheit niemals geschehen, aber auf der fünften Stufe lastet noch immer der Schatten des Bösen.

Nach Maslows Ansicht läßt sich das ganze Problem des Bösen auf Bedürfnisse aus unserer Vergangenheit zurückführen, die in unbewußter Form fortbestehen. Das Nazi-Deutschland war ein durch den Ersten Weltkrieg und die Weltwirtschaftskrise in den zwanziger Jahren verheertes Land. Aus den Biographien von Hitler und Stalin wissen wir, daß sie als Kinder mißhandelt wurden. Das unbefriedigte Bedürfnis nach Liebe und Zuwendung verkehrte sich schließlich in Grausamkeit, Verfolgungswahn und Unterdrückung. Normales Unglücklichsein ist auf unbefriedigte primäre Bedürfnisse zurückzuführen. Das Böse entsteht, wenn überhaupt keinem Bedürfnis entsprochen wird.

Stufe fünf vergrößert unsere Macht in einem Ausmaß, daß jeder Mißbrauch dem Bösen zugerechnet werden muß. Führer, die einen hypnotischen Einfluß auf ihre Anhänger ausüben, bedienen sich nicht gewöhnlicher Überzeugungskraft. Die Macht, die ihnen zur

Verfügung steht, unterwandert das Ich ihrer Zuhörer und überschreitet die Grenzen ihrer Identität. Wer Stufe fünf betreten hat,
fürchtet sich davor, einen solchen Einfluß auszuüben, denn dann
würden die eigenen unbewußten Wünsche die Kontrolle übernehmen. Im Machtrausch geht die Klarheit verloren, ohne daß der Be-
troffene bemerkt, daß ein zerstörerisches Kind sein Spiel mit den
Kontrollzentren des Geistes treibt. Das Böse, das daraus entsteht,
stammt aus einer niedrigeren Ebene des Bewußtseins, und diese
stellt die größte Bedrohung dar.

WAS IST FÜR MICH DIE WICHTIGSTE HERAUS-
FORDERUNG?
Mich nach dem Schöpfer auszurichten.

Es führen immer mehrere Wege zum Ziel, und nicht alle sind heilig. Zu Jesu Lebzeiten gab es viele Zauberer und Wundertäter, denn
er war keineswegs der Erfinder aller magischen Kräfte, die jenseits
der fünf Sinne etwas bewirken. In den Episoden, in denen er Dämonen austreibt oder Philippus, den Zauberer, bekehrt (der als
Simon Magus bekannt war), wird zwischen dem Wirken Gottes
und dem Wirken der Menschen unterschieden. Magie galt nicht als
heilig.

Gegen Ende des 19. Jahrhunderts gab es einen Engländer namens Daniel Dunglas Home, der wegen seiner erstaunlichen
Fähigkeit berühmt war, in der Luft zu gehen. Er konnte zum Beispiel in etwa zwanzig Meter Höhe durch ein Fenster hinausspazie-
ren und durch das nächste wieder hereinkommen. Home demon-
strierte dieses Kunststück häufig, ohne dafür Geld zu fordern oder
anzunehmen. Später trat er zum Katholizismus über, wurde jedoch
exkommuniziert, als er bekannte, er habe seine Luftspaziergänge
mit Hilfe von »körperlosen Geistern«, die ihn als ihr Medium benutzten, vollbracht.

Ich gebe diese Anekdote hier kommentarlos wieder und ohne
Erklärung, wie er das, was er tat, bewerkstelligte. (Home wurde
niemals entlarvt, obschon Skeptiker anmerken, daß er sein Kunst-

stück regelmäßig in nur notdürftig beleuchteten Räumen vor-
führte.) Jahrhundertelang wurde zwischen heiligen und unheili-
gen Kräften unterschieden. Ist das sinnvoll? Wenn Gott allumfassend ist, was sollte es ihn dann kümmern, auf welche Weise
irgendeine Kraft erworben wurde?

Meiner Meinung nach muß man die Frage umformulieren.
Wenn wir davon ausgehen, daß unser Quantenmodell Gültigkeit
besitzt, dann gibt es nichts Unheiliges. Jenseits von Recht und Unrecht gestattet uns der Schöpfer, alle Phänomene zu erforschen, die
er ins Leben gerufen hat.

Doch es wäre nicht gut, wenn wir eine Bewußtseinsebene erreichen würden, die uns selbst keinen Nutzen bringt. Da wir die Rei-
seroute unserer Seele nicht kennen, sollte die Entscheidung über
gut und schlecht nicht dem Ego überlassen werden. Das Ego
möchte immer erwerben und anhäufen; es strebt nach Sicherheit
und haßt Unsicherheit. Auf der Straße der Entwicklung gibt es aber
Abschnitte mit großer Unsicherheit oder überhaupt keiner Sicherheit. Deshalb besteht unsere Herausforderung darin, daß wir uns
auf eine höhere Absicht hin ausrichten – den Willen Gottes.

Obwohl man auf der fünften Stufe möglicherweise fast jeden
Wunsch verwirklichen kann, haben doch die Wünsche, die man
verwirklichen sollte, mehr Gewicht. Hier geht es darum, Freude,
Liebe und Nächstenliebe sowie den Frieden auf diesem Planeten
zu vermehren. Das innere Gerechtigkeitsempfinden sollte kultiviert, die Ansprüche des Egos müssen beschnitten werden. Macht
erscheint niemals in einem Vakuum. Der höhere Wille, der die Ereignisse steuert, versucht sich stets bemerkbar zu machen. Wenn
man sich an ihm ausrichtet, ist der Pfad durch diese Phase unbe-
schwerlich; wenn man das nicht tut, gibt es viele Höhen und Tiefen, und unserer Fähigkeit, die eigenen Wünsche zu verwirklichen,
stellen sich vielleicht ebenso viele neue Hindernisse in den Weg,
wie sie bereits überwunden hat.

WAS IST MEINE GRÖSSTE STÄRKE?
Phantasie.

WAS IST MEIN GRÖSSTES HINDERNIS?
Anmaßung.

Maler oder Komponisten beginnen den schöpferischen Akt vor einer leeren Leinwand oder einem leeren Blatt Papier. Wenn sie in sich hineinlauschen, taucht in ihrem Inneren als erstes ein verschwommenes Bild auf, das allmählich immer deutlicher wird. Mit dem Bild kommt der Impuls, es »zur Welt zu bringen«. Bei einer echten Inspiration bleibt dieser Eindruck erhalten. Schöpfer, Schöpfung und Schaffensprozeß verschmelzen miteinander. Für mich liegt darin die eigentliche Bedeutung der Kreativität. Sie ist weit mehr als eine gute Idee, die man gern umsetzen möchte.

Auf der fünften Stufe ist der Verschmelzungsprozeß noch nicht abgeschlossen. Die größten Künstler haben noch mit Zweifeln und fehlender Inspiration zu kämpfen. Das gleiche gilt für Mit-Schöpfer. Besonders groß ist die Gefahr, sich in den Schaffensprozeß einzumischen und damit die Verbindung zu Gott zu durchtrennen. Anmaßung kann ein Fortschreiten für längere Zeit verhindern. Das läßt sich leicht an Künstlern zeigen: Wenn man eine Biographie von Ernest Hemingway liest, verfolgt man mit Schaudern, wie sich bei ihm auf tragische Weise das Gleichgewicht zwischen Ego und Genie verschiebt. Hemingway, der in seinen Dreißigern ein außergewöhnlich begabter Schriftsteller war, schildert, wie sich seine Geschichten von selbst schrieben, wie er in magischen Momenten ein unbeteiligter Zeuge des Schaffensprozesses war. In einer ähnlichen geistigen Verfassung schrieb William Blake: »Es sind meine Worte und doch nicht meine.«

Im Laufe der Jahre verschwand dieses verfeinerte Bewußtsein. Hemingway stieg hinab in die Niederungen einer alltäglichen Art des Kampfes. Versunken in die Mühsal des Schreibens, produzierte er am laufenden Band umfangreiche Manuskripte, die das Ergebnis chaotischer Arbeit waren. Auf spirtueller Ebene droht der Verlust der Verbindung zur göttlichen Schöpferkraft jedem, der sich der Selbstgefälligkeit hingibt. Schließlich brach Hemingway unter Mißerfolgen und Selbstzerstörung zusammen. Der Gott der Stufe fünf ist eher versöhnlich, niemals nimmt er einem Menschen den

Impuls zur Entwicklung. Die Auseinandersetzung mit der Anmaßung kann sich über eine lange Zeit hinziehen, aber sie endet immer, sobald der Mensch einen Weg findet, wieder mehr Verantwortung an Gott abzutreten. Mit anderen Worten: Der Weg zur Macht besteht darin, die Macht aufzugeben. Das ist die bedeutsame Lektion, mit der das Ego auf dieser Stufe konfrontiert ist.

WORIN BESTEHT MEINE GRÖSSTE VERSUCHUNG?
Solipsismus, mich selbst zum Maß aller Dinge zu machen.

Die Macht, die eigenen Wünsche zu erfüllen, ist sehr real, wird aber gleichermaßen gefürchtet wie herbeigesehnt. Der Satz: »Sei vorsichtig mit dem, was du dir wünschst, es könnte wahr werden« drückt diese Angst sehr prägnant aus. Viele Menschen beschleichen durchaus zwiespältige Gefühle, wenn sie ihren Traumjob oder ihre Traumfrau bekommen. Meiner Ansicht nach handelt es sich hier um keine wirkliche Gefahr, denn sobald die innere Entwicklung mehr Macht zuläßt, hat der Mensch sie auch verdient. Wenn sich ein Wunsch erfüllt, der mit Nachteilen behaftet ist, spiegelt die Verteilung von gut und schlecht nur das eigene Bewußtsein. Auf Stufe sechs, wo echte Wunder möglich sind, werden wir näher darauf eingehen.

Eine viel größere Gefahr stellt der Solipsismus dar, die Überzeugung, daß das eigene Ich allein wirklich ist, während die Gesamtheit der wahrgenommenen Außenwelt nur eine Vorstellung ist, die von mir, dem Wahrnehmenden, abhängt und ohne mich verschwindet. Es gibt paranoide Schizophrene, die unter eben dieser Wahnvorstellung leiden und versuchen, unter allen Umständen wach zu bleiben, weil sie das Ende der Welt befürchten, sobald sie einnicken.

Die Versuchung auf Stufe fünf besteht darin, im Kokon des eigenen Selbst eingesponnen zu bleiben. Ich sagte bereits, daß die vollkommene Wunscherfüllung ein äußeres Bemühen überflüssig macht. Es ist, als übernähme Gott die Ausführung, und die Dinge würden sich wie von selbst entfalten. Aber das darf nicht als Entschuldigung dafür dienen, in Lethargie zu verfallen, denn der Mensch muß seinen Part übernehmen. Paradoxerweise durchläuft er unter Umständen die gleichen Prozesse wie jemand, der sich seiner Rolle als Mit-Schöpfer nicht bewußt ist. Der Unterschied liegt nur im Geistigen, denn der Mit-Schöpfer befindet sich »im Fluß«, einem schwerelosen Zustand, in dem alle Abläufe ihrem eigenen Rhythmus folgen und bis ins kleinste, sinnvolle Detail miteinander verwoben sind.

Wenn man mit dieser Sicht der Dinge lebt, wird jede Aufgabe zu einer Quelle tiefer Zufriedenheit. Man ist nicht länger von Mißerfolgen oder Versagensängsten besessen. Was noch wichtiger ist, die erzielten Erfolge bringen innere Erfüllung mit sich. Dieses Gefühl geht allerdings verloren, wenn man dem Solipsismus verfällt. Das Ich erhebt den Anspruch, die Welt zusammenzuhalten, und vergißt dabei, daß Kreativität ein Geschenk ist. Stufe fünf wird nicht danach bemessen, wieviel der Mensch erreicht. Jemand, der Gott sehr nahe ist, entscheidet sich vielleicht dafür, sehr wenig zu leisten. Unabhängig von irgendwelchen Erfolgen erfüllt ihn beständig das Gefühl, gesegnet zu sein. Und genau dieses Gefühl wird zum Ziel aller seiner Wünsche, nicht die äußere Show.

6. STUFE:
DER GOTT DER
WUNDER

DIE SIEBEN

STUFEN DER

GOTTES-

ERFAHRUNG

DIE VISIONÄRE REAKTION

Gott, der Schöpfer, hat uns den freien Zugang zum gesamten Kosmos gewährt, einschließlich seiner dunklen Nischen und geheimnisvollen Orte. Um sein großzügiges Geschenk annehmen zu können, darf ein Mensch keine Angst vor seinen eigenen dunklen Seiten haben, und das gibt es selten. Wer kann sich selbst schon ausschließlich als ein Kind des Lichts sehen? Ich habe einmal folgendes gelesen: »Wir leben in einem Freizeituniversum. Unsere Fähigkeit, uns darin zu vergnügen, wird nur dadurch begrenzt, wie sehr wir uns an Gottes Schöpfung erfreuen können.« Vielleicht erfreuen sich ja die großen Heiligen und Meister einfach nur ihres Lebens? Sie sind imstande, ausschließlich im Licht zu leben, und wir anderen bringen das eben nicht fertig.

Es ist gar nicht so leicht, sich als Bürger des Universums zu sehen, ohne jegliche Hindernisse und Begrenzungen. Die katholische Kirche kennt Dutzende von Heiligen, die die Fähigkeit zur Levitation besaßen, an zwei Orten gleichzeitig sein konnten, beim Beten Licht ausstrahlten und heilten. (Noch in den fünfziger Jahren haben Mitglieder einer Gemeinde in Los Angeles bezeugt, daß der Pfarrer bei einer leidenschaftlich vorgetragenen Predigt über dem Boden schwebte.)

Trotz oder gerade wegen dieser Wunder gehen wir davon aus, daß Heilige kein Vergnügen, keine liebevollen Beziehungen, keine sexuellen Regungen kennen. Unmöglich, sich einen Heiligen mit Geld und einem Mittelklassewagen vorzustellen. Ohne die passende Ausrüstung – weißes Gewand, Sandalen, einen Heiligenschein – brauchen sich die Erleuchteten gar nicht erst zu bewerben.

Auf Stufe sechs nun sind echte Wunder möglich, und wir können diese Annahmen auf ihre Gültigkeit hin überprüfen. Wir kommen Gottes Aufforderung nach, die Materie zu transformieren, und empfinden dabei ekstatische Freude. Zu den bezauberndsten heiligen Seelen der jüngeren Geschichte gehört eine Nonne namens Schwester Maria vom Gekreuzigten Jesus, die gegen Ende des Viktorianischen Zeitalters bei den Karmeliterinnen in Bethlehem lebte. Sie war eine arme Araberin namens Mariam Baouardy, die als Hausmädchen gearbeitet hatte, bevor sie das Gelübde ablegte.

Als sie 1874 als Novizin in das Kloster eintrat, entdeckte man, daß sie die alarmierende Angewohnheit hatte, plötzlich auf die Baumkronen zu fliegen, wo sie wie ein Vogel von Ast zu Ast huschte. Einige Zweiglein wären allerdings zu dünn gewesen, um einen Vogel zu tragen. Mariam konnte ihre Ekstasen weder vorhersehen noch unterdrücken und geriet wegen dieser Fähigkeit oft in Verlegenheit. Bei mindestens einer Gelegenheit (es wurden insgesamt acht beobachtet) bat Mariam ihre Begleiterin schüchtern, sich umzudrehen und nicht hinzuschauen.

Wenn »die Kleine«, wie Mariam genannt wurde, in Ekstase war, sang sie in einem fort das Lob des Herrn. Die Priorin, weit davon entfernt, vor Ehrfurcht auf die Knie zu fallen, befahl Mariam, sofort auf die Erde zurückzukommen.

Als die ekstatische Mariam das Wort »Gehorsam« hörte, kam sie »mit leuchtendem Gesicht« ganz demütig herunter, während sie auf einigen Zweigen kurz haltmachte und »Liebe!« sang.

»Wie kommt es, daß du dich auf diese Weise erhebst?« fragte die Schwester Oberin.

»Das Lamm [Christus] trägt mich auf den Händen«, antwortete Mariam. »Wenn ich rasch gehorche, wird der Baum so«, und sie hielt die Hand dicht über den Boden.

Irgendwo auf der Welt, dessen bin ich mir sicher, schwebt in diesem Augenblick ein Mensch über der Erde. Es spielt keine Rolle, daß die Skeptiker behaupten, es gäbe keine Wunder. Die Existenz von Wundern kündet den Gott der Stufe sechs an, der folgende Eigenschaften besitzt:

Er bewirkt Transformationen,
ist mystisch und

erleuchtet.
Er ist jenseits aller Ursachen,
existiert,
ist fähig zu heilen,
magisch und
ein Alchemist.

Worte können das Wesen, über das wir hier sprechen, nur andeutungsweise beschreiben. Der Gott der Wunder ist so tief in der Quantenwelt verborgen, daß selbst Menschen, die viele Jahre im Gebet und in der Meditation verbracht haben, von ihm keine Spur entdecken konnten. Die materielle Welt ist so strukturiert, daß sie ohne seine Gegenwart auskommt, was den Gott der Wunder auch nach religiösen Maßstäben in ein tiefes Geheimnis hüllt. Hat Jesus übertrieben, als er seine dramatischste Aussage über die Kräfte formulierte, die Gott verleihen kann?

»Amen, das sage ich euch: Wenn euer Glaube auch nur so groß ist wie ein Senfkorn, dann werdet ihr zu diesem Berg sagen: Rück von hier nach dort!, und er wird wegrücken. Nichts wird euch unmöglich sein.«

Für dieses Versprechen gibt es eine Erklärung. Das geheimnisvollste unter den Evangelien ist das des Johannes, in dem die Schöpfung sehr mystisch beschrieben wird: »Im Anfang war das Wort, und das Wort war bei Gott, und das Wort war Gott.« Andere Verfasser der Bibel würden in bezug auf die göttliche Weisheit von »dem Wort« sprechen, aber Johannes sagt hier »das Wort ist Gott«. Offensichtlich ist kein gewöhnliches Wort gemeint, sondern etwa dies: Als weder Raum noch Zeit existierten, entstand außerhalb des Kosmos eine sehr feine Schwingung, die alles in sich enthielt – alle Universen, alle Ereignisse, die gesamte Zeit und den gesamten Raum. Diese Urschwingung war bei Gott. Soweit wir das ergründen können, ist sie Gott. In diesem »Wort« hatte sich die göttliche Intelligenz verdichtet, und als das Universum entstehen sollte, verwandelte sich das »Wort« in Energie und Materie.

Auf Stufe sechs kehrt der Mensch zum Wort in seiner ganzen Urkraft zurück und entdeckt, daß es der Ursprung aller Dinge ist. Allen Dingen liegt eine Schwingung zugrunde – nicht in Form eines physischen Klangs oder einer Energiewelle, sondern als virtuelle »Mutter-Schwingung«, die alles enthält. In Indien ist Om der Klang der Göttlichen Mutter, und in dem Glauben, alle Geheimnisse der Göttlichen Mutter zu erfahren, meditieren die Menschen mit diesem Klang. Vielleicht meint Johannes das Wort Om, aber erst nach Erreichen der Stufe sechs werden wir darüber Gewißheit haben. Wir können jedoch bereits jetzt unsere Vorstellungskraft benutzen, denn die größten Wundertäter haben meist Schüler, die den heiligen Meister stets mit ähnlichen Worten schildern:

- Seine Gegenwart genügt, um mein Leben zu verändern. (Der Gott der Wunder *bewirkt Transformationen.*)
- Den Meister umgibt eine heilige Aura, die mit Vernunft nicht zu ergründen ist. (Der Gott der Wunder ist geheimnisvoll und *mystisch.*)
- Der heilige Meister lebt höhere Bewußtseinszustände. (Der Gott der Wunder ist *erleuchtet.*)
- Die Handlungen des Meisters folgen einer geheimen Logik, die seinen Anhängern zuweilen sinnlos erscheint. (Der Gott der Wunder ist *jenseits aller Ursachen.*)
- Der Meister befreit andere Menschen von ihren Schwächen und kann Krankheiten heilen. (Der Gott der Wunder ist *fähig zu heilen.*)
- Der Meister kann unerklärliche Wunder vollbringen. (Der Gott der Wunder ist *magisch.*)
- Der Meister interessiert sich für esoterisches Wissen. (Der Gott der Wunder ist *Alchemist.*)

Aus diesen Eigenschaften wird jedoch nicht deutlich, was im Inneren eines Heiligen vor sich geht. Welche besonderen Hirnfunktionen – sofern vorhanden – ermöglichen Gottesvisionen und Wunder? Einige Wissenschaftler haben vermutet, daß die Funktionen der beiden Gehirnhälften in höheren Bewußtseinszuständen vollkommen übereinstimmen. Einer Tradition des Yoga zufolge ist dann auch die Atmung ausgeglichen: Man atmet nicht mehr vorwiegend durch jeweils ein Nasenloch, sondern sanft und gleichmäßig durch beide Nasenlöcher. Andere Wissenschaftler erklären, das Gehirn würde »kohärenter«, das heißt, die sonst zufälligen, unbeständigen, gemischten Wellenmuster zeigen eine gleichzeitige Übereinstimmung der Grundschwingungen, ähnlich dem synchronisierten Schlagen von Millionen Herzzellen während des normalen Herzrhythmus. Eine derartige Kohärenz wurde jedoch selten festgestellt und ist umstritten.

So bleibt uns eine nur schwer zu bestimmende Hirnfunktion, die ich die visionäre Reaktion nennen möchte. Sie befähigt den Menschen, den Energiezustand von Objekten und Ereignissen außerhalb seines eigenen Körpers zu transformieren, das heißt zu formen und umzubilden. So vage das auch klingen mag, der Mensch auf Stufe sechs bringt Wunder ebenso mühelos hervor wie alle anderen geistigen Vorgänge. Bisher ist es keinem Gehirnforscher auch nur annähernd gelungen, die notwendigen Veränderungen zu beschreiben, die einen Menschen in die Lage versetzen, Wunder zu vollbringen.

Wenn man erst einmal von der Existenz der visionären Reaktion überzeugt ist, erkennt man fasziniert, welche Bedeutung Symbole und Bilder haben. Heilen zum Beispiel bedeutet in jeder Kultur etwas anderes. So betrachten Menschen unseres Kulturkreises das menschliche Herz als Maschine – die alte Pumpe –, die sich mit der Zeit verschleißt. Wir reparieren es, wie ein Mechaniker ein ausgeleiertes Uhrwerk wieder instand setzt. Wenn wir erfahren, daß Witwer ein erhöhtes Risiko haben, an einem plötzlichen Herzanfall zu sterben, steht für uns nicht die Tatsache im Vordergrund, daß Trauer töten kann. Es gibt keine traurigen Maschinen, die sterben.

In bestimmten Teilen des Amazonasgebiets halten die Menschen den Körper für einen Teil des Urwalds im weitesten Sinn. In dieser Gegend gelten Ameisen als Träger schädlicher Dinge – Toxine, Gifte, verdorbene Nahrungsmittel und so weiter. Ein reisender Anthropologe berichtet von einem Dorfbewohner, dessen fau-

lender Zahn zu einem Abszeß geführt hatte. Eines Tages kam er mit
einer geschwollenen Backe zu einem Medizinmann. Nachdem dieser eine Schnur um den Zahn gebunden hatte, tauchten sogleich
große Ameisen aus dem Mund des Mannes auf und marschierten
die Schnur entlang. Sie trugen das Gift hinaus, und der Dorfbewohner wurde gesund, ohne daß der Zahn gezogen werden mußte.

Einmal abgesehen von der Symbolik, wie kam es zu dieser Heilung? Der Bericht erinnert an die philippinischen Geistheiler, die
scheinbar mit den Händen in den Körper der Patienten eindringen
und blutiges Gewebe daraus hervorholen, das man bei einer Autopsie dort nicht finden würde. Die Patienten schildern in vielen
Fällen, daß sie die Finger des Heilers spüren und berichten von
dramatischen Heilerfolgen.

Die Erfolge der Medizinmänner am Rande des Wunderbaren
finden ihre Erklärung auf der Quantenebene, denn sie arbeiten weder mit Hypnose noch überhaupt auf der physischen Ebene. Wie
wir von unserem Quantenmodell wissen, läßt sich jedes Objekt
auf Energie-Einheiten reduzieren. Bisher war unser Bewußtsein jedoch nur in einem sehr eingeschränkten Maß in der Lage, die unsichtbaren Strukturen der Photonen zu verändern. Wir können uns
einen gesunden Körper vorstellen, aber dieses Bild reicht nicht aus,
um eine Erkrankung zu verhindern. Wie andere Wundertäter auch
verwandeln die Medizinmänner ein geistiges Bild in eine physische Realität, das heißt, sie »sehen« auf der Quantenebene eine
neue Wirklichkeit, und aus dieser Vision manifestiert sich dann
das Ergebnis.

Darauf folgt ein Machtkampf zwischen dem Medizinmann und
dem Patienten, denn das Bewußtsein des Medizinmannes muß
stärker sein, damit sich der Zustand des Patienten tatsächlich verändert. Der Heiler versucht also, die deformierten Energiemuster
zu korrigieren, die die Krankheit verursacht haben. Ein faulender
Zahn, ein Tumor oder auch eine abgelöste Netzhaut bestehen gleichermaßen aus Photonen, sie sind sozusagen ein verzerrtes Bild
aus Licht.

Die Schlüsselfrage lautet nicht, ob es sich um einen echten Medizinmann oder einen Schwindler handelt, sondern wieviel Kraft

sein Bewußtsein hat, denn nur er kann den Patienten und die umstehenden Beobachter in eine veränderte Wirklichkeit mitnehmen. Ich betone das Wort »umstehende«, da es sich dabei um einen Feldeffekt handelt. Wie ein Magnet nur auf eine bestimmte Entfernung Eisen anzieht, so hat auch der Wundertäter nur einen beschränkten Wirkungskreis. Man erzählt sich sogar, daß die Anwesenheit zu vieler Menschen im Raum das Phänomen verhindern kann. Ihr kollektives Bewußtsein ist zu groß, so wie ein Eisenstück zu groß für einen Magneten sein kann.

Im Jahr 1917 sahen drei Hirtenkinder in der Nähe von Fátima in Portugal die Mutter Gottes, die ihnen versprach, jeweils am 13. der Monate Mai bis Oktober wieder zu erscheinen. Als sich daraufhin eine riesige Menge – etwa siebzigtausend Menschen – versammelt hatte, berichteten die Zuschauer, die den Kindern am nächsten standen, daß die Sonne sich am Himmel drehte und, von einem strahlenden Regenbogen begleitet, auf die Erde zubewegte. Andere Zuschauer weiter weg sahen nur ein helles Licht, während in größerer Entfernung gar nichts zu sehen war. Die Kinder selbst fielen auf die Knie und vernahmen Botschaften der Mutter Gottes.

Wenn das Wunder vorüber ist, verläßt der Beobachter die Einflußsphäre des Wundertäters, die Wirkung des Feldeffekts schwindet, und alle kehren wieder zum normalen Bewußtsein zurück. Der Übergang verläuft nicht immer glatt – zuweilen fallen Menschen dabei in Ohnmacht oder leiden unter Schwindel. Sobald die Welt der Wunder verblaßt, stellt sich ein Gefühl der Unbestimmtheit ein – was ist eigentlich wirklich passiert? Da Erscheinungen von Heiligen, Geistheiler und Medizinmänner aus der normalen Alltagsperspektive etwas Verwirrendes sind, stehen ihnen die meisten Menschen skeptisch gegenüber. Die visionäre Reaktion auf der sechsten Stufe hingegen beschreibt einen Bewußtseinszustand, in dem jeder Gedanke die Kraft hat, Energiestrukturen zu verändern. Daß derartige Transformationen die Außenwelt verändern, ist für uns vielleicht erstaunlich, für den Menschen auf Stufe sechs jedoch ganz natürlich.

DIE SIEBEN FRAGEN UND ANTWORTEN

WER BIN ICH?
Erleuchtete Bewußtheit.

Wir haben mit der Frage »Wer bin ich?« eine lange Wegstrecke zurückgelegt. Ausgehend vom physischen Körper auf der ersten Stufe haben wir uns mehr und mehr auf die weniger materiellen Ebenen zubewegt und sind nun schließlich bei der reinen Bewußtheit angekommen. »Ich« bin nicht einmal mehr Geist, sondern nur Licht. Meine Identität schwebt in einem Quantennebel, während Photonen entstehen und vernichtet werden. Während ich beobachte, wie sich diese Strukturen verändern, fühle ich mich an keine von ihnen gebunden. Sie kommen und gehen, aber die Tatsache, daß ich keine dauerhafte Heimat habe, beunruhigt mich nicht. Es genügt, in Licht getaucht zu sein.

Es gibt unendlich viele Möglichkeiten, wie man Erleuchtung definieren kann. Die Identifikation mit Licht scheint mir recht gut geeignet. Wundertäter vollbringen mehr, als nur auf Energiestrukturen zuzugreifen. In den Veden heißt es: »Dies ist kein Wissen, das man lernt, es ist Wissen, zu dem man wird.« Jesus sprach in Gleichnissen, aber er hätte es auch wörtlich meinen können, als er sagte: »Ihr seid das Licht der Welt.«

Es ist zu keinem Zeitpunkt möglich zu berechnen, wie viele Menschen auf der Welt sich in Wundertäter verwandelt haben. Der jüdischen Mystik, der Kabbala, zufolge leben in jeder Generation sechsunddreißig Gerechte, die sogenannten Lamed Waw Zaddikim. Um ihretwillen hat die Welt Bestand, und sie halten Gott davon ab, die Sünder zu vernichten. Nach einigen Sekten in Indien gibt es zu jeder Zeit sieben erleuchtete Meister. Im Alten Testament dagegen hören wir, daß Gott Sodom und Gomorrha um fünfzig

Gerechter willen verschonen wollte. Im weiteren Verlauf wird diese Zahl auf einen einzigen reduziert (nämlich Lot, dessen Frau zur Salzsäule wurde – die Städte wurden gleichwohl zerstört). Wenn wir zu einer dieser Gruppen gehören möchten, sind unsere Chancen also ziemlich gering. Ist es dann sinnvoll, weiter auf die Erleuchtung hinzuarbeiten?

Der größte Teil der Menschheit hat diese Frage, wenn nicht mit Worten, so doch durch Taten verneint. Wunder zu vollbringen, das möchte ich hervorheben, ist auch vor der Stufe der Heiligkeit möglich – jedesmal, wenn wir im Gehirn irgendein Bild sehen, verändern wir die Wirklichkeit. Es spielt keine Rolle, daß geistige Bilder nur schemenhaft sind und rasch verblassen. Die entscheidenden »Arbeitsgänge«, die hinter einem Wunder stehen, können wir alle ausführen. Der Unterschied zwischen uns und einem Wundertäter besteht darin, daß das von uns geschaffene Kraftfeld nicht stark genug ist, um unser geistiges Bild auf die Außenwelt zu projizieren.

Trotz alledem kann sich auch unsere Wirklichkeit rasch verändern, sobald wir in das Kraftfeld einer größeren Seele eintreten. In einem interessanten Bericht über einen in westlicher Medizin ausgebildeten Arzt, der eine Expedition in die Tiefen des kolumbianischen Regenwalds unternommen hatte, wird folgendes geschildert: Als er an einem Wasserfall eine schlüpfrige Felswand hinaufkletterte, verlor er den Halt, stürzte ab und konnte infolge einer schweren Rückenverletzung nicht mehr gehen. Die nächste Stadt war fast zweihundert Kilometer entfernt, und es gab weder Telefon noch Elektrizität.

Mehrere Tage ruhte sich der Mann in einem kleinen Dorf aus. Er hoffte, daß die Schmerzen etwas nachlassen würden, damit er weiterreisen konnte. Statt dessen verschlechterte sich sein Zustand, weil sich das verletzte Gewebe entzündete. In seiner Verzweiflung erlaubte er schließlich einem Schamanen des dortigen Stammes, ihn zu behandeln. Der Schamane kam und versetzte sich mit halluzinogenen Kräutern und mehrstündigem Singen in Trance. Während des Rituals begann der verletzte Arzt zu dösen und nickte ein. Als er erwachte, waren der Schamane – und mit ihm die Schmerzen – verschwunden. Zu seiner Verwunderung konnte er aufstehen und gehen, als wäre überhaupt nichts passiert.

»Ich habe keine Ahnung, wie das zugegangen ist«, erzählte er, »aber ich frage mich eins. Als ich ihnen erlaubt habe, den Medizinmann zu rufen, hatte ich einen Zustand totaler Verzweiflung erreicht. Ich glaubte zwar nicht an ihn, aber ich war zumindest bereit, ihm nicht zu mißtrauen.«

Meiner Ansicht nach hat dieser Mann die Kluft zwischen sich und dem Heiler auf sinnvolle Weise geschlossen. Er gestattete dem Schamanen, ohne Widerstand in das Licht zu gehen. Häufig fragen Geistheiler vor dem Handauflegen:»Glauben Sie, daß Gott Sie heilen kann?« Von einer höheren Warte aus gesehen hat kein Mensch die Macht, sich Gott gegenüber völlig zu verschließen. Wir können nur mehr oder weniger bereit sein, das Licht anzunehmen. Welche Nachweise für Wunder man auch anführt, immer fragen die Leute: »Aber haben Sie selbst auch schon mal eins gesehen?«

Tatsächlich bin ich erst vor kurzem einem Wunder denkbar nah gekommen. Ich habe einen Neffen, der als Soldat in Kaschmir gekämpft hat und vor einigen Jahren an einer akuten Hepatitis C erkrankte. Wir sind eine Familie von Ärzten, und deshalb wurde er auf alle möglichen Arten behandelt, auch mit Interferon, jedoch ohne Erfolg. Die Zahl seiner Leukozyten sank erschreckend, während sich die Hepatitisviren rasch vermehrten.

Vor einigen Monaten wandte er sich an einen Geistheiler in Indien, der ihm mit den Händen über die Leber strich, um die Krankheit zu entfernen. Innerhalb kurzer Zeit hatte sich die Leukozytenzahl bei meinem Neffen normalisiert, die Virenzahl war zurückgegangen, und auch die Krankheitssymptome waren verschwunden. Für mich ist das ein Wunder, und anscheinend ist es auch erlernbar. Die meisten Menschen in unserer westlichen Gesellschaft kann man erfolgreich in der Kunst des »Heilens durch Berühren« unterrichten. Die Therapeutin streicht einige Zentimeter über der Haut mit den Händen über den Körper und spürt, wo sich Energieblockaden (in Form von warmer Luft über dem betroffenen Bereich) befinden. Nachdem sie die überschüssige Energie aufgelöst hat, kommt es oft zu einer Heilung, und meist

erholen sich die Patienten rascher als nach konventionellen Behandlungen.

Gibt es tatsächlich warme Hautregionen über einem erkrank-
ten Körperteil? Und wenn ja, weshalb spielt das für die Gesun-
dung des Patienten eine Rolle? Die Antwort lautet, daß die
Grundlage des Heilens nicht auf der physischen, sondern auf der
Quantenebene liegt. In der Quantenwelt sind die Dinge real,
wenn wir sie real machen, und zwar, indem wir Licht manipulieren, etwas, das jeder Mensch mit Sorgfalt und Geduld lernen
kann; das Heilen durch Berühren ist nur ein Weg von vielen.
Wenn wir eine Schwesternschule gründeten, in der Kranken-
schwestern lernen, Urwaldameisen in langen Reihen aus dem
Mund eines Kranken herausmarschieren zu lassen, würden einige
der Schülerinnen sicherlich eine besondere Begabung dafür zeigen. Genauso ist auch jedes andere Wunder für uns erreichbar, sobald wir unsere Vorstellung darüber ändern, wer wir sind und wie
unser Geist funktioniert.

WELCHE ROLLE SPIELE ICH?
Ich liebe.

Ein Mensch, der Wunder vollbringt und wahrnimmt, daß er von
Licht umgeben ist, verspürt gleichzeitig intensive Liebe im Herzen,
denn er nimmt die spirituellen Qualitäten des Lichts in sich auf.
Als Jesus sagte: »Ich bin das Licht«, meinte er damit: »Ich bin vollständig im Kraftfeld Gottes.« In Indien bemühen sich Menschen
aus allen Lebensbereichen sehr darum, sich im Kraftfeld eines Heiligen aufzuhalten. Der Sanskrit-Ausdruck dafür ist darshan, was soviel bedeutet wie das Sehen einer heiligen Persönlichkeit. Um
Darshan zu erlangen, begab ich mich vor einigen Jahren in das
Haus einer Heiligen in der Nähe von Bombay, die von ihren Anhängern schlicht »Mutter« genannt wird.

Sie wohnte in einem kleinen Dorf in einem winzigen Backstein-
haus. Man führte mich in den ersten Stock in ein noch kleineres
Wohnzimmer, wo sie auf einem Sofa am Fenster saß. Ihre Diene-

rin, eine ältere Frau, bedeutete mir schweigend, auf einem Stuhl Platz zu nehmen. Mutter hatte große, ausdrucksvolle Augen, trug einen goldenen Sari und war offenbar um die Dreißig. Wir saßen still da. Man hörte keinen Laut außer dem tropischen Regen draußen. Die Zeit verging, und ich nahm eine wunderbar süße Atmosphäre im Raum wahr, die meinen Geist sehr friedlich stimmte. Ich schloß die Augen, war mir aber bewußt, daß Mutter mich anschaute. Nach einer halben Stunde fragte mich die Dienerin, ob ich Fragen hätte.

»Fragen Sie nur«, sagte sie, »schließlich sprechen Sie mit Gott. Was Sie auch fragen, sie wird sich darum kümmern.«

Ihre Wortwahl überraschte mich nicht. Wenn in Indien ein Mensch einen Bewußtseinszustand erreicht, in dem er innig mit Gott vertraut ist, spricht man in dieser respektvollen Weise von ihm. Aber ich hatte keine Fragen. Ich spürte deutlich, daß diese junge Frau eine sehr zärtliche, liebevolle Atmosphäre im Raum verbreitete. Sie wirkte so beruhigend, daß man in diesem Moment an eine »Mutterenergie« des Universums glauben konnte.

Auf Stufe sechs sind alle Götter und Göttinnen Aspekte des eigenen Selbst, die die Form feiner Energiezustände annehmen. Es macht aus mir nicht unbedingt einen Gläubigen, wenn ich sage, daß Mutter imstande war, mich diese Energien spüren zu lassen. Überraschend ist nur, daß ihr dies bei einem Fremden gelang, denn als Kinder erfahren wir ja die mütterliche Energie bei unseren eigenen Müttern. In Indien wissen die Menschen, daß nicht alle Heiligen den gleichen Darshan verbreiten. Einige Heilige sind von einer beinahe tranceähnlichen Atmosphäre umgeben; andere wiederum verströmen einen Duft wie von Honig oder Blüten. Die »Darshan-Süchtigen«, die viele Stunden in der Gegenwart Heiliger verbringen, können herunterbeten, welche shakti oder Kraft der eine oder andere Heilige verbreitet. Und sie sind überzeugt, daß ein Besucher diese göttliche Energie in sich aufnimmt, wie ein Schwamm Wasser aufsaugt.

Was mich am meisten an dem Besuch bei Mutter berührte, geschah in dem Moment, als ich wieder aufbrach. Die Dienerin geleitete mich zur Tür und gab mir in gebrochenem Englisch eine Bemerkung mit auf den Weg: »Nun haben Sie keine Sorgen mehr«, sagte sie lächelnd. »Gott wird Ihre Rechnungen bezahlen.«

Gottes Liebe offenbart sich allerdings nicht erst auf der sechsten Stufe. Man kann das gut mit dem Magnetismus vergleichen. Wenn eine Kompaßnadel dem schwachen Magnetfeld der Erde ausgesetzt ist, pendelt sie sich zitternd nach Norden ein. Wenn man den Kompaß schüttelt, schwankt die Nadel; hält man sie jedoch in einen großen Elektromagneten, steht die Nadel fest, ohne zu schwanken.

In ähnlicher Weise befinden wir uns alle im Energiefeld der Liebe, aber in den Anfangsstadien des spirituellen Wachstums ist die Kraft noch schwach. Wir schwanken und lassen uns leicht in andere Richtungen ablenken. Widersprüchliche Gefühle spielen eine Rolle, und, was noch wichtiger ist, unsere Fähigkeit, Liebe wahrzunehmen, ist blockiert. Erst nach langen Jahren, in denen die inneren Blockaden – Verdrängung, Zweifel, negative Gefühle und alte Konditionierungen – ausgeräumt werden, kann ein Mensch erkennen, daß Gottes Kraftfeld unendlich mächtig ist. Wenn das gelungen ist, steht nichts mehr zwischen dem Geist und der Liebe. Das Gefühl der persönlichen Liebe verwandelt sich in kosmische Energie. Rumi beschreibt das mit wunderschönen Worten:

> »O Gott!
> Ich habe die Liebe entdeckt!
> Wie wunderbar, wie gut, wie schön sie ist! ...
> Ich entbiete meinen Gruß
> dem Geist der Leidenschaft, der dieses ganze Universum
>   hat entstehen lassen
> und alles, was darin ist.«

Rumi glaubt, daß jedes Atom der Schöpfung aus leidenschaftlicher Liebe zu Gott tanzt. Diese Äußerung ist ein Beispiel für das Bewußtsein der Stufe sechs. Es bedarf zunächst eines Quantensprungs im Bewußtsein, um Gott immer und überall zu lieben. Sobald man den Sprung jedoch einmal gewagt hat, ist da kein Gott mehr, den man lieben könnte, zumindest nicht als getrenntes Objekt. Die Verschmelzung des Anbetenden und des Gegenstands seiner Anbetung ist beinahe vollkommen. Sie genügt, um alles in der Schöpfung mit Leben zu erfüllen. »Dies ist die Liebe«, erklärt Rumi, »die unseren Körper mit Leben erfüllt.«

WIE FINDE ICH GOTT?
Durch Gnade.

Auf Stufe sechs ist es nicht mehr notwendig, Gott zu suchen, ebensowenig, wie wir die Schwerkraft suchen müssen. Gott ist unausweichlich und ständig anwesend. Zuweilen wird er mit Ekstase wahrgenommen, ebensooft aber kann es dabei Schmerz, Angst und Verwirrung geben. Dieses Durcheinander der Gefühle erinnert uns daran, daß sich zwei sehr unterschiedliche Gebilde, GEIST und Körper, miteinander verbinden. Der Körper kann den GEIST nur über das Nervensystem wahrnehmen. Wenn die Intensität Gottes ansteigt, wird das Nervensystem davon überwältigt. Es bleibt keine andere Wahl, als sich anzupassen, doch kann dieser Anpassungsprozeß von Gefühlen des intensiven Brennens begleitet sein, von Zittern, Blackouts, Ohnmachten, Ängsten oder halb psychotischen Zuständen. Es ist immer noch weit verbreitet, beispielsweise heilige Visionen medizinisch als epileptische Anfälle zu »erklären« oder das blendende Licht heiliger Visionen als Nebenprodukt schwerer Migräneanfälle. Woher wissen wir, daß das nicht stimmt?

Ein klares Gegenargument besteht darin, daß Migräne und Epilepsie nicht inspirieren. Sie vermitteln weder Weisheit noch Einsicht, während Heilige geradezu Modellbeispiele für das Wirken göttlicher Gnade sind. Der polnische Mystiker Pater Maximilian Kolbe, eine heilige Persönlichkeit, starb unter den Nazis in Auschwitz. Obwohl er stark abgemagert war und bereits seit langem an Tuberkulose litt, schenkte er seine kargen Rationen meist anderen Gefangenen. Als er einmal vor Durst schier umkam, bot ihm ein Arzt, ebenfalls Insasse des KZs, eine Tasse Tee an. Kolbe lehnte sie ab, weil die anderen Gefangenen auch nichts zu trinken hatten.

Klaglos ertrug Pater Maximilian unablässige Schläge und Foltern. Schließlich war er dabei, als ein Mitgefangener dazu verurteilt wurde, in einem unterirdischen Gewölbe zu verhungern. Kolbe nahm freiwillig die Strafe des Mannes auf sich. Als der Keller ein paar Tage später wieder geöffnet wurde, war er als einziger noch am Leben. Man tötete ihn mit einer Giftspritze.

In seinen eigenen Augen war Kolbe kein Märtyrer. Einige seiner Mithäftlinge und sogar ein paar Nazis berichteten aus eigener Anschauung vom Stand der Gnade, den er erreicht hatte. Ein überlebender Jude sagte unter Eid aus, daß Pater Maximilian Licht ausstrahlte, wenn er nachts betete. (Dieser Bericht wird von mehreren anderen aus der Zeit vor seiner Verhaftung gestützt.) Sein Verhalten war einfach und demütig. Als er gefragt wurde, wie er mit so viel Sanftmut die Behandlung der Nazis ertragen konnte, sagte er nur, man müsse dem Bösen mit Liebe begegnen.

Die Geschichte dieses Heiligen berührt uns besonders stark und gibt uns das Gefühl, göttliche Gnade sei übermenschlich. In gewissem Sinne ist sie das auch, denn es ist Gottes Gegenwart, die selbst intensivsten Schmerz und Qual überwindet. In einem anderen Sinn unterstützt die Gnade uns allerdings auch im täglichen Leben. Während wir von einer Stufe des inneren Wachstums zur anderen kommen, können wir nicht beurteilen, ob wir wirklich nach unserem eigenen Willen handeln. Ein indischer Meister wurde einst gefragt: »Wenn wir danach streben, höhere Bewußtseinszustände zu erreichen, handeln wir dann wirklich selbst, oder geschieht einfach nur etwas mit uns?«

»Man kann es so und so sehen«, antwortete der Meister. »Wir leisten unseren Beitrag, aber die eigentliche Motivation kommt von außen. Wenn man es ganz genau nimmt, geschieht es uns einfach.«

Auf Stufe sechs ist Gott ein Kraftfeld und die göttliche Gnade seine magnetische Anziehungskraft. Die Gnade paßt sich dem Menschen an. Wir treffen unsere Entscheidungen – einige sind gut für uns, andere weniger –, und dann gestaltet die Gnade die Ergebnisse. Anders ausgedrückt, wir alle tun Dinge, die unerwartete Folgen haben. Unsere prophetischen Fähigkeiten sind begrenzt, und deshalb handeln wir immer blind gegenüber dem, was als nächstes geschehen wird.

Der Karma-Begriff umfaßt beides, die Handlung und ihre unvorhersehbaren Folgen. Wenn fünf Menschen ein Vermögen machen, hat der Geldsegen für jeden einzelnen unterschiedliche Konsequenzen, die vom Elend bis zur Zufriedenheit reichen können. Das gleiche gilt für jede andere Handlung. Weshalb funktioniert das Gesetz des Karma nicht mechanisch? Aus welchem Grund führt Handlung A nicht stets zu Resultat B? Das Gesetz des Karma wird oft einfach mit Ursache und Wirkung verglichen, und als Vergleich wird eine Billardkugel herangezogen, die von einem Queue angestoßen wird. Die Aufprallwinkel und Bewegungen in einem Billardspiel sind zwar sehr kompliziert, aber ein geschickter Spieler kann seinen Stoß bereits vor dem Spiel mit großer Präzision kalkulieren und die Bahn einer Kugel auch dann voraussagen, wenn sie seiner Kontrolle bereits entzogen ist.

Wenn Karma mechanisch wäre, wären auch unsere Handlungen mechanisch, das heißt, wir würden sie planen, dann sich selbst überlassen und das sichere Ergebnis abwarten. Theoretisch steht dem nichts entgegen, in der Praxis verhindert es jedoch die ungeheure Kompliziertheit der Vorgänge, die zu berechnen sind. Jeder von uns vollzieht tagtäglich unzählige Handlungen – bloßes Sprechen, bereits jeder Gedanke ist Karma, ebenso wie jeder Atemzug und alles, was wir essen. Das Billardspiel hätte also in diesem Fall unendlich viele Kugeln. Doch hier ist etwas Unergründliches am Werk: Gnade.

Dank seiner überragenden Intelligenz fällt es Gott nicht schwer, unendlich viele Billardkugeln oder unendlich viele Handlungen zu berechnen. Zwar könnte ein Super-Computer diese mechanische Operation genauso gut leisten, aber Gott liebt seine Schöpfung und möchte mit ihr so eng wie möglich verbunden sein. Deshalb fügt er dieser Berechnung eine besondere Anweisung hinzu: *Alle Handlungen eines Menschen sollen springen und zusammenprallen, auf welche Art und Weise auch immer es sein muß. Aber es soll auch einen Hinweis darauf geben, daß der GEIST über allem wacht.*

Ein Gefühl, von Gottes Gnade berührt zu sein, ist ein Hinweis darauf, daß Gott existiert und sich darum kümmert, was mit uns

geschieht. Ich kenne einen Mann in mittlerem Alter, der heute In-
haber einer Computerfirma ist. Sein unternehmerisches Talent trat
erstmals zutage, als er zwanzig war. Unglücklicherweise verwen-
dete er es damals darauf, in einem kleinen Flugzeug Drogen aus
der Karibik zu schmuggeln.

»Ich hatte nur einen einzigen Flug hinter mir, als mich die Zollbeamten schnappten und um ein Haar eingesperrt hätten. Aber
zufällig hatte ich keine Fracht mehr an Bord. Sie haben aber nie
herausgefunden, warum, und das ist wirklich eine merkwürdige
Geschichte«, erzählte er. »Ich war kaum von den Bahamas gestartet,
als wir auf eine dichte Wolkendecke trafen. Ich versuchte es mit
einer niedrigeren Flughöhe, aber der Nebel reichte bis zum Boden.
Bei all diesen Manövern verloren mein Partner und ich irgendwie
die Orientierung. Wir vergeudeten viel Zeit mit dem Versuch, den
Kurs wiederzufinden, und wurden immer nervöser. In der Karibik
gibt es eine Menge Wasser und nur ein paar kleine Inseln, auf denen man landen kann.

Allmählich ging unser Treibstoff zur Neige, und Panik brach
aus. Mein Partner fing an zu brüllen. Wir versuchten, unser Gewicht zu verringern, indem wir nach und nach alle Treibstoffkani-
ster, die Fracht und schließlich das Gepäck über Bord warfen. Der
Nebel hielt sich hartnäckig, und mein Partner war buchstäblich
starr vor Angst, weil er unseren sicheren Tod voraussah. In diesem
Moment überkam mich die überirdische Gewißheit, daß wir nicht
sterben würden.

Als ich nach links schaute, öffnete sich ein Loch im Nebel, und
ich konnte unter der Flügelspitze eine winzige Insel mit einer kurzen, unbefestigten Landebahn erkennen. Ich steuerte das Flugzeug
durch die wieder geschlossene Wolkendecke, und wir landeten.
Wenig später waren wir von fünf Zollbeamten umringt. Während
des Verhörs sagte mir eine innere Stimme, daß mein Leben aus
einem bestimmten Grund gerettet worden war. Ich wurde nicht im
konventionellen Sinn religiös, aber diese Gewißheit hat mich nie
mehr verlassen.«

Ob das Element der Gnade im Leben eines Heiligen oder eines
Kriminellen aufscheint – sie verhindert, daß Karma mechanisch,

kalt und gefühllos abläuft. Gnade ist demnach auch an den freien Willen gebunden. So wie eine Billardkugel ihrer vorgezeichneten Bahn folgen muß, scheint ein hundertfacher Dieb auf seinen Weg fixiert zu sein. Obwohl sein Karma feststeht, hat er doch in jedem Augenblick die Möglichkeit, eine andere Richtung einzuschlagen. Gnade kann die Form eines einfachen Gedankens annehmen: »Vielleicht sollte ich aufhören«, oder sie bewirkt eine überwältigende Transformation, etwa wie die Wandlung durch das göttliche Licht, das Paulus auf der Straße nach Damaskus blendete und zu Boden warf. In jedem Fall verdanken wir der Gnade den Impuls, uns dem GEIST zu öffnen.

WAS IST DAS WESEN VON GUT UND BÖSE?
Das Gute ist eine kosmische Kraft.
Das Böse ist ein Aspekt der gleichen Kraft.

Es ist so schwierig, gut zu sein, daß ein Mensch schließlich aufgeben muß – eine Erkenntnis, die zu Stufe sechs gehört. Am Anfang erscheint es leicht, gut zu sein – zuerst geht es nur darum, den Gesetzen zu folgen und sich aus Schwierigkeiten herauszuhalten. Sobald das Gewissen die Bühne betritt, wird es komplizierter, denn häufig widerspricht unser Gewissen unseren Wünschen. In dieser Phase, die jedem Dreijährigen vertraut ist, flüstert eine Stimme: »Tu' es!«, während die andere sagt: »Besser nicht!« Im Christentum steht der Sieg des Guten von vornherein fest, da Gott mächtiger ist als der Satan. Im Hinduismus hingegen findet ein ewiger Kampf zwischen den Kräften des Lichts und der Dunkelheit statt, wobei sich das Kräfteverhältnis in regelmäßigen Zyklen ändert. Diese Weltzeitalter werden nach Jahrtausenden gemessen.

Wenn der Hinduismus recht hat, ist der Versuch, sich gegen das Böse zu stemmen, letztendlich sinnlos. Die Dämonen (im Sanskrit »Asuras«, negative Kräfte, genannt) geben niemals auf. Sie können es auch gar nicht, weil sie zur Natur gehören, in der Tod und Verfall unausweichlich sind. Aus der Sicht der indischen Weisen hängt die Existenz des Universums ebenso vom Tod ab wie vom Leben. »Die

Menschen haben Angst vor dem Tod, weil sie nicht darüber nachdenken«, sagte ein Meister. »Wenn sie ihre Vorstellung vom ewigen
Leben erfüllen könnten, würden sie sich selbst zu ewiger Senilität
verdammen.« Da der Körper sich mit der Zeit verschleißt und
selbst Galaxien den »Hitzetod« erleiden, sobald die Sterne ihren
Energievorrat verbrannt haben, muß das Universum einen Erneue-
rungsmechanismus enthalten. Der eingebaute Fluchtweg ist der
Tod.

Auf Stufe sechs ist ein Mensch visionär genug, um das zu erkennen. Dennoch hat er eine Vorstellung vom Guten. Es ist jene Evo-
lutionskraft, die der Geburt, dem Wachstum, der Liebe, der Wahrheit und der Schönheit zugrunde liegt. Er besitzt auch weiterhin
ein Bild des Bösen. Es ist die Kraft, die der Evolution entgegen-
steht – wir würden sie Entropie nennen –, die zu Zerfall, Auflösung, Trägheit und »Sünde« führt (das heißt, zu einer Handlung,
die der Entwicklung eines Menschen nicht förderlich ist). Für den
Visionär sind das jedoch zwei Aspekte der gleichen Kraft. Gott hat
beide erschaffen, weil beide notwendig sind; Gott findet sich im
Bösen ebenso wie im Guten.

Ich möchte betonen, daß dies kein ethischer Standpunkt ist.
Man kann nicht dagegen argumentieren, indem man sagt: »Schau
dir diese Grausamkeiten an und jenen Horror. Erzähl mir nicht,
darin komme Gott zum Ausdruck.« Jede Stufe des inneren Wachstums stellt eine Interpretation dar, und jede Interpretation ist für
sich gültig. Wenn jemand Opfer von Verbrechen und himmel-
schreiendem Unrecht sieht, ist das seine Realität. Der Heilige empfindet für diese Menschen vielleicht unendliches Mitgefühl, betrachtet sie aber nicht als Opfer. Es widerstrebt mir, diese Thematik
zu vertiefen, weil das Gefühl, Opfer zu sein, so übermächtig ist. Es
ist außerordentlich schwierig, denjenigen, die mißbrauchen, und
denen, die mißbraucht werden, deutlich zu machen, daß sie in
einem gemeinsamen Tanz aneinandergekettet sind – fragen Sie
einmal einen Therapeuten, der mit mißhandelten Frauen arbeitet.

Allerdings erkennt der Heilige zweifellos den Sünder in sich
selbst und nimmt das Böse genauso gleichmütig hin wie jedes
andere Ereignis. Augenzeugen bestätigen, daß Pater Maximilian

Kolbe seinen Arm mit letzter Kraft entblößte, damit die Nazis ihm die Giftspritze verabreichen konnten. Als er in jenen Schreckenstagen gemeinsam mit anderen Häftlingen in dem Gewölbe gefangen war, wunderten sich die KZ-Wächter über die friedliche Atmosphäre, die der Franziskanermönch verbreitete. Diese Begebenheit beschönigt keineswegs die Verbrechen der Nazis, die man auf ihrer eigenen Ebene diskutieren muß. Aber die Entwicklung der Seele geht einen besonderen Weg, und an einem bestimmten Punkt löst sich der Tanz von Gut und Böse in der Einheit auf.

WAS IST FÜR MICH DIE WICHTIGSTE HERAUSFORDERUNG?
Befreiung zu erlangen.

Sobald sich Stufe sechs ankündigt, ändert sich das Lebensziel. Der Mensch strebt nicht mehr danach, gut und tugendhaft zu sein, sondern möchte sich von den irdischen Fesseln lösen. Ich verstehe darunter nicht, daß man stirbt und in den Himmel zu Gott kommt, obschon diese Interpretation für diejenigen, die daran glauben, natürlich gültig ist. Die wahre Befreiung auf Stufe sechs ist eine karmische. Karma ist unendlich und ewig. Ursache und Wirkung kommen niemals zum Stillstand; die Verstrickungen, die daraus entstehen, sind derart überwältigend, daß man nicht einmal einen Bruchteil seines persönlichen Karma abtragen könnte. Doch Gottes Kraftfeld, wie wir es genannt haben, übt eine starke Anziehung auf die Seele aus, um sie aus dem Zugriff des Karma zu lösen. Ursache und Wirkung werden nicht aufgehoben. Auch der Heilige auf der höchsten Stufe der Erleuchtung besitzt noch einen physischen Körper, der Verfall und Tod ausgesetzt ist; er ißt, trinkt und schläft noch. Die gesamte Energie wird jedoch auf andere Weise genutzt.

»Wenn ihr jeden Augenblick eures Lebens darauf verwendet hättet, Gutes zu denken und zu tun«, sagte ein indischer Meister zu seinen Schülern, »wärt ihr jetzt genauso weit von der Erleuchtung entfernt wie jemand, der jeden Augenblick für das Böse genutzt hat.« Das mag erstaunlich klingen, denn wir setzen Gutes und Gott

gleich, aber die Kraft des Guten unterliegt immer noch dem
Karma. Gute wie böse Taten finden ihre Belohnung. Was aber,
wenn wir uns gar keine Belohnung wünschen, sondern einfach frei
sein möchten? Das ist der Zustand, den die Buddhisten Nirwana
nennen, ein Begriff, der häufig mit »Vergessen« übersetzt und deshalb mißverstanden wird.

Nirwana ist der Zustand der Befreiung von allen karmischen
Einflüssen, in dem der Tanz der Gegensätze ein Ende hat. Die visionäre Reaktion befähigt uns zu der Erkenntnis, daß der Wunsch
nach A oder B stets zu seinem Gegenteil führt. Wenn ich reich geboren bin, freue ich mich vielleicht zunächst darüber. Ich kann mir
nun alle meine Wünsche erfüllen und jeder Laune nachgeben. Aber
schließlich fange ich an, mich zu langweilen, und werde ruhelos.
Die Verantwortung, den Reichtum zu verwalten, ist eine drückende
Last. Während ich also vor Sorgen nicht schlafen kann, stelle ich
mir vor, wie schön es wäre, arm zu sein. Arme haben keine Pflich-
ten in Aufsichtsräten oder Stiftungen, sie haben wenig zu verlieren.

Wenn es vielleicht auch eine Weile dauert, dem Buddhismus
zufolge wird mein Geist sich früher oder später das Gegenteil dessen wünschen, was ich jetzt habe. Das karmische Pendel schwingt
in die Gegenrichtung, bis es äußerste Armut erreicht, und dann
wird es mich wieder zum Reichtum zurückziehen. Da Gott als
einziges Wesen frei von Ursache und Wirkung ist, bedeutet der
Wunsch nach Nirwana, daß der Mensch nach Gottverwirklichung
strebt. In den frühen Entwicklungsstadien wäre ein solches Streben
unmöglich; die meisten Religionen verdammen es als Gotteslästerung. Nirwana hat jedoch nichts mit Moral zu tun. Nachdem der
Mensch erkannt hat, daß Gut und Böse nur zwei Seiten der Dualität sind, spielen sie keine Rolle mehr. Um den Fortbestand der
Gesellschaft zu sichern, machen es die Religionen zur Pflicht, das
Gute zu achten und das Böse zu fürchten. Das führt zu einem Paradox: Der Mensch, der nach Befreiung strebt, handelt notgedrungen
gegen Gott. Viele fromme Christen stehen der östlichen Spiritualität verständnislos gegenüber, denn sie können dieses Paradox
nicht lösen. Wie kann Gott wollen, daß wir gut sind und gleichzeitig, daß wir das Gute transzendieren?

Die Antwort erscheint ausschließlich im Bewußtsein. In jeder Kultur sind Heilige beispielhaft gut und tugendhaft, aber in der »Bhagavad Gita« lesen wir, daß es keine äußeren Anzeichen für Erleuchtung gibt. Folglich müssen Heilige nicht unbedingt den konventionellen Verhaltensnormen genügen. In Indien gibt es den gefahrvollen sogenannten Linke-Hand-Weg zu Gott. Bei dieser spirituellen Praxis des Tantra meidet der Fromme konventionelle Tugend und Rechtschaffenheit. Sexuelle Enthaltsamkeit wird häufig ersetzt durch (stark ritualisierten) sexuellen Genuß zur Umformung der Sexualkräfte. Anhänger dieses Weges verlassen beispielsweise ihr bequemes Heim und wohnen auf dem Friedhof; einige tantrische Eiferer gehen so weit, bei Leichen zu schlafen und widerwärtige verdorbene Nahrung zu sich zu nehmen. In anderen Fällen ist der Linke-Hand-Weg weniger extrem, doch unterscheidet er sich immer von den orthodoxen religiösen Regeln.

Der Linke-Hand-Weg erscheint als dunkle Seite der Spiritualität, vollkommen irregeleitet in seiner Grausamkeit und Unsinnigkeit. Diesen Eindruck hatten gewiß auch die christlichen Missionare, als sie nach Indien kamen und mit Entsetzen die Göttin Kali mit der Kette aus Schädeln und den bluttriefenden Eckzähnen sahen. Was für eine Mutter war dies? Der Linke-Hand-Weg besteht jedoch seit Jahrtausenden und wurzelt in heiligen Texten, die ebensoviel Weisheit enthalten wie andere religiöse Texte auch. Die tantrischen Traditionen machen deutlich, daß kein Aspekt Gottes eingeschränkt werden kann. Seine unendliche Gnade umfaßt Tod und Verfall; er wohnt im Leichnam wie auch im Neugeborenen. Einigen (sehr wenigen) Menschen genügt es nicht, diese Erkenntnis zu haben, sie wollen sie auch erfahren. Und Gott wird sie nicht abweisen. Der Abscheu des Westens vor dem Linke-Hand-Weg muß nicht auf die Probe gestellt werden, denn jede Kultur geht ihre eigenen Wege.

Ich frage mich allerdings, was Sokrates dachte, als er den Schierlingsbecher trank. Indem er die Möglichkeit zur Flucht ablehnte, hat er seinen Tod willentlich herbeigeführt – möglicherweise war das Gift für ihn daher süß. Und Pater Maximilian Kolbe verspürte vielleicht Glückseligkeit, als die tödliche Nadel in seinen Arm

stach. Auf Stufe sechs ist die Alchemie, die Böses in Segensreiches
verwandelt, ein Mysterium, das durch die Sehnsucht nach Befreiung gelöst wird.

WAS IST MEINE GRÖSSTE STÄRKE?
Heiligkeit.

WAS IST MEIN GRÖSSTES HINDERNIS?
Falscher Idealismus.

Skeptiker verweisen häufig darauf, daß mit dem dringenden Verlangen nach einem Wunder auch die Leichtgläubigkeit wächst. Da
Wunder notwendig sind, um zu beweisen, daß ein Heiliger echt ist
(zumindest im Katholizismus), ist die Versuchung groß, eines zu
erfinden. Auf Stufe sechs gibt es nur noch wenig Platz für falsches
Handeln, aber in dem winzigen verbleibenden Spielraum kann ein
Mensch unter Umständen den Unterschied zwischen Heiligkeit
und falschem Idealismus aus den Augen verlieren. Dazu folgendes
Beispiel.

Im Jahre 1531 war ein Indianer namens Juan Diego zu Fuß unterwegs zur Siedlung der spanischen Eroberer in der Nähe von Me-
xico City. Da erschien ihm auf dem Gipfel eines Hügels eine
schöne Frau. Sie verkündete ihm eine Botschaft für den Bischof
und segnete ihn. Voller Ehrfurcht tat der Indianer, wie ihm ge-
heißen. Der Bischof war natürlich skeptisch, als Juan Diego ihm
von der Erscheinung erzählte, doch dann geschah eines der herr-
lichsten Wunder des Christentums. Als Juan Diego den grob ge-
webten Umhang öffnete, ergossen sich daraus wunderschöne rote
Rosen. Im gleichen Moment erblickten beide verwundert ein Bild
der Gottesmutter auf der Innenseite des Umhangs. Dieses Gnadenbild hängt heute in der eindrucksvollen Basilika des Wallfahrtsorts
Hidalgo in der Nähe von Mexiko City, wo sich das Wunder von
Guadalupe ereignet hat.

Skeptiker wollten dieses Gnadenbild ähnlichen Tests unterziehen wie das Turiner Grabtuch, um herauszufinden, ob es von Menschenhand gemalt worden ist. Sie verweisen auf den günstigen Zeitpunkt der Marienerscheinung, die sich ereignete, als den Spaniern sehr daran gelegen war, die Indianer zu bekehren. (Das Wunder führte dann tatsächlich zu Massenbekehrungen.) Auf den ersten Blick mutet jenes Ereignis, das die Massenvernichtung der mexikanischen Indianer beendete, unweigerlich wie ein Wunder an. Die Unterscheidung zwischen Heiligkeit und Idealismus ist in der Geschichte allerdings irgendwo verlorengegangen.

Erst Heiligkeit macht ein Wunder wunderbar, und dazu bedarf es mehr, als nur den Naturgesetzen zu trotzen, denn das können auch Illusionisten, die mit verbundenen Augen Messer werfen oder eine Frau durchsägen. Solange das Geheimnis nicht gelüftet ist, gilt die Illusion als Wunder. In diesem Kapitel habe ich darüber spekuliert, welche Mechanismen ein Wunder ermöglichen, aber das größere Rätsel ist, weshalb sie heilig sind. Der Heilige ist kein Zauberer. Er bewirkt mehr, als Blei in Gold zu verwandeln: Mit einer von Einfachheit und Reinheit geprägten Haltung transformiert er die Seele.

Die erste Amerikanerin, die heiliggesprochen wurde, war Frances Cabrini. Als sie selbst noch eine verarmte Nonne in Italien war, trat eines Tages eine andere Nonne, ohne anzuklopfen, in ihre Zelle. Sie fand Mutter Cabrini ins Gebet versunken.

Zu ihrem Erstaunen war der Raum von einem milden Leuchten erfüllt. Die Nonne war sprachlos, aber Mutter Cabrini sagte nur beiläufig: »Es ist nichts. Kümmere dich nicht darum und arbeite einfach weiter.« Fortan sorgte die Heilige dafür, daß ihre Tür immer gut verschlossen war. Der einzige Hinweis für Außenstehende war ein schwacher Lichtschimmer, der gelegentlich durch den Türspalt drang.

Jemand, der wahre Wunder vollbringt, zeichnet sich durch eine natürliche Selbstverständlichkeit im Umgang mit der Kraft Gottes aus. Heiligkeit ist von selbstloser Unschuld begleitet. Selbst wenn das Gnadenbild von Guadalupe eine Fälschung ist, möchte ich glauben, daß zumindest die Rosen echt waren. Wenn man bewußt versucht, heilig zu sein, geht die Unschuld verloren, auch wenn da-

hinter eine gute Absicht steckt. Auf Stufe sechs ist Idealismus fehl
am Platz, denn nur das Echte hat Bestand. J. Krishnamurti wies im
Laufe seiner über sechzigjährigen Tätigkeit als spiritueller Lehrer
wiederholt auf einen interessanten Aspekt im Zusammenhang mit
dem Glücksgefühl hin. »Wenn du sehr glücklich bist«, sagte er,
»brauchst du nicht darüber zu sprechen. Das Glücksempfinden ist
etwas ganz Eigenes, das keine Worte, nicht einmal Gedanken
benötigt. In dem Moment, wo du sagst: ›Ich bin glücklich‹, geht
diese Unschuld verloren. Du hast eine Kluft zwischen dir und dem
echten Gefühl geschaffen, auch wenn sie vielleicht nur klein ist.
Glaube also nicht, daß du Gott nahe bist, wenn du von ihm
sprichst. Deine Worte haben eine Trennung bewirkt, die du überwinden mußt, um zu ihm zurückzugelangen. Durch den Geist läßt
sich diese Trennung nicht überwinden.«

Idealismus entsteht aus dem Geist. Auf der sechsten Stufe singt
der Heilige vielleicht über Gott oder spricht sogar über ihn, aber
die heilige Verbindung ist so innig, daß sie durch nichts gestört
werden kann.

WORIN BESTEHT MEINE GRÖSSTE VERSUCHUNG?
Märtyrertum.

Sind Heilige versucht, Märtyrer zu werden? Es wird berichtet, daß
es in Rom im 3. Jahrhundert eine wahre Märtyrer-Epidemie gab.
Damals war das Christentum noch nicht Staatsreligion, sondern
galt als Sekte, die gesetzlich verfolgt wurde. (Merkwürdigerweise
störten die Gerichte sich nicht daran, daß die Christen Jesus ver-
ehrten, sondern daß der christliche Glaube neu war und gesetzlich
noch nicht anerkannt.) Wer dem Staatskult nicht gehorchte und
sich weigerte, dem Gottkaiser zu opfern, wurde zum Tode verurteilt, und besonders fromme Christen gaben als Glaubensbeweis
ihr Leben hin.

Lange Zeit hielt man die Märtyrer der Urkirche für sehr zahl-
reich und die Martyrien für ein wirksames Mittel der Glaubens-
verbreitung in der heidnischen Welt. Die Zuschauer trauten ihren

Augen nicht, als sie mit ansahen, wie die Christen, mit entrücktem Lächeln und Hymnen singend, von den Löwen zerrissen wurden. Derartige Spektakel erschütterten das Vertrauen in die alten Götter und waren Wegbereiter des endgültigen Sieges im Jahr 313, als das Christentum Staatsreligion des gesamten römischen Imperiums wurde.

Die traditionelle Auffassung weicht jedoch in zwei Punkten von den Fakten ab. Erstens war die Anzahl der Märtyrer wahrscheinlich relativ klein. Viele Christen benutzten eine List, um dem Todesurteil zu entgehen, und sandten einen Sklaven, den sie dem Kaiser an ihrer Stelle opferten. Zweitens gab es eine große christliche Gruppe, die nicht an das Martyrium glaubte. Für die sogenannten Gnostiker existierte Gott ausschließlich im Inneren des Menschen. Gott Vater, der Sohn und der Heilige Geist waren Aspekte des Bewußtseins. Deshalb war überall Heiligkeit, in jedem Menschen, und der Kaiser war vermutlich ebenso göttlich wie jeder andere auch.

Unter dem wachsenden Einfluß christlicher Bischöfe wurden die Gnostiker wegen dieser und anderer Häresien verachtet und verfolgt. Nach der völligen Vernichtung der gnostischen Bewegung konnte die christliche Urkirche das Martyrium als höchsten Weg zu Gott etablieren. Für seinen Glauben zu sterben wurde als Nachahmung Christi gepriesen. Es muß einen starken Symbolwert gehabt haben, wenn selbst eine so sanfte Seele wie der heilige Franziskus von Assisi die schrecklichen Qualen der Stigmatisierung durchlitt. Bei diesem Phänomen treten spontan Leidensmale am Körper lebender Personen auf; dabei bluten sie beispielsweise an Händen und Füßen wie Christus am Kreuz.

Es geht hier nicht darum, das Martyrium zu verunglimpfen, sondern zu zeigen, daß die Reise auf der sechsten Stufe noch nicht zu Ende ist, jedenfalls noch nicht ganz. Die Anziehungskraft des Leidens verweist auf eine Spur von Sünde, und diese wiederum ist Anlaß einer letzten, wenn auch geringfügigen Trennung zwischen Gott und dem Gläubigen. Dem Ego bleibt noch genügend Kraft zu sagen, daß »ich« Gott meine Heiligkeit beweise. Auf der nächsten Stufe gibt es nichts mehr zu beweisen und daher auch kein »Ich«, kein Ziel, um das sich der Heilige in seinem letzten Streben bemühen sollte. Für einen Unbeteiligten ist dies alles nur schwer nachvollziehbar. Die Fähigkeit, Wunder zu vollbringen, müßte den Menschen doch vollkommen glücklich machen. Gott im Innersten zu spüren, sollte ihn eigentlich mit höchster Freude erfüllen. Aber noch trennt den Menschen wenig mehr als eine Haaresbreite von Gott. Um so erstaunlicher ist die eigene, vollkommene Welt, die aus dieser winzigen Lücke erwächst.

7. STUFE: DER GOTT DES REINEN SEINS – »ICH BIN«

DIE SPIRITUELLE REAKTION

Es gibt einen Gott, den man nur erfahren kann, indem man die Erfahrung transzendiert.

Unter uns lag der Fluß so rein wie grünes Kristall, aber die Bergstraße war so kurvig, daß ich trotz seiner Schönheit nicht auf das Wasser achtete, aus Angst, unseren Orientierungspunkt zu übersehen – eine Pforte in der Felswand am Flußufer. Aber welche Felswand? Etwa zweihundert Kilometer von seiner Quelle im Himalaya entfernt durchschneidet der Ganges tosend eine Felsschlucht, und überall gibt es Klippen.

»Halt, ich glaube, da ist es!« rief jemand vom Rücksitz. Die letzte Kurve hatte uns wieder an den Rand der Schlucht gebracht. Wir spähten hinunter und konnten mit einiger Mühe einen Trampelpfad und – tatsächlich – eine Tür in der Felswand erkennen. Wir hielten auf dem Seitenstreifen und kletterten den Pfad hinunter, um herauszufinden, wer den Schlüssel hatte. Man hatte uns gesagt, wir sollten nach einem alten Heiligen Ausschau halten, einem bärtigen Asketen, der hier schon seit vielen Jahren lebte. Am Ende des Pfads standen wir vor einer wackeligen Hütte. Der Heilige war nirgends zu sehen, nur ein junger Mönch, der uns höflich mitteilte, daß sein Meister in den nächsten Stunden nicht zu sprechen sei. Und der Schlüssel? Er schüttelte den Kopf. Die Tür der heiligen Höhle war jedoch bereits so morsch, daß das Schloß abgefallen war. Durften wir hineingehen? Er zuckte die Achseln. »Warum nicht?«

Die Tür war nicht nur unverschlossen, sondern fiel auch fast aus den Angeln. Als ich sie öffnete, gab sie ein knarrendes Geräusch von sich. Vor uns lag ein Tunnel. Im Gänsemarsch schlängelten wir uns durch das Dunkel. Der Gang wurde immer niedriger und enger, wie ein Grubenschacht. Wir waren etwa dreißig Meter gegangen, als sich eine Höhle auftat, in der man wieder aufrecht stehen konnte. Wir hatten keine Lampen mitgebracht, und von draußen drang nur noch ein schwacher Schimmer Tageslicht herein.

Der junge Mönch hatte uns darum gebeten, sobald wir die Höhle erreicht hätten, Schweigen zu bewahren. Man spürte sofort, daß an diesem Ort seit Jahrtausenden meditiert worden war, seit der legendäre Heilige Vasishtha sich hier aufgehalten hatte. Vasishtha war der Lehrer des Prinzen Rama – eine immense Aufgabe, wenn man bedenkt, daß Rama die Inkarnation des Gottes Vishnu war.

Da waren wir also, nicht nur an einem heiligen Ort, sondern im heiligsten aller Heiligtümer. Leider habe ich kein besonderes Gespür für Heiligkeit, und viele der indischen Heiligen finde ich nicht besonders wunderbar. Ich habe eine Reihe mystischer Einweihungen über mich ergehen lassen – beispielsweise hat mir eine heilige Frau jene besondere Stelle am Scheitel geöffnet, um Luft daraus hervorströmen zu lassen – ohne daß ich das mindeste gefühlt hätte. In dieser Höhle jedoch spürte ich, wie die Welt verschwand. Schon nach kurzer Zeit konnte ich mich kaum noch an die kurvenreiche Straße oberhalb des Ganges erinnern, und während wir mit geschlossenen Augen auf dem kalten Steinfußboden saßen, verblaßte allmählich unser ganzer Ausflug.

Dies war der geeignete Ort für eine Begegnung mit dem Gott der siebten Stufe, den wir erkennen, wenn wir alles andere vergessen. Jeder Mensch ist durch tausend unsichtbare Fäden geistiger Tätigkeit mit der Welt verbunden – durch Zeit, Ort, Identität und alle seine vergangenen Erfahrungen. In der Dunkelheit verlor ich diese Fäden einen nach dem anderen. Konnte ich weit genug gehen, um mich selbst zu vergessen? »Ihr besteht nur aus Fragmenten«, sagte ein Guru zu seinen Schülern. »In jedem Augenblick fügt euer Geist neue Bruchstücke hinzu. Wenn ihr glaubt, etwas zu kennen, bezieht ihr euch lediglich auf ein Stückchen Vergangenheit. Kann ein solcher Geist je die Ganzheit erfassen? Offensichtlich nicht.«

Auf Stufe sieben ist Gott holistisch – er umfaßt alles in ganzheitlicher Weise. Um ihn zu erkennen, brauchen wir einen ebensolchen Geist. Als der Philosoph Jean-Jacques Rousseau eines Tages spazierenging, wurde er von einem Pferd getreten. Er fiel in Ohnmacht, und als er wieder zu sich kam, befand er sich in einem seltsamen Zustand. Ihm war, als hätte die Welt keine Grenzen und als wäre er selbst nur ein kleines Stückchen Bewußtsein in einem weiten Ozean. Dieses »ozeanische Gefühl« – ein Ausdruck, den auch Freud gebrauchte – war unpersönlich. Rousseau hatte die Empfindung, mit allem zu einer Einheit verschmolzen zu sein – mit der Erde, dem Himmel und allen Menschen. Er fühlte sich verzückt und frei in diesem Zustand, der zwar rasch wieder verschwand, aber einen solch starken Eindruck hinterließ, daß er ihn für den Rest seines Lebens verfolgte.

Seit Jahrtausenden haben Menschen die Höhle des Weisen Vasishtha genauso wie ich aufgesucht, um dieses ozeanische Gefühl zu erfahren. Ich war nicht bewußt aktiv, es war eher wie eine Gedächtnislücke. Der menschliche Geist funktioniert ähnlich wie der automatische Weckruf in einem Hotel, der immer wieder das gleiche Signal sendet. In meinem Geist wirbeln Tausende von Erinnerungsfragmenten, aus denen sich meine Identität zusammensetzt. Einige betreffen meine Familie oder meine Arbeit, andere das Auto und das Haus, die Flugtickets, das Gepäck, den halbleeren Benzintank – das ganze Lebensgewebe, das irgendwie kein Ganzes ergibt.

Mein Geist befaßt sich unablässig mit diesen Fakten und versichert mir damit, daß ich wirklich bin. Wozu brauche ich diese Versicherung? Diese Frage stellen wir nicht, solange wir in der Welt agieren, sondern wir verschmelzen einfach mit der Szenerie und akzeptieren sie als Wirklichkeit. Sobald jemand aber in Vasishthas Höhle kommt, beruhigt sich allmählich der Strudel der Identitätsfragmente. Das blendende Flackern der Erinnerungsblitze hört auf … und dann?

Nichts. Eine Leere ohne Aktivität. Gott.

Gott in einem leeren Raum zu finden – den höchsten Gott in einem leeren Raum zu finden – ist die Erfahrung, für die jene all ihre Kräfte einsetzen, die bereits Wunder vollbringen. Anstelle höchster Ekstase empfängt man Leere. Auf Stufe sieben ist Gott so unfaßbar, daß er nicht durch Eigenschaften definiert werden kann. Es bleibt nichts, woran man sich halten könnte. In der indischen Tradition wird dieser Aspekt des GEISTES nur durch Negation definiert. Auf Stufe sieben ist Gott:

Ungeboren,
Unsterblich,
Unveränderlich,
Unbeweglich,
Unmanifest,
Unermeßlich,
Unsichtbar,
Unfaßbar,
Unendlich.

Dieser Gott läßt sich nicht einmal mehr als ein großes Leuchten denken, und deshalb erscheint er vielen westlichen Menschen als tot. Aber »leblos« gehört nicht zu den Negationen, die ihn charakterisieren. Dieser leere Raum birgt vielmehr das Potential, also die Möglichkeit, für alles Leben und alle Erfahrungen in sich. Die einzige bejahende Eigenschaft, die dem Gott auf Stufe sieben zugeschrieben werden kann, ist Existenz oder reines Sein. Wie leer die Leere auch wird – sie bleibt existent, und das genügt, um das Universum hervorzubringen.

Das Mysterium auf Stufe sieben liegt darin, daß sich hinter der Maske des Nichts die Unendlichkeit verbirgt. Wenn wir gleich zu Beginn alle Stufen bis zu dieser übersprungen hätten, wäre die Realität eines solchen Gottes unmöglich zu beweisen gewesen. Wir müssen die spirituelle Leiter Sprosse für Sprosse hinaufklettern. Da wir nun hoch genug gelangt sind, um die Landschaft in ihrer Gesamtheit zu überblicken, ist der Zeitpunkt gekommen, die Leiter wegzustoßen. Jetzt brauchen wir keine Stützen mehr, nicht einmal den Geist.

Um die siebte Stufe als wirklich wahrzunehmen, benötigen wir eine entsprechende Gehirnreaktion. Subjektiv wissen wir, daß es sie gibt, denn zu allen Zeiten haben Menschen von der Erfahrung

der Einheit berichtet, in der der Beobachter mit dem beobachteten
Objekt zusammenfällt. Ein autistischer Patient beispielsweise verschmilzt so vollständig mit der Welt, daß er sich an einen Baum
klammern muß, um sich zu vergewissern, daß er existiert. Der
Dichter William Wordsworth hat als Kind genau diese Erfahrung
gemacht. Er beschrieb, wie er sich während bestimmter Perioden,
die er »Zeitflecken« nannte, auf überirdische Weise in der Unsterblichkeit aufgehoben fühlte. In diesen Momenten hatte er zwar das
Gefühl, noch zu existieren, jedoch nicht als Geschöpf in Zeit und
Raum.

Gehirnforscher haben in EEGs (Elektroencephalogrammen)
akute epileptische Anfälle festgehalten, bei denen Patienten ebenfalls über überirdische Gefühle und den Verlust der Identität berichteten. Aber solche Beispiele erklären noch nicht die spirituelle
Reaktion, wie ich sie nennen möchte. Veränderte Gehirnwellen
und subjektive Berichte sind kein Beleg für die Fähigkeit des Geistes, Ganzheit zu begreifen. Objektiv gesehen geht dieser Zustand
über den des Wundertäters hinaus, da der Mensch ja nun nicht
mehr auf die Natur einwirkt, sondern sie nur noch betrachtet. Dieses Anschauen reicht jedoch aus, um die Naturgesetze tiefgreifen-
der zu verändern als jedes Wunder.

Ein Beispiel dafür ist das Experiment der Psychokinese-Forsche-
rin Marilyn Schlitz. Sie wollte herausfinden, ob das »zweite Gesicht« wirklich existiert. Damit meinte sie das Phänomen, bei dem
man sich umdreht und dann feststellt, daß man von hinten beobachtet wird. Bei dem Experiment, das sie »verstecktes Beobachten«
nannte, setzte sie eine Reihe von Versuchspersonen in einen Raum
und beobachtete sie von einem anderen Raum mit Hilfe einer Videokamera. Wenn die Kamera an- und abgeschaltet wurde, konnte
sie feststellen, ob eine Versuchsperson merkte, daß sie beobachtet
wurde, obwohl der Beobachter im Raum nicht physisch anwesend
war. Sie verließ sich dabei nicht auf subjektive Aussagen, sondern
benutzte ein Gerät, das ähnlich wie ein Lügendetektor die geringsten Schwankungen des Hautwiderstands auf einen schwachen
elektrischen Strom aufzeichnete.

Das Experiment verlief erfolgreich – fast zwei Drittel der Versuchspersonen zeigten Veränderungen des elektrischen Hautwiderstands, wenn sie aus einem anderen Raum beobachtet wurden. Marilyn Schlitz veröffentlichte die Ergebnisse. Als jedoch ein anderer Forscher den Versuch nachstellen wollte, scheiterte das Experiment kläglich. Er wandte genau die gleichen Methoden an, doch keine seiner Versuchspersonen merkte, ob sie beobachtet wurde oder nicht. Marilyn Schlitz war verblüfft, jedoch zuversichtlich genug, um den zweiten Forscher in ihr Labor einzuladen. Gemeinsam führten sie den Versuch noch einmal durch, wobei sie die Testpersonen erst kurz vor Versuchsbeginn auswählten, um Fälschungen auszuschließen.

Wiederum erzielte Marilyn Schlitz ihre Resultate, doch als sie ihren Kollegen fragte, hatte er keinerlei Ergebnisse aufzuweisen. Dies war ein dramatischer Moment. Wie konnten zwei Forscher in dem gleichen objektiven Test zu derart unterschiedlichen Ergebnissen kommen? Die einzig vernünftige Antwort mußte nach Meinung von Marilyn Schlitz in der Person des Wissenschaftlers selbst liegen. Das Ergebnis hing davon ab, wer man war. Soweit ich weiß, ist niemals vorher so deutlich gezeigt worden, daß der Beobachter und der beobachtete Gegenstand zusammenfallen können. Diese Verschmelzung ist die Grundlage der spirituellen Reaktion, denn in der Einheit hören alle Trennungen auf.

Es gibt noch weitere – negative und positive – Hinweise auf die Realität dieser Reaktion. Die negativen hängen mit dem »Scheuheitssyndrom« zusammen. Dieser Begriff umschreibt die Tatsache, daß sich übernatürliche Phänomene nicht fotografieren lassen. Es gibt Menschen, die ungewöhnliche Phänomene – von Geistererscheinungen über das Verbiegen von Schlüsseln bis zu UFO-Entführungen – bezeugen und die problemlos einen Lügendetektor-Test bestehen. Wenn man diese Phänomene jedoch fotografieren will, treten sie nicht in Erscheinung.

Positive Hinweise auf die spirituelle Reaktion ergeben sich aus Experimenten wie jenen, die in den siebziger Jahren im Institut für Ingenieurwesen der Princeton University durchgeführt wurden. Dabei wurden freiwillige Versuchspersonen vor einen Zufallsgenerator gesetzt, ein Gerät, das willkürlich Nullen und Einsen ausspuckte. Ihre Aufgabe bestand darin, die Maschine mental so zu beeinflussen, daß sie mehr Einsen als Nullen erzeugte, oder umgekehrt. Keine der Testpersonen berührte das Gerät oder veränderte das Software-Programm.

Die Ergebnisse waren erstaunlich: Die geistige Konzentration der Testpersonen hatte tatsächlich einen kleinen, aber statistisch signifikanten Einfluß auf den Output des Zufallsgenerators. Das Gerät ermittelte nicht eine genau gleiche Anzahl von Nullen und Einsen, sondern wich um fünf Prozent von der Zufallswahrscheinlichkeit ab. Das Experiment von Marilyn Schlitz geht sogar noch weiter. Im Interesse der Unvoreingenommenheit legte sie Wert auf die Zufälligkeit des Versuchs. Und dennoch erhielt sie abweichende Ergebnisse, je nachdem, wer das Experiment durchführte.

Die spirituelle Reaktion ist der letzte Schritt in diese Richtung. Sie bestätigt das Konzept, daß es keinen Beobachter gibt, der vom Objekt seiner Betrachtung getrennt ist. Alles um uns herum ist das Produkt dessen, was wir sind. Auf Stufe sieben projizieren wir nicht mehr Gott allein; wir projizieren alles. Das ist dasselbe, als wären wir Teil des Films, außerhalb des Films und der Film selbst. Im Bewußtsein der Einheit ist keine Trennung mehr übriggeblieben. Wir schaffen nicht mehr Gott nach unserem Bild, noch nicht einmal das vage Bild eines Heiligen Geistes.

DIE SIEBEN FRAGEN UND ANTWORTEN

WER BIN ICH?
Der Ursprung.

Ein Mensch, der Stufe sieben erreicht hat, ist völlig frei von Bindungen, so daß er auf die Frage »Wer bist du?« antwortet: »Ich bin.« Eben diese Antwort gab Jahwe Moses im Buch Exodus, als er zu ihm aus dem Dornbusch sprach. Moses weidete Schafe und Ziegen an einer Bergflanke, als Gott erschien. Moses fürchtete sich. Gleichzeitig war er aber auch besorgt, daß ihm niemand glauben würde, daß Gott zu ihm gesprochen hatte. Wenn er schon ein göttlicher Bote sein sollte, wollte er zumindest Gottes Namen wissen, aber auf seine Frage antwortete Gott nur: »Ich bin, der ich bin.«

Gott mit dem bloßen Sein gleichzusetzen beraubt ihn auf den ersten Blick seiner Macht, seiner Majestät und seines Wissens. Doch unser Quantenmodell belehrt uns eines anderen. Auf der virtuellen Ebene gibt es weder Energie, noch Zeit, noch Raum. Diese augenscheinliche Leere jedoch ist der Ursprung alles Meßbaren wie Energie, Zeit und Raum, ebenso wie ein leerer Geist die Quelle aller Gedanken ist. Isaac Newton glaubte, daß das Universum buchstäblich Gottes leerer Geist sei und daß all die Sterne und Galaxien seine Gedanken wären.

Wenn Gott eine Heimstatt hat, dann muß es die Leere sein, denn andernfalls wäre er begrenzt. Können wir eine so unbegrenzte Gottheit wirklich erkennen? Auf der siebten Stufe müssen zwei scheinbar unmögliche Dinge zusammenkommen. Der Mensch muß auf den kleinsten Punkt reduziert werden, einen Hauch von Identität, der die letzte winzige Lücke zwischen ihm und Gott schließt. Gleichzeitig muß sich der winzige Punkt, genau dann, wenn die Trennung überwunden ist, bis zur Unendlichkeit ausdehnen. Mystiker beschreiben diesen Prozeß als »das Eine wird zum All«. Wissenschaftlich formuliert bedeutet es, daß die Raumzeit beim Wechsel in den Quantenbereich in sich selbst zusammenstürzt. Das Kleinste verschmilzt mit dem Größten; Punkt und Unendlichkeit sind gleich.

Wenn sich der skeptische Geist überwinden kann, an diesen Zustand zu glauben (was nicht leicht ist), ist die nächstliegende Frage: »Na und?« Dieser ganze Prozeß klingt wie Sterben, denn von welcher Seite man es auch betrachtet, man muß die bekannte und vertraute Welt aufgeben, um Stufe sieben zu erreichen. Der Mensch, der auf Stufe sechs Wunder vollbringt, hat alle Bindungen abgelegt, aber er empfindet innere Freude und hat Absichten, wenn auch schwache, die ihn dazu motivieren, Wunder zu vollbringen. Auf Stufe sieben gibt es keine Freude, kein Mitgefühl, kein Licht, keine Wahrheit. Der höchste Einsatz ist das Ende der Suche. Man spielt nicht um alles oder nichts, sondern um alles und nichts.

Modelle haben stets den Makel, unzureichend zu sein, denn sie bilden nur einen Ausschnitt der Wirklichkeit ab und lassen alles übrige außer acht. Wie findet man ein Modell für alles und nichts? Die Chinesen haben es das Tao genannt und verstehen darunter die Gegenwart hinter den Kulissen, die der Welt Leben, Form, Sinn und Fluß verleiht. Rumi verwendet das gleiche Bild:

»Jemand behütet uns
hinterm Vorhang verborgen.
Fürwahr, nicht wir sind hier,
es ist unser Schatten.«

Auf der siebten Stufe ziehen wir den Vorhang beiseite und vereinen uns mit dem Ursprung. Die spirituelle Reise führt uns zurück an den Ort, an dem wir als Seele unseren Anfang nahmen, als Bewußtseinspunkt, nackt und ohne Eigenschaften. Der Ursprung sind wir selbst. Um ihn zu beschreiben, können wir nur – ebenso wie Gott – »Ich bin« sagen.

Folgen Sie mir in Vasishthas Höhle, um sich vorzustellen, was man auf Stufe sieben spürt. Als ich alles andere um mich her vergaß, vergaß ich nicht zu sein. In diesem losgelösten Zustand gibt es kein Etikett und keine Beschreibung, an die man sich halten könnte:

- Man denkt nicht an die Zeit. (Der Gott des reinen Seins ist *ungeboren* und *unsterblich*.)
- Man hat nicht den Wunsch, ein Ziel anzustreben. (Der Gott des reinen Seins ist *unveränderlich*.)
- Man ist von Stille umhüllt. (Der Gott des reinen Seins ist *unbeweglich*.)
- Kein Gedanke kommt an die Oberfläche des Geistes. (Der Gott des reinen Seins ist *unmanifest*.)
- Man kann sich nicht mit den fünf Sinnen orientieren. (Der Gott des reinen Seins ist unsichtbar und *unfaßbar*.)
- Man scheint nirgends und überall zugleich zu sein. (Der Gott des reinen Seins ist *unendlich*.)

Wenn alle Eigenschaften verschwinden, bleibt nichts übrig, aber der gesunde Menschenverstand sagt uns, daß »nichts« nicht sehr nützlich ist. Man kann zwar Menschen dazu überreden, das Vergnügen aufzugeben, weil – wie Buddha es ausgedrückt hat – auf Vergnügen unweigerlich Schmerz folgt, aber dennoch wenden sich die meisten westlichen Menschen ab und geben sich wieder ihren Vergnügungen hin. Die Argumente für Stufe sieben müssen auf überzeugendere Weise formuliert werden. Erstens wird niemand zu dieser letzten Erkenntnis gezwungen. Zweitens löscht sie nicht das normale Leben aus – man ißt, trinkt, geht und erfüllt sich weiterhin Wünsche. Aber die Wünsche gehören nun zu niemandem mehr, sie sind Überbleibsel dessen, der wir einmal waren. Wer waren wir also früher?

Die Antwort liegt im Karma. Bevor wir zu reinem Sein werden, ist unsere Identität gefangen in einem Kreislauf von Wünschen, die zu Handlungen führen. Die Handlungen hinterlassen einen prägenden Eindruck, der wiederum zu neuen Wünschen führt. (Wenn es in der Werbung für Kartoffelchips heißt: »Wetten, daß Sie nicht nur einen essen können?«, dann beschreibt dieser Satz genau den

Mechanismus von Wunsch-Handlung-Eindruck.) In der klassi-
schen Interpretation des Karma ist jeder Mensch in diesem Kreislauf gefangen, aus dem einfachen Grund, daß wir alle uns Dinge
wünschen. Was ist daran falsch? Die großen Weisen sagen: Nichts –
außer daß es nicht wirklich ist. Wenn man einen jungen Hund dabei beobachtet, wie er versucht, seinen Schwanz zu fangen, ist das
ein Beispiel von reinem Karma. Der Schwanz bleibt immer außer
Reichweite, und selbst wenn das Tier den Schwanz schnappt, läßt
es ihn vor Schmerz wieder fahren und beginnt die Jagd von vorn.
Karma bedeutet, daß der ständige Wunsch nach mehr nirgendwo-
hin führt. Diese Erkenntnis der siebten Stufe beendet die Jagd nach
Phantomen. Nun sind wir am Ursprung angekommen, der reines
Sein ist.

WELCHE ROLLE SPIELE ICH?
Ich bin.

Sobald das Abenteuer der Seelensuche zu Ende ist, kehrt Ruhe ein,
denn im Zustand »Ich bin« gibt es weder Lust noch Unlust. Da sich
alle Wünsche um das Lustprinzip drehen, stellt man überrascht
fest, daß es das war, was man eigentlich immer wollte – einfach zu
sein. Es gibt viele Arten, ein lebenswertes Leben zu führen. Ist das
Leben im Zustand »Ich bin« der Mühe wert? Die siebte Stufe
schließt alle vorangehenden Stufen in sich ein. Deshalb kann man
auf jede Weise leben, die einem gefällt. Als Analogie kann man sich
die Welt als Film vorstellen, der alles enthält. Da man nicht weiß,
daß es ein Film ist, verhalten sich alle, als sei das Szenario real.

   Wenn Sie plötzlich aufwachten und feststellten, daß nichts real
ist, was würden Sie tun? Zunächst einmal gäbe es unwillkürliche
Reaktionen. Beispielsweise wären Sie nicht mehr in der Lage, die
dramatischen Ereignisse im Leben anderer ernst zu nehmen. Alles
würde gleichermaßen unwirklich: der kleinste Ärger und die
größte Tragödie, ein Stein im Schuh oder der Zweite Weltkrieg.
Durch Ihre gleichmütige Haltung würden Sie sich zwar von den
anderen unterscheiden, aber Sie könnten sie für sich behalten.

Auch die Motivation würde sich auflösen, denn in einer Traumwelt gibt es nichts Erstrebenswertes. Armut ist ebenso gut wie Reichtum, wenn es doch nur um Spielgeld geht. Es gäbe keine emotionalen Bindungen, denn niemandes Persönlichkeit ist mehr real. Wenn man alle diese Veränderungen in Betracht zieht, bleiben nicht mehr viele Möglichkeiten. Das Ende der Illusionen ist das Ende der uns vertrauten Erfahrung. Was erhalten wir dafür als Ausgleich? Nur die Wirklichkeit, rein und ungeschönt.

In Indien erzählt man sich darüber eine Fabel: Ein frommer Anhänger des Gottes Vishnu betete einst Tag und Nacht darum, den Gott zu sehen. Eines Abends wurde seine Bitte erhört, und Vishnu erschien. Der fromme Mann fiel auf die Knie und rief: »Ich will alles tun, was du von mir verlangst, äußere nur einen Wunsch!«

»Wie wäre es mit einem Schluck Wasser?« antwortete Vishnu.

Ein wenig erstaunt über die Bitte, lief der Mann, so schnell ihn seine Beine trugen, zum Fluß. Als er niederkniete, um Wasser zu schöpfen, erblickte er auf der Insel in der Mitte des Flusses eine wunderschöne Frau. Auf der Stelle verliebte sich der fromme Mann in sie. Er sprang in ein Boot und ruderte hinüber. Die Frau erwiderte seine Liebe, und die beiden heirateten. Sie bauten sich ein Haus auf der Insel, bekamen Kinder, und der Mann wurde durch Handel reich. Viele Jahre später – der Mann war inzwischen alt geworden – verwüstete ein Taifun die Insel und fegte den Mann hinweg. Halb ertrunken kam er just auf dem Fleck wieder zu Bewußtsein, auf dem er einst gefleht hatte, Gott zu sehen. Ihm war, als hätte sein ganzes Leben mit dem Haus, der Frau und den Kindern niemals stattgefunden.

Als er sich umsah, erschien plötzlich Vishnu in seiner ganzen Herrlichkeit.

»Nun«, fragte Vishnu, »hast du mir einen Schluck Wasser gebracht?«

Die Moral der Geschichte ist, daß wir dem Film nicht soviel Beachtung schenken sollten. Auf Stufe sieben verschiebt sich das Gleichgewicht zugunsten des Unwandelbaren; das Veränderliche rückt stärker in den Hintergrund. In der Bergpredigt riet Jesus den Jüngern: »Sammelt euch Schätze im Himmel.« Aber wieder versagen die Vergleiche. Stufe sieben ist keine Belohnung oder Auszeichnung dafür, daß wir die richtige Entscheidung getroffen haben; sie schenkt uns vielmehr die Erkenntnis unseres innersten Wesens. Wenn jemand fragt: »Wer bist du?«, führen alle Antworten in die Irre, außer der einen: »Ich bin.« Das bedeutet aber auch, daß wir uns bisher alle getäuscht haben, auch diejenigen, die Wunder vollbracht haben. Wir waren Opfer einer irrtümlichen Identität. Wir haben unsere Zeit damit vertan, verschiedene Wirklichkeiten und verschiedene Versionen Gottes zu projizieren, die alle unzureichend sind.

WIE FINDE ICH GOTT?
Durch Transzendieren.

Welche Schritte wir auch gehen müssen, um die Illusion zu überwinden und zurück zur Wirklichkeit zu gelangen, am Ziel ist die Landung holperig. Die wenigen Yogis und Weisen, die den Übergang zur siebten Stufe beschrieben haben, berichten, daß ihre erste Reaktion die eines totalen Verlustgefühls war. Während sie bis dahin in Ekstasen, Wundern, tiefen Einsichten und der Nähe zu Gott geschwelgt hatten, fanden sie sich jetzt aller angenehmen Illusionen beraubt. Sie mußten alle bisherigen Erfahrungen als Täuschungen erkennen, hatten jedoch die innere Gewißheit, daß etwas Positives geschehen war. Wie wenn man eine alte Haut abstreift, überschritten sie die Grenze zu einem neuen Leben und einer neuen Existenzstufe, einfach weil das bisherige Leben nichtig geworden war.

Transzendieren heißt Überschreiten, über etwas hinausgehen. In spiritueller Hinsicht bedeutet es auch, erwachsen zu werden. »Als ich ein Mann wurde, legte ich ab, was Kind an mir war«, schreibt Paulus. Genauso kann man auch dem Karma entwachsen und es ablegen. Und hier ist der Beweis dafür: Zwei letzte Wirklichkeiten konkurrieren um unsere Zustimmung. Die eine ist das Karma, die Wirklichkeit des Handelns und Wünschens. Es wirkt in der physischen Welt und zwingt uns immer wieder in die gleiche Tretmühle. Die andere Wirklichkeit, die letzte Gültigkeit beansprucht, enthält keine Handlungen, sie ist einfach. Der offene, gelöste, friedvolle Zustand der Meditation ist ein gutes Beispiel für diese Wirklichkeit. Nur wenige akzeptieren sie, und die es tun, leben meist in Entsagung und Askese abseits der Gesellschaft.

Wir irren jedoch, wenn wir glauben, tatsächlich zwischen zwei Möglichkeiten wählen zu können. »Höchste Wirklichkeit« bedeutet einzige Wirklichkeit – der Sieger verschlingt den Verlierer. Wenn wir auf den Verlierer setzen, machen wir einen Fehler, der uns teuer zu stehen kommt. Am Ende werden wir nämlich feststellen, daß wir etwas Schattenhaftes für das Wesentliche eingetauscht haben; Wünsche sind nur geisterhafte Phantome, die uns in eine Sackgasse führen. Ein vedischer Meister drückte das einmal so aus: »Die Welt des Karma ist unendlich, aber ihr werdet feststellen, daß diese Unendlichkeit langweilig ist. Die andere Unendlichkeit ist nie langweilig.«

Die Rückkehr zum Ursprung geschieht deshalb im Grunde aus eigenem Interesse. Ich möchte mich nicht langweilen; ich möchte am Ende der Jagd nicht mit leeren Händen dastehen. Hier enden alle Bilder und Vergleiche. So wie sich ein Traum beim Erwachen als Illusion herausstellt, so demaskiert das Sein schließlich das Karma. Wenn alles Unwirkliche wegfällt, muß das, was übrigbleibt, wirklich sein. Die Seelenreise ist kein Zeitvertreib, keine Jagd, kein Glücksspiel. Sie folgt vielmehr einem vorgezeichneten Weg bis zum Erwachen.

Kleine Momente des Erwachens auf dem Weg kündigen das letzte Ereignis an. Ich möchte das mit einem Erlebnis verdeutlichen. Als ich zehn Jahre alt war, wohnte meine Familie in der Bergstation von Shillong am Fuße des Himalaya. Mein Vater hatte einen Burschen namens Baba Sahib, der ihm die Schuhe putzte und die Kleidung wusch. Baba war Moslem und glaubte an das Übernatürliche. Er ging zum Fluß hinunter und benutzte den »Dhobi ghat«, den Waschplatz neben dem Friedhof. Baba war sicher, daß es Geister auf dem Friedhof gab, und bewies es damit, daß er die nassen Wäschestücke über die Grabsteine hängte. Wenn sie in weniger als einer halben Stunde trocken waren, wußte Baba, daß in der folgenden Nacht ein Geist auf dem Friedhof erscheinen würde.

Zum Beweis schlich er mit mir aus dem Haus und erzählte mir eine Geschichte über zwei Geister, eine junge Mutter und ihr kleines Kind, die unter tragischen Umständen ums Leben gekommen waren. Nachdem wir zwei Stunden zwischen den Grabsteinen gehockt hatten, wuchs meine Müdigkeit und auch meine Angst. Gerade als wir uns zum Gehen wandten, deutete Baba in die Ferne.

»Siehst du sie – da?« rief er.

Und ich sah sie tatsächlich – zwei bleiche Erscheinungen, die über einem Grabstein schwebten. Ich eilte aufgeregt nach Hause und erzählte niemandem davon. Aber einen Tag später konnte ich das Geheimnis nicht länger für mich behalten und erzählte es meiner Großmutter, für mich der vertrauenswürdigste Mensch im Haus.

»Glaubst du, ich habe mir das nur eingebildet?« fragte ich in der Hoffnung, sie würde meine Vision entweder bestätigen oder sich wenigstens sehr darüber wundern.

»Was spielt das für eine Rolle?« sagte sie mit einem Achselzucken. »Das ganze Universum ist nur eine Einbildung. Deine Gespenster sind genauso wirklich.«

Auf der Ebene seines Ursprungs ist der Kosmos wirklich und unwirklich zugleich. Das einzige mir zur Verfügung stehende Mittel, etwas zu erkennen, sind die Entladungen meiner Gehirnneuronen. Sie ermöglichen mir unter Umständen eine derart verfeinerte Wahrnehmung, daß ich jedes Photon meiner Hirnrinde sehen kann, aber an jenem Punkt löst sich auch die Hirnrinde in Photonen auf. Der Beobachter und der Gegenstand, den er zu beobachten versucht, verschmelzen, und genau damit endet auch die Jagd nach Gott.

WAS IST DAS WESEN VON GUT UND BÖSE?
Das Gute ist Einheit, die Vereinigung aller Gegensätze.
Das Böse existiert nicht mehr.

Der Schatten des Bösen verfolgt das Gute bis zum letzten Moment.
Erst wenn es vollständig in der Einheit aufgegangen ist, findet diese
Bedrohung ein für allemal ihr Ende. Die Geschichte von Jesus erreicht ihren Höhepunkt im Garten Gethsemane, wo er betet, daß
der Kelch an ihm vorübergehen möge. Die Gewißheit, daß die Rö-
mer ihn gefangennehmen und töten werden, läßt ihn einen
schrecklichen Augenblick lang zweifeln. Es ist einer der einsamsten
und herzerweichendsten Momente des Neuen Testaments – und
doch ist er völlig imaginär.

Im Bibeltext lesen wir, daß Jesus sich von den anderen zurückgezogen hatte und daß seine Jünger eingeschlafen waren. Niemand
konnte also gehört haben, was er sagte, um so weniger, wenn er im
stillen betete. Meiner Ansicht nach haben die Evangelisten diese
letzte Versuchung auf ihn projiziert. Aus welchem Grund? Sie
konnten sich seine Lage nur durch ihre eigene gefiltert vorstellen.
Sie betrachteten Christus über eine Kluft hinweg, die gleiche Kluft,
die uns an der Erkenntnis hindert, wie alle Furcht, Versuchung,
Sünde und Unvollkommenheit transzendiert werden kann. Doch
genau das geschieht auf Stufe sieben.

Religionen tun sich schwer, vergnüglich zu sein, und gerade im
Mittelalter fanden die Menschen ihr Bemühen um das Seelenheil
nicht besonders komisch. Tod, Krankheit, Satans Versuchungen
und vielerlei Leiden standen zu sehr im Vordergrund in diesem Tal
der Tränen. Die Kirche tat ein übriges und malte die Höllenqualen
noch kräftig aus. Die einzige Gelegenheit zur Zerstreuung bot eine
Bühne aus rohen Brettern, die während der kirchlichen Festtage
vor der Kathedrale aufgeschlagen wurde. In den Aufführungen der
Mysterienspiele trat der Satan zuweilen als Spaßmacher auf und
verlor daher ein wenig von seinem Schrecken. Die Zuschauer, die
sonst aus Angst vor Sünden zitterten, sahen nun zu, wie es dem Satan auf der Bühne heimgezahlt wurde. Damit führte die Kirche den
Menschen vor Augen, daß auch das Böse Buße tun muß. Wenn Sa-

tan wieder in den Himmel aufgenommen wird, ist der Triumph
Gottes vollkommen, und die irdische Geschichte des Kampfs zwischen Gut und Böse findet ein Ende.

Auf der persönlichen Ebene können wir es uns bis zur siebten
Stufe nicht leisten zu triumphieren. Solange der Geist Entscheidungen treffen muß, werden einige davon schlimmere Konsequenzen haben als andere. Wir alle bewerten den Schmerz als negativ,
und als körperliche Empfindung hört er nicht auf. Er ist ein Teil unseres biologischen Erbes. Wir können den Schmerz nur besiegen,
indem wir ihn transzendieren, und das gelingt uns nur, wenn wir
einen höheren Standpunkt gewinnen. Alle Weltbilder werden auf
Stufe sieben als Projektionen erkannt, und eine Projektion ist nichts
anderes als ein mit Leben erfüllter Blickwinkel. Der höchste Standpunkt umfaßt demnach alles, was geschieht, ohne Vorlieben oder
Ablehnung.

Ich selbst wurde bei zwei Gelegenheiten kraß mit dieser Entscheidung konfrontiert, als das Böse vor meiner Tür stand. Zum erstenmal in den frühen siebziger Jahren, als ich noch in einem schä-
bigen Viertel von Boston wohnte. Meine Frau war nicht zu Hause,
und ich war mit unserer kleinen Tochter allein. Es war schon spät,
als die Wohnungstür plötzlich aufflog und ein sehr großer Mann
drohend auf mich zukam. Er sagte kein Wort, und bevor ich überhaupt wußte, daß er einen Baseballschläger in der Hand hielt, war
ich aufgesprungen und hatte ihn gepackt. Keiner von uns sagte etwas. In Sekundenschnelle hatte ich ihm den Baseballschläger ent-
wunden und schlug ihn auf den Kopf. Er wurde bewußtlos. Nur
wenige Augenblicke später fing mein Herz unter dem Adrenalinstoß an zu rasen, aber in dem Moment, als ich gehandelt hatte, war
ich nicht ich selbst gewesen – die Handlung gehörte nicht mir.

Natürlich gab es einen großen Wirbel. Als die Polizei kam,
stellte sie fest, daß es sich um einen entlassenen Strafgefangenen
handelte. Er hatte unter Mordverdacht gestanden und war wegen
eines tätlichen Angriffs verurteilt worden. Ich hatte den Umständen entsprechend richtig gehandelt, obwohl ich mich sonst ganz
und gar der Gewaltlosigkeit verpflichtet fühle.

Die zweite Geschichte spielte sich vor etwa zwei Jahren ab. Ich hatte in einer Stadt im Süden einen Vortrag gehalten und benutzte den rückwärtigen Ausgang, der auf eine kleine Seitenstraße hinausging. Ich wollte den kürzesten Weg ins Hotel nehmen, aber auf der Straße erwarteten mich drei Mitglieder einer Jugendbande. Einer zog eine Pistole und hielt sie mir an die Schläfe. Als sie meine Brieftasche verlangten, wußte ich plötzlich, was ich tun mußte.

»Hört zu, ihr kriegt das Geld, aber nicht meine Kreditkarten«, sagte ich mit ruhiger Stimme und hielt ihnen das Geld hin. »Ihr wollt mich doch nicht wegen zweihundert Dollar erschießen. Das wäre Mord und würde euch den Rest eures Lebens anhängen. Also nehmt die Waffe runter und verschwindet, ja?«

Ich war erstaunt, mich das sagen zu hören; es war, als stünde ich neben mir und beobachtete mich. Die Hand des jungen Mannes zitterte, die drei sahen unschlüssig aus, und plötzlich schrie ich aus vollem Hals: »Haut ab!« Die Pistole fiel auf den Boden, und die drei rannten weg.

Zwei Szenen, die das Böse verkörpern, zwei unterschiedliche Reaktionen. Ich führe sie als Beweis für eine innere Instanz an, die die aktuelle Situation transzendiert. Wo wir das äußere Spiel gegensätzlicher Kräfte sehen, erkennt die innere Bewußtheit jeden Augenblick als einzigartig. Ich muß die zweite Geschichte noch ergänzen. Als ich mit den drei Jugendlichen verhandelte, versprach ich ihnen, mich nicht an die Polizei zu wenden, und das habe ich auch gehalten. Im ersten Fall begegnete ich dem Akt potentieller Gewalt mit Gewalt, im zweiten mit Friedfertigkeit. Ich kann meine Entscheidungen nicht erklären, denn ich habe sie nicht bewußt gefällt. Die Handlungen geschahen von selbst. In beiden Fällen wurde durch eine Instanz jenseits meiner beschränkten Sichtweise der Gerechtigkeit Genüge getan. Auf Stufe sieben wird dem Menschen bewußt, daß es nicht seine Aufgabe ist, die Waagschale im Gleichgewicht zu halten. Wenn wir die Entscheidung Gott überlassen, können wir frei unseren Impulsen folgen, denn wir wissen, sie entstammen der Quelle göttlicher Einheit.

WAS IST FÜR MICH DIE WICHTIGSTE HERAUS-
FORDERUNG?
Ich selbst zu sein.

Nichts scheint einfacher, als man selbst zu sein. Und doch klagen die Menschen endlos darüber, wie schwer es sei. Wenn wir klein sind, hindern uns die Eltern daran, wir selbst zu sein. Ihrer Ansicht nach sollten wir nicht den ganzen Schokoladenkuchen auf einmal essen oder die Wände mit Buntstiften bemalen. Später hindern uns die Lehrer daran, wir selbst zu sein, dann folgt der Gruppendruck unserer gleichaltrigen Freunde. Schließlich meldet die Gesellschaft ihre Forderungen an und schränkt die Freiheit noch mehr ein. Vielleicht wären wir imstande, auf einer einsamen Insel wir selbst zu sein, aber die Schuld- und Schamgefühle würden uns wohl auch dorthin verfolgen. Dem Erbe der Repression kann eben niemand entkommen.

Das Problem dreht sich um Grenzen und Widerstand. Jemand setzt uns Grenzen, und wir leisten Widerstand, um uns davon zu befreien. »Ich selbst zu sein« wird also zu einer relativen Angelegenheit. Ohne Verbote hätte ich nichts, wogegen ich mich auflehnen könnte, folglich wäre mein Leben gestaltlos. Ich würde jeder Laune nachgeben – und mich damit in ein selbstgemachtes Gefängnis begeben. Wenn man hundert Frauen – oder Männer – hat und ein üppiges Festmahl auf dem Tisch, dann ist man nicht man selbst, sondern man verkörpert seine Wünsche.

Auf der siebten Stufe findet dieses Problem mit der Auflösung der Grenzen und Widerstände ein Ende. Im Zustand der Einheit kann es keine Begrenzungen geben, denn der Mensch ist vollständig erfüllt von der Wahrnehmung seiner Ganzheit. Da Wahlmöglichkeit A und Wahlmöglichkeit B gleichwertig erscheinen, können die Wünsche in jede beliebige Richtung fließen. Hin und wieder essen wir den ganzen Kuchen auf einmal, haben hundert Liebhaber und gehen trotz des Verbots über den Rasen. Es spielt jedoch keine Rolle, ob diese Wünsche erfüllt werden oder nicht, denn ich bin nicht identisch mit meinen Wünschen. Ich selbst zu sein hat keinerlei äußere Bezugspunkte mehr.

Beraubt mich das nicht meiner Wahlmöglichkeiten? Ja und nein. Auf Stufe sieben gibt es immer noch Vorlieben. Der Mensch kleidet sich nach seinem Geschmack und hat eine bestimmte Art zu reden, vielleicht sogar Neigungen und Abneigungen. Es handelt sich jedoch nur um karmische Überreste aus der Vergangenheit. Weil ich Englisch und Hindi spreche, aus einer Arztfamilie stamme, viel reise und Bücher schreibe, könnten sich diese Einflüsse auch auf Stufe sieben noch halten. Aber sie würden in den Hintergrund treten, quasi die Tapete meiner wirklichen Existenz bilden, die darin besteht, einfach zu sein.

Wie können wir feststellen, ob ein derartiger Zustand real ist? Für den Skeptiker ist die Einheit auf Stufe sieben vielleicht eine Form der Selbsttäuschung. Dieses ganze Gerede von allem und nichts enthebt uns nicht den Notwendigkeiten des Alltags, und auch die großen Mystiker führen weiterhin ein normales Leben. Das Problem der Selbsttäuschung wird noch dadurch kompliziert, daß das Ego noch immer Zentrum aller Handlungen sein möchte und keine Skrupel hat, Erleuchtung vorzutäuschen. Das erinnert mich an die Geschichte von dem Mönch im safrangelben Gewand.

In Indien gab es einen jungen Mann, der sich mit seinen Freunden regelmäßig in einer Diskussionsgruppe traf. Sie betrachteten sich als ernsthafte Sucher und erörterten esoterische Fragen über die Seele, ob es ein Leben nach dem Tode gäbe und so weiter.

Als sie eines Abends eine hitzige Debatte geführt hatten, trat der junge Mann vor die Tür, um frische Luft zu schnappen. Er kehrte ins Haus zurück und sah plötzlich etwas abseits einen Mönch in einem safrangelben Gewand sitzen. Keiner der anderen schien ihn bemerkt zu haben. Der junge Mann sagte nichts und nahm wieder seinen Platz ein. Während die Argumente mit lauter Stimme vorgetragen wurden, saß der Mönch weiter still und von den anderen unbeachtet da. Nach Mitternacht erhob sich der junge Mann zum Gehen und sah erstaunt, daß auch der Mönch aufstand und ihm folgte. Auf dem ganzen Heimweg begleitete der Mönch ihn im Mondlicht, und als er am nächsten Morgen erwachte, wartete der Mönch neben seinem Bett.

Da der junge Mann sich seit längerem mit spirituellen Fragen beschäftigte, hatte er vor der Vision keine Angst und fürchtete auch nicht um seine geistige Gesundheit, vielmehr freute er sich über die stille Gegenwart des Mönchs. Trotz der Tatsache, daß außer ihm selbst niemand etwas wahrnahm, war der Mönch in der folgenden Woche sein ständiger Begleiter. Schließlich mußte der junge Mann irgend jemandem sein Herz ausschütten, und er wählte seinen Lehrer J. Krishnamurti (in dessen Schriften ich diese Geschichte gelesen habe).

»Diese Vision bedeutet mir sehr viel«, begann der junge Mann. »Ich bin jedoch kein Mensch, der unbedingt Symbole und Bilder braucht. Religion im allgemeinen lehne ich ab – nur der Buddhismus hat mich wegen seiner Reinheit interessiert; aber auch dort habe ich nicht genug gefunden, um ihm zu folgen.«

»Ich verstehe«, sagte Krishnamurti. »Was ist also deine Frage?«

»Ist diese Gestalt wirklich oder nur eine Einbildung meines Geistes? Ich muß die Wahrheit herausfinden.«

»Du hast gesagt, daß sie dir sehr viel bedeutet?«

Der junge Mann antwortete begeistert: »Ich habe eine tiefgreifende Veränderung durchgemacht. Ich verspüre Freude und inneren Frieden.«

»Ist der Mönch jetzt hier?« fragte Krishnamurti. Der junge Mann nickte zögernd.

»Um die Wahrheit zu sagen«, sagte er, »der Mönch fängt gerade an zu verblassen, er ist nicht mehr so lebendig wie am Anfang.«

»Hast du Angst, ihn zu verlieren?«

Der junge Mann sah bestürzt aus. »Was soll das heißen? Ich bin hergekommen, um die Wahrheit zu erfahren, aber ich wollte nicht, daß du ihn mir wegnimmst. Ist dir bewußt, welche Rolle er in meinem Leben spielt? Ich beschäftige mich mit der Vision, um Frieden und Freude zu erlangen, und beides wurde mir gewährt.«

Krishnamurti antwortete: »Wenn man in der Vergangenheit lebt, und sei sie noch so angenehm und erhebend, blockiert man die Erfahrung des Jetzt. Für den Geist ist es schwierig, nicht in einem tausendfachen Gestern zu leben. Nimm nur diese Gestalt, die dir so ans Herz gewachsen ist. Die Erinnerung an sie inspiriert dich, entzückt dich und gibt dir ein Gefühl der Befreiung. Es ist aber nur ein Toter, der einen Lebenden inspiriert.«

Der junge Mann war niedergeschlagen und ärgerlich. »Er war also doch nicht real, nicht wahr?«

»Der Geist ist kompliziert«, sagte Krishnamurti. »Er wird von der Vergangenheit und unseren Wünschen konditioniert. Ist es so wichtig, ob diese Gestalt real oder eine Projektion ist?«

»Nein«, gab der junge Mann zu. »Es ist nur wichtig, daß sie mir so viel offenbart hat.«

»Hat sie das? Sie hat dir nicht die Funktionsweise deines eigenen Geistes gezeigt, zudem warst du in deiner eigenen Erfahrung gefangen. Diese Vision hat – wenn ich das sagen darf – Angst in dein Leben gebracht, denn du hattest Angst, sie zu verlieren. Dazu kam noch Habgier, denn du wolltest die Erfahrung behalten. So hast du das einzige verloren, das dir diese Vision hätte bringen können, nämlich Selbsterkenntnis. Ohne sie ist jede Erfahrung eine Illusion.«

Ich fand, diese schöne und bewegende Geschichte sollte in voller Länge erzählt werden. Vor Stufe sieben wissen wir nicht, wie sehr es darauf ankommt, wir selbst zu sein. Erfahrungen können sehr inspirierend sein, aber am Ende genügt das nicht. Jedes göttliche Bild bleibt ein Bild, jede Vision verführt uns dazu, sie festzuhalten. Um wirklich frei zu sein, haben wir keine andere Wahl, als nur wir selbst zu sein. Wir sind das lebendige Zentrum aller Ereignisse, aber kein Ereignis ist so wichtig, daß wir uns deswegen aufgeben müßten. Indem wir wir selbst sind, öffnen wir die Tür zu dem, was *ist*, nämlich dem niemals endenden Spiel der kosmischen Intelligenz, die sich in ständiger Selbsterneuerung immer wieder auf sich selbst zurückbezieht. Auf diese Weise bleibt das Leben lebendig und neu und erfüllt das ihm innewohnende Bedürfnis, sich jeden Moment neu zu erschaffen.

WAS IST MEINE GRÖSSTE STÄRKE?
Einheit.

WAS IST MEIN GRÖSSTES HINDERNIS?
Dualität.

Wie alle anderen Stufen muß auch diese heranreifen. Viele Menschen haben das kurze Aufblitzen einer Einheitserfahrung erlebt, aber das ist mit einem Leben im Einheitsbewußtsein nicht vergleichbar. Eine plötzliche, kurze Einheitserfahrung ist wie ein Einbruch in eine andere Wirklichkeit. Im Gegensatz zum Autismus, bei dem ein Kind beispielsweise die Grenzen seiner Identität verliert, ist ein derartiges Aufscheinen der Einheit jedoch positiv – das Selbst dehnt sich aus und gewinnt eine höhere Sicht. Der Mensch erfaßt die Dinge nicht mehr mit seiner Intuition, er ist sie einfach. Stufe sieben beschert uns Empathie in ihrer am weitesten entwickelten Form.

Das Gegenteil der Einheit ist die Dualität. Derzeit gibt es zwei gängige Versionen der Wirklichkeit. Version eins gesteht nur der materiellen Welt einen Wirklichkeitsgehalt zu. Alles, was nicht den physikalischen Gesetzen gehorcht, kann nicht wirklich sein. Version zwei erkennt zwei Wirklichkeiten an, die irdische und die göttliche.

Die erste Version ist die weltliche Sicht, und auch Menschen, die ansonsten religiös sind, übernehmen sie für den Alltagsgebrauch. Wie wir gesehen haben, ist der ausschließliche Glaube an den Materialismus jedoch aus einer Reihe von Gründen nicht mehr akzeptabel. Er hat keine Erklärung für glaubwürdig bezeugte Wunder, Nah-Todeserfahrungen, Erlebnisse, bei denen sich das Bewußtsein des Menschen vom Körper löst, das Zeugnis von Millionen von Menschen, deren Gebete erhört wurden, und vor allem die Quantenwelt, die sich nicht den gewöhnlichen physikalischen Gesetzen beugt.

Die zweite Version der Wirklichkeit ist weniger orthodox, denn sie gewährt spirituellen Erfahrungen und Wundern am Rande der materiellen Welt einen Spielraum. Gerade in diesem Augenblick hört irgendwo auf der Welt ein Mensch die Stimme Gottes, erblickt jemand die Jungfrau Maria oder geht in das Licht. Diese Erfahrungen haben jedoch keinen merklichen Einfluß auf die materielle

Welt. Es ist möglich, auf der einen Ebene Gott und auf der anderen zugleich einen Mercedes zu besitzen, denn Dualität beherrscht das Dasein.

Viele Religionen – und das Christentum ist das beste Beispiel dafür – verkünden, daß Gott oben im Himmel unerreichbar ist, zugänglich nur durch Glauben, Gebete, Sterben oder die Vermittlung von Heiligen. Dieser Dualismus löst sich jedoch auf, sobald wir die Unterscheidungen zwischen Körper, Geist und reinem GEIST aufheben. Dualität bedeutet Trennung, und der Zustand der Trennung ist Nährboden vieler Illusionen. Dampf und Eis, Sonnenlicht und Elektrizität, Knochen und Blut sind Beispiele für Dinge, die völlig verschieden erscheinen, bis man entdeckt, welche Gesetze das eine in das andere verwandeln. Für Körper und Seele gilt das gleiche. Getrennt könnten sie nicht unterschiedlicher sein, bis wir erkennen, welche Gesetze unsichtbaren, unsterblichen, ungeschaffenen GEIST in Fleisch und Blut verwandeln.

In Indien gibt es eine jahrtausendealte nichtdualistische Tradition, den »Vedanta«. Das Wort bedeutet »Ende des Veda«, also den Punkt, an dem heilige Texte nicht mehr weiterhelfen, wo die Lehre endet und erleuchtete Bewußtheit aufscheint.

»Woher weißt du, daß Gott wirklich ist?« fragte einst ein Schüler seinen spirituellen Lehrer.

Der Meister antwortete: »Wenn ich mich umschaue, sehe ich die natürliche Ordnung der Schöpfung. Die einfachsten Dinge sind von großer Schönheit. Angesichts der unendlichen Majestät des Kosmos fühlt man sich lebendig und wach; und je mehr man in die Tiefe geht, desto erstaunlicher wird die Schöpfung. Was braucht man mehr?«

»Aber das beweist gar nichts«, protestierte der Schüler.

Der Meister schüttelte den Kopf. »Das sagst du nur, weil du nicht wirklich hinschaust. Könntest du einen Berg oder eine Regenwolke nur eine Minute lang ansehen, ohne daß dir Zweifel im Weg stehen, würde sich dir Gottes Gegenwart sogleich offenbaren.«

»Dann sage mir, was offenbart wird«, beharrte der Schüler. »Schließlich habe ich die gleichen Augen wie du.«

»Etwas, das einfach ist, ungeteilt, ungeboren, ewig, hart wie Stein, grenzenlos, unabhängig, unverwundbar, glückselig und allwissend«, erwiderte der Meister.

Den Schüler überkam Verzweiflung. »Das alles siehst du? Dann gebe ich auf, denn ich werde niemals lernen, ein solches Wunder zu sehen.«

»Nein, du hast unrecht«, sagte der Meister. »Wir alle erkennen in allem Ewigkeit, aber wir entscheiden uns, sie in kleine Einheiten von Zeit und Raum zu zerstückeln. Das All hat jedoch eine Eigenschaft, die dir Hoffnung geben sollte. Es möchte mit dir teilen.«

Wenn der göttliche GEIST möchte, daß wir Anteil an ihm haben, und wir bereit sind, betreten wir die Bühne der Einheit. Die Hauptlehre des Vedanta ist höchst einfach – die Dualität ist zu schwach, um ewig fortzubestehen. Nehmen wir zum Beispiel Sünde oder Täuschung – sie hören irgendwann auf. Jedes Vergnügen verliert nach einer Weile seinen Reiz, und auch aus tiefstem Schlaf müssen wir irgendwann erwachen. Der Vedanta lehrt, daß die einzige Seinsrealität des Universums »sat chit ananda« sei, ewiges Glückseligkeitsbewußtsein. Diese Worte verheißen mir Zeitlosigkeit, wenn die Zeitweiligkeit vorüber ist; sie verheißen, daß Glückseligkeit Vergnügen überdauert und nach dem Schlaf das Erwachen kommt. In dieser Einfachheit bricht die ganze Vorstellung von der Dualität zusammen und enthüllt hinter allen Illusionen die Einheit.

WORIN BESTEHT MEINE GRÖSSTE VERSUCHUNG?
Ich bin jenseits aller Versuchungen.

Wenn man alles hat, kann einen nichts mehr in Versuchung führen. Noch besser ist es, wenn man es nicht mehr verlieren kann. Der Vedanta hat dafür die berühmten Worte: »Ich bin DAS, du bist DAS, und all dies ist DAS.« Die alten vedischen Seher bezeichnen mit »DAS« eine unsichtbare, aber sehr reale Kraft. Es ist der Urgrund allen Seins, das unaussprechliche Seinsprinzip – die Kraft der Existenz. Sie gehört uns auf ewig, sobald wir sagen können:

»Ich bin die Kraft, du bist die Kraft, und alles um uns herum ist diese Kraft.« Gnade, Gottheit, Licht, Alpha und Omega besagen das gleiche – doch keiner dieser Begriffe wird der eigentlichen Erfahrung gerecht, die sehr persönlich und vollkommen universal zugleich ist.

Der Weise Vasishtha erkannte als eines der ersten menschlichen Wesen, daß wir die Welt nur durch den Filter unseres Geistes erfahren. Was immer ich mir auch vorstelle, es ist ein Produkt meiner bisherigen Lebenserfahrungen und damit nur ein ganz geringer Bruchteil dessen, was ich wissen könnte. Wie Vasishtha selbst schrieb:

»Unendlich viele Welten kommen und gehen
in der unfaßbaren Weite des Bewußtseins,
Staubkörnchen, die auf einem Sonnenstrahl tanzen.«

Wenn die physisch-materielle Welt also nur ein Produkt unseres Bewußtseins ist, dann gilt das gleiche für den Himmel. Deshalb ist es mein gutes Recht, den Geist Gottes erkennen zu wollen. Die Reise, die in geheimnisvoller Stille begonnen hat, endet in meinem Selbst.

In der heiligen Höhle des Vasishtha über dem Ganges bemerkte ich erst in letzter Minute, daß außer unserer Gruppe noch jemand in der Höhle war. Wir hatten uns in der Atmosphäre der intensiven Stille verloren, die dort herrschte. Wir hatten die Gewißheit erfahren, daß Gott existierte, nicht als Person, sondern als unendliche Intelligenz, die sich mit unendlicher Geschwindigkeit durch unendliche Dimensionen bewegt, ein Schöpfer, den auch die moderne Physik akzeptieren könnte. Aber in jenem Moment hatte keiner von uns diese Gedanken. Wir erhoben uns und spürten in der dämmrigen Atmosphäre, daß wir nicht allein waren. In der Dunkelheit erkannten wir schließlich die schwachen Umrisse eines Menschen, der die ganze Zeit da gewesen war – es war der alte Heilige, den wir bei unserer Ankunft gesucht hatten. Er saß im Lotussitz da und hatte sich bei unserem Eintreten nicht gerührt. Auch jetzt war er immer noch reglos.

Wir gingen leise hinaus, und als wir ins blendende Tageslicht zurückkamen, verblaßte unsere gemeinsame Erfahrung allmählich. Mein Geist fing wieder an zu arbeiten. Der Klang der Worte, zuerst hart und überlaut, wurde nach wenigen Minuten wieder normal. Die üblichen Zerstreuungen hatten uns bald wieder im Griff. Aber noch Wochen danach spürte ich einen Nachhall dessen, was ich in der Höhle erfahren hatte – eine stille Gewißheit, daß von nun an nichts mehr schiefgehen würde. Natürlich ist das nicht annähernd das gleiche wie ungeboren, ewig, hart wie Stein, grenzenlos, unverwundbar, glückselig und allwissend. Aber ich bin dem nähergekommen, ich bin der Quelle nähergekommen. Dieses eine Mal ist mein Geist von der Klippe des alltäglichen Lebens gesprungen und an einem Ort gelandet, an dem Kampf und Mühe unnötig sind. Ich habe eine Tür zur Ewigkeit geöffnet. Jetzt verstehe ich Rumis Worte ganz:

»Wenn ich sterbe,
werde ich zu den Engeln emporschweben,
und wenn ich bei den Engeln sterbe,
was ich dann sein werde,
kannst du dir nicht vorstellen.«

GOTT IST, WIE WIR SIND

WIE WIR GOTT ERFAHREN – EINE ÜBERSICHT

Wer ist Gott?

1. Stufe: Kampf- oder Flucht-Reaktion – Gott, der Beschützer
Rachsüchtig
Launisch
Jähzornig
Eifersüchtig
Richtet – verteilt Belohnung und Strafe
Unergründlich
Zuweilen gnädig

2. Stufe: Reaktive Reaktion – Gott, der Allmächtige
Souverän
Allmächtig
Gerecht
Erhört Gebete
Unparteiisch
Rational
Stellt Regeln und Gesetze auf

3. Stufe: Reaktion der ruhevollen Wachheit – Gott des Friedens
Losgelöst
Gelassen
Spendet Trost
Fordert nichts
Versöhnlich

Still
Meditativ

4. *Stufe: Intuitive Reaktion – Gott, der Erlöser*
Verständnisvoll
Tolerant
Vergibt
Verurteilt nicht
Allumfassend
Akzeptiert alles

5. *Stufe: Kreative Reaktion – Gott, der Schöpfer*
Unbegrenztes Schöpferpotential
Beherrscht Raum und Zeit
Überfluß
Offen
Großzügig
Bereit, erkannt zu werden
Voller Inspiration

6. *Stufe: Visionäre Reaktion – Gott, der Wundertäter*
Bewirkt Transformationen
Geheimnisvoll, mystisch
Erleuchtet
Jenseits aller Ursachen
Seiend
Fähig zu heilen
Magisch
Alchemist

7. *Stufe: Spirituelle Reaktion – Gott des reinen Seins – »Ich bin«*
Ungeboren
Unsterblich
Unveränderlich
Unbeweglich
Unmanifest

Unermeßlich
Unsichtbar
Unfaßbar
Unendlich

Was für eine Welt hat Gott geschaffen?

1. Stufe
Kampf- oder Flucht-Reaktion: Eine Welt des bloßen Überlebens
2. Stufe
Reaktive Reaktion: Eine Welt des Wettbewerbs und des Ehrgeizes
3. Stufe
Reaktion der ruhevollen Wachheit: Eine Welt der inneren Einkehr und Selbstgenügsamkeit
4. Stufe
Intuitive Reaktion: Eine Welt der Einsicht und des persönlichen Wachstums
5. Stufe
Kreative Reaktion: Eine Welt der Kunst, Erfindung und Entdeckung
6. Stufe
Visionäre Reaktion: Eine Welt der Propheten, Weisen und Seher
7. Stufe
Spirituelle Reaktion: Eine transzendente Welt

Wer bin ich?

1. Stufe
Kampf- oder Flucht-Reaktion: Jemand, der überlebt
2. Stufe
Reaktive Reaktion: Ich, Persönlichkeit
3. Stufe
Reaktion der ruhevollen Wachheit: Ein stiller Beobachter

4. Stufe
Intuitive Reaktion: Der Wissende im Inneren
5. Stufe
Kreative Reaktion: Gottes Mit-Schöpfer
6. Stufe
Visionäre Reaktion: Erleuchtete Bewußtheit
7. Stufe
Spirituelle Reaktion: Ich bin der Ursprung

Welche Rolle spiele ich?

1. Stufe
Kampf- oder Flucht-Reaktion: Ich bewältige.
2. Stufe
Reaktive Reaktion: Ich gewinne.
3. Stufe
Reaktion der ruhevollen Wachheit: Ich bleibe zentriert.
4. Stufe
Intuitive Reaktion: Ich verstehe.
5. Stufe
Kreative Reaktion: Ich beabsichtige.
6. Stufe
Visionäre Reaktion: Ich liebe.
7. Stufe
Spirituelle Reaktion: Ich bin.

Wie finde ich Gott?

1. Stufe
Kampf- oder Flucht-Reaktion: Durch Furcht und liebende Hingabe
2. Stufe
Reaktive Reaktion: Durch Ehrfurcht und Gehorsam

3. *Stufe*
   Reaktion der ruhevollen Wachheit: Durch Meditation und stille
   Kontemplation
4. *Stufe*
   Intuitive Reaktion: Indem ich mich selbst akzeptiere
5. *Stufe*
   Kreative Reaktion: Durch Inspiration
6. *Stufe*
   Visionäre Reaktion: Durch Gnade
7. *Stufe*
   Spirituelle Reaktion: Durch Transzendieren

Was ist das Wesen von Gut und Böse?

1. *Stufe*
   Kampf- oder Flucht-Reaktion
   Das Gute ist Sicherheit, Behaglichkeit, Nahrung, Schutz und
   Zugehörigkeit/Familie.
   Das Böse ist körperliche Bedrohung und Verlassensein.

2. *Stufe*
   Reaktive Reaktion
   Das Gute bedeutet Erfüllung der eigenen Wünsche.
   Das Böse sind alle Hindernisse der Wunscherfüllung.

3. *Stufe*
   Reaktion der ruhevollen Wachheit
   Das Gute ist Klarheit, innere Ruhe und Verbindung zum Selbst.
   Das Böse ist innere Unruhe und Chaos.

4. *Stufe*
   Intuitive Reaktion
   Das Gute ist Klarheit, das Erkennen der Wahrheit.
   Das Böse ist Blindheit, das Leugnen der Wahrheit.

5. Stufe
Kreative Reaktion
Das Gute ist höheres Bewußtsein.
Das Böse ist niedriges Bewußtsein.

6. Stufe
Visionäre Reaktion
Das Gute ist eine kosmische Kraft.
Das Böse ist ein Aspekt der gleichen Kraft.

7. Stufe
Spirituelle Reaktion
Das Gute ist Einheit, die Vereinigung aller Gegensätze.
Das Böse existiert nicht mehr.

Was ist für mich die wichtigste Herausforderung?

1. Stufe
Kampf- oder Flucht-Reaktion: Zu überleben, zu beschützen und zu erhalten.
2. Stufe
Reaktive Reaktion: Höchstleistung, Erfolg.
3. Stufe
Ruhevolle Wachheit: Engagiert und nicht gebunden zugleich zu sein.
4. Stufe
Intuitive Reaktion: Die Dualität zu überschreiten.
5. Stufe
Kreative Reaktion: Mich nach dem Schöpfer auszurichten.
6. Stufe
Visionäre Reaktion: Befreiung zu erlangen.
7. Stufe
Spirituelle Reaktion: Ich selbst zu sein.

Was ist meine größte Stärke?

1. *Stufe*
   Kampf- oder Flucht-Reaktion: Mut
2. *Stufe*
   Reaktive Reaktion: Höchstleistung, Erfolg
3. *Stufe*
   Ruhevolle Wachheit: Unabhängigkeit
4. *Stufe*
   Intuitive Reaktion: Einsicht
5. *Stufe*
   Kreative Reaktion: Phantasie
6. *Stufe*
   Visionäre Reaktion: Heiligkeit
7. *Stufe*
   Spirituelle Reaktion: Einheit

Was ist mein größtes Hindernis?

1. *Stufe*
   Kampf- oder Flucht-Reaktion: Angst vor Verlust, Angst, verlassen zu werden
2. *Stufe*
   Reaktive Reaktion: Schuldgefühle, Opferhaltung
3. *Stufe*
   Ruhevolle Wachheit: Fatalismus
4. *Stufe*
   Intuitive Reaktion: Irrtum
5. *Stufe*
   Kreative Reaktion: Überheblichkeit, Anmaßung
6. *Stufe*
   Visionäre Reaktion: Falscher Idealismus
7. *Stufe*
   Spirituelle Reaktion: Dualität

Worin besteht meine größte Versuchung?

1. Stufe
   Kampf- oder Flucht-Reaktion: Tyrannei
2. Stufe
   Reaktive Reaktion: Abhängigkeit, Suchtverhalten
3. Stufe
   Ruhevolle Wachheit: Introvertiertheit
4. Stufe
   Intuitive Reaktion: Täuschung
5. Stufe
   Kreative Reaktion: Solipsismus
6. Stufe
   Visionäre Reaktion: Märtyrertum
7. Stufe
   Spirituelle Reaktion: Ich bin jenseits aller Versuchungen

WIE WIR BEKOMMEN, WAS WIR UNS WÜNSCHEN – DIE SIEBEN EBENEN DER ERFÜLLUNG

Gott ist eine andere Bezeichnung für unendliche Intelligenz. Bei allem, was wir im Leben erreichen wollen, müssen wir uns mit dieser Intelligenz verbinden und sie dann in die Praxis umsetzen. Gott ist also immer für uns da. Jede der sieben Gehirnreaktionen bietet einen Zugang zu einem anderen Aspekt Gottes, und jede Stufe der Erfüllung bestätigt die Realität Gottes auf der betreffenden Ebene.

Ebene 1 (Kampf- oder Flucht-Reaktion)
   Ihr Leben findet Erfüllung in der Familie, in der Gemeinschaft, einem Gefühl der Zugehörigkeit und der materiellen Behaglichkeit.
Ebene 2 (Reaktive Reaktion)
   Ihr Leben findet Erfüllung durch Erfolg, Macht, Einfluß, Status und die Befriedigung anderer Ichbedürfnisse.

Ebene 3 (Reaktion der ruhevollen Wachheit)
Ihr Leben findet Erfüllung durch Frieden, Zentriertheit, Selbst-Akzeptanz und innere Stille.

Ebene 4 (Intuitive Reaktion)
Ihr Leben findet Erfüllung durch Einsicht, Mitgefühl, Toleranz und Vergebung.

Ebene 5 (Kreative Reaktion)
Ihr Leben findet Erfüllung durch Inspiration, schöpferische Arbeit in Kunst oder Wissenschaft und grenzenlose Entdeckerlust.

Ebene 6 (Visionäre Reaktion)
Ihr Leben findet Erfüllung durch Verehrung, Mitgefühl, dienende Hingabe und universelle Liebe.

Ebene 7 (Spirituelle Reaktion)
Ihr Leben findet Erfüllung durch Ganzheit und Einheit mit dem Göttlichen.

DIE SIEBEN EBENEN DER WUNDER

Wunder sind augenfällige Demonstrationen einer Macht jenseits der fünf Sinne. Zwar ereignen sich alle Wunder in der Übergangszone, aber es bestehen Unterschiede je nach Ebene. Jenseits der vierten oder fünften Stufe der Gehirnreaktion werden die Wunder im allgemeinen »übernatürlicher«, jedes Wunder setzt jedoch eine Verbindung mit dem GEIST voraus.

Ebene 1 (Kampf- oder Flucht-Reaktion)
Wunder beim Überleben einer großen Gefahr, unmögliche Rettungen, ein Gefühl göttlichen Schutzes.
Beispiel: Eine Mutter läuft in ein brennendes Haus, um ihr Kind zu retten, oder hebt ein Auto an, unter dem ihr Kind eingeklemmt ist.

Ebene 2 (Reaktive Reaktion)
Wunder unglaublicher Leistungen und Erfolge oder einer unglaublichen Kontrolle über Körper und Geist.

Beispiel: Außerordentliche Leistungen in Kampfsportarten, Wunderkinder mit unerklärlichen Talenten in Musik oder Mathematik, der Aufstieg eines Napoleon aus bescheidenen Verhältnissen zu unerhörter Macht (Männer, die Geschichte machen).

Ebene 3 (Reaktion der ruhevollen Wachheit)
Wunder der Synchronizität, yogische Kräfte, Vorahnungen, das Gefühl, die Gegenwart Gottes oder der Engel zu spüren.
Beispiel: Yogis, die ihre Körpertemperatur oder Herzschlagfrequenz kontrollieren können; der Besuch eines weit entfernten Menschen, der gerade gestorben ist; Beistand eines Schutzengels.

Ebene 4 (Intuitive Reaktion)
Wunder wie Telepathie, außersinnliche Wahrnehmung, Kenntnis früherer oder zukünftiger Leben, prophetische Fähigkeiten.
Beispiel: Gedanken oder Aura anderer Menschen lesen, Prophezeiungen, Erlebnisse, bei denen sich das Bewußtsein vom Körper löst.

Ebene 5 (Kreative Reaktion)
Wunder göttlicher Inspiration, künstlerische Genies, spontane Wunscherfüllung (Wünsche werden wahr).
Beispiel: Die Decke der Sixtinischen Kapelle, die plötzliche Manifestation eines Gedankens, Einsteins Erkenntnisse über Zeit und Relativität.

Ebene 6 (Visionäre Reaktion)
Wunderheilungen, körperliche Transformation, heilige Erscheinungen, übernatürliche Kräfte in höchster Vollendung.
Beispiel: Auf dem Wasser gehen, unheilbare Krankheiten durch Berühren heilen, direkte Offenbarung der Mutter Gottes.

Ebene 7 (Spirituelle Reaktion)
Wunder innerer Erleuchtung.
Beispiel: Das Leben großer Propheten und Lehrer – Buddha, Jesus, Lao Tse.

EIN HANDBUCH FÜR HEILIGE

Wir sind wie neugeborene Kinder,
unsere Kraft ist die Kraft zu wachsen.

Rabindranath Tagore

Die Beschreibung der sieben Stufen macht deutlich, daß die Religionen sehr unterschiedliche Wege gefunden haben, um Gott kennenzulernen. Jede hat ihren eigenen – häufig durch strenge Dogmen festgelegten – spirituellen Pfad entwickelt. Ich habe mich hier nicht mit religiösen Lehrsätzen befaßt, weil mir bewußt ist, daß Christen östliche Vorstellungen wie beispielsweise den Karma-Begriff nicht ohne weiteres akzeptieren, ebensowenig wie die Hindu und Buddhisten den westlichen Glauben an das Jüngste Gericht teilen. Es gibt zwar nur einen Gott, aber es kann nicht nur einen Weg zu ihm geben. Doch welchen Weg wir auch wählen, zwei Dinge brauchen wir unbedingt: zum einen eine Vorstellung von unserem Ziel und zum anderen die Zuversicht, daß wir die inneren Ressourcen besitzen, um es zu erreichen.

In jeder religiösen Tradition gibt es Heilige – sie liefern den Beweis, daß das Ziel erreichbar ist. Heilige sind spirituelle Erfolgsmenschen. Ihr Lebenswandel zeichnet sich durch tiefe Liebe und Hingabe aus, dennoch sind sie weit mehr als nur fromm. Sie und ich vergeben vielleicht einem Feind, weil wir das für richtig halten oder weil es unser Selbstwertgefühl stärkt – bestenfalls glauben wir, daß Gott Versöhnlichkeit gutheißt. Eine Heilige vergibt, weil sie nicht anders kann; Liebe ist Ausdruck ihres innersten Wesens. Und da Heilige sich zu Beginn ihres Lebens nicht von anderen Menschen unterscheiden, stellt die Entwicklung eines natürlichen Gefühls von Liebe, Vergebung und Mitgefühl eine ungeheure Leistung dar. Da uns diese Dinge nicht einfach in die Wiege gelegt werden, sagen wir mit Recht von ihnen, daß sie etwas Großes geleistet haben. Heilige sind quasi die Einsteins des Bewußtseins: Sie haben nicht nur die spirituellen Ziele ihrer Religion verwirklicht, sondern sie beweisen auch, daß diese Ziele für jeden Menschen erreichbar sind.

Man könnte sagen, daß Heilige die Landkarte der Zukunft ausbreiten. Ich bin Mutter Teresa und der heilige Franziskus, aber dieses »Ich« hat sich in mir noch nicht entwickelt. Buddhistische Heilige, Bodhisattvas genannt, werden zuweilen dargestellt, wie sie den Betrachter über die Schulter anlächeln, als wollten sie sagen: »Jetzt überschreite ich die Schwelle, möchtest du mir nicht folgen?«

Wir sollten ihre Einladung annehmen, nicht nur, indem wir Liebe und Mitgefühl zeigen, sondern auch, indem wir die Prinzipien beachten, die die Reise der Seele unterstützen. Jedes Handbuch für Heilige würde diese Prinzipien aufführen, denn sie gelten für alle Schritte von der ersten bis zur siebten Stufe. Ein solches Handbuch gibt es natürlich nicht, aber wenn es existierte, stünden die folgenden Erkenntnisse im Mittelpunkt:

> Die Evolution läßt sich nicht aufhalten; spirituelles Wachstum ist gesichert.
>
> Gott bemerkt jede Handlung; nichts bleibt unbeachtet.
>
> Bei Entscheidungen über unser Verhalten können wir uns nur auf das eigene Herz und den eigenen Verstand verlassen.
>
> Auf den verschiedenen Stufen des Wachstums ändert sich auch die Wirklichkeit.
>
> Auf irgendeiner Ebene erkennt jeder Mensch die höchste Wahrheit.
>
> Jeder Mensch gibt sein Bestes, entsprechend seiner Bewußtseinsebene.
>
> Leiden vergeht, Erleuchtung ist unvergänglich.

Woher stammen diese Erkenntnisse? Woher wissen wir, daß sie wahr sind? Ganz bestimmt leiten sie sich nicht von den tradierten Werten der Gesellschaft oder irgendeiner äußeren Erfahrung ab. Sie entstehen, wenn wir auf die zahllosen Hinweise achten, die der GEIST uns zukommen läßt. Es gibt keine zwei Menschen, die Gott auf die gleiche Weise sehen, denn keine zwei Menschen befinden sich im gleichen Stadium des Erwachens. In jenen Momenten, wo die fünf Sinne der tieferen Intuition weichen, erhascht jeder von uns einen Blick auf die Wirklichkeit. Wenn der Verstand ein außergewöhnliches Ereignis oder eine plötzliche Einsicht verarbeitet, liefert uns die Realität ein Fünkchen Wahrheit.

»Kurz vor dem Studium bin ich nach New York zur Weltausstellung gefahren«, erzählt einer meiner älteren Freunde gern. »Und da gab es diese Attraktion: Es war ein langer Tunnel, auf dessen Innenwand ein Film projiziert wurde. Während man dort hindurchfuhr, flogen die Bilder mit großer Geschwindigkeit an einem vorbei und umgaben einen mit allen möglichen futuristischen Dingen. Aber wenn man dann ans Ende kam, merkte man, daß das Förderband in Wirklichkeit nur etwa fünfzehn Meter lang war. Ich fand das außerordentlich bedeutsam, denn mein Leben war genauso gewesen. Ich kann täglich an Tausenden von Menschen vorbeigehen, unzählige Gedanken denken und in meiner Phantasie überall hinreisen. Aber bin ich damit meiner Seele nähergekommen? Vielleicht ein paar Zentimeter, vielleicht auch weniger. Die äußere Show ist etwas völlig anderes als die innere Reise.«

Dem Äußeren nach zu urteilen, verläuft das Leben der meisten Menschen hektisch, ja chaotisch, Szene für Szene. Und doch käme man nie auf den Gedanken, daß auch eine innere Reise stattgefunden hat. Aber die Heiligen beweisen, daß es so ist. Am Ziel angekommen, schauen sie zurück und erkennen, daß dem Leben ein Muster zugrunde liegt, daß die spirituelle Entwicklung unter der Oberfläche des Lebens einem aufsteigenden Bogen folgt.

Auf Stufe eins sind die Möglichkeiten, Gott zu erkennen, verschwommen, nicht sehr wahrscheinlich, nur schattenhaft. Wenn Bedrohung und Angst auf Stufe zwei nachlassen, werden die Möglichkeiten interessanter und überzeugender. Auf Stufe drei beginnen sie, uns zu faszinieren, wir befassen uns ernsthaft mit ihnen und probieren sie vielleicht sogar aus. Auf Stufe vier wird aus den vorsichtigen Versuchen eine bewußte Wahl – wir wagen Entscheidungen gegen unsere Ichbedürfnisse (um eine Formulierung zu gebrauchen, die mir gefallen hat: Wir beginnen zu leben, als käme es wirklich auf Gott an). Auf Stufe fünf haben wir genug experimentiert, wir wollen nun spielen. Wir fühlen uns auf unserem spirituellen Weg geborgen. Auf Stufe sechs erlangen wir Herrschaft über den spirituellen Bereich und zugleich eine unglaubliche, bisher ungeahnte Freiheit auf der materiellen Ebene. Auf Stufe sieben sind keine Entscheidungen mehr notwendig. Der Heilige verschmilzt mit dem Gott, den er verehrt; das ganze Universum funktioniert nach eben den Prinzipien, die einst für den Überlebenskampf überhaupt keine Rolle spielten.

Im Neuen Testament lese ich, daß man seine Feinde lieben soll – aber gilt das auch für den Dieb, der in mein Haus einbricht, oder den Räuber, der mich auf der Straße überfällt? Vielleicht lege ich ein Lippenbekenntnis ab und vergebe dem Verbrecher, aber auf einer tieferen Ebene reagiere ich, wie es meinem wahren Bewußtseinszustand entspricht. Ich empfinde unter Umständen Haß und Angst, oder ich möchte alles Menschenmögliche tun, um ähnliche Verbrechen in Zukunft zu verhindern – beide Reaktionen sind typisch für Stufe eins und zwei. Ich befasse mich vielleicht verstärkt mit meinen eigenen Gefühlen und werde mir bewußt, daß der Übeltäter aus Angst und Schmerz zum Verbrecher wurde – dann sind wir auf Stufe drei und vier. Mit der Weiterentwicklung des Bewußtseins wird mir klar, daß mein eigenes inneres Drama die ganze Szene projiziert hat, damit ich die Rolle des Opfers spielen kann. Dabei wird mir bewußt, daß der Verbrecher und ich an dem gleichen Karma teilhaben – diese Einsichten gewinne ich auf den Stufen fünf und sechs. Erst an diesem Punkt kann ich aufrichtig vergeben, denn dann habe ich Jesu Lehre in meine eigene Seele aufgenommen. Es bleibt noch Stufe sieben, wo der Verbrecher ein Aspekt meines Selbst ist, den ich segnen und in Gottes Hand geben kann.

Während die Gesamtentwicklung in einem aufsteigenden Bogen verläuft, hat jedes Lebensereignis auf dieser Skala der Reaktionsweisen seinen Platz. Heiligkeit beginnt also unter gewöhnlichen Bedingungen in alltäglichen Situationen. Der Weg zu Gott läßt sich nicht verkürzen, auch wenn unser Ich uns vorgaukelt, wir könnten mit einem Satz auf die Spitze des Berges gelangen, wo die Heiligenscheine verteilt werden. Das geht aber nicht, denn das innere Leben ist vielschichtig und voller Widersprüche. Ein Polarforscher kann anhand seiner Landkarte feststellen, wann er den Pol erreicht hat, aber auf der spirituellen Expedition verändert sich die Karte mit jedem Schritt, den man tut.

»Ihr müßt erkennen, daß es kein festgelegtes ›Ich‹ gibt, das nach Erleuchtung sucht«, sagte ein Guru zu seinen Schülern. »Ihr habt keine festgelegte Identität – das ist eine Fiktion eures Ego. In Wahrheit ändert sich der Erfahrende mit jeder Erfahrung.« Weil jeder von uns in diesem Moment ein Liebender ist und im nächsten ein Kind, ein Suchender, der sich hartnäckig an alte Gewohnheiten klammert, frei und doch gefangen, neugierig und doch apathisch, sicher und ängstlich zugleich, verläuft der spirituelle Weg niemals geradlinig. Ziele verändern sich – sie müssen sich sogar verändern, wenn man bedenkt, daß die erste Stufe gerade dann in die zweite übergeht, wenn wir glauben, Gott erreicht zu haben. Und auch Stufe zwei vergeht, wenn die Zeit reif ist.

Womit wir wieder bei der gleichen Frage wären: »Wohin gehe ich jetzt?« Nehmen wir die ersten beiden Prinzipien aus dem Handbuch für Heilige, um zu sehen, wie sich der aufsteigende Bogen auf unser Leben anwenden läßt. Auf jeder Stufe werde ich jemanden zu Wort kommen lassen, der versucht, die Prinzipien umzusetzen.

Die Evolution läßt sich nicht aufhalten; spirituelles Wachstum ist unausweichlich.

1. Stufe (Kampf- oder Flucht-Reaktion):
»Das ist alles Unsinn. Es gibt viele böse Menschen, die sich keinen Deut um ihre Seele kümmern. In meinem Leben geht es drunter und drüber. Für jeden Schritt nach vorn falle ich zwei Schritte zurück. Ich habe keine Ahnung, warum ich soviel Pech habe und so oft versage. Ich bete zu Gott, daß ich verschont bleibe, und überlasse es ihm.«

2. Stufe (Reaktive Reaktion):
»Solange ich hart arbeite und mit den anderen Schritt halten kann, wird mein Leben immer besser. Das stimmt mich optimistisch, denn ich verstehe Entwicklung als Fortschritt. Seit meiner Kindheit habe ich immer mehr Selbstvertrauen gewonnen und viel gelernt, ich schreite also definitiv fort – aber ich bin nicht sicher, ob

das auch für Menschen zutrifft, die keinen Erfolg haben. Sie brauchen Gott so viel mehr als ich. Erfolg ist mir wichtiger als inneres Wachstum.«

3. Stufe (Reaktion der ruhevollen Wachheit):

»Ich bin nicht mehr so stark in äußere Ereignisse verstrickt; sie sind nicht mehr so real für mich, sondern eher Symbole für das, was in mir vorgeht. Seit meiner Kindheit hat sich meine Innenwelt stabilisiert, sie gibt mir Trost und Sicherheit. Evolution findet in meinem Herzen statt. Ich versuche, meinen inneren Impulsen zu gehorchen, auch wenn ich dadurch nicht mehr Geld, Status oder Macht bekomme. Etwas Tieferes ist im Gange.«

4. Stufe (Intuitive Reaktion):

»Ich glaube nicht mehr daran, daß mein Ich am besten weiß, was gut für mich ist. Es hat mir niemals Erfüllung gebracht, ganz gleich wie oft ich mich zugunsten von »Ich, Mir, Mein« entschieden habe. Man muß tiefer nach innen gehen, um die richtigen Entscheidungen zu treffen, und für mich ist das die intuitive Ebene. Ich weiß intuitiv, was richtig ist – oder zumindest immer häufiger. Es sind zu viele Dinge geschehen, die sich auf herkömmliche Weise nicht erklären lassen. Ich bin Teil eines Mysteriums und treibe auf ein unbekanntes Ziel zu. Das ist es, was mich jetzt fasziniert.«

5. Stufe (Kreative Reaktion):

»Irgendwann habe ich mich befreit. Ich bin jetzt so, wie ich sein möchte, und tue nun das, was ich tun möchte. Wie habe ich diesen Punkt erreicht? Nicht durch Kampf und Mühe. Ein mächtiger Strom hat mich mitgerissen und hierhergebracht. Wenn das Evolution ist, glaube ich daran. Allerdings kann ich noch nicht genau sagen, wer Gott ist oder wie meine Seele aussieht. Aber es genügt, um sich dem Prozeß anzuvertrauen.«

6. Stufe (Visionäre Reaktion):

»Meine Seele ruft mich Stunde für Stunde und Tag für Tag. Ich weiß jetzt, daß das schon immer so war, aber erst jetzt bin ich mir dessen vollkommen und deutlich bewußt. Ich bin nicht fähig, mich von dem Licht abzuwenden, das die Quelle meiner Ekstase ist. Bei jedem Gebet spüre ich, daß Gott bei mir ist. Wenn ich nur früher erwacht wäre, hätte ich gesehen, daß alle anderen Möglichkeiten falsch sind.«

7. Stufe (Spirituelle Reaktion):

»Alles ist Evolution. Jedes Atom im Universum unterliegt einer Vollkommenheit, die von außerhalb von Zeit und Raum wirkt. Es fehlt nichts. Der Tod ist Teil des ewigen Fortschritts, auch das Böse. Ich weiß das, weil ich selbst diese Lebenskraft, jener endlose Strom bin. Ich bin seine Quelle und sein Ziel, sein Fließen und die Hindernisse auf dem Weg. Zu den wenigen Erinnerungen an mein früheres Leben gehört besonders diese: Ich erinnere mich an den Tag, als Gott, die kosmische Mutter, mich umarmte und mich einlud, mit ihr zu tanzen.«

In verkürzter Form haben wir hier viele der spirituellen Wendepunkte aufgeführt, die Menschen aus ihren alten Wertvorstellungen aufrütteln. Die Wahrheit hat nicht nur ein Gesicht, und sobald wir eine neue Wahrheit erkennen, haben wir eine neue Bewußtseinsebene erreicht. Außerdem werden zwei weitere Prinzipien der Heiligen deutlich: Jeder Mensch gibt auf der jeweiligen Bewußtseinsebene sein Bestes, und mit dem eigenen Bewußtsein verändert sich immer auch die Wirklichkeit. Es ist nicht jederzeit erkennbar, daß die Entwicklung aufwärts verläuft, denn sie wird immer wieder von negativen Ereignissen überschattet. Wenn unser Arbeitsplatz durch Stellenabbau gefährdet ist oder wenn man uns die Scheidungsunterlagen in die Hand drückt, haben wir andere Probleme, als über Heiligkeit nachzudenken. Aber gerade in dramatischen Augenblicken läßt uns die Seele Hinweise in den Schoß fallen, die wir aufgreifen können oder auch nicht. Ständig versucht unser innerstes Selbst mit uns Verbindung zu halten, und mit der Zeit lassen wir uns immer häufiger von ihm leiten.

Die spirituelle Reise besteht zu neunundneunzig Prozent aus Wiederholungen, weil wir immer wieder den Ichbedürfnissen nachgeben und uns hartnäckig an alte Gewohnheiten klammern. Wir alle haben unsere spezielle Art, mit den Dingen umzugehen, die fast immer völlig durch unsere Vergangenheit geprägt ist. Wenn die Seele nicht diese magnetische Anziehungskraft hätte, würde unser bloßes Beharrungsvermögen sie niederkämpfen. Deshalb sollten wir uns aktiv an unserem eigenen Erwachen beteiligen – unser Feind ist nicht das Böse, sondern schlicht der Mangel an Aufmerksamkeit. Verschiedene Methoden wie Gebet, Meditation, Kontemplation und Yoga werden deshalb seit Jahrhunderten so hoch geschätzt, weil sie die Aufmerksamkeit schärfen und uns helfen, Hinweise auf die spirituelle Wirklichkeit nicht zu übersehen.

Ein spiritueller Mensch ist ein guter Zuhörer, wenn die Stille zu ihm spricht, ein scharfer Beobachter des Unsichtbaren. Diese Eigenschaften sind wichtiger als der Versuch, so zu handeln, daß Gott uns mit einem goldenen Stern belohnt. Das zweite Prinzip der Heiligen läßt sich ebenso wie das erste durch die innere Stimme in Szene setzen, die ihre Glaubenssätze in unserem Geist immer wieder aufsagt, bis wir uns in Richtung auf ein neues Weltbild bewegen, das von einer neuen Stimme verkündet wird.

Gott bemerkt jede Handlung; nichts bleibt unbeachtet.

1. Stufe (Kampf- oder Flucht-Reaktion):

»Es mag kein Spatz aus Gottes Hand fallen, aber von mir kann man das nicht sagen. Ich wäre einsam und verlassen, wenn ich mich nicht selbst abmühen würde. Was mein Leben zusammenhält, sind die herzlichen Gefühle für meine Familie, denn nur diese paar Leute freuen sich darüber, daß es mich gibt. Ereignisse sind zufällig, tückische Sachen, die jeden Moment passieren können. Ich vergesse das nie. Wenn ich tot bin, werde ich nur noch eine Erinnerung sein. Wenn ich Glück habe, werde ich dann herausfinden, ob Gott weiß, wer ich bin. Mein Glaube sagt mir, daß er mich kennt.«

2. Stufe (Reaktive Reaktion):

»Alles hat seinen Preis. Wenn man Zeit und Energie verschwendet, erreicht man nichts im Leben. Aber da ich mein Leben perfekt

organisiere, werde ich auch entsprechend belohnt. Alles was ich
tue hat ein Ziel; es ist mein brennender Ehrgeiz, jede Minute zu
nutzen. Wenn die Zeit zum Ausruhen kommt, werde ich mit Befriedigung auf das schauen, was ich aus mir gemacht habe. Ich
habe keine Zeit, darüber nachzudenken, was dann als nächstes
kommt, aber es gibt schon Momente, wo ich mich frage, ob Gott
mich für die bösen Dinge, die ich tun mußte, zur Rechenschaft ziehen wird.«

3. Stufe (Reaktion der ruhevollen Wachheit):
»Ich frage mich, ob die Dinge wirklich so zufällig sind, wie es
den Anschein hat. Ich habe erlebt, wie Böses belohnt und Gutes
bestraft wurde. Aber manchmal scheint ein tieferer Sinn aufzublit-
zen. Ich muß über all das nachdenken, denn die Antworten, die
ich von der Gesellschaft bekomme, sind zu verwirrend und wider-
sprüchlich. Vielleicht stimmt es doch, daß jemand da oben alles
weiß. Ich habe so ein Gefühl.«

4. Stufe (Intuitive Reaktion):
»Ich könnte schwören, daß jemand meine Gedanken liest.
Wenn ich an etwas denke, passiert es, oder zumindest gibt es eine
Menge unerklärlicher Zufälle. Ich habe gelernt, auf diese Signale
zu hören, obwohl ich nicht weiß, woher sie kommen. Ich bin frei
in meinen Entscheidungen. Ich mache zwar manchmal Fehler,
aber auch die kann ich gelassen hinnehmen.«

5. Stufe (Kreative Reaktion):
»Die Dinge geschehen, weil es so bestimmt ist. Andernfalls
wäre die Welt ein Hexenkessel, und das ist nicht der Fall. Ich erkenne überall Strukturen und Symbole, überwältigende Schönheit
und Geordnetheit. Manchmal bin ich davon berauscht, wie vielfältig und vielschichtig der Kosmos ist. Es ist unglaublich, wieviel
Potential ich habe – im Herzen bin ich Künstler, aber in der Seele
ein Zauberer. Wer weiß, über was für eine Kraft ich eines Tages
noch verfügen werde.«

6. Stufe (Visionäre Reaktion):

»Die Welt hat ein Herz, und das ist die Liebe. Inmitten all der Kämpfe sehe ich, daß Gott über uns wacht. Er greift nicht ein, aber er verliert uns auch nicht aus den Augen. Er kennt für jedes Problem eine Lösung und eine Antwort auf jede Frage. Wie er das fertigbringt, ist sein Geheimnis, aber nichts ist wirklicher. Jedes Blatt fällt mit Anmut. Unsere Taten werden von einem liebenden Schöpfergott gewogen, der niemals urteilt oder straft.«

7. Stufe (Spirituelle Reaktion):

»Handlungen und ihre Folgen sind eins und waren immer eins. Wenn sich die Ereignisse aus dem Gewebe der Zeit entfalten, sehe ich keinen Unterschied zwischen der Handlung und dem Handelnden. Früher glaubte das Ego, das ›Ich‹ müsse alles überwachen und kontrollieren. Dieses ›Ich‹ ist nur eine Illusion. Im Gewebe der Einheit geht keine Handlung verloren.«

Oberflächlich betrachtet sind diese Perspektiven sehr unterschiedlich, dabei entfaltet sich auf jeder Stufe in einem aufsteigenden Bogen das gleiche Prinzip: Den scheinbar zufälligen Alltagsereignissen liegt ein verborgener spiritueller Weg zugrunde. »Die ganze Wirklichkeit ist ein Symbol des GEISTES«, sagen die Sufi. Oder mit den Worten des Dichters Rumi: »Ich komme von anderswo, und obwohl ich nicht weiß, wo das ist, werde ich am Ende sicher dorthin zurückkehren.« Erst auf Stufe sechs wird sich der Heilige bewußt, daß sich seine Seele von Anfang an entwickelt hat. Bis diese klare Erkenntnis heraufdämmert, herrscht eine gewisse Verwirrung.

Wir alle empfangen von Gott aus dem Bereich jenseits der fünf Sinne die gleichen Signale, den Impuls, auf der höchsten spirituellen Ebene zu handeln. Gemeinhin weigern wir uns zu glauben, daß wir mit diesem Bereich verbunden sind. Wenn im Leben jedoch Liebe gefragt ist, versucht jeder Mensch die vollkommene Liebe zu leben; wenn Mitgefühl gefragt ist, versucht jeder, vollkommenes Mitgefühl zu leben. Das gilt gleichermaßen für den Kriminellen wie für den Heiligen, den Geschäftsmann, den Diktator und den Fabrikarbeiter. Die Botschaft ist rein – der Filter ist unrein.

Der Heilige erkennt, daß wir alle mit der gleichen Ebene un-
endlicher Intelligenz, Kreativität und Liebe verbunden sind. Die
Kommunikation zwischen Gott und der Seele ist vollkommen. Wir
haben uns lange mit den Gründen dafür beschäftigt, daß die
Verbindung manchmal abreißt: Ichbedürfnisse, verzerrte Wahrnehmung, mangelndes Selbstwertgefühl, Traumata und seelische
Verletzungen machen unsere besten Absichten zunichte. Diese
Unreinheiten werden in der indischen Tradition *avidya* genannt.
Der Begriff aus dem Sanskrit setzt sich aus den Wurzeln für »nicht«
und für »wissen« zusammen. Wenn wir nicht wissen, wer wir sind,
wenn wir nicht wissen, wer Gott ist, wenn wir nicht wissen, wie wir
Verbindung mit der Seele aufnehmen, fallen wir in Sünde und Unwissenheit. Umgangssprachlich wird Avidya für beides gebraucht –
Sünde und Unwissenheit –, aber diese abschätzigen Begriffe verschleiern den Kern der Wahrheit: All diese Hindernisse existieren
nur im Bewußtsein und lassen sich überwinden.

Was können Sie heute für Ihre spirituelle Entwicklung tun?
Hören Sie auf, sich selbst zu erklären. Akzeptieren Sie keinen Gedanken, der anfängt mit: »Ich bin dies oder das.« Sie sind weder dies
noch das, Sie sind jenseits aller Definitionen. Deshalb ist jeder Versuch, zu sagen: »Ich bin X«, falsch. Sie sind auf der Durchreise. Sie
sind dabei, sich täglich neu zu definieren. Unterstützen Sie diesen
Vorgang – das wird Sie automatisch auf dem Weg voranbringen.

Bei genauem Hinsehen stellen wir fest, daß der Geist eher
einem Bienenschwarm gleicht als einem Pfeil, der geradewegs ins
Ziel schießt. Ein Bienenschwarm fliegt zwar auch von A nach B,
aber mit einer vagen, schwirrenden, schwimmenden Bewegung. So
haben wir viele wechselnde Einstellungen, die einander widersprechen. Liebe ist verknüpft mit Haß, Vertrauen mit Mißtrauen,
Selbstlosigkeit mit Egoismus. Und weil das so ist, führt der einzige
klare Weg zu Gott über ständige Selbstbewußtheit. Wir müssen unsere eigene Maske durchschauen, wenn wir sie abnehmen wollen.

Avidya ist schwer zu durchdringen. Wenn wir in den Spiegel
sehen, müssen wir sehr aufmerksam sein, denn aus dem Spiegel
blickt uns immer nur die Maske an. Die Einstellung zu einem bestimmten Problem, die wir jetzt haben, ist ein Hinweis auf unsere

tief verwurzelten Grundsätze, und in diese müssen sich die wirklichen Veränderungen vollziehen. Eine Überzeugung wohnt Seite an Seite mit der Seele. Sie ist wie ein Mikrochip, der ständig den gleichen Impuls aussendet. Wir interpretieren die Wirklichkeit so lange auf die gleiche Weise, bis wir bereit sind, den alten Chip zu entfernen und durch einen neuen zu ersetzen. Damit befassen wir uns auf den folgenden Seiten.

DIE MASKEN DER SEELE

Hinter unseren Einstellungen verbergen sich tiefere spirituelle Überzeugungen. Erst wenn wir sie durchschauen, können wir sie ändern.

Masken: Atheist, Zyniker oder gescheiterter Sucher.
Haltungen: Zweifel, Widerstand, ironische Distanz, von Haus aus mißtrauisch. Das Grundgefühl in Krisen ist Existenzangst.*(Das Grundgefühl in Krisen ist eine Bewältigungsstrategie. Es entsteht, wenn man innere Spannungen oder Probleme nicht lösen kann. Es spiegelt auch unser Gefühl, mit Gott verbunden oder von ihm getrennt zu sein.)*
Überzeugungen: Gott läßt sich nicht beweisen; falls es ihn gibt, hat er keine Macht über die physische Welt. Ich bin allein, mein Hauptmotiv für die spirituelle Suche ist Angst vor der Leere.

Masken: Führer, Erfolgsmensch oder Skeptiker.
Haltungen: Bestimmtheit, Vertrauen, Selbstsicherheit, fordert gern vernünftige Erklärungen. Das Grundgefühl in Krisen ist Zorn oder Eigensinn.
Überzeugungen: Ich selbst habe die Kontrolle über mein Leben, nicht Gott. Wenn er Hingabe fordert, ignoriere ich ihn. Insgeheim glaube ich, daß ich mehr Macht habe als er.

Masken: Denker oder Träumer.
Haltungen: Nachdenklich, versöhnlich, gelassen, bewertet Situatio-

nen nach dem Gefühl. Das Grundgefühl in Krisen ist Depression oder Resignation.

Überzeugungen: Mein Inneres weist mich auf Gottes Gegenwart hin. Sobald ich klarer sehe, werde ich seine Botschaft erhalten. Gott betrachtet nach innen gerichtetes Handeln mit größerem Wohlwollen als nach außen gerichtetes.

Masken: Idealist oder Befreier.

Haltungen: Bewußtsein des eigenen Selbst, urteilt nicht, bereit zur Bilderstürmerei, bereit, die normalen Erwartungen zu enttäuschen. Das Grundgefühl in Krisen ist Nicht-Gebundensein.

Überzeugungen: Gott hält mich nicht für schlecht oder sündig; ich kann ihn nur soweit akzeptieren, wie ich mich selbst akzeptiere, Versöhnung ist real.

Masken: Künstler, Abenteurer oder Forscher.

Haltungen: Spielerisch, emotional beweglich, innovationsfreudig, neigt zu übergroßer Sensibilität. Das Grundgefühl in Krisen ist der Rückzug in die Phantasie (Egozentrik).

Überzeugungen: Gott hat ein Freizeituniversum geschaffen. Ich kann mich meinen kreativen Impulsen uneingeschränkt hingeben. Gott ist mit mir einverstanden.

Masken: Prophet oder Erlöser.

Haltungen: Demütig, vergibt und akzeptiert andere aus tiefstem Herzen, hat eine heilige Scheu vor dem Mysterium, durchschaut Menschen und Situationen. Das Grundgefühl in Krisen ist Liebe.

Überzeugungen: Es gibt keine Wunder, bis man erkennt, daß das ganze Leben ein Wunder ist. Gott wirkt durch mich. Meine größte Freude ist es, ihm zu dienen.

Masken: Keine Masken.

Haltungen: Ewige Glückseligkeit, Weisheit und Frieden, ohne persönliche Einstellungen – der Blickwinkel ist universal. Das Grundgefühl in Krisen ist Mitgefühl.

Überzeugungen: Keine persönlichen Überzeugungen. Jede Handlung und jedes Wort entstammen direkt der göttlichen Quelle. Die Gewißheit, daß es eine Gnade ist, ein Mensch zu sein.

An dieser Zusammenstellung zeigt sich, daß wir ständig und konsequent von unserem jeweiligen Bewußtseinszustand beeinflußt werden, daß jedes Gefühl, jede Einstellung eine spirituelle Bedeutung hat. Gleichwohl will die Gesellschaft nichts davon wissen, denn nach vorherrschender Meinung beschränkt sich Spiritualität auf die Kirche, auf Krisen oder Zeiten des Umbruchs. Spirituelle Entwicklung ist jedoch eine Konstante im Leben aller Menschen. Unsere typischen Einstellungen und fest verwurzelten Gefühle zeigen sehr subtil, daß spirituelle Fragen auf einer tieferen Ebene entschieden werden. Selbst Heilige und Erlöser tragen eine – wenn auch hauchdünne – Maske, die sie daran hindert, die Ganzheit des Selbst zu erkennen.

Mit bestimmten Einstellungen identifizieren wir uns unter Umständen so stark, daß sie unser gesamtes Handeln bestimmen. Eine solche Haltung kennzeichnet einen Menschen mit sehr langsamer Entwicklung, wie beispielsweise den überzeugten Skeptiker, der allen spirituellen Fragen mit Zweifeln begegnet, von der Existenz Gottes bis zur Möglichkeit eines Lebens nach dem Tod. Menschen, die dem Skeptizismus fest verhaftet sind, gestehen sich meist nicht ihre Angst vor Leere und Verlassensein ein. Aber im Grunde beschäftigen sie sich mehr mit diesen Fragen als viele andere – die Maske ist eben nur Täuschung.

Menschen, die sich ihre großen Erfolge gegen eine starke Konkurrenz erkämpfen mußten, tragen meist die Maske des Selbstvertrauens. Sie verdrängen, daß sie sich durch ihre tieferen Glaubensinhalte gegen Gott stellen. Auch wenn sie an Gott »glauben«, sind sie doch durch persönliches Machtstreben motiviert. Wird ihnen die Möglichkeit der Hingabe ernsthaft vor Augen geführt, lehnen sie rundweg ab. Hingabe an Gott stellt für sie keine Alternative zum eigenen Willen dar.

Was kennzeichnet einen Menschen, der sich sehr rasch entwickelt? Es klingt vielleicht paradox, aber je größer die inneren Turbulenzen, desto schneller die Entwicklung. Innere Unruhe begünstigt Veränderungen. Es ist gut, sich nicht mit dem aktuellen Zustand des eigenen Lebens abzufinden. Krishnamurti pflegte zu sagen, Unzufriedenheit sei die Flamme des Suchenden. Meher Baba, ein indischer Meister mit Verbindung zum Sufismus, lehrte, die einzige Voraussetzung für das Erwachen sei die totale Desillusionierung. Weshalb? Weil die Vorstellung vom Menschen als einem statischen Wesen eine große Illusion ist. Je eher wir sehen, wie veränderlich und vielschichtig wir sind, desto eher lassen wir die Ego-Maske fallen.

Die Natur kennt keinen Stillstand, Geschöpfe entwickeln sich oder sterben aus. Wenn wir sehen, wie eine Blume blüht, Samen bildet und sich für neues Leben opfert, fragen wir uns, ob die Seele dem gleichen Zyklus folgt. Entstehen und vergehen wir ebenso im endlosen Kreislauf von Geburt und Tod? Oder gibt es trotz aller Hindernisse und Rückschläge auf dem Weg eine Entwicklung hin zu Gott?

Für mich persönlich entscheidet diese wichtige Frage, ob ich heute lieber meinen Ichbedürfnissen oder meinen höheren Idealen folgen soll. Neunundneunzig Prozent der Menschen halten an einer Überzeugung fest, die sie sich nicht ausreden lassen. Heilige mahnen uns, dem egoistischen Ziel das Ideal vorzuziehen. Aber auch, wenn wir uns dennoch von Egoismus, Habgier und Ehrgeiz verführen lassen, verdammen uns die Heiligen nicht. »Komm zu mir«, fleht Rumi, »selbst wenn du tausendmal deine Versprechen gebrochen hast.«

Äußeres Handeln hält die Entwicklung nicht wirklich auf, denn Zeit spielt im Reich der Seele keine Rolle. Deshalb kommt niemand schneller oder langsamer auf diesem Weg voran. Was zählt, ist nur die Wahrnehmung, und sobald wir begreifen, daß Erwachen unvermeidbar ist, wird die magnetische Anziehungskraft der Seele uns kontinuierlich verändern.

Sie und ich, wir sind nur unvollendete Heilige. Was wir auch tun, das Leben fließt weiterhin von der Wurzel aufwärts, nicht von den Zweigen abwärts. Spirituell gesehen ist Gutsein niemals verkehrt. Aber vom Standpunkt des Erfolgs – also einem Erwachen mit möglichst wenigen Verzögerungen, Hindernissen und Rückschlägen – ist die richtige Überzeugung weitaus wirkungsvoller. Das erste Prinzip lautet, die Evolution läßt sich nicht aufhalten. Auf dieser Grundlage können wir alle Missetaten vergeben, die Vergangenheit loslassen und uns eine zweite Chance zugestehen, wenn wir es das erste Mal nicht geschafft haben. Nicht Ungnade ist die Folge, lediglich eine längere Pause in der Entwicklung. Am Ende gibt es nur einen verläßlichen Wegweiser: Finde deinen Platz auf dem ansteigenden Bogen der Entwicklungsleiter und schreite voran.

WENN WIR SPIRITUELL ERWACHEN

Meiner Meinung nach unterscheiden sich Skeptiker von spirituellen Menschen nicht durch den Glauben an Gott, sondern durch die Klarheit der Wahrnehmung. Millionen von Gläubigen – seien es Christen, Muslime oder Angehörige anderer Glaubensrichtungen – streben danach, »errettet« zu werden, das heißt, sie suchen aktiv nach einer klaren Gotteserkenntnis, die für sie persönlich bedeutsam ist. Wann ist das möglich? Müssen wir bis zur Stufe sechs, der Stufe der Heiligen, warten oder überhaupt bis zu irgendeiner Stufe? Ohne religiöse Färbungen betrachtet ist Errettung gleichbedeutend mit einem erwachten Bewußtsein. Wenn sich die Wahrnehmungsfähigkeit plötzlich verschiebt, erscheint Gott nicht mehr zweifelhaft, sondern real. Dazu ein erstaunliches Beispiel:

Bede Griffith, ein junger Mann Mitte Zwanzig, hatte eine Phase voller Zweifel und Depressionen hinter sich. Da er religiös war, suchte er Trost in der Kirche. Doch all seine Gebete halfen nicht. Da hörte er eines Tages im Gottesdienst die Worte: »Öffne mir die Augen für das Wunder an deiner Weisung!« aus dem 119. Psalm. Tief bewegt spürte der junge Mann, wie sich seine melancholische Stimmung hob und er von dem Gefühl überwältigt wurde, daß seine Gebete durch göttliches Eingreifen erhört worden waren. Später beschrieb er seine Erfahrung, als er aus der Kirche hinaustrat auf die Straßen von London:

»Als ich hinausging, fühlte ich, daß mich die Welt ringsumher nicht mehr bedrückte. Das harte Gehäuse der äußeren Wirklichkeit schien durchbrochen, und alles offenbarte sein inneres Wesen. Die Busse auf der Straße hatten ihre Festigkeit verloren und strahlten von innen heraus. Ich spürte kaum den Boden unter meinen Füßen ... Ich war wie ein Vogel, der die Eierschale durchbrochen hat und sich in einer neuen Welt wiederfindet; wie ein Kind, das sich den Weg aus dem Mutterschoß gebahnt hat und zum ersten Mal das Licht der Welt erblickt.«

Immer wieder kommt in solchen Beschreibungen zum Ausdruck, daß sich nach dem Erwachen das Aussehen der Dinge dramatisch verändert hat, während es für andere Beobachter gleich bleibt. Deswegen ist die Erfahrung, »ins Licht zu gehen«, das Licht Gottes zu sehen, jedoch keineswegs eine Täuschung. Der Beobachter ist von der äußeren Wirklichkeit nicht getrennt. Die gleichen Photonen elektrischer Impulse, die sich im Gehirn entladen, finden wir in den »wirklichen« Objekten. Innere und äußere Sicht sind also nicht getrennt. Der Sufismus, der mystische Zweig des Islam, betrachtet jedes Licht, das innere wie auch das äußere, als ein Licht. Viele Menschen können sich das nur schwer vorstellen, denn die Dualität von innen und außen, wirklich und unwirklich, objektiv und subjektiv hat sich ihnen von Kindheit an eingeprägt. Um diesen Dualismus zu überwinden, müssen wir zu den drei Existenzebenen zurückkehren:

Wenn Licht sichtbar ist und konkrete Objekte strukturiert,
    ist die Wirklichkeit materiell.
Wenn das Licht Gefühle, Gedanken und Intelligenz enthält,
    handelt es sich um die Quantenebene.
Wenn das Licht gänzlich unmanifest ist und keine meß-
    baren Eigenschaften hat, ist die Wirklichkeit virtuell.

Ersetzen wir die alte Dualität mit ihrer strikten Trennung von innerem und äußerem Leben, und geben wir dem Licht seine Ganzheit zurück. Wir können uns ein Photon als Ureinheit der Energie vor-

stellen, das aus dem Nichts und Nirgends aufleuchtet und irgendwo ein Etwas wird: Licht, das sich aus der virtuellen in die materielle Wirklichkeit bewegt, ist die Brücke für mystisches Erwachen.

In diesem Schema wird traditioneller Glaube auf den Kopf gestellt. Nicht der Himmel ist unser jenseitiges Ziel, vielmehr ist die
virtuelle Wirklichkeit der Schoß, in den wir zurückkehren. Wenn
wir von den Physikern hören, daß der Kosmos einst zehn oder
mehr Dimensionen hatte, von denen alle bis auf vier in sich zusammengefallen sind, dann sind sie in den virtuellen Zustand
zurückgegangen.

Das ist so schwer vorstellbar, daß uns vielleicht ein einfacher
Vergleich weiterhilft: Nehmen wir an, wir denken zunächst in Worten und gehen dann dazu über, in Gedanken eine Melodie zu sum-
men. Diese Verlagerung zur Musik hin bringt ganz andere Naturgesetze ins Spiel als jene, die für Worte gelten. Dennoch können wir
jederzeit leicht von einer Dimension in die andere wechseln. So
wie die Musikdimension immer vorhanden ist, auch wenn wir gerade keinen Kontakt zu ihr haben, existieren außerhalb des Universums noch andere Dimensionen. Wir greifen nur nicht auf deren
Gesetze zu, und wenn wir das versuchen wollten, müßten wir unsere eigenen aufgeben. Eine Reise durch ein Schwarzes Loch oder
eine höhere Geschwindigkeit als die Lichtgeschwindigkeit könnte
der Mensch nicht überleben.

Wenn eine Einheit elektrischer Energie auf der materiellen Ebene
in Erscheinung tritt, also vom Auge als Photon wahrgenommen
wird, ist das kein plötzlicher Sprung in die materielle Existenz. Zwischen Leere und sichtbarem Licht, zwischen der Dunkelheit und
den Objekten, die wir sehen und fühlen können, liegt die Quantenebene. Unser Gehirn ist eine »Quantenmaschine«, die uns Zugang
zu dieser Ebene verschafft. Indem es Energie zu komplexen Mustern
anordnet, bringt es Gedanken hervor. Auf der Quantenebene leuchtet Licht als Bewußtsein von etwas, nicht als Bewußtsein in seinem
reinen Zustand. Auf dieser Ebene suchte Einstein nach dem Geist
Gottes. Es ging ihm um religiöse Einsichten, die nicht durch Subjektivität belastet waren – andernfalls hätten seine Kollegen seine Theorien als unwissenschaftlich zurückgewiesen. (Es ist faszinierend, die

mystischen Reisen großer Physiker wie Albert Einstein, Erwin Schrödinger und Wolfgang Pauli zu verfolgen. Als sie ehrfurchtsvoll vor
dem Mysterium der Schöpfung standen, mußten sie sozusagen ihre
Spuren verwischen, damit man ihnen nicht vorwerfen konnte, sie
seien Mystiker und keine Wissenschaftler.)

Für einen Experimentalphysiker ist das Photon ein Lichtquant.
Das wäre lediglich von technischem Interesse, wenn in der Quantenphysik nicht noch größere Geheimnisse verborgen lägen. Wir
haben keine direkten Kenntnisse über Energie in ihrem virtuellen
Zustand, da man dies mit keinem Meßinstrument bestimmen
kann. Allerdings besteht die Möglichkeit, den virtuellen Bereich als
den Raum zwischen den subatomaren Teilchen zu verstehen. Dieser Raum enthält ein Feld, das sogenannte virtuelle Feld. Ein subatomares Teilchen schwebt nicht im Raum wie ein Federball. Vielmehr ist es eine Störung im virtuellen Feld, ein sogenanntes
Quantenereignis, das manchmal als Welle dargestellt wird. Eine
spirituelle Parallele dazu finden wir in den Veden, wo die Weisen
erklären, daß der störungsfreie Bewußtseinszustand Glückseligkeit
sei und der gestörte die Welt.

Das Photon ist die kleinste Einheit elektromagnetischer Energie
im gesamten Universum. In gewissem Sinne besteht alles, was wir
wahrnehmen, aus wirbelnden Energiewolken. Die Energie, mit der
das Universum im Augenblick des Urknalls explodiert ist, bildet
noch immer alles, was heute existiert. Unter der Oberfläche jedes
Objekts oder Ereignisses verborgen brennt noch immer das Ur-
licht. Da Licht sich von Natur aus ständig wandelt, hat es im Laufe
von fünfzehn Milliarden Jahren verschiedene Formen angenommen. Ein Granitfelsen ist festes, hartes, steingewordenes Licht; eine
liebevolle Regung ist süßes, emotionales Licht; das Signal, das ein
Neuron »feuert«, ist ein plötzlicher Blitz unsichtbaren Lichts. Wie
verschieden diese Formen auch aussehen mögen – wenn man sie
in ihre Grundbausteine zerlegt, bestehen alle Dinge aus dem gleichen Urstoff.

Ohne die Quantenebene gäbe es keinen Kosmos. Hier treten
Ordnung und Symmetrie – die Schlüsselbegriffe des Lebens – zuerst in Erscheinung. Doch nur wenige bedeutende Physiker haben

es wie Einstein gewagt, der Frage nachzugehen, ob die Quantenebene einen Zugang zu Gott bilden könnte. Deshalb müssen wir
auch andere Beobachtungen berücksichtigen.

Im vorigen Jahrhundert lebte in Indien ein weithin verehrter Heiliger namens Sri Ramakrishna, der in einem weitläufigen, reichen
Tempel außerhalb von Kalkutta das Amt eines Priesters bekleidete.
Es gehörte zu seinen Aufgaben, täglich Opfergaben vor der Statue
der Göttin Kali, einer Form der Göttlichen Mutter, niederzulegen.
    Ramakrishna vollzog diese Handlungen Tag für Tag und ent-
wickelte mit der Zeit eine tiefe Hingabe an die Göttliche Mutter.
Eines Tages nahm er eine Veränderung wahr: »Plötzlich wurde mir
offenbart«, berichtet er, »daß nicht nur die Statue, sondern auch alles übrige im Raum aus reinem GEIST bestand. Die Schale, das
Zubehör, der Fußboden und die Decke waren Manifestationen des-
selben GEISTES. Als mir das bewußt wurde, benahm ich mich wie
ein Verrückter. Ich warf Blumen in alle Richtungen und betete alle
Dinge an. Anbetung, Anbetung, Anbetung – in alle Richtungen.«

Ich würde diese Erfahrung auf eine Überschneidung der Ebenen
zurückführen. Ramakrishna war weder in Trance, noch verlor er die
Fähigkeit der sinnlichen Wahrnehmung – die Ebene der materiellen Welt war weiterhin sichtbar. Doch sie war plötzlich von etwas
Subtilerem aus der virtuellen Ebene durchdrungen, die von den
fünf Sinnen nicht erfaßbar ist. Dort gibt es nichts zu sehen, hören,
fühlen, schmecken oder riechen. Unser Gehirn ist jedoch so angelegt, daß es jeder Erscheinung eine Zeit und einen Ort zuordnet.
Deshalb verschmelzen die unsichtbaren Ebenen mit den sichtbaren, als wäre die Blume oder die Heiligenstatue von GEIST durchdrungen.
    Das Erwachen kann sehr verwirrend sein, denn das Gehirn muß
plötzlich Impulse einordnen, die nicht von dieser Welt sind. Neue
Gefühle tauchen auf. Das ungewohnteste ist vielleicht das Gefühl
des reinen Bewußtseins: Man ist wach, am Leben, aber ohne Gedanken und frei von den Begrenzungen des Körpers. Die meisten
von uns bekommen allenfalls eine Ahnung dieser Erfahrung, und

zwar in der ersten Minute nach dem Erwachen oder kurz vor dem
Einschlafen. Bewußtsein ist vorhanden, aber ohne Inhalte, ohne
Gedankenstrom. Wenn wir sehr aufmerksam sind, bemerken wir,
daß auch das Identitätsgefühl ausgelöscht ist – wir sind zwar »da«,
aber Einzelheiten wie Name, Adresse, Beruf, Alter, tägliche Belange
oder Beziehungen sind uns nicht bewußt. Bevor die Besonderheiten unserer persönlichen Situation ins Bewußtsein zurückströmen,
könnten wir im Augenblick des Erwachens wieder Kind sein und
unser vertrautes Zuhause an jedem beliebigen Ort auf der Welt.

Man könnte annehmen, daß die Erfahrung des reinen Bewußtseins nur ein vorübergehendes Gefühl wäre. Doch sie ist das Herz-
stück des religiösen Erwachens. Der einzige Bereich der Natur, in
dem völlige Freiheit herrscht, ist der Himmel, wie es ein religiöser
Mensch wohl ausdrücken würde. In der Physik wäre das Gegen-
stück die Ebene der virtuellen Realität. Dies ist beileibe kein ge-
segneter Ort, wo die Seelen sich an der Gesellschaft der Engel erfreuen – eine solche Vorstellung ist der Physik völlig fremd. Die
Ähnlichkeit basiert auf einer Verschiebung der Naturgesetze.

In unserer Vorstellung ist der Himmel ein Ort, an dem die Fesseln des Erdenlebens gelöst sind, die Schwerkraft den Körper nicht
länger am Boden hält und es keine Sorgen und Bindungen mehr
gibt. Die Seele ist in einem Zustand ewiger Freude. Ohne unsere
Vorstellungskraft zu bemühen, finden wir alle diese Eigenschaften
in der Erfahrung des Erwachens. Der große Unterschied zwischen
dieser Erfahrung und der Vorstellung vom Himmel liegt darin, daß
der virtuelle Bereich nicht irgendwo außerhalb von uns selbst liegt;
man muß sich weder körperlich noch seelisch dorthin »begeben«.
Man kann sich darauf freuen, nach dem Tod als Belohnung in den
Himmel zu kommen, aber es entspricht der virtuellen Realität
eher, sie hier und jetzt zu finden. Auf welche Weise?

In Indien gibt es eine berühmte Anekdote über einen Asketen, der
auf eine Bergspitze steigt, um erleuchtet zu werden. Er fastet und
betet ohne Unterlaß, gibt alle weltlichen Wünsche auf und widmet
sich nur der Meditation.

Viele Jahre lang führt er ein Leben der Entsagung, bis er eines

Tages erkennt, daß er das Ziel erreicht hat. Wohin er sich auch wendet, überall spürt er nur die unbegrenzte Glückseligkeit reinen Bewußtseins, ohne jede Bindung. Überglücklich vor Freude eilt er in das Dorf hinunter, um allen davon zu erzählen. Als er auf eine Gruppe betrunkener Zecher stößt, versucht er gleichmütig, sich durch die Gruppe durchzuschlängeln, aber die Betrunkenen rempeln ihn einer nach dem anderen an und machen grobe Bemerkungen. Schließlich kann es der Asket nicht mehr ertragen und schreit: »Aus dem Weg!« In diesem Augenblick hält er inne, dreht sich um und geht zurück auf den Berg.

Diese Anekdote zeigt, wie leicht es ist, sich vorzumachen, man hätte Zorn und Schwäche überwunden. Sie weist aber auch darauf hin, daß es ein Widerspruch ist, das Absolute mit Hilfe der Persönlichkeit erreichen zu wollen. Einige Aspekte in unserem Selbst sind dazu bestimmt, in der Welt und in der Zeit zu leben. Entschlossenheit und Zielstrebigkeit sind nötig, um die Bindungen so weit zu lösen, daß die Erfahrung des reinen Bewußtseins angenehm und vertraut wirkt. Angesichts von Konflikten fallen wir allerdings instinktiv in die alten Verhaltensmuster wie Zorn, Verbohrtheit, Egoismus oder Rechthaberei zurück. Auf einer anderen Ebene jedoch besitzen wir diese Eigenschaften nicht einmal mehr und sind natürlich durch sie auch nicht gebunden. Welche Form sie auch immer annimmt, die religiöse Suche strebt danach, diesen Zustand des Nichtgebundensein wiederzuerlangen.

Aus dieser Perspektive gewinnen einige der rätselhaftesten Aussagen von Heiligen und Weisen eine klare Bedeutung. Dazu gehört zum Beispiel das folgende chinesische Gedicht von Li Po aus dem achten Jahrhundert:

»Du fragst, warum ich mich in diese kleine Waldhütte
    zurückgezogen habe?
Ich lächle und bin still, ich lausche dem Schweigen meiner
    Seele.
Dieser Friede lebt in einer anderen Welt,
    die niemand besitzt.«

Wir sind nun in der Lage, in diesen Zeilen einen Wandel der Perspektive zu erkennen, der uns als Möglichkeit immer zur Verfügung steht. Der Verlust des Zeitgefühls bewirkt, daß die gewohnte Identität verschwindet. Die Persönlichkeit, als die ich mich fühle, löst sich jenseits der materiellen Ebene auf, und damit brauche ich auch die Orientierungspunkte nicht mehr, die ich seit meiner Geburt gesammelt habe.

Das Erwachen ist Ursprung aller Weltreligionen. Es vereint den Propheten, den Messias und den Heiligen zu einer privilegierten Elite. Das Erwachen ist zuweilen Gegenstand wundervoller Geschichten wie die des jungen Prinzen Siddharta. Bevor er ein Buddha wurde, verließ er seinen Palast auf einem fliegenden weißen Pferd, dessen Hufe vier Engel hielten.

Derartige Legenden vermitteln uns die ungeheure Kraft des Erwachens zu einer neuen Wirklichkeitsebene. Daß diese Wirklichkeit aus dem Geist hervorgegangen ist, klingt viel zu abstrakt und prosaisch. Da muß schon ein dramatischeres Ereignis stattfinden – plötzlich öffnet sich der Himmel, oder göttliche Boten steigen aus der Höhe herab.

Die meisten Menschen außerhalb des Islam wissen nichts über das Erwachen des Propheten Mohammed, das sich eines Nachts in einer Höhle in der Nähe von Mekka ereignete. Mohammed war zu jenem Zeitpunkt vierzig Jahre alt, ein gewöhnlicher Kaufmann, über dessen vorheriges Leben wenig bekannt ist. In jener Nacht erschien ihm jedoch der Engel Gabriel, umgeben von einem großen Leuchten, und sagte: »Verkünde!«

Erstaunt und verblüfft konnte Mohammed nur fragen: »Was verkünden?« Worauf der Engel antwortete: »Verkünde im Namen Gottes, des Schöpfers.« Damit verlieh er Mohammed die Gabe der Prophezeiung, so daß der Prophet fortan das offenbarte Wort Gottes verkünden konnte. Diese Berufung ereignete sich im Jahr 610 und wird im Islam als die »Nacht des Qadr« (was Herrlichkeit oder Macht bedeutet) verehrt. Der eigentliche Text im Koran wurde erst mehr als dreißig Jahre später, nach dem Tod des Propheten, niedergeschrieben. Mohammed konnte zwar vermutlich lesen und schreiben, doch seine eigene Schilderung der Ereignisse ist nicht überliefert. Alle Suren oder Abschnitte des Korans, die sich in ihrer Länge erheblich unterscheiden (drei Zeilen bis dreißig Seiten), sind Sammlungen aus den Erinnerungen, die Mohammeds Gefährten, die ihn noch hatten predigen hören, erzählten, oder aus Fragmenten von Texten, die sie niedergeschrieben haben.

Es gibt eine bestimmte Tradition, die darauf beharrt, daß der Engel Gabriel bei diesem Ereignis physisch anwesend war, ebenso wie die Überlieferung besagt, daß Jesus in der Wüste tatsächlich dem Satan begegnete oder daß der zukünftige Buddha auf dem Pferd aus seinem Palast flog. (Als Mohammed alle Himmelreiche besichtigen durfte, wurde auch ihm ein Flug auf einem magischen Pferd gewährt. Zwar kann man im Felsendom in Jerusalem den Ort besichtigen, wo die Reise begann, und dort auch den Hufabdruck im Stein sehen, den das Pferd hinterließ, als es himmelwärts sprang, aber diese Legende stützt sich allein auf eine einzige Zeile des Korans, wo es heißt, der Prophet sei zu einem weit entfernten Tempel gereist.)

Derartige Legenden gehören heute zum Glaubenskanon. Spekulationen darüber, ob Mohammed vielleicht doch keinen Engel gesehen hat oder ob Satans Angebot an Jesus, die Erde zu beherrschen, nicht wörtlich gemeint war, wären Gotteslästerung. Es ist jedoch nicht nötig, die Nacht des Qadr oder die vierzig Tage in der Wüste wörtlich aufzufassen. Wesentlich ist, daß sich der Geist dem plötzlich einströmenden Licht öffnen kann.

DAS FELD DES GEISTES

Wenn der Begriff »Licht« in den heiligen Schriften auftaucht, steht er immer für Bewußtsein, ganz gleich, ob Licht im physikalischen Sinne gesehen wird oder nicht. Die Christen betrachten Jesus aufgrund seines höheren Bewußtseins als das »Licht der Welt«. Das Wort »Licht« ist ein Synonym für den ganzen Bereich der Inspiration, der Heiligkeit, des verkörperten GEISTES sowie des Wesens von Gott. Obgleich jede Religion ihren Stifter als einzigartig betrachtet, verwenden natürlich auch die Anhänger Buddhas oder Mohammeds das gleiche Bild. Die verschiedenen Religionen streiten häufig über den Anspruch, daß der jeweilige Stifter als einziger ins Licht gegangen ist oder daß er den höheren Platz vor Gott einnimmt. Bewußtsein ist jedoch ein gemeinsames, ja kosmisches Erbe, wenn wir davon ausgehen, daß der Geist bereits auf der Quanten- und der virtuellen Ebene existiert. Die Menschen antworten sehr unterschiedlich auf die Frage, wie es ist, Gott zu erfahren, doch in einem Punkt sind sie alle einig: Es findet eine Bewußtseinsverschiebung zu einer höheren Ebene statt.

Ich behaupte, daß es keinen Menschen gibt, der nicht bereits eine solche Reise unternommen hat. Der »Weg« – ob im christlichen Sinn verstanden oder im Sinne des Tao als verborgener Strom des Lebens – bedeutet, dem Licht zu folgen. Kein Mensch könnte überhaupt existieren, ohne im Bereich des Lichts, dem Quantenbereich, verankert zu sein. Um dies zu verstehen, müssen wir unser Bild von der Welt ändern. Aus unserem Schichtenmodell der Wirklichkeit mit seinen drei Ebenen muß etwas Dynamischeres werden:

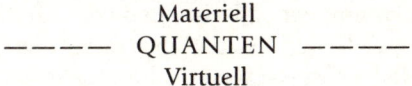

Materiell

———— QUANTEN ————

Virtuell

Die Wirklichkeit ist ständig in Bewegung, ständig im Fluß von der virtuellen über die Quanten- zur materiellen Ebene. Die Mystiker nennen diese immerwährende Bewegung den »Strom des Lebens«, denn bevor ein Ereignis oder ein Objekt an der Oberfläche erscheint, nimmt für die Mystiker alles seinen Anfang im Geiste Gottes. Der Strom ist jedoch mehr als eine Metapher. Mit jedem Gedanken, jeder Erinnerung und jedem Wunsch machen wir eine Reise stromabwärts von der unsichtbaren Quelle zum Ziel auf der materiellen Ebene.

Als ich eines Tages ruhig dasaß und mich auf die Meditation vorbereitete, erschien zufällig ein altes, entfernt vertrautes Gesicht vor meinem inneren Auge. Einen Moment später erinnerte ich mich daran, wer es war – ein Patient, den ich vor zwanzig Jahren behandelt hatte. Er war zuckerkrank, und ich hatte ihn einmal in der Woche besucht, um seinen Insulinspiegel einzustellen.

Als ich die Augen schloß, fragte ich mich in Gedanken: »Wie hieß er doch gleich?« Es war nur ein schwacher, verschwommener Gedanke. Nachdem ich eine Stunde meditiert hatte, öffnete ich meine Augen wieder und erinnerte mich plötzlich an einen Namen und eine Telefonnummer. Es schien mir derart unwahrscheinlich, daß ich mich an das alles erinnert hatte, daß ich direkt zum Telefon ging und die Nummer wählte. Tatsächlich meldete sich mein alter Patient Raoul.

Raouls Telefonnummer hatte sich in all diesen Jahren nicht geändert, wohl aber mein Gehirn. Dieser Widerspruch ist ein Rätsel. Gehirnzellen sind nicht beständig. Das Gehirn enthält bei der Geburt etwa die Hälfte der Neurone eines Erwachsenen, der Rest entwickelt sich im Alter von sechs Monaten bis zwei Jahren. Jedes Neuron ist mit den anderen durch zahlreiche fädige Fortsätze verbunden, die sich wiederum vielfach verzweigen und so ein riesiges Netz bilden. Diese Verzweigungen, Dendriten genannt, sprießen am Ende der Zelle wie Äste aus einem winzigen Bäumchen (das Wort ›Dendrit‹ kommt vom griechischen Wort für Baum).

Das klingt zwar fest und stabil, aber dieses Netz verändert sich fortwährend. Und selbst wenn ein Neuron unverändert bliebe und keine neuen Dendriten bildete, so sind es doch in jedem Augenblick immer wieder andere Signale, die die Dendriten entlangwandern. Überall entstehen elektrische Impulse, die sich mit jedem neuen Gedanken verändern. Unser Gehirn ist wie ein Telefonnetz, in dem jede Sekunde tausend Telefonate stattfinden. Der große Unterschied besteht darin, daß die Leitungen unseres Nervensystems instabil sind. Mit jedem neuen Erfahrungsmoment verändern sie ihre Moleküle – innen wie außen. Die Leitungsbahnen sind deswegen instabil, weil sie nicht aus Kupfer, sondern aus Fetten, Wasser, Elektrolyten sowie den elektrischen Ladungen bestehen, die sie weiterleiten. Die Prozesse, die einen einzigen Gedanken ermöglichen, sind komplexer als die Suche nach einem Telefonanruf in der Menge aller Anrufe der Welt. Während uns dieses Kunststück durch elektrische Vorgänge gelingt, laufen gleichzeitig unzählige chemische Botschaften im Gehirn ab. Die Dendriten stehen nicht direkt miteinander in Verbindung, sondern sind durch eine winzige Lücke getrennt. Jede Botschaft muß ihren Weg über diese Lücke, die Synapse, finden, sonst wären die Neuronen voneinander isoliert und könnten keine Informationen übertragen.

Die eigentliche Erregungsübertragung erfolgt nicht durch Elektrizität – dazu sind die Ladungen zu klein. Statt dessen werden bestimmte chemische Stoffe auf der einen Seite der Synapse freigesetzt und auf der anderen aufgenommen. Zu diesen biochemischen Substanzen, den sogenannten Neurotransmittern, gehören auch Dopamin und Serotonin.

In diesem chaotischen Strudel aus chemischen Stoffen und Elektronen ist gewiß keine Erinnerung zu finden, denn Erinnerungen sind als Ganzes festgelegt. Um mich an Raouls Gesicht zu erinnern, mußte ich es vollständig zurückholen, nicht in kleinen Teilen. Und wo habe ich es gefunden? Sicherlich auch nicht in den elektrischen Impulsentladungen des Gehirns, denn kein einziges Neuron meines Gehirns hat die letzten zwanzig Jahre unverändert überlebt. Wie Nomaden sind Fett-, Eiweiß- und Zuckermoleküle durch meine Neuronen gewandert, haben sie ergänzt und nach einer Weile wieder verlassen.

Wir können die Erinnerungszentren des Gehirns zwar identifizieren, aber nichts beweist, daß das Gedächtnis tatsächlich dort gespeichert ist. Wir vermuten es, aber wie geschieht das im einzelnen? Eine Erinnerung in einem Neuron zu speichern ist, als speichere man sie in Wasser. (Das Gehirn enthält tatsächlich so viel Wasser, daß es den gleichen Wassergehalt hätte wie eine Banane oder eine Schale Haferflockenbrei, wenn man es homogenisierte. Sogar Blut enthält mehr feste Bestandteile als das Gehirn.) Die Vorstellung, daß wir Erinnerungen auf die gleiche Weise speichern wie ein Computer, läßt sich durch die Forschung nicht erhärten. Wenn Neurologen sich zum Ziel setzen, diesen Nachweis zu führen, rennen sie gegen eine Mauer.

Es ist die gleiche Mauer, die Einstein und andere Begründer der Quantenphysik durchbrochen haben. Ein Neuron ist letztlich deswegen ein denkbar ungeeigneter Erinnerungsträger, weil Moleküle nicht fest und stabil sind, sondern vielmehr Strukturen unsichtbarer Energie, die so angeordnet sind, daß sie aussehen wie Teilchen. Diese Energiepartikel überleben nur auf der Quantenebene. Wenn wir noch tiefer in die virtuelle Ebene eindringen, verschwinden auch die Energiemuster, Energie löst sich in geisterhafte Schwingungen und dann ins Nichts auf. Kann Erinnerung im Nichts gespeichert sein?

Die Antwort lautet: ja. Als ich mich an das Gesicht meines alten Patienten erinnerte, unternahm ich eine Reise ins Nichts und suchte ihn im Nirgendwo. Für diese Reise benutzte ich mein Gehirn, zumindest am Anfang. Es war aber nicht mein Gehirn, das sich an die Telefonnummer erinnerte, genausowenig wie mein Radio die Musik enthält, die ich in meinem Auto höre. Das Gehirn, ebenso wie das Radio, scheint seine Erinnerungen von einem anderen Ort zu empfangen. Da dieser Ort sich nicht in der materiellen Welt befindet, erkennt ihn die Wissenschaft nicht als real an. Die einzige Ausnahme bildet die Quantenphysik, die beinahe gegen besseres Wissen gezwungen wurde, die materielle Welt zu verlassen.

Wie schon erwähnt, gibt es in der virtuellen Realität weder Zeit noch Raum noch Energie. Dieser Umstand ist für das Erinnerungsvermögen von großer Bedeutung. Niemand bezweifelt, daß das Gehirn Energie verwendet. Es verbrennt Nährstoffe als Kalorien und verwendet Glukose, einen Einfachzucker, der für die hochkomplizierten Gehirntätigkeiten zerlegt wird. Von der Energieausbeute der Nahrungsbestandteile, die sich in Gedanken verwandelt, wird nichts als Gedächtnis gespeichert. Nahrung ist nicht nötig, um zu speichern, wo Sie vor zehn Jahren an Ihrem Geburtstag waren oder was Sie gestern nach der Arbeit getan haben.

Ebensowenig scheint es Energie zu kosten, sich an diese Dinge zu erinnern. Um auf mein Beispiel zurückzukommen: Ich habe nicht bewußt versucht, etwas aus meinem Gedächtnis abzurufen. Ich habe meditiert, und nach einer Stunde tauchten ein Name und eine Telefonnummer auf. War mein Gehirn die ganze Zeit mit dem Problem beschäftigt? Momentan gibt es keine Antwort auf diese Frage. Unsere gängige Vorstellung vom Gehirn besagt, daß es wie ein Computer aus organischem Material funktioniert (ein Forscher nannte es »einen Computer aus Fleisch«, eine verstörende, aber unvergeßliche Formulierung). Ich bin davon überzeugt, daß das Gehirn die letzte Station flußabwärts ist, der Endpunkt für die Impulse, die in der virtuellen Realität beginnen, durch die Quantenebene fließen und als elektrische Impulse in den Zellkörpern und Verzweigungen unserer Nervenzellen enden.

Jedesmal, wenn wir eine Erinnerung abrufen, begeben wir uns auf eine Reise. Wir wandern von einer Welt in die nächste, während wir gleichzeitig die Illusion aufrechterhalten, uns noch in der vertrauten Umgebung aufzuhalten. Zuweilen sind die Verbindungen fehlerhaft – ich hätte mich auch an einen falschen Namen oder eine falsche Telefonnummer erinnern können. Ohne diese »Erinnerungsreise« zu verstehen, können wir jedoch kaum hoffen, die spirituelle Reise zurück zu Gott zu unternehmen, denn beide Wege sind identisch.

Computertomographie und MRT (Magnetresonanztomographie) haben uns einen Blick auf das Gehirn als einen Platz gestattet, an dem ununterbrochen Energie erzeugt wird. Aber Gehirn und denkender Geist sind nicht identisch. In bestimmten Fällen wird ein Eingriff am Gehirn vorgenommen, während der Patient bei vollem Bewußtsein und ansprechbar ist. Bittet man den Patienten, den Arm zu heben, so gehorcht er wie jeder andere, obwohl ein Teil der Schädeldecke entfernt und das Gehirn freigelegt ist. Stimuliert man mit einer Elektrode ein bestimmtes Areal der motorischen Gehirnrinde, so bewegt sich plötzlich der gleiche Arm. Die Bewegung erfolgt auf die gleiche Weise wie zuvor, als der Patient gebeten wurde, den Arm zu heben. Wenn man im ersten Fall fragt, was passiert ist, antwortet der Patient: »Ich habe meinen Arm bewegt«. Im zweiten Fall antwortet der Patient auf die gleiche Frage: »Mein Arm hat sich bewegt.«

Trotz der äußeren Ähnlichkeit (der Arm hat sich bewegt) waren bei der ersten Reaktion subjektiver Wille und Wunsch beteiligt; nicht das Gehirn allein, sondern eine geheimnisvolle Instanz namens »Ich« vollzog die Handlung. Der große kanadische Gehirnchirurg Wilder Penfield hat ein solches Experiment tatsächlich durchgeführt. Er kam zu dem Schluß, daß selbstbewußter Geist und Gehirn nicht identisch sind. Heute können wir zahlreiche Fälle anführen, wo beide offenbar differieren:

- Sie fragen mich nach meinem Namen, und ich nenne ihn mit einer plötzlichen Entladung elektrischer Aktivität in meiner Hirnrinde. Ich brauche jedoch keinerlei Gehirntätigkeit, um meinen Namen zu kennen.
- Im Geschäft entscheide ich mich dafür, entweder Vanilleeis zu kaufen oder Schokoladeneis. Während ich darüber nachdenke, arbeitet mein Gehirn, aber der Entscheidende – die Person, die zwischen A und B wählt – läßt sich im Gehirn nicht feststellen.
- Sie und ich sind identische Zwillinge, die ein Bild von Picasso betrachten. Ich sage, daß es mir gefällt, Sie sagen, daß es Ihnen nicht gefällt. Wir beide benutzen die elektrische Gehirntätigkeit, um unsere Meinung zu äußern, aber unsere ästhetischen Vorlieben sind nicht an eine Gehirnfunktion gebunden.
- Ich sitze im Flugzeug und grübele darüber nach, was ich in meinem Vortrag sagen soll, nachdem wir gelandet sind. Ich falle in einen leichten Schlummer. Als ich aufwache, weiß ich genau, worüber ich sprechen werde. Dieser Wechsel von Sorge zu Gewißheit war kein meßbares Ereignis im Gehirn, denn im Schlaf fand kein bewußtes Denken statt.
- Sie sitzen auf dem Sofa und lesen. Plötzlich fällt Ihnen der Name eines alten Freundes ein. Im nächsten Augenblick klingelt das Telefon, und Ihr Freund ruft an. Das Gehirn mußte aktiv werden, damit Sie sich an den Namen erinnern, aber die zeitliche Übereinstimmung läßt sich durch keinen Mechanismus der Gehirntätigkeit erklären.
- Auf einer Party treffen Sie einen Fremden. Sie fühlen sich von ihm angezogen und wissen sofort, daß Sie diesen Menschen heiraten werden. Nach einiger Zeit geschieht das tatsächlich, und Sie erfahren, daß er genau die gleichen Gefühle für Sie empfunden hat. Das Gehirn ist aufgrund der ausgeschütteten Hormone für die Anziehungskraft verantwortlich, vielleicht sogar für die geistigen und emotionalen Impulse, die Sie beide zu »richtigen« Partnern füreinander machten. Das erklärt aber kei-

neswegs die von Ihnen beiden gleichzeitig empfundene Gewißheit.

Als Wilder Penfield seine Forschungsarbeiten in den dreißiger Jahren
begann, hatte die Wissenschaft noch nicht eindeutig entschieden, ob
der Geist lediglich als eine von Neuronentätigkeit erzeugte Schimäre
zu betrachten sei. Wie er schreibt, wurde ihm in den Siebzigern klar,
daß viele Experten »mich zweifellos gern zum Schweigen bringen
würden, bevor ich den Zusammenhang zwischen Geist und Gehirn
diskutierte. Da der Geist seinem Wesen nach keinen Raum einnehmen kann, so erklären sie, gäbe es nur ein Phänomen, das es wert ist,
untersucht zu werden, nämlich das Gehirn.« Dennoch stellte Penfield (wie auch Sir John Eccles, ein ebenso kühner Gehirnphysiologe
in England) eine offensichtliche Frage. Wo läßt sich irgendein Ge-
hirnmechanismus feststellen, der Intuition, Kreativität, Einsicht,
Phantasie, Verständnis, Absicht, Wissen, Willen, Entschlußkraft oder
Spiritualität besitzt? Sämtliche höheren Gehirnfunktionen sind
nicht imstande, die Eigenschaften zu erzeugen, die uns erst zu Menschen machen. Sollen wir sie als Illusion abtun oder die Diskussion
verschieben, bis ein Gen für die Seele entschlüsselt wird?

Neben vielen anderen Beobachtungen beschrieb Penfield, daß
das Gehirn Erinnerungen auch während des Schlafs aufrechterhält.
Patienten, die aus schweren Koma-Zuständen erwachen, erinnern
sich sowohl an die Sprache als auch an ihre eigene Lebensge-
schichte. Etwa ein Prozent der Patienten unter Vollnarkose berichten, daß sie hören konnten, was die Chirurgen bei der Operation
sagten. Sie können sich häufig auch im einzelnen erinnern, was
während der Operation vorgefallen ist. Obwohl Penfield die Funktionsweise des Geistes nicht bestimmen konnte, spekulierte er, daß
er eine eigene Energiequelle haben müsse. Auf irgendeine Weise erhält er auch Energie vom Gehirn – wenn das Gehirn abstirbt oder
seine Funktionen verliert, wie beispielsweise bei einem Gehirn-
schlag, sind bestimmte oder alle geistigen Funktionen abgeschaltet. Die im Gehirn vorhandene Energie reicht allerdings nicht aus,
um zu erklären, wie der Geist Traumata überlebt.

Auch wenn die Sauerstoffzufuhr des Gehirns bis zu vier Minu-

ten vollständig unterbrochen ist (oder länger, wenn der Körper
sehr kalt ist), kann es seine geistige Funktionsfähigkeit wieder-
erlangen. Während dieser Periode des Sauerstoffentzugs kommen
die Gehirnfunktionen zum Erliegen. Auch unter tiefer Narkose beobachtet man praktisch keine höheren Gehirnwellen. Deshalb
kann die Gehirnrinde unmöglich etwas so Komplexes speichern
wie die Erinnerung an das, was ein Chirurg gesagt hat. Die Tatsache, daß der Geist ein Gehirntrauma überlebt und auch unter Narkose funktioniert, deutet sehr stark auf eine eigenständige Existenz
des Geistes hin. Einfach ausgedrückt, kam Penfield zu dem Schluß,
daß »... der Geist die Erfahrung macht und das Gehirn die Erfahrung aufzeichnet«. Er folgerte, der Geist sei eine Art unsichtbares
Energiefeld, das das Gehirn einschließt, es vielleicht sogar kontrolliert. Anstelle von Energiefeld sollten wir es meiner Ansicht nach
»Informationsfeld« nennen, da das Gehirn einen Informationsfluß
verarbeitet.

Die Verwendung des Begriffs »Feld« verlangt den Schritt ins
Reich der Quantenwirklichkeit. Ein Feld ist kein physisches oder
materielles Objekt. Das Gehirn besitzt physische Strukturen wie
beispielsweise die Hirnrinde und das limbische System. Das Magnetfeld der Erde beispielsweise wirkt anziehend auf Eisenteilchen
und bewegt sie in diese oder jene Richtung, aber das, was die Bewegung verursacht, ist weder sichtbar noch fühlbar. Ebenso veranlaßt der Geist das Gehirn, auf diese oder jene Weise aktiv zu
werden. Denken wir zuerst das Wort »Erdferkel«, dann das Wort
»Rangun«. Das erste Wort hat einen eigenen Klang und eine eigene
Bedeutung, die im Gehirn ein bestimmtes Wellenmuster hervorru-
fen. Auch das zweite Wort ist durch ein einzigartiges Muster definiert. Der Wechsel von dem einen Wort zum anderen erfordert eine
radikale Veränderung der Gehirntätigkeit, an der Millionen von
Neuronen beteiligt sind. Wer verursacht diese Veränderung? Das
erste Wellenmuster muß erst vollständig aufgelöst sein, bevor das
zweite entstehen kann; zwischen beiden gibt es keinen Übergang,
der als Bindeglied dienen könnte. Erdferkel wird ausgelöscht (einschließlich des geistigen Bildes von einem borstigen Riesentier), so
daß Rangun seine Stelle einnehmen kann (einschließlich seines

Platzes auf der Landkarte und unserer Kenntnisse über die Geschichte Birmas). Dazwischen liegt nur eine leere Lücke, vergleichbar mit der dunklen Lücke zwischen zwei Kinobildern.

Dennoch gelingt es dieser Lücke, der keine Gehirntätigkeit entspricht, Millionen von Gehirnzellen zu organisieren. Sie kennt den Unterschied zwischen einem Erdferkel und Rangun, ohne daß wir darüber nachdenken müssen, mehr noch, keine einzige Gehirnzelle wird willkürlich veranlaßt, sich zu den unglaublich komplexen Strukturen anzuordnen, die zur Erzeugung eines Wortes notwendig sind. All das geschieht automatisch, ohne Energieaufwand – das heißt ohne elektrische Gehirntätigkeit. Eine andersgeartete Energie könnte in der Lücke durchaus vorhanden sein. Eccles machte die berühmte Aussage, daß »Gott in der Lücke ist«. Er vermutete, die Zwischenräume im Gehirn, die winzigen Synapsen zwischen den Nervenenen, müßten Sitz der höheren Geistesfunktionen sein, da sie in der materiellen Gehirnsubstanz nicht festzustellen sind.

Bei unserer Suche nach Gott ist der Geist ein unabdingbares Werkzeug. Wir vertrauen dem Geist und hören auf ihn; wir folgen seinen Impulsen und verlassen uns auf seine Präzision. Weitaus wichtiger, der Geist interpretiert für uns die Welt, verleiht ihr Sinnhaftigkeit. Ein deprimierter Mensch sieht in einem leuchtenden Sonnenuntergang auf Tahiti nur den Abglanz seiner Traurigkeit. In einem anderen lösen die gleichen Signale auf der Regenbogenhaut des Auges Erstaunen und Freude aus. Wilder Penfield würde sagen, das Gehirn zeichnet den Sonnenuntergang auf, aber nur der Geist kann ihn erfahren. Auf der Suche nach Gott wünschen wir uns, unsere Interpretationen mögen sich über den Geist hinaus zu einer höheren Ebene aufschwingen, damit wir Geburt und Tod, Gut und Böse, Himmel und Hölle verstehen. Wenn dieses Verstehen auch spirituelle Erfahrungen (GEIST) einbezieht, müssen zwei unsichtbare Bereiche, Geist und Seele, miteinander verbunden werden. Erst dann können wir ihnen vertrauen.

Eine Gotteserfahrung erfordert höchst subtile geistige Reaktionen. Wenn der Geist getrübt oder nicht verfeinert genug ist, kann der Rückbezug auf Gott nicht erfolgen. Viele Faktoren spielen hier eine Rolle. Valerie Hunt, eine Forscherin, die sowohl auf dem Gebiet der

Psychologie als auch der Physiologie arbeitet, hat in ihrem 1989 er-
schienenen Buch »Infinite Mind« einige wichtige Zusammenhänge
über die Geist-Gehirn-Verbindung herausgefunden. Anhand der
EEG-Wellen verschiedener Versuchspersonen stellte sie fest, daß bestimmte Gehirnwellenmuster höheren spirituellen Erfahrungen zugeordnet werden können. Dieser Befund erweitert frühere Studien-
ergebnisse, die dreißig Jahre zurückliegen und in denen gezeigt
worden war, daß Zustände tiefer Meditation die Alphawellen-Muster
im Gehirn verändern, ebenso Herzfrequenz, Atemfrequenz und
Blutdruck. Valerie Hunt interessierte sich jedoch auch dafür, weshalb die Menschen *keine* spirituellen Erfahrungen haben. Mit dieser
Fragestellung untersuchte sie die Vermutung, daß wir alle eine
natürliche Verbindung zu dem ganzheitlichen Geist-Feld an Energie
und Information haben, so wie wir alle mit den Gehirnprozessen
verbunden sind, die das Denken ermöglichen. Diese Vermutung ist
einfach, aber tiefgründig. Weshalb blenden wir die Spiritualität aus?

»Das Problem sind immer die intensiven Gefühle, die bei mystischen Erfahrungen auftreten«, sagt Valerie Hunt. »Die Gefühle sind
so real und tief, daß wir sie nicht leicht verstehen oder akzeptieren
können. … Ein weiterer Grund ist die Abneigung, unsere Prioritäten
wie auch unsere Vorstellungen von uns selbst und von Gott aufzugeben.« Das Feld des Geistes, so scheint es, ist ein Minenfeld.

Diese spirituelle Blockierung wurzelt nicht einfach in einer Be-
schränktheit des Gehirns. Schon vor Valerie Hunt haben Mediziner
dokumentiert, daß sich unter kurzfristigem Sauerstoffmangel die
Aktivität des rechten Schläfenlappens erhöht, woraus die Illusion
entsteht, »ins Licht zu gehen«. Es ist das gleiche schwebende Gefühl, der Eindruck, sich außerhalb des Körpers zu befinden, das
Gefühl der Ekstase und der Eindruck, in einer anderen Welt zu
sein, ja sogar Visionen dahingeschiedener Seelen und Engel, die
einen ins Licht bitten – alle diese Phänomene lassen sich durch
Sauerstoffentzug imitieren. Der gleiche Effekt wird durch Herum-
wirbeln in einer großen Zentrifuge erzielt, die beispielsweise in der
Ausbildung von Astronauten zur Gewöhnung an intensive Gravita-
tionskräfte verwendet wird. Eine künstlich herbeigeführte Erfahrung ist jedoch kaum mit einer echten vergleichbar. Zentrifugal-

kräfte oder Sauerstoffverlust haben keine spirituelle Bedeutung, während Menschen mit Nah-Todeserfahrungen (ganz zu schweigen von Yogis und Heiligen, die ständig im Licht leben) über tiefgreifende spirituelle Veränderungen berichten.

Wenn das Gehirn also normalerweise einen ganzen Erfahrungsbereich herausfiltert – und wie wir gesehen haben, ist das der Fall –, dann finden wir vielleicht bedauerlicherweise den primitivsten Zugang zu höheren Dimensionen durch Schaden oder Mangel. Jede höhere Erfahrung erfordert vom Gehirn eine Anpassungsleistung. Gehirnwellenaktivität ist notwendig, um die umherwirbelnde, chaotische Energie der Quantensuppe in erkennbare Bilder und Gedanken zu verwandeln. Die Gehirntätigkeit eines Menschen mit einer Bereitschaft zu spirituellen Erfahrungen unterscheidet sich nach Valerie Hunt erheblich von den EEG-Mustern eines Menschen, der blockiert ist. Über die EEG-Messungen hinaus hat sie fünf psychologische Zustände mit einer spirituellen Blockierung in Beziehung gesetzt. Alle wurzeln in einer Anfangserfahrung – einer kurzen Berührung mit Gott –, die der Mensch nicht in sein bisheriges Selbstverständnis einfließen lassen kann. Es handelt sich um folgende fünf Erfahrungen:

1. Die Erfahrung einer göttlichen Energie oder Gegenwart
2. Die plötzliche Erkenntnis, daß Vergangenheit, Gegenwart und Zukunft eins sind
3. Die Fähigkeit zu heilen
4. Nicht erhörte Gebete in einem »guten Leben« – die Erfahrung, von Gott verlassen zu sein
5. Eine Überlastung der Sinne und des Nervensystems, wenn »das Licht« einströmt

Diese Erfahrungen hängen zwar zusammen, sind aber auch sehr unterschiedlich. Wenn sie einem Menschen zustoßen, reagiert er häufig mit Schock oder Bestürzung, obwohl unter Umständen eigentlich etwas sehr Positives geschieht.

Das Christentum, so könnte man zu Recht sagen, hätte vielleicht nicht überlebt, wäre Saulus nicht auf der Straße nach Da-

maskus von Licht geblendet worden und hätte Jesus nicht gesagt:
»Warum verfolgst du mich?« Diese überwältigende Erfahrung
enthält einige der oben aufgeführten Hindernisse. Das gesamte
Glaubensgebäude des Saulus wurde in Frage gestellt. Die Notwen-
digkeit, die plötzliche Konfrontation mit Gott als ganz konkrete
Wirklichkeit aufzufassen, hatte einen ungeheuren inneren Kampf
zur Folge. Die göttliche Erfahrung hatte die Sinne so überlastet,
daß Saulus danach einige Tage mit Blindheit geschlagen war. Als
Buddha unter dem Bodhi-Baum saß und sich vom bindenden Einfluß des Geistes zu befreien suchte, stand ihm der gleiche innere
Kampf bevor. Jeder spirituelle Durchbruch birgt immer auch die
Gefahr eines starken inneren Widerstands, zum Beispiel:

Neurotische Abwehrmechanismen wie »Ich bin es nicht
wert« oder »Ich habe ein geringes Selbstwertgefühl« werden ausgelöst.

Befürchtungen, eine böse oder satanische Kraft sei am
Werk, tauchen auf. Sie können als Angst vor Geisteskrankheit oder als Überzeugung auftreten, die Wahnvor-
stellungen würden von etwas, das außerhalb unserer
selbst ist, verursacht.

Das Selbst versucht vergeblich, die alten Verhaltensmuster
beizubehalten, und fürchtet Veränderung als eine Form
des Todes.

Wenn es in der Erfahrung kein Zeichen von Gott gibt, wie
zum Beispiel eine Stimme oder Vision, wird die Erfahrung irreal und scheinbar losgelöst von der Welt.

Die Gewohnheit, in der Dualität zu leben und Vergangenheit, Gegenwart und Zukunft als getrennt voneinander
zu sehen, wehrt sich dagegen, aufgehoben zu werden.

Die Reise des Geistes zurück zu Gott hat also schwerwiegende Auswirkungen, insbesondere verlangt sie vom Gehirn eine neue Art
der Wahrnehmung. Das wurde mir bei einer Verletzung klar, die
sich neulich ein guter Freund von mir zuzog. Da er nicht gewöhnt
war, im Fitneßstudio zu trainieren, überanstrengte er sich an einem

Gerät und verletzte sich den rechten Fuß. In den folgenden Tagen steigerte sich der Schmerz, sobald er den Fuß belastete. Nach ein paar Wochen konnte er kaum noch um den Block gehen, ohne sich setzen zu müssen. Die ärztliche Untersuchung ergab, daß er eine häufige Erkrankung hatte, eine Muskelfaserentzündung der Fußsohlen. Dabei werden die Bindegewebsfasern zwischen der Ferse und der Fußspitze überdehnt oder zerrissen. Spezielle Übungen führen manchmal zu einer Besserung. Schwere Fälle machen eine Operation notwendig, die jedoch nicht immer erfolgreich ist.

Da mein Freund ein stoischer Mensch ist, beschloß er, den Schmerz zu ertragen, und widmete sich nur ab und zu den erforderlichen Übungen. Mit der Zeit wurde das Gehen für ihn allerdings so beschwerlich, daß er vor lauter Verzweiflung einen chinesischen Heiler aufsuchte. »Ich ging in seine Praxis, die nur aus einem kleinen Raum hinter einem Kung-Fu-Studio bestand. Der Heiler war ein kleiner Mann von ungefähr fünfzig Jahren. Er machte keinen besonders mystischen oder spirituellen Eindruck, und man sah ihm auch nicht an, ob er die Gabe des Heilens besaß. Aber seine Behandlung war bemerkenswert«, erinnerte sich mein Freund.

»Nachdem er meinen Fuß sanft abgetastet hatte, stand er auf und machte hinter meiner Wirbelsäule einige Handbewegungen in der Luft. Dabei berührte er mich nicht. Als ich ihn fragte, was er da tue, sagte er einfach, daß er ein paar Schalter in meinem Energiefeld betätige. Er war etwa eine Minute damit beschäftigt, dann bat er mich aufzustehen. Ich stand auf und verspürte nicht den geringsten Schmerz. Vergiß nicht, ich war kaum noch in der Lage gewesen zu gehen und humpelnd in seine Praxis gekommen.

Verblüfft fragte ich ihn, was er getan hatte. Er erklärte, daß der Körper eine bildliche Projektion des Geistes sei. In gesundem Zustand hält der Körper dieses Bild intakt und im Gleichgewicht. Verletzungen und Schmerzen können allerdings dazu führen, daß wir unsere Aufmerksamkeit von der verletzten Stelle abziehen. In diesem Fall verschlechtert sich das Körperbild; die Energiemuster sind beschädigt, ungesund. Der Heiler stellt also die richtigen Muster wieder her – und zwar sofort, auf der Stelle. Danach übernimmt der Geist des Patienten wieder selbst die Verantwortung.

Ich belastete den Fuß und ging umher, nur um sicherzugehen, daß ich mich nicht getäuscht hatte. Währenddessen sagte mir der Heiler beiläufig, daß auch ich lernen könnte zu heilen. ›Wirklich?‹ fragte ich. ›Was muß ich tun, um so etwas zu erreichen?‹ – ›Sie müssen nur die Vorstellung aufgeben, daß es unmöglich ist‹, sagte er.«

Bis heute sind die Schmerzen nicht wiedergekommen, was für sich genommen schon bemerkenswert genug ist. Aber jetzt kommt die spirituelle Moral der Geschichte. Diese Heilung hat das Leben meines Freundes nicht verändert. Die Vorstellung, die er von seinem Körper hat, ist gleich geblieben – für ihn ist er nicht lediglich eine Projektion oder Maske verborgener Energien. Unsere inneren Überzeugungen sind ungeheuer stark, sie graben sich so tief in das Gehirn ein, daß auch die ungewöhnlichsten Erfahrungen nicht in jedem Fall den Durchbruch zu einer neuen Wirklichkeit bewirken. Die alten Vorstellungen meines Freundes wurden nur leicht erschüttert. Ein außergewöhnliches Ereignis reichte nicht aus, um seine spirituelle Blockierung zu überwinden. (Auch Christus muß das gewußt haben, denn er vollbrachte seine Wunder nur widerwillig.)

Als Kind glaubte ich mich von Spiritualität ausgeschlossen, weil ich Buddha oder Krishna doch nie sehen würde und weil meine Augen niemals einen Menschen erblicken würden, der von den Toten auferstanden war, oder Wasser, das zu Wein geworden war. Jetzt weiß ich, daß ein Wunder noch keinen Gläubigen macht. Vielmehr sind wir alle Gläubige, denn wir halten die Illusion der physischen Welt für vollkommen wirklich. Dieser Glaube ist ein Gefängnis, das einzige, was uns daran hindert, die Reise ins Unbekannte anzutreten. Nach vielen Jahrhunderten voller Heiliger, Weiser und Seher können sich bis heute nur wenige Menschen radikalen Veränderungen ihres Glaubenssystems öffnen. Die meisten sind dazu nicht imstande. Dennoch bleibt uns letztlich nichts anderes übrig, als unser Glaubensgebäude zu verändern, um es der Wirklichkeit anzupassen, denn in der Quantenwelt erschafft der Glaube die Wirklichkeit. Wie wir sehen werden, ist unsere wahre Heimat das Licht. Unsere ureigenste Aufgabe ist es, aus dem Bereich unbegrenzter Möglichkeiten auf der virtuellen Ebene unendlich schöpferisch zu sein.

AUSSERGEWÖHNLICHE FÄHIGKEITEN

... denn alle Dinge sind möglich bei Gott.

Markus-Evangelium

»Ich bin ein Mensch, den die Kirche wohl als ein ›verlorenes Schaf‹ bezeichnen würde. Als ich jung war, hatte ich nicht besonders viel Vertrauen zu mir oder irgend etwas anderem. Wenn mich jemand gefragt hätte, ob ich an Gott glaube, hätte ich wahrscheinlich gesagt: ›Warum sollte ich? Er glaubt ja auch nicht an mich.‹«

So beschrieb ein vierundzwanzigjähriger medizinisch-technischer Assistent seine Kindheit in einer Arbeiterfamilie. Seine Mutter war eine fromme Katholikin und der Vater nur auf dem Papier ein Christ, der am Sonntag zu Hause blieb, während die Kinder zur Messe geschleppt wurden.

»Einmal, als ich dreizehn war, ging ich mit meinem Vater durch die Innenstadt von Boston. Am Straßenrand stand ein Bettler, der uns wortlos seine Hand entgegenstreckte. Ich sah, daß mein Vater ihm einen bösen Blick zuwarf. Als wir weitergingen, murmelte der Bettler uns mit schwacher Stimme hinterher: ›Gott segne Sie.‹ Mein Vater wurde sehr wütend. ›Da hast du deinen Glauben‹, knirschte er sarkastisch. ›Ich schufte seit dreißig Jahren tagaus tagein, und dieser Kerl hier rührt keinen Finger, um sich selbst zu helfen. Jeden Abend überläßt er es der Vorsehung, ob er etwas zu essen oder einen Platz zum Schlafen findet. Mehr Gottvertrauen kann man wohl kaum haben.‹«

Die Geschichte zeigt, wie hart religiöser Glaube und die Erfordernisse des täglichen Lebens aufeinanderprallen. Wenn es zwei Wirklichkeiten gibt, die um unsere Anerkennung konkurrieren – die materielle und die spirituelle –, aus welchem Grund sollten wir die materielle aufgeben? Da Gott nichts tut, um Millionen armer Menschen auch nur mit dem Allernotwendigsten zu versorgen, spricht einiges für den Unglauben.

Nicht zu glauben ist aber auch keine zufriedenstellende Alternative. Bestimmte mysteriöse Phänomene lassen sich nur erklären, wenn wir von der Existenz eines unsichtbaren Bereichs ausgehen, der unser spiritueller Ursprung ist. Er birgt unsere Intelligenz und das Gefühl, daß das Universum geordnet ist. Als Beweise dafür, daß es einen solchen Bereich gibt, können wir uns auf eine ganze Reihe von Besonderheiten verlassen, die sich am Rande völlig normaler Ereignisse abspielen. Dazu gehören neben dem religiösen Erwachen und der Lichterfahrung, mit denen wir uns schon befaßt haben, auch die folgenden Phänomene:

Inspiration und Einsicht
Genies, Wunderkinder und autistische Menschen mit genialen Begabungen
Erinnerungen an frühere Leben
Telepathie und außersinnliche Wahrnehmung
Alter egos (Persönlichkeitsspaltung)
Bedeutsame Zufälle (»Synchronizität«)
Hellsehen und Prophezeiungen

So unterschiedlich sie auch sein mögen, all diese Randerscheinungen führen uns in Bereiche, die unser gegenwärtiges Wissen über das Gehirn überschreiten – Bereiche des »Geist-Feldes«, die Gott am nächsten sind. Das Gehirn ist Empfänger des Geistes, wie ein Radio, das Signale von einer weit entfernten Quelle empfängt. Wenn ein batteriebetriebenes Radio vom Himmel herab mitten in eine nichtzivilisierte Gemeinschaft fiele, würden die Menschen es wahrscheinlich aufheben und ihm Verehrung entgegenbringen, denn niemand könnte erklären, weshalb aus diesem Zauberkasten Musik und Stimmen erklingen.

Heute gleicht auch das Gehirn einem solchen Zauberkasten. Wir nutzen es auf willkürliche, ja chaotische Weise und überhören deshalb häufig die wichtigsten Signale Gottes. Obwohl paranormale Phänomene seit sechzig Jahren erforscht werden und wir seit vielen Jahrhunderten Musik, Genie, Einsicht und Inspiration erfahren, sind die spirituellen Bezüge in manchen Bereichen noch nicht geklärt. In den folgenden Abschnitten werden wir uns mit diesen Verbindungen befassen und zeigen, daß die Quantenwirklichkeit – der Bereich der Wunder – eigentlich gar nicht so fern von uns ist.

INSPIRATION UND EINSICHT

Wenn das Gehirn Gedanken erzeugt und Gedanken das Ergebnis der in den Neuronen gespeicherten Informationen sind, wieso kann dann jemand irgendwann eine neue Idee haben? Weshalb kombinieren wir nicht wieder und wieder alte Informationen? Neue Ideen kommen zustande, weil neue Gedanken im Geist und nicht im Gehirn entstehen. Die originellsten neuen Gedanken nennen wir Inspiration. Auf der persönlichen Ebene gewinnt jemand, der eine neue Erkenntnis über sich selbst hat, Einsicht. Wenn man sich inspiriert fühlt, ist mehr als normales Denken im Spiel. Man fühlt sich gehoben, spürt einen plötzlichen Durchbruch. Alte Einschränkungen fallen weg, und man empfindet – sei es auch nur für einen Moment – einen Hauch von Befreiung. Wenn die Inspiration stark genug ist, kann sich das ganze Leben verändern. Es gibt Einsichten, die derart kraftvoll sind, daß selbst jahrelang eingeschliffene Verhaltensmuster von jetzt auf gleich verschwinden.

Lassen Sie uns die Auswirkungen von Einsicht an einem Beispiel näher betrachten – das ist auch sehr aufschlußreich für den Geist. Eines Tages erschien eine junge Frau völlig aufgebracht in der Praxis ihres Therapeuten. Sie erklärte, ihre beste Freundin Maxine hätte einen schrecklichen Verrat an ihr begangen. Dazu erzählte sie folgende Geschichte: Im letzten Jahr des Jurastudiums hatten sich Maxine und sie gemeinsam auf das Examen vorbereitet. Als ernsthafter und leistungsbewußter Mensch hatte sie Maxine nach besten Kräften unterstützt: Sie hatte ihr umfangreiche Vorlesungsmitschriften zur Verfügung gestellt und war eingesprungen, wenn die Freundin an einer Lehrveranstaltung nicht teilnehmen konnte. Sie hatte die Gruppe, die zusammen lernte, sogar mit Essen versorgt, wenn bis spät in die Nacht gearbeitet wurde.

Mit anderen Worten, sie hielt sich für eine musterhafte Helfe-
rin. Als die Abschlußprüfungen näher rückten, trafen sich die beiden Freundinnen zum Lernen auch ohne die Gruppe, um für alle
Prüfungsfragen gewappnet zu sein. Während des Examens stellte
die Frau jedoch mit Schrecken fest, daß sie auf einem entscheidenden Gebiet nicht vorbereitet war. Sie hatte vergessen, sich mit
einem wichtigen Urteil des Obersten Bundesgerichtes zu beschäftigen, und konnte daher die entsprechenden Fragen nicht beantworten. Die Gewißheit, daß sie dieses Unglück zumindest mir ihrer
besten Freundin teilte, tröstete sie ein wenig. Als dann die Prü-
fungsergebnisse veröffentlicht wurden, hatte Maxine jedoch sehr
viel besser abgeschnitten als sie selbst. Auf ihre Frage bemerkte die
Freundin eher beiläufig, daß sie sich mit dem speziellen Fall allein
befaßt habe.

»Ja gut«, sagte der Therapeut, »das verstehe ich alles, aber warum sind Sie so wütend?«

»Das fragen Sie noch?« empörte sich die Frau. »Sie hat mich verraten. Dabei sollte sie eigentlich meine beste Freundin sein. Ich
habe alles für sie getan und mich wirklich angestrengt, um sie
beim Jurastudium zu unterstützen. Und jetzt sehen Sie, was sie getan hat!«

»Hat sie es mit Absicht getan?« fragte der Therapeut. »Oder hat
sie einfach nur für sich selbst gesorgt? Vielleicht wollte sie es Ihnen
sagen und hat es dann vergessen.«

Die Frau preßte die Lippen aufeinander. »Aber so behandelt
man seine beste Freundin einfach nicht«, sagte sie schließlich.
»Maxine ist es offenbar egal, was mit mir geschieht.«

Bei genauerem Hinsehen hat diese Geschichte zwei tiefere
Aspekte. Der erste ist psychologischer Art, und der Therapeut hatte
ihn sofort erkannt: Hier ging es um mehr als nur um einen Streit
zwischen zwei Freundinnen. Seine Patientin zeigte vielmehr alle
Anzeichen einer von Kontrolle abhängigen Persönlichkeitsstruk-
tur. Als Perfektionistin kümmerte sie sich ungefragt um die Bedürfnisse ihrer Mitmenschen und übernahm gewöhnlich die Führung,
weil sie selbstverständlich davon ausging, daß die anderen nicht
für sich selbst sorgen konnten. Und natürlich erwartete sie auch

Dank für ihre Mühen – das waren nicht zu übersehende Warnzeichen. Wie ließ sich diese Einsicht vom Therapeuten auf die Patientin übertragen?

»Sie glauben, daß Maxine Sie hintergangen hat«, sagte der Psychiater. »Aber eigentlich ist sie die Normale von Ihnen beiden. Es ist ganz normal, für sich selbst zu sorgen. Sie war nicht verpflichtet, ihre gesamte Examensvorbereitung in allen Einzelheiten mit Ihnen zu teilen.«

Die Frau nahm diese Aussage erstaunt und sehr widerstrebend auf. »Sie ergreifen Partei für sie?« fragte sie verwirrt. »Und was ist mit mir?«

»Um Sie mache ich mir Sorgen. Bisher konnten Sie nicht sehen, daß es da ein Stück Wirklichkeit gibt, das Sie nicht akzeptieren können. Ihre Bemühungen für Maxine sind schön und gut, aber sie helfen Ihnen in erster Linie dabei, weiterhin zu verdrängen, was Sie nicht akzeptieren können.«

»Und das wäre?«

»Hören Sie«, sagte der Therapeut. »Andere Menschen haben das Recht, Sie abzulehnen, und Sie können nichts dagegen tun.«

Verwirrt und aufgeregt sank die Frau auf dem Stuhl zurück. Sie hatte die Worte gehört, aber noch nicht wirklich verstanden. Kurz vor der Einsicht zögerte sie. In ihren eigenen Augen war sie eine betrogene Heilige. Die Alternative war, sich in einem neuen Licht zu sehen, als eine Person, die sich jahrelang um andere »gekümmert« hatte, um sicherzustellen, daß niemand, absolut niemand sie jemals zurückwies.

Sie wagte den Sprung und akzeptierte die Einsicht. Vor ihr lagen qualvolle Monate, denn nun kamen die unterdrückte Angst und der aufgestaute Kummer an die Oberfläche. Ohne den Verdrängungsmechanismus ihres alten Verhaltens konnten die verborgenen Energien, die so lange im Inneren gefangen gewesen waren, endlich frei fließen.

Der zweite Aspekt der Geschichte ist ein spiritueller, denn Einsicht ist eine Sache, doch der Impuls, der sie hervorruft, eine andere. Hat sich das alles zufällig im Leben der Frau ereignet? Oder hat eine tiefere Persönlichkeitsschicht die Situation so gestaltet, daß eine Tür aufgestoßen wurde? Meiner Ansicht nach gibt es keine Zufälle im Leben, auch wenn unsere materielle Weltsicht darauf beharren mag. Doch wir alle haben an den Wendepunkten unseres Lebens schon einmal – nicht selten mit Verblüffung oder Staunen – festgestellt, daß uns gerade dann eine Lektion erteilt wurde, wenn wir sie am nötigsten hatten.

Kurz gesagt, eine verborgene Intelligenz scheint zu wissen, wann und wo wir uns wandeln müssen, und zwar häufig dann, wenn wir es am wenigsten erwarten. Inspiration bewirkt ihrem Wesen nach Veränderung, sie öffnet uns für die Spiritualität – und keine Theorie vom Gehirn hat bisher erklären können, wie eine Ansammlung von Neuronen sich selbst verändern kann. Eine Richtung der Neurologie betrachtet das Gehirn als einen Computer von ungeheurer Kapazität. Aber kein Computer wacht eines Morgens auf und beschließt, das Leben aus einer anderen Perspektive zu sehen. Ebensowenig kennen Computer Augenblicke des spirituellen Erwachens, wohingegen menschliche Wesen solche Momente immer wieder erfahren. Computer finden nicht irgendeine Idee plötzlich sinnvoll; für sie sind alle gespeicherten Daten gleich, eine Ansammlung von Nullen und Einsen in einer kodierten Sprache. Die E-Mail von gestern ist hier nicht mehr und nicht weniger bedeutsam als das Neue Testament.

Inspiration ist das perfekte Beispiel dafür, wie die unsichtbare Ebene der Realität wirkt. *Was immer auch gebraucht wird, steht zur Verfügung.* Manchmal ist man nicht bereit, eine Einsicht zu akzeptieren, und verpaßt deshalb eine Chance zur Veränderung. Aber das ist nicht der entscheidende Punkt. Der Geist ist nicht auf das einzelne Individuum beschränkt. Unser Geist ist kein Computer, sondern lebendige Intelligenz, die sich entwickelt und dazu neue Einsichten braucht.

Auf den frühen Stufen der Evolution wurde das Leben physisch komplexer – zum Beispiel entwickelten sich die Grünalgen zu Pflanzen, indem sie ihre Fähigkeit, das Sonnenlicht zu nutzen, verfeinerten. Höhere Evolution findet im Geist statt, etwa wenn ein Einstein hervorgebracht wird. Doch auch die Entwicklung von der Alge zur Pflanze war ein Intelligenzsprung, ein Moment der Inspiration, ebenso wie die Formulierung der Relativitätstheorie. Anders als das Gehirn kann sich der Geist in Sprüngen entwickeln, alte Begrenzungen durchbrechen und seine Freiheit genießen.

Auf jeder Stufe bedeutet Inspiration einen Schritt zu größerer Freiheit, und Freiheit gewährt zusätzliche Wahlmöglichkeiten. Zellen, die sich zu Pflanzen, Blumen und Bäumen entwickelten, waren den Blau- und den Grünalgen einen Schritt voraus. Gleichzeitig blieb die niedrigere Entwicklungsstufe weiterhin erhalten, solange sie der Umwelt von Nutzen war.

Im Augenblick der Inspiration eröffnet ein »Aha-Effekt« neue Möglichkeiten. Bei seiner Erleuchtung erkannte Buddha, daß es für die Menschheit eigentlich keinen Grund gab, weiterhin Gewalt anzuwenden oder noch länger zu leiden. Ihm wurde bewußt, daß das Leiden und das Böse in einem Mißverständnis darüber wurzeln, wie das Leben funktioniert. Er sah, daß das endlose Streben nach Vergnügen und der Versuch, Schmerz zu vermeiden, niemals endet, solange wir den Bedürfnissen unseres Ego verhaftet bleiben. Die Selbstbezogenheit und Unsicherheit des Ego lösen sich niemals von selbst auf. Immer gibt es noch einen Kampf, den es auszufechten gilt.

Gautama Buddha hatte diese Einsicht unter dem Bodhi-Baum, Jesus in der Wüste bei seinem Kampf mit dem Satan, und ähnliche Geschichten werden über jeden Meister oder Lehrer erzählt. Daß der größte Teil der Menschheit noch immer in Unwissenheit lebt – Ursache des Leidens in vielerlei Gestalt –, läßt sich auf die unterschiedlichen Bewußtseinsebenen der Menschen zurückführen. Im Bereich des Geistes gibt es beides, Freiheit und Bindung. Wir treffen die Wahl, woran wir uns halten wollen. Jeder Mensch setzt sich seine eigenen Grenzen und durchbricht sie erst, wenn die Evolution den Impuls dazu gibt.

Wir alle kennen Menschen, die sich mit vollkommen überflüssigen Problemen herumschlagen, weil ihnen die Einsicht fehlt, die zu einer Lösung führt. Sie wehren sich selbst dann noch, wenn ihnen diese Einsicht auf dem »Silbertablett« präsentiert wird. Einsicht und Inspiration muß man suchen und ihnen dann erlauben heraufzudämmern. Oder, wie unsere spirituellen Meister es ausdrücken, für dieses Wissen muß man bereit sein. Inspiration lehrt uns, daß Wandlung mit dem Vertrauen in die Existenz einer höheren Intelligenz beginnen muß, die weiß, wie sie Verbindung mit uns aufnimmt.

GENIES, WUNDERKINDER UND AUTISTISCHE MENSCHEN MIT GENIALEN FÄHIGKEITEN

Die Aussagen der Gehirnforschung zum Phänomen des Genies klingen nicht sehr überzeugend. Statistisch gesehen sind Genies selten, ihr Auftreten ist nicht berechenbar. Sie werden vornehmlich in ganz normale Familien hineingeboren, und ihre eigenen Sprößlinge weisen so gut wie nie eine überragende Intelligenz auf. Aus diesem Grund glauben wir, daß das Genie auf einer einzigartigen Kombination von Genen beruht – irgendwie ist es in einer extrem geringen Anzahl von Kindern von Geburt an angelegt.

Bei der Autopsie erweist sich die Großhirnrinde von Genies in den wenigsten Fällen als außergewöhnlich. (Im Juni 1999 machte die Nachricht Schlagzeilen, daß Einsteins Gehirn, das nach seinem Tod fast ein halbes Jahrhundert lang konserviert worden war, tatsächlich nicht der Norm entsprach. Der untere Parietallappen, ein Gehirnzentrum, das für mathematische Fähigkeiten und räumliche Wahrnehmung zuständig ist, war in Einsteins Fall fünfzehn Prozent größer als normal. Ist das der Beweis für Genialität? Wohl kaum, und doch gibt es ein nahezu universelles Verlangen danach, Genies als »anders« zu betrachten. Meiner Ansicht nach ist in erster Linie der Geist für die Verbindungen in unserem Gehirn verantwortlich. Faszinierend ist der geniale Geist Einsteins und nicht das »Radiogerät« unter seiner Schädeldecke, das die Signale empfangen hat.)

Wenn es nicht die Erbanlagen sind, die Genies mit speziellen Hirnstrukturen ausstatten, welche Rolle spielen dann die Gene? Schließlich kann ein Erbfaktor uns nur beeinflussen, wenn er sich in körperlichen Merkmalen ausdrückt. Man kann kein gewöhnliches Gehirn in das eines Genies verwandeln, und die elektrischen

Ableitungen eines genialen Gehirns unterscheiden sich nicht dramatisch von den Gehirnwellen, die ich produziere, während ich die Beträge in meinem Scheckbuch zusammenzähle.

In unserem neuen Modell dürfen wir Genialität also nicht physisch definieren, sondern als Fähigkeit, unmanifeste Ebenen des Geistes mit größerer Wirksamkeit zu aktivieren als andere Menschen. Entgegen der landläufigen Meinung sind Genies nicht ununterbrochen gedanklich tätig, ihr Geist ist sogar stiller und klarer als der anderer Menschen. Diese Klarheit ist jedoch häufig auf einen bestimmten Bereich beschränkt. Genies kämpfen mit den gleichen geistigen Blockaden wie andere auch, sie verfügen nur über einen oder zwei offene Kanäle zum Feld des Geistes.

Mozart beispielsweise fiel es schwer, die simpelsten finanziellen Angelegenheiten zu regeln. Emotional war er zwischen zwei Frauen hin- und hergerissen, und das Verhältnis zu seinem Vater belastete sein Unterbewußtsein mit unterdrücktem Zorn und Groll. Doch zur Musik hatte er einen derart ungehinderten Zugang, daß er schon mit vier Jahren frei komponieren konnte. Auf dem Höhepunkt seines Schaffens war er in der Lage, ganze Seiten einer Partitur auf einmal vor seinem geistigen Auge zu sehen.

Genie ist mehr als gewöhnliches Denken und Lernen – man könnte es kontinuierliche Inspiration nennen. Es ist der gleiche Prozeß wie bei einer begrenzten Inspiration, nur hat ein Genie diese inspirierenden Impulse über längere Zeiträume und findet leichter Zugang dazu als andere. Hier stoßen wir auf einen wichtigen Aspekt: Der Zugang zum Geist-Feld ist nur in dem Bereich möglich, in dem wir uns sicher fühlen, denn Gehirn und Nervensystem passen ihre Leistung unserer Persönlichkeit an. Das Gehirn eines Bauingenieurs gewöhnt sich daran, schematische Grafiken und Begriffe wie Zugfestigkeit und so weiter zu verarbeiten. Wenn wir plötzlich Musikinspirationen hätten wie Mozart, dann würde unsere persönliche Welt ins Chaos stürzen.

Ein Börsenmakler, der in Kalifornien lebte und sich bis dahin nicht für Kunst interessiert hatte, begann eines Tages, Leinwände mit leuchtend bunten Ellipsen zu bemalen, meist in gelb oder purpurrot. Er überraschte seine Freunde, indem er immer häufiger

auch Kleidung in diesen leuchtenden Farben trug. War er bis dahin
seinen heranwachsenden Kindern gegenüber eher gleichgültig gewesen, so wurde er jetzt ein liebevoller Vater und so locker und entspannt wie schon lange nicht mehr. Parallel zu dieser Entwicklung
veränderte sich seine visuelle Wahrnehmung. Der Anblick bestimmter Objekte faszinierte ihn wie nie zuvor. Manchmal empfand er eine Farbe als auf eine ungewohnte Art äußerst angenehm,
während andere Farben ihm heftig weh taten oder sogar dazu führten, daß ihm übel wurde.

Die Begeisterung für Farben vertiefte seinen Wunsch zu malen.
Schließlich nahm seine Leidenschaft derart überhand, daß er sei-
nen Beruf aufgab, um sich ganz der Kunst zu widmen. Im Laufe
seiner Wandlung vom Börsenmakler zum Amateur-Picasso ent-
wickelte sich jedoch zunehmend eine dunklere Seite: Er litt unter
Gedächtnisverlust und verschiedenen Arten von Zwangsverhalten.
Zum Beispiel suchte er auf der Straße wie besessen nach verlorenen
Münzen und hatte Zornesausbrüche und Depressionen. Als diese
Symptome sich zu Sprachstörungen und weiteren Gedächtnisver-
lusten auswuchsen, diagnostizierte ein Neurologe namens Bruce
Miller von der University of California in Los Angeles eine spezifi-
sche, seltene Erkrankung. Es handelte sich um eine frühe Demenz,
eine degenerative Veränderung des Gehirns beziehungsweise vor-
zeitige Vergreisung, die durch eine allmähliche Zerstörung der
Frontallappen des Gehirns verursacht wurde.

In der Regel gewinnen Patienten mit einer Demenz ihrer Krankheit nichts Positives oder Lebensförderndes ab. Miller fand jedoch
heraus, daß eine ganze Reihe von Patienten mit einer frontotem-
poralen Demenz (FTD) plötzlich ein Talent für Musik, Fotografie,
Kunst und andere kreative Bereiche entwickelten. Dieses Krank-
heitsbild ist zwar seit hundert Jahren bekannt, doch dieser geheimnisvolle Aspekt war eine neue Entdeckung.

Dieses Erblühen künstlerischer Talente ist aber immer vorübergehend. Die Zerstörung des Gehirns greift mit der Zeit allmählich
um sich, bis die geistigen Fähigkeiten vollkommen zerrüttet sind.
Im Falle des Börsenmaklers entwickelte sich sein Maltalent noch
einige Jahre weiter. Seine frühe Begeisterung für leuchtende Farben

mündete in komplexe Strukturen – mit großer Freude am Detail malte er Blumen, Vögel und Tiere, die sogar zu Galeriepreisen verkauft wurden. Aus den Ruinen eines degenerierenden Gehirns wurde ein zielgerichtetes, obsessives Talent geboren.

Der Fall des Börsenmaklers ist nicht der erste dieser Art. Zu den berühmten kranken Genies gehören der Epileptiker Dostojewski und Vincent van Gogh, der an einer ungeklärten Krankheit litt; man vermutet Schizophrenie, Epilepsie oder die Verwüstungen einer Alkoholkrankheit. Von der Öffentlichkeit unbeachtet haben einige chronisch Schizophrene Leinwände mit verzerrten, schrecklichen und doch faszinierenden Gesichtern bemalt. Zuweilen sind die Maler in ihrer Zwanghaftigkeit von einer so großen Detailsucht besessen, daß sie beispielsweise spinnwebfeine Linien malen. In den weitaus meisten Fällen mißlingt den Kranken der Balanceakt zwischen Kunst und Wahnsinn und schlägt ins Chaos um. Je mehr die Krankheit die Oberhand über die Kunst gewinnt, desto mehr verwirren sich die wunderschönen Muster zu verschlüsselten, verrückten Puzzlespielen.

Einige Psychiater haben daraufhin vermutet, daß Geisteskrankheiten die Kraft haben, Kreativität zu erzeugen. Im Falle einer Demenz ist die Zerstörung der Großhirnrinde jedoch so groß, daß man sich fragt, woher das Talent kommen soll. Auf irgendeine Weise erzeugt das Genie – und nur in seltenen Fällen eine Erkrankung – große Kunstwerke, indem es den Zugang zu Bewußtseinsbereichen öffnet, die im »normalen« Leben unbekannt sind.

Wunderkinder stellen den äußersten Punkt auf der Bandbreite der Genies dar. Einstein war kein Wunderkind, das heißt, seine mathematischen Fähigkeiten waren vor dem zehnten Lebensjahr nicht voll ausgebildet. Sein Genius drückte sich nicht in technischen Einzelheiten, sondern eher in seiner Fähigkeit zur Gesamtvision aus. Dennoch gibt es anscheinend geborene Genies, und dafür liefern die physiologischen Gegebenheiten keine Erklärung.

Alle geläufigen Modelle gehen davon aus, daß das Gehirn bei der Geburt noch nicht voll ausgebildet ist und erst durch die Erfahrung reift. Wenn man einem Kätzchen bei der Geburt die Augen verbindet und die Binde einige Wochen beläßt, kann das Gehirn keine Lichterfahrung machen. Da sich die visuellen Gehirnzentren nicht ohne Licht entwickeln können, bleibt das Kätzchen ein Leben lang blind. Ein neugeborenes Kind, das keine Sprache hört, lernt niemals sprechen. Es gibt auch Hinweise, daß ein früher Entzug von Liebe und Zuwendung eine lebenslange Leere hinterläßt, die auch durch spätere Erfahrung nicht oder nur unter großen Schwierigkeiten gefüllt werden kann. In all diesen Fällen legen von außen einwirkende Erfahrungen die Verschaltungsmuster der Großhirnrinde fest. Das primitive, noch nicht ausgebildete Neuronennetz eines Neugeborenen läßt sich nicht mit den Schaltungen eines Computers vergleichen. Neuronen müssen allen möglichen Reizen ausgesetzt werden, bevor sie das unendlich geordnete, flexible und leistungsfähige Netz eines reifen Gehirn bilden.

Nach diesem Modell ist es ausgeschlossen, daß das russische Wunderkind Evgeny Kissin, das berühmteste musikalische Wunderkind unserer Generation (es ist jetzt beinahe dreißig Jahre alt), fast von Geburt an über musikalische Fähigkeiten verfügte. Dennoch erinnert sich seine Mutter, die das Baby auf den Moskauer Markt mitnahm, daß ihr einjähriger Sohn Bach-Melodien in der richtigen Stimmlage summte, während die anderen Mütter in der Schlange sie ungläubig anstarrten. Sobald Evgeny krabbeln konnte, machte er sich auf den Weg zum Klavier und spielte genau die Bach-Stücke, die er gehört hatte, als seine ältere Schwester sie übte. Dies waren aber nur die ersten Anzeichen eines Wunderkindes, das mit sechs Jahren komponierte und mit dreizehn beide Klavierkonzerte von Chopin in einem einzigen Konzert spielte – eine ungeheure Leistung selbst für einen vollendeten Virtuosen.

Das noch nicht vollständig entwickelte Gehirn eines Kindes könnte derartiges nicht vollbringen. Die normale kindliche Entwicklung besteht aus monatelangen, zufälligen Versuchen. Dabei prüft es eine Fähigkeit nach der anderen, bis die angestrebten Fertigkeiten (gehen, sprechen, allein essen, Sauberkeitstraining) sich allmählich gegen die nicht wünschenswerten behaupten (Bettnässen, undeutliche Laute, auf Händen und Knien krabbeln). Vielleicht gibt es ein musikalisches Gen, das den einen Menschen befähigt, eine Melodie zu halten, während ein anderer kein musikalisches Gehör hat – doch ein Gen allein kann unmöglich all die unglaublichen Talente eines Wunderkindes koordinieren. Nur ein geübter Geist ist imstande, durch Erfahrung eine Fähigkeit zu entwickeln, denn das kindliche Gehirn muß für jede Funktion eine Bestandsaufnahme aus etwa hundert Milliarden Neuronen machen, die alle komplex geschichtet, aber noch ohne jede Erfahrung sind. Noch fehlt der erste Anblick, Laut, Wunsch, Traum, die erste Phantasie, Frustration oder Erfüllung. Aus dieser Suppe unreifer Zellen muß das Gehirn Vernetzungen und Verbindungen erzeugen, die ein Leben lang halten. Erstaunlich genug, daß Wunderkinder das alles fertigbringen und darüber hinaus noch dieses eine, lasergleiche Talent entwickeln.

Hier können wir auf den unmanifesten Bereich zurückgreifen, denn kein Wunderkind entsteht aus dem Nichts. Seine Fähigkeiten werden durch eine unsichtbare Intelligenz strukturiert, die sich aus unerfindlichen Gründen entschlossen hat, den Lernprozeß weit über das normale Maß hinaus zu beschleunigen. Nichts, nicht einmal das Umfeld, bleibt dem Zufall überlassen. In Kissins Familie gab es zwar ein Klavier, aber auch in Familien, die bis dahin nichts mit Musik zu tun hatten, sind schon Musikgenies geboren worden. Mathematikgenies treten in der Regel in Familien auf, deren Mitglieder keine Naturwissenschaftler sind. Auf die eine oder die andere Weise finden sie unbeirrbar Ausdrucksmöglichkeiten für ihr Talent. Der Geist strukturiert das Gehirn, nicht umgekehrt, das heißt, der innere Intelligenzfluß verwandelt uns in das, wozu wir bestimmt sind.

Äußerst selten treten Super-Wunderkinder auf, deren Fähigkeiten sich nicht auf ein einziges Talent beschränken, sondern die geistige Leistung insgesamt umfassen. Diese Kinder machen schätzungsweise das obere Viertel von einem Prozent der weltweit gemessenen IQs aus. Ein modernes Beispiel ist ein Junge, der das Alphabet hersagen konnte, als er noch kein Jahr alt war. Mit achtzehn Monaten konnte er lesen und Bücher auswendig lernen. Sein Wissensdurst war so unstillbar, daß er mit acht Jahren bereits die erste bis zwölfte Klasse hinter sich hatte. »Ich wußte, daß mein Kind mich intellektuell überflügeln würde«, soll seine Mutter ge-

sagt haben. »Ich wußte nur nicht, daß er es schon mit sechs schaffen würde.«

Wunderkinder sind jedoch nicht die am schwersten zu er-
klärende Kategorie der Genies. Diese Ehre gebührt den »autistischen Genies«, Menschen mit schweren geistigen Defekten, die
gleichzeitig über außergewöhnliche Fähigkeiten verfügten. Ein autistisches Genie ist kein vollkommenes Genie, denn in der Regel ist
nur ein Kanal zur grundlegenden Ebene des Geist-Feldes geöffnet,
während andere Bereiche Schwächen aufweisen. Ein autistisches
Genie ist möglicherweise imstande, mehrstellige Zahlen zu multi-
plizieren, zu sagen, auf welchen Wochentag irgendein Datum tausende von Jahren in der Vergangenheit oder Zukunft fällt, oder sogar die Wurzel aus Zahlen zu ziehen, die die Fähigkeiten eines
Großrechners übersteigen. Andererseits ist der gleiche Mensch
vielleicht unfähig, das Geld für die Busfahrkarte abzuzählen oder
leichte Texte zu lesen.

Zu den autistischen Genies unserer Zeit gehört ein Mann, der
sich an jedes Autokennzeichen erinnert, selbst wenn das schon
Dutzende von Jahren zurückliegt. Ein anderer, der fünfzehn
Fremdsprachen spricht, beherrscht auch einige sehr schwierige,
wie zum Beispiel Finnisch, Walisisch, Hindi und Mandarin, die
chinesische Hochsprache. Die Muttersprache dieses autistischen
Genies ist Englisch. Als er sich einmal in Paris verirrte, fand man
ihn Stunden später, wie er gutgelaunt als Übersetzer zwischen
einer griechischen und einer deutschen Touristengruppe diente.
Seine sonstigen geistigen Fähigkeiten hätten jedoch nicht ausge-
reicht, allein den Weg zum nahe gelegenen Hotel zu finden. Allerdings kann er Texte lesen, die auf dem Kopf oder auf der Seite
stehen.

Erst kürzlich hat die medizinische Wissenschaft dieser rätsel-
haften Erscheinung einen Namen gegeben, und zwar »autistisches
Genie-Syndrom«. Wie der Name schon sagt, sind diese Genies au-
tistisch, das heißt, sie neigen extrem zum Rückzug in die eigene
Vorstellungs- und Gedankenwelt sowie zu obsessiv-zwanghaftem
Verhalten. Das Syndrom tritt fünfmal häufiger bei Jungen als bei
Mädchen auf. Die Forschung konnte bei diesem Syndrom be-

stimmte Gehirnanomalien feststellen, insbesondere Schäden der linken Gehirnhälfte, welche die rechte Gehirnhälfte mit außerordentlichen Fähigkeiten kompensiert. Die rechte Gehirnhälfte ist vorherrschend in den Bereichen Musik, Kunst und unbewußten Rechenfähigkeiten, die bei autistischen Genies häufig auftreten. (Aus welchen Gründen eine solche Kompensation bei anderen autistischen Kindern ausbleibt, ist nicht bekannt.)

Ist das eine hinreichende Erklärung für die bizarre Mischung aus Genie und geistiger Behinderung? Das Beherrschen von Fremdsprachen wird der linken Gehirnhälfte zugeordnet, so daß also die Theorie, die rechte Gehirnhälfte ersetze die geschädigte linke Hälfte, nicht immer gültig ist. Zudem ist kein Mechanismus bekannt, durch den ein geschädigtes Gehirn, das noch nicht einmal einfache Denkaufgaben bewältigen kann, plötzlich übernormale Fähigkeiten entwickelt. Wir können statt dessen spekulieren, daß autistische Genies kühnen Entdeckern gleichen: Unter Vernachlässigung der Grundbedürfnisse hat sie ein bestimmter Impuls befähigt, die Grenzen weit jenseits der normalen Verstandeskräfte zu überschreiten.

Ein anderes autistisches Genie war beinahe so hilflos wie ein kleines Kind, ein Opfer schwerer Entwicklungsverzögerung, Gehirnlähmung und Blindheit. Der Junge hatte seit seiner Geburt in einem Waisenhaus gelebt, bis ihn ein mitfühlendes Ehepaar adoptierte. Erst als er vierzehn Jahre alt war, wurde sein Talent als musikalisches Wunderkind entdeckt. Eines Nachts erwachten seine Eltern, als jemand im Wohnzimmer Tschaikowskys erstes Klavierkonzert spielte. Zu ihrer Verwunderung war es ihr Adoptivsohn, der noch nie ein Klavier gesehen hatte und geistig zu behindert war, um Klavierunterricht zu nehmen. Nachdem sein Talent zutage getreten war, konnte er nach einmaligem Hören jedes noch so komplizierte Klavierstück spielen. Selbst ein geübter Berufspianist kann ein solches Kunststück nicht vollbringen. Der gleiche junge Mann war allerdings nicht in der Lage, einfache Tätigkeiten wie Kochen oder Kleidung kaufen zu erledigen, geschweige denn einer regulären Arbeit nachzugehen.

Ein solches Auseinanderklaffen der Fähigkeiten weist nicht nur auf ein physisches Ungleichgewicht hin, sondern auch auf Störungen auf der Ebene, auf der das Innenleben organisiert wird. Der unmanifeste Bereich liegt zwar jenseits der Zeit, doch fällt ihm auch die Aufgabe zu, den zeitlichen Ablauf in der Welt zu strukturieren. Wenn eine Rose im Frühling zu sprießen beginnt, könnte sie nicht überleben, indem sie jene chemischen Substanzen freisetzt, die die Winterruhe einleiten. Sie muß die Gene für Wachsen und Blühen aktivieren. Eine Rose steht im Einklang mit den Jahreszeiten und reagiert auf die geringsten Veränderungen des Tageslichts, der Temperatur, der Richtung des Lichteinfalls und der Erdfeuchtigkeit.

Wir können uns glücklich schätzen, daß wir – anders als die Rose – nicht Gefangene der Jahreszeiten sind. In anderer Hinsicht sind wir allerdings benachteiligt, denn wir haben die Freiheit, unsere Wahlmöglichkeiten zu mißbrauchen und uns selbst zu zerstören. Es scheint, als habe das autistische Genie in seinem Geist einige sehr drastische Entscheidungen getroffen. Die Intelligenz der Natur raubt ihm zwar nicht sein Genie, sie hebt allerdings auch keine falschen Entscheidungen auf. Unser Leben gehorcht den gleichen Prinzipien: Manch einer meistert einen bestimmten Lebensbereich, beispielsweise das Geldverdienen, während er in einem anderen, beispielsweise in der Fähigkeit, eine liebevolle Beziehung zu pflegen, versagt. Immer wenn ein Ungleichgewicht vorhanden ist, rücken die Schwachpunkte durch bestimmte Ereignisse früher oder später in den Mittelpunkt. Dennoch liegt die Entscheidung, ob wir dem von der Natur gewiesenen Weg folgen wollen, noch bei uns.

Alle angeführten Beispiele für Genialität enthalten zwar keine offensichtliche spirituelle Lektion, aber sie verweisen auf die Möglichkeit, daß der Geist unendlich viele Elemente in eine Ordnung zu bringen imstande ist. An diesem Punkt wird Gottes Nähe sehr stark spürbar. Wir sind zwar noch nicht am Ziel, aber der Genius ist wie ein Fenster, das sich zu unendlich vielen Möglichkeiten hin öffnet.

DIE ERINNERUNG AN FRÜHERE LEBEN

Wer waren Sie, bevor Sie geboren wurden? Im Westen wird viel über die Möglichkeiten eines Lebens nach dem Tod diskutiert, obschon ein Leben vor der Geburt doch genauso wahrscheinlich ist. Wenn wir nur an ein Leben nach dem Tod glauben, sind wir auf eine sehr enge, dualistische Zeitauffassung festgelegt. Es gibt dann nur »hier und jetzt« und »später«. Aber wenn das Leben Kontinuität besitzt, wenn die Seele ihre Reise niemals beendet, eröffnet sich eine vollkommen andere Weltsicht.

Zur Zeit meiner medizinischen Ausbildung in Indien wurde jeder junge Arzt aufs Land geschickt, wo er im Rahmen des öffentlichen Gesundheitsdienstes eine dörfliche Krankenstation versorgen mußte. Das ländliche Indien hat sich seit Jahrhunderten nicht verändert, so daß mich der Schock des Dorflebens nach der städtischen Kultur in Delhi wie eine Zeitreise anmutete. Als ich eines Tages in meiner Armenambulanz war, liefen die Patienten plötzlich scheinbar ohne Grund vor das Haus. Ich ging nach draußen, wo sich eine Menschenmenge um ein kleines Mädchen versammelt hatte, das barfuß auf der staubigen Straße stand. Es war vier oder fünf Jahre alt, schien aus dem Nichts aufgetaucht zu sein und sagte, es hieße Neela. Das ist in Nordindien ein häufiger Name, aber dann nannte das kleine Mädchen einige Dorfbewohner beim Namen, obwohl es die Leute noch nie im Leben gesehen hatte. Jemand nahm es auf den Arm und trug es in ein nahe gelegenes Haus. Unterwegs zeigte es auf einige Häuser, die es zu kennen schien.

Nach einer Stunde erschienen seine verzweifelten Eltern. Sie hatten an der Hauptstraße angehalten, um zu Mittag zu essen, und während sie das Essen auspackten, war Neela fortgelaufen. Es gab ein tränenreiches Wiedersehen mit dem kleinen Mädchen, dann kamen die Fragen. Wie hatte Neela den fast zwei Kilometer langen Weg vom Parkplatz zum Dorf gefunden? Woher hatten die Eltern gewußt, daß sie hier nach ihr suchen mußten?

Die Antwort war sehr befremdlich und doch sehr indisch. Es stellte sich heraus, daß das Mädchen nicht Neela, sondern Gita hieß. Sobald Gita sprechen konnte, hatte sie auf sich gedeutet und gesagt: »Neela, Neela.«

Natürlich waren alle überzeugt, daß Gita eine Reinkarnation war. Die Dorfbewohner dachten über die Geschichte nach, und es dauerte nicht lange, bis sich jemand an eine andere Neela erinnerte, ein kleines Mädchen, das auf einem Bauernhof in der Umgebung gelebt hatte und früh gestorben war. Jemand erbot sich, die dort lebende Familie herbeizuholen, aber Gitas Eltern wurden nervös. Unter dem Protest der Dorfbewohner packten sie ihre Tochter und fuhren im Auto davon. Gita weinte, als man sie wegbrachte. Sie starrte aus dem Rückfenster, während sich das Auto in einer Staubwolke entfernte. Soweit ich weiß, ist sie niemals zurückgekommen.

Nicht nur in Indien gibt es viele ähnliche Beispiele für ineinandergreifende Leben. Wie vor einigen Jahren bekannt wurde, reiste eine Delegation von Priestern auf der Suche nach der Reinkarnation eines hohen tibetischen Lama nach Spanien, wo sie als möglichen Kandidaten ein katholisches Baby ausmachten. Wie geschieht es, daß die Grenze zwischen Leben und Tod derart durchlässig werden kann? Menschen, die längere Zeit mit Genies und Wunderkindern zu tun haben, empfinden diese häufig als unwirklich, gewissermaßen übernatürlich. Es ist, als wäre eine alte Seele in einem neuen Körper eingeschlossen und verfüge über sehr viel mehr Erfahrung, als der gegenwärtige Körper eigentlich haben kann. Eine solche Erfahrung läßt uns leichter akzeptieren, daß ein früheres Leben Einfluß auf das jetzige ausübt. Ein musikalisches Wunderkind sagte einmal über seine Begabung: »Es ist, als käme das Spiel von außerhalb meines Bewußtseins. Die Musik strömt durch mich hindurch. Ich bin nur der Kanal, nicht die Quelle.«

Trifft das für uns alle zu? Wiedergeburt ist ein umstrittenes Thema. Der östliche Kulturkreis hat sich dieses Konzept bereits vor Jahrtausenden zu eigen gemacht, während die jüdisch-christliche Tradition mit der Vorstellung nur geflirtet und sie größtenteils zurückgewiesen hat. Im Mittelalter kam der Glaube an Wiedergeburt einer Gotteslästerung gleich.

Der Bereich des Unmanifesten gestattet uns, dieses Thema anders zu betrachten und die Vorstellung von einem früheren Leben als eine Frage des Bewußtseins anzusehen. Bewußt zu sein bedeutet, daß man entweder einen kleinen oder einen großen Teil seines Geistes aktivieren kann. Es gibt Menschen, die ihre tieferen Beweggründe, unbewußten Gefühle oder schöpferischen Fähigkeiten sehr genau kennen, während andere keinen Zugang dazu haben. Seher und Weise aktivieren sehr tief gehende geistige Bereiche und haben weit über ihr eigenes Leben hinaus Einblicke in die menschliche Natur. Ein bescheidener Mönch in einer Himalaya-Höhle ist unter Umständen fähig, meine Seele sehr viel klarer zu erkennen als ich. (Diese Erfahrung habe ich tatsächlich gemacht.) Folglich ist der Geist nicht auf die Erfahrung beschränkt – jeder von uns hat schon erlebt, daß er zuweilen mehr wußte, als er eigentlich wissen konnte.

Es gibt genügend Hinweise, daß der Geist nicht durch Zeit und Raum begrenzt ist. Nur weil das Gehirn sich im Kopf befindet, nehmen wir an, daß auch der Geist im Gehirn steckt und wie ein Gefangener von seinem Turm in die Welt hinausschaut, eine Vorstellung, die auch dem Satz »Diese Idee geht mir durch den Kopf« zugrunde liegt. Bewußtsein umfaßt jedoch mehr als Ideen und viel mehr als Gehirnfunktionen. Ich erinnere mich beispielsweise, wie ich in einem billigen Motel auf dem Bett saß und im Fernsehen den Bericht über ein Gewaltverbrechen sah. Ich war vierundzwanzig Jahre alt, es war mein erster Abend in Amerika, und die Gewaltszenen in den Elf-Uhr-Nachrichten waren ein ungewohnter Schock. Ich beugte mich vor und betrachtete die Opfer der Schießerei auf den Krankenbahren, die in ein örtliches Krankenhaus gefahren wurden. Plötzlich wurde mir übel.

Sie wurden zu der Klinik gebracht, in der ich mich am nächsten Tag melden sollte. Die Unfallstation, in der eilends Kugeln entfernt und Brustkörbe für die Wiederbelebung nach einem Herzstillstand geöffnet wurden, würde in zwölf Stunden mein Arbeitsplatz sein. Ich hatte ein unwirkliches Gefühl bei dem Gedanken, in den Sog dieser amerikanischen Gewalttätigkeiten zu geraten. Das Blut auf dem Gehsteig würde bald an meinen Händen kleben; ich würde Polizisten retten, aber auch Patienten, die Mörder waren.

Damals schwankte ich zwischen Faszination und Angst, und da
starke Gefühlsbewegungen sich tief ins Gedächtnis eingraben, ist
mir die Situation noch heute gegenwärtig; die Szene ist in lebhaften Bildern jederzeit vor meinem inneren Auge abrufbar. Ist die Erinnerung deshalb in meinem Kopf abgespeichert? Wenn ja, wie
können Sie sie dann nachempfinden, während Sie diese Zeilen
lesen? Meine Erinnerung hat sich, wenn auch vielleicht in abge-
schwächter Form, auf Sie übertragen. Wie ist ein Ereignis, das angeblich in meinem Schädel eingeschlossen ist, ohne Überträger-
medium in Ihren gelangt?

Der brillante englische Forscher Rupert Sheldrake hat sich zu
eben diesem Rätsel außerordentlich schlüssige Versuche ausgedacht. Er gab Kindern, deren Muttersprache Englisch war, mehrere
Gruppen japanischer Wörter und fragte sie, welche davon Ge-
dichte seien. Obwohl die Kinder kein Wort Japanisch sprachen,
erkannten sie die Verse mit bemerkenswerter Genauigkeit, so als
könnten sie den Unterschied zwischen einem kunstvollen Haiku
und gewöhnlichen Sätzen oder sogar sinnlosen Silben erkennen.
Wie war dieses Wissen in ihren Kopf gelangt? Lag es in der Luft,
oder war es Bestandteil eines planetarischen Geistes, an dem wir
alle Anteil haben?

Ein Gedanke verhält sich anscheinend wie ein Quant, ein Elementarteilchen, das die Lücke zwischen zwei Punkten überspringt,
ohne den Zwischenraum zu überqueren. Wir sind in ein Bewußt-
seinsfeld eingebettet, das in uns, um uns herum und durch uns
hindurch strömt. Dieses Bewußtsein ist zum Teil lokal begrenzt,
weshalb wir »mein Gedächtnis« und »meine Gedanken« sagen,
aber das ist noch nicht die ganze Geschichte. Erst aus der Zusammenarbeit von Millionen von Nervenzellen entsteht ein Bild oder
ein Gedanke, erst dann kann ein Neuron sagen: »Das ist meine
Idee.« Die Fähigkeit der Zellen zur Kommunikation setzt keinen
Kontakt voraus. Auch Millionen von Herzzellen sorgen ohne physische Berührung untereinander für einen konstanten Herzrhythmus. Die Koordination im Gehirn oder im Herzen hängt von
einem unsichtbaren elektrischen Feld ab, dessen winzige elektrische Ladungen in Milliarden kleiner Einzelzellen ein elektrisches

Feld bilden. Gerät dieses elektrische Feld durcheinander, verlieren die Zellen den Kontakt zueinander, und das Herz verkrampft sich in Todesangst. Die Störung bewirkt ein unkontrolliertes Kammerflimmern, bis das Herz an Sauerstoffmangel zugrundegeht. (Diese Symptome eines Herzanfalls nennt man Fibrillation.)

Das Feld des Bewußtseins ist offensichtlich noch subtiler, denn es ist unsichtbar und benötigt zudem keine Energie. Als Sie an meiner alten Erinnerung teilhatten, floß keine elektrische oder magnetische Energie zwischen uns. Ein ähnliches Rätsel ist der Vorgang, der sich abspielt, wenn wir einen Freund auf der Straße erkennen. Beim Anblick eines vertrauten Gesichts durchkämmt das Gehirn keineswegs den gesamten Katalog aller bekannten Gesichter, um herauszufinden, wer dieser Freund ist. (So müßte ein Computer verfahren und würde dabei Energie verbrauchen.) Das Gehirn, das einen Fremden oder ein vertrautes Gesicht sieht, prüft jedoch nicht seinen ganzen Gedächtnisspeicher – was wir Erkennen nennen, findet augenblicklich auf einer tieferen Bewußtseinsebene statt.

Bewußtsein benötigt keine chemischen Verbindungen. Eine T-Zelle (eine bestimmte Art von weißen Blutkörperchen mit immunologischer Funktion), die einem in das Immunsystem eingedrungenen Virus begegnet, erkennt den Feind und greift ihn an. Sie erkennt ihn an der chemischen Kodierung auf der äußeren Zellmembran, die mit der Kodierung der eigenen Rezeptorstrukturen übereinstimmen muß. Erst dann wird der ganze Körper mit Hilfe von Botenstoff-Molekülen in Alarmbereitschaft versetzt. Nur wenige Erkältungsviren oder Pneumokokken reichen aus, um Milliarden von Immunzellen zu alarmieren. Diese chemische Erklärung der Immunreaktionen versagt jedoch bei der Lösung einiger grundlegender Probleme. Weshalb läßt eine T-Zelle das Aids-Virus in den Körper eindringen, ohne es zu bekämpfen?

Die Antwort der Virologen konzentriert sich auf die äußere Hülle des HIV-Virus. Sie enthält eine trügerische molekulare Kodierung, die sich selbst in einer Weise tarnt, daß sie sich an den entsprechenden Rezeptoren auf den T-Helferzellen vorbeischleichen kann – wie ein Guerillakämpfer, der nicht offen angreift, sondern eine Untergrundtaktik einsetzt. Wenn das zutrifft, wie hat das

HIV-Virus das gelernt? Chemische Substanzen sind neutral, sie haben kein eigenes Bewußtsein. Deshalb ist es einer chemischen Substanz gleichgültig, ob das HIV-Virus oder die T-Zelle überlebt – für die Zellen ist es jedoch lebenswichtig. Daraus ergibt sich die Frage, wie eine Zelle überhaupt lernt, sich zu vermehren. Die DNA besteht aus Einfachzuckern und kleinen Mengen Proteinen, die sich niemals teilen oder vermehren, auch wenn sie viele Milliarden Jahre fortleben. Welcher Schritt brachte diese sehr einfachen Moleküle dazu, sich zu Milliarden kleinster Segmente zu ordnen und sich plötzlich zu teilen?

Eine plausible Antwort wäre, daß hier ein unsichtbares Organisationsprinzip am Werk ist. Die Fähigkeit zur Vermehrung ist für das Leben von höchster Bedeutung, für chemische Substanzen besteht diese Notwendigkeit nicht. Selbst auf dieser fundamentalen Ebene des Lebens können wir bereits bestimmte Eigenschaften des Bewußtseins feststellen – Erkennen, Gedächtnis, Selbsterhaltung und Identität. Hinzu kommt noch das Element der Zeit, denn eine willkürliche Vermehrung der DNA genügt nicht. Nur Krebszellen vermehren sich rücksichtslos, überwuchern schließlich ihren Wirt und sorgen damit für den eigenen Untergang.

Damit ein Baby entstehen kann, muß eine einzelne befruchtete Zelle ein Meister der perfekten Zeitplanung sein. Alle Körperorgane sind in einem einzigen DNA-Strang im Keim bereits angelegt. Damit sie auch die richtige Gestalt annehmen, muß bei der Entwicklung eine bestimmte Reihenfolge eingehalten werden. In den ersten Tagen und Wochen ist der Embryo eine undifferenzierte Masse gleichartiger Zellen, Zygote oder Keim genannt. Doch schon sehr bald beginnt eine einzelne Zelle, spezielle chemische Substanzen abzusondern. Obwohl alle Mutterzellen identisch sind, wissen einige Embryozellen, daß sie dazu bestimmt sind, Gehirnzellen zu werden. Dazu müssen sie sich spezialisieren und ganz andere Formen annehmen als Muskel- oder Knochenzellen. Darüber hinaus senden diese zukünftigen Gehirnzellen Signale an andere Proto-Gehirnzellen aus. Gleiches zieht Gleiches an, und während sich die Gehirnzellen aufeinander zu bewegen, begegnen ihnen Proto-Herz, Proto-Nieren- und Proto-Magenzellen. Den-

noch behindern sie sich nicht gegenseitig, und die Identitäten vermischen sich nicht. Das komplizierte Zusammenspiel läuft mit erstaunlicher Präzision ab.

Dieses Schauspiel ist noch faszinierender als das, was sich
dem Auge darbietet. Sichtbar ist lediglich eine Zellsuppe, in der
sich Zellen zu Strukturen ordnen. Die Gehirnzelle eines Embryos
weiß im voraus, daß sie eine Gehirnzelle sein wird. Ein Neuron
benötigt zu seiner Entwicklung viele Wochen; zwar ist es dann
noch nicht reif, aber auch nicht mehr undifferenziert. Wie behält
es sein Ziel im Auge, während so viele Milliarden anderer Signale
ringsherum ausgesendet werden? Diese Frage ist so rätselhaft wie
die Fähigkeit einer T-Zelle, einen Feind zu erkennen, bevor sie
überhaupt jemals einem begegnet ist. Gedächtnis, Lernen und
Identität sind vorhanden, bevor Materie existiert, sie steuern und
beherrschen die Materie.

Wenn eine Gruppe Gehirnzellen sich fehlerhaft entwickelt,
also eine Gehirnzelle zu der ihr bestimmten Gehirnschicht hin-
schwimmt, aber in einen Verkehrsstau gerät und etwas gestaucht
wird, anstatt sich in einer gleichmäßigen Schicht auszubreiten,
dann wird das Baby beispielsweise mit einer Legasthenie geboren.
Wie konnte es zu einem solchen Mißgeschick kommen, wenn man
bedenkt, daß Gehirne sich seit zig Millionen Jahren entwickelt
haben, wohingegen Bücher erst seit höchstens dreitausend Jahren
gelesen werden? Für das Gehirn eines Neandertalers wäre es egal
gewesen, ob das Wort »Gott« wie »Ttog« aussah, aber bereits Äonen
vor der Entwicklung von Sprache hatte das Neuron eines Neugeborenen die Fähigkeit, diesen Fehler zu vermeiden.

Daraus schließe ich, daß unser eigentliches Sein im Feld des Bewußtseins beheimatet ist. Die Geheimnisse der Evolution sind im
Bewußtsein enthalten, nicht im Körper, auch nicht in der DNA.
Diese gemeinsame Heimat ist das »Licht«, von dem die Mystiker
sprechen. Es enthält die Gesamtheit des Lebens und der Intelligenz
als Möglichkeit, und es ist das Leben und die Intelligenz selbst, sobald sie als manifeste Wirklichkeit in Erscheinung getreten sind.
Der menschliche Geist ist ein Brennpunkt dieses kosmischen, allumfassenden Bewußtseins, aber nicht unser persönlicher Besitz.

Ebenso wie der Körper durch die innere Bewußtheit zusammengehalten wird, besteht auch außerhalb des Körpers ein Bewußtseinsstrom.

Wenn Sie einmal einen Augenblick innehalten, fallen Ihnen bestimmt viele alltägliche Erfahrungen ein, die ein derartiges Bewußtsein außerhalb des Gehirns voraussetzen. Haben Sie sich jemals beobachtet gefühlt und beim Umdrehen festgestellt, daß es tatsächlich so war? Wir alle haben schon einmal den Satz eines Freundes zu Ende geführt oder ausgerufen: »Das habe ich auch gerade gedacht«, nachdem ein anderer einen Gedanken geäußert hatte.

Eine Frau aus Oregon erzählte mir, daß sie eines Tages an der Pazifikküste stand und voller Kummer an ihren Vater dachte, der im Sterben lag. Während sie den Sonnenuntergang beobachtete, erschien sein Gesicht vor ihrem geistigen Auge, und sie hörte ihn deutlich sagen: »Vergib mir.« Später am Abend rief sie ihre Schwester an, und es stellte sich heraus, daß diese die gleiche Vision gehabt und die gleiche Stimme gehört hatte.

Als Übung fordere ich manchmal eine Gruppe von Menschen auf, ihre begrenzte Wahrnehmung zu überschreiten – ich nenne das »den virtuellen Körper erfahren«. Alle Teilnehmer sitzen dabei mit geschlossenen Augen da und lassen ihre Gedanken spontan jedem Impuls folgen. Die auftauchenden Bilder sollen nicht bewertet, sondern einfach nur akzeptiert werden, sie fließen vorbei. Eine Frau, die nicht verheiratet war, aber mit ihrem Freund zusammenlebte, sah im Geist, wie er zu Hause den Schrank saubermachte. Sie war überrascht, denn das hatte er noch nie getan. Das Bild war sehr lebendig, als wäre sie wirklich mit ihm im gleichen Raum. Anscheinend war sie es tatsächlich, denn als sie zu Hause anrief, hatte er eine Überraschung für sie – er hatte ihren Schrank saubergemacht und aufgeräumt, so daß sie nun mehr Platz darin hatte.

Lassen Sie uns nun zu unserer ursprünglichen Frage zurückkehren: Wer waren wir, bevor wir wir selbst waren? Obwohl wir uns alle nur mit einem sehr beschränkten Abschnitt von Zeit und Raum identifizieren und unser »Ich« mit nur einem Körper und einem Geist gleichsetzen, leben wir in Wirklichkeit auch außerhalb von uns selbst im Feld des Bewußtseins. »Das wirkliche Du läßt sich nicht in einen Körper oder eine Lebensspanne zwängen«, sagen die vedischen Seher. Ebenso wie die Wirklichkeit von der virtuellen zur Quanten- und zur materiellen Ebene fließt, fließen auch wir. Ob wir diesen Vorgang Wiedergeburt nennen, ist kaum von Bedeutung. Die vergangene Körper-Geist-Einheit ist uns heute ebenso fremd wie diejenige, die vielleicht nach unserem Tod kommt. Auf einer tieferen Ebene wurden jedoch bereits unzählige Samen gelegt, darunter auch unsere Gedanken von morgen oder Handlungen, die wir vielleicht in zehn Jahren ausführen werden. Auf der Quantenebene ist die Zeit flexibel, auf der virtuellen Ebene gibt es überhaupt keine Zeit. Während wir beobachten, wie diese Samen auf dem fruchtbaren Boden von Zeit und Raum aufgehen, erwacht Bewußtsein zu sich selbst. Auf diese Weise entwickelt sich aus einer einzigen befruchteten Zelle ein Gehirn – sie erwacht zu sich selbst, nicht auf der Ebene der chemischen Substanzen, sondern auf der Ebene des Bewußtseins.

Vielleicht sind auch wir nur eine einzelne Zelle unter Millionen anderen, von denen jede eine Lebensspanne darstellt. Von Buddha wird erzählt, daß er einige Minuten die Augen schloß und in dieser Zeit neunundneunzigtausend Inkarnationen erfuhr. Als wäre das nicht atemberaubend genug, sagt man weiter, er habe jede einzelne Minute durchlebt; Geburten, Tode und die Zeit selbst entfalteten sich in ein paar Minuten der Stille. Solch eine erstaunliche Fähigkeit, die Zeit zu kontrollieren, besitzen nicht nur die Erleuchteten. Wenn wir selbst nicht bereits über die Zeit herrschten, wären wir eine gestaltlose Zellmasse, ähnlich einer Seegurke. In einer Welt ohne geordnete Zeitabläufe könnte die Pubertät in jedem beliebigen Moment beginnen, Nierenzellen könnten mit der Milz verschmelzen, oder die ersten Pollen der Heuschnupfensaison würden die halbe Bevölkerung dahinraffen.

Stellen wir uns einmal vor, es wäre normal, ein erweitertes Bewußtsein zu haben. Zeit und Raum wären nur bequeme Konzepte, die in der physischen Welt gelten, sich aber allmählich auflösen, sobald man sich der Quantenebene nähert. Darum geht es meiner Ansicht nach bei der Reinkarnation. Frühere Leben gehören in den

unerforschten Bereich des erweiterten Bewußtseins. Wir brauchen
nicht zu entscheiden, ob sie »real« sind oder nicht. Ich werde nie
mit letzter Sicherheit sagen können, ob ich ein nepalesischer Soldat zur Zeit des Kaisers Ashoka gewesen bin, aber ich fühle mich
sehr stark von dieser Periode angezogen. Wenn ich über Ashoka
und seine Bekehrung zum Buddhismus lese, empfinde ich eine
große Seelenverwandtschaft und kann nicht umhin, einige der
buddhistischen Prinzipien zu übernehmen. Wir können daher zu
Recht sagen, daß mein Geist unter einem umfassenderen Einfluß
steht und »früheres Leben« und »umfassendes Leben« auf sehr
konkrete Weise das gleiche sind.

Alle Bereiche der virtuellen und der Quantenebene stehen uns
ständig offen. Doch wir können sie unmöglich ganz und gar
durchmessen. Sie öffnen sich uns je nach unseren eigenen Bedürfnissen und Fähigkeiten. Keiner dieser Bereiche ist uns jedoch absichtlich verschlossen. Wir können jederzeit über unseren persönlichen Horizont hinausblicken, tun es aber normalerweise nicht.
Es ist völlig normal, aus der Vergangenheit zu lernen, und Menschen, die dabei ihre früheren Leben – wenn wir diesen Begriff gebrauchen wollen – ausklammern, verschließen sich damit der
Möglichkeit, etwas zu lernen, das ihrem jetzigen Leben Sinn und
Bedeutung verleiht. Jemand, der diese Lehren vollkommen verinnerlicht hat, braucht zwar nicht mehr über sein jetziges Leben hinauszublicken, doch die natürliche Ordnung sieht vor, daß wir
frühere Existenzen einbeziehen.

Von der Tatsache, daß wir nicht auf unseren physischen Körper
und Geist beschränkt sind, können wir auf die Existenz einer kosmischen Intelligenz schließen, die alles Leben durchdringt. Damit
kommen wir dem Geist Gottes sehr nahe. Da es sich hier jedoch
um ein Quantenphänomen handelt, wäre es nicht korrekt zu sagen, daß wir Gott gefunden haben –wie eine Brille, die wir verlegt
hatten. Eine Frau, die in meinen früheren Büchern etwas über die
Quantenwirklichkeit gelesen hatte, war von diesen Gedanken fasziniert und ging voller Enthusiasmus zu ihrem Pfarrer. Mit ziemlich grimmiger Miene hörte er zu, bis sie ihre Begeisterung über
diese neuen spirituellen Ideen hervorgesprudelt hatte, und sagte

dann kurz und knapp: »Rufen Sie diesen Mann an und fragen Sie ihn, ob Gott in uns allen ist.«

Gehorsam machte sie meine Telefonnummer ausfindig, rief mich an und stellte stockend ihre Frage. Ich antwortete: »Ja, nach dem Quantenmodell ist Gott in uns allen zu finden.«

Sie konnte ihre Enttäuschung nicht verbergen. »Oje, mein Pfarrer hat gesagt, daß sie genau das antworten würden.« Und dann legte sie auf, völlig geknickt, weil damit der akzeptable Gott – jener, der vom Himmel auf uns herabschaut – angezweifelt wurde.

Erst später wurde mir klar, daß ich unachtsam in eine Falle gegangen war, denn meine Antwort war falsch. Gott ist weder in uns noch irgendwo anders – er läßt sich einfach nicht lokalisieren. Zu sagen, daß wir beim Meditieren oder beim Beten nach innen gehen, ist nur eine Übereinkunft. Der ewige Ort, wo Gott existiert, läßt sich nicht auf eine Adresse reduzieren. Unsere Forschungsreise in frühere Leben zeigt, daß das gleiche auch für uns gelten könnte.

TELEPATHIE UND AUSSERSINNLICHE WAHRNEHMUNG

Die Fähigkeit zu wissen, was ein anderer Mensch gerade denkt – ob man es nun Gedankenlesen oder außersinnliche Wahrnehmung nennt –, ist ebenfalls in der Grauzone zwischen Volksglauben und Wissenschaft angesiedelt. Parapsychologische Laborexperimente haben gezeigt, daß die Menschen für derartige Phänomene unterschiedlich begabt sind. Wenn in einem Raum Versuchsperson A eine Reihe von Bildkarten anschaut, kann sie die geistigen Bilder dieser Karten erstaunlich genau Versuchsperson B übermitteln, die in einem anderen Raum sitzt. Damit hat sich die Wissenschaft jedoch mehr oder weniger begnügt. Während des Kalten Krieges wurden von verschiedenen Abwehrorganisationen geheime Versuche unternommen, um herauszufinden, ob Spione durch Telepathie Botschaften oder Bilder über den Eisernen Vorhang schicken konnten. Die Ergebnisse waren nicht ganz zuverlässig, allerdings auch keine vollkommenen Mißerfolge.

Die Untersuchung von Psi-Phänomenen gestaltet sich schwierig, weil nicht klar ist, ob es dabei überhaupt einen Sender und
einen Empfänger gibt. Eine ebenso plausible Erklärung wäre, daß
sich die Grenzen zwischen dem Geist der einen und der anderen
Person verwischen oder daß zwei Personen einen Gedanken miteinander teilen. Über die verwischten Grenzen zwischen Zeit und
Raum haben wir bereits gesprochen, und auch die Grenzen der
Persönlichkeit sind unscharf. Sind wir wirklich voneinander getrennt, oder ist das nur eine bequeme Illusion, die das Leben einigermaßen berechenbar macht?

Alte Ehepaare scheinen oft miteinander zu verschmelzen, sowohl was die Persönlichkeit betrifft, als auch die Gedanken. Zwillinge haben manchmal erstaunlich ähnliche Biographien. Aus-
führliche Untersuchungen an eineiigen Zwillingen haben jedoch
kein eindeutiges Muster ergeben, das alle Fälle abdeckt. Es gibt ein-
eiige Zwillinge, die einander so nah sind, daß sie sich niemals trennen, Fragen mit einer Stimme beantworten und anscheinend die
gleichen Gedanken haben. Stirbt ein Zwilling vorzeitig, trauert der
andere ein Leben lang. Am anderen Ende der Skala sind sich ein-
eiige Zwillinge fast völlig fremd und haben keine gemeinsamen
Erfahrungen oder Gedanken.

Viele Studien haben sich mit Zwillingen beschäftigt, die nach
ihrer Geburt getrennt und von verschiedenen Eltern aufgezogen
wurden. In diesen Fällen zeigen die Zwillinge im allgemeinen eine
etwa fünfzigprozentige Ähnlichkeit im Verhalten und in den Denk-
mustern. Wenn sie wieder vereint werden, entsteht meist eine sehr
enge Beziehung, und auch gemeinsame Gedanken sind wahrscheinlich, ob durch Psi oder über andere Wege. Aber selbst bei
einer intensiven Seelenverwandtschaft gibt es bei Zwillingen nicht
einen »Sender« und einen »Empfänger«.

Die Grenzen im geistigen Bereich sind also recht durchlässig.
Bei Bedarf kann unser Geist sich einem anderen mitteilen oder mit
ihm verschmelzen. Ein Gedanke, der eigentlich zu einer Person
gehört, wird dann zu einer gemeinsamen Erfahrung. Die genauen
Gründe für eine derartige Verschmelzung sind zwar nicht bekannt,
Auslöser sind meist jedoch Ereignisse von großer Tragweite. So er-

fährt ein Ehepartner intuitiv den letzten Wunsch seines sterbenden Partners, oder ein Zwilling weiß plötzlich, daß sein Bruder oder seine Schwester vom Blitz getroffen wurden. In dem Augenblick, als der Zwilling starb, durchfuhr der Schock des Blitzes den Körper seines Geschwisters. Ein anderes Beispiel: Ein Rechtsanwalt mußte nachmittags eine Konferenz verlassen, weil er einen stechenden Schmerz im Magen verspürte. Er hatte so etwas noch nie erlebt und fuhr sofort nach Hause. Dort erwartete ihn die Polizei mit einer tragischen Nachricht: Seine Mutter war einem Gewaltverbrechen zum Opfer gefallen und genau in dem Augenblick erstochen worden, als er den Schmerz gefühlt hatte. Durch welche geheimnisvolle zeitliche Koordinierung waren Mutter, Sohn und Mörder gleichzeitig in diesem karmischen Tanz miteinander verstrickt?

Andere Psi-Phänomene sind jedoch viel banalerer und belangloserer Natur, so beispielsweise, wenn wir jemanden anrufen und hören: »Gerade habe ich an dich gedacht.« Das wirklich Faszinierende liegt tiefer. Wir alle glauben, daß wir die Urheber unserer eigenen Gedanken sind. Wir gehen davon aus, daß sie nicht einfach als Botschaften in unserem Kopf auftauchen, sondern daß wir sie aktiv denken.

Psi widerspricht dieser Annahme. Wenn zwei Leute die gleiche Idee haben, so ist vielleicht keiner von ihnen der Urheber; sie empfangen nur gleichzeitig die gleiche Idee. Es gibt berühmte Beispiele dafür, daß zwei Philosophen oder zwei Wissenschaftler die gleiche Inspiration hatten, etwa die gleichzeitige Erfindung der Differentialrechnung durch Gottfried Wilhelm Leibniz und Isaac Newton.

In Hollywood werden die Filmstudios mit gleichartigen Drehbüchern überschwemmt, so daß am Ende viele Millionen Dollar ausgegeben werden, um konkurrierende Filme über Zusammenstöße mit Asteroiden oder Vulkanausbrüche zu produzieren. Auch das Patentamt wird oft mit fast identischen Erfindungen eingedeckt. Die bekannte Redewendung, eine Idee liege »in der Luft«, ist vielleicht sogar wörtlich zu nehmen: Bestimmte Einsichten oder Offenbarungen entfalten sich auf einer breiten Skala aus dem Unmanifesten. Dies gilt besonders für den kollektiven Bereich, wo sich bisweilen eine ganze Gesellschaft für Revolution oder sozialen

Wandel begeistert. In diesen Fällen gibt es nicht unbedingt einen
Sender oder Empfänger, auch wenn meist ein prominenter Verkün-
der des neuen Gedankenguts auftaucht. Wir sagen einfach, eine
Gesellschaft sei reif für Veränderungen. Eigentlich handelt es sich
um einen sehr viel subtileren Prozeß – Millionen einzelner Menschen bringen sich in Einklang mit dem kollektiven Geist-Feld.

In einem faszinierenden Experiment wurden stillende Mütter
von ihren Kindern getrennt und bekamen keinerlei Informationen
über deren Wohlergehen. Trotz großer räumlicher Entfernung begann bei vielen Müttern die Milch genau in dem Augenblick zu
fließen, als ihre Babys vor Hunger schrien. Auf der Bewußtseinsebene sind zwei eng miteinander verbundene Menschen eins. Wir
haben sicherlich schon einmal einen weit entfernten Menschen
um Hilfe oder Trost angefleht, und vielleicht hat er reagiert, indem
er zu Besuch kam oder anrief. In Kriegszeiten ist es nicht ungewöhnlich, daß Eltern genau wissen, wann ihr Sohn gefallen ist.

Bewußtsein ist nicht auf den Menschen allein beschränkt, sondern durchdringt offenbar alle Lebensformen. In einem Wald mit
starkem Schädlingsbefall schützen sich die Bäume durch chemische Abwehrstoffe. Nachdem sie von benachbarten Bäumen durch
chemische Signale in der Luft oder über die Wurzeln gewarnt worden sind, sondern die Blätter unverdauliche Teerstoffe ab, noch
ehe die Schädlinge mit ihnen in Kontakt kommen konnten. Ein
vergleichbares Gemeinschaftsbewußtsein sehen wir bei der Seegurke, einem primitiven Tier, das praktisch ein riesiger Freß-
schlauch mit nur einem Schlund und einem Verdauungstrakt ist.
Wenn man eine Seegurke im Mixer zerkleinert und die Mischung
aus Salzwasser und Zellen in einem Eimer stehenläßt, bildet sich
aus dem formlosen Zellbrei nach einer Weile erneut das vollständige Tier.

Das Feld des Bewußtseins beschränkt sich demnach nicht auf
den Körper. Mit den geschilderten Beispielen können wir unsere
Vorstellung von einem ausschließlich individuellen, isolierten
Geist erweitern zu einem universalen, kollektiven Geist, dessen
Körper das Universum ist. Nur in der physischen Welt ist die Isola-
tion eine Tatsache, nicht aber in der Quantenwelt. Die Grenzen

zwischen »Ich« und »Du« sind viel dünner, als uns bewußt ist. Vieles spricht für die Annahme, daß die persönliche Identität nur eine weitere bequeme Übereinkunft ist, nützlich im Alltag, letztlich jedoch zu oberflächlich, um als real zu gelten. Meiner Ansicht nach sind auch die biblischen Wendungen »Kinder Gottes« und »als Abbild Gottes geschaffen« Ausdruck dieser Vorstellung. Soweit wir Kinder unser Eltern sind, wird die Kontinuität der Persönlichkeit einfach dadurch gewahrt, daß eine Generation von der vorherigen lernt, die Regeln der begrenzten Identität zu akzeptieren. Da wir in einer vielschichtigen Wirklichkeit aber noch einen anderen Vater/eine andere Mutter für unsere erweiterte Identität brauchen, übertragen wir diese Rolle auf Gott. Zwar haben wir die Existenz eines göttlichen Vaters beziehungsweise einer göttlichen Mutter noch nicht bewiesen, doch unsere kosmische Identität läßt sich offensichtlich nicht länger leugnen.

ALTER EGOS (MULTIPLE PERSÖNLICHKEITEN)

In der spirituellen Literatur wird der Körper manchmal als Vehikel der Seele bezeichnet, das heißt, der unsichtbare Teil hüllt sich in sichtbare Kleider. In Wirklichkeit ist der Körper ebenso unsichtbar wie die Seele, denn beide sind Ausdrucksformen der gleichen Bewußtheit. Um sich in den manifesten Bereich hinein zu entfalten, muß das Geist-Feld Form annehmen, und Form entsteht nicht aus einfachen Strukturen. Wenn schon eine einzelne Amöbe zu ihrer Organisation Tausende von Prozessen benötigt, gilt das um so mehr für den menschlichen Körper. Der Intelligenzfluß muß daher Gesetzen gehorchen, die auf der grundlegendsten aller Ebenen festgelegt sind.

Wo ein Gesetz endet, beginnt das nächste, und dazwischen liegt eine trennende Grenze. Nehmen wir etwa eine Hautzelle in der mittleren Schicht der Oberhaut, die im Lauf ihrer Lebensdauer atmet, sich ernährt und sich teilt. Auf dem Weg zur Hautoberfläche verhornt sie allmählich, bis ihre äußere Hülle für den Kontakt mit der Luft und der Umwelt widerstandsfähig genug ist. Allerdings geht die

Zelle bei diesem Prozeß auch zugrunde, denn um für die Hautzellen der nächsten Generation Platz zu schaffen, werden die verhornten Zellen in feinen Schüppchen an der Oberfläche abgeschilfert.

Die Proteine, die den Zelltod bewirken, sorgen zugleich für die schützende Hülle des ganzen Körpers. Wie hat der Körper diesen aufopferungsvollen Akt der Selbstlosigkeit gelernt? Weiße Blutkörperchen, die eingedrungene Bakterien abwehren, gehen ebenfalls bei dieser Aufgabe zugrunde. Eine umfassende Bewußtheit erkennt, was vorteilhaft für den gesamten Organismus ist, und kann deshalb untergeordnete Einzelteile opfern.

Kein Gesetz gilt für alle Lebensprozesse; selbst Leben und Tod werden in kleinen, präzisen Schritten zugeteilt. Jede Körperzelle, die sich im Embryo entwickelt hat, hat, während sie heranreifte, einer Vielzahl verschiedener Regeln gehorcht. Aus der ursprünglichen befruchteten Eizelle haben sich Schleimhautzellen der Magenwand abgespalten, die nur ein paar Tage alt werden, während bestimmte Gehirnzellen die volle menschliche Lebensspanne überdauern. Die gleiche DNA, die in einer Hautzelle nach kurzer Zeit bereitwillig zugrunde geht, kämpft in einer Spermazelle ums Überleben – den wilden Ansturm der Spermien auf eine Eizelle gibt es, seit es Pflanzen und Tiere auf der Welt gibt.

Wir stehen nun vor einem Widerspruch, denn das Bewußtsein ist anscheinend fähig, sich auf unendlich viele verschiedene Weisen zu organisieren: Wir finden es im Inneren wie im Äußeren; es kämpft ums Überleben und geht bereitwillig zugrunde; es organisiert sich zu einem unglaublich komplexen Ganzen und ist doch in nahezu unendlich viele, winzige Einheiten unterteilt. Diese Ordnungskraft rückt meist erst dann in unser Blickfeld, wenn sie zusammenbricht, so zum Beispiel, wenn das Gesetz, das die Zellteilung oder Mitose regelt, durcheinandergerät und eine Krebszelle sich ungehindert drauflos teilt. Dabei geht es der Zelle nur um das eigene Überleben, sie vermehrt sich mit Höchstgeschwindigkeit, ähnlich wie Heuschrecken, die sich unkontrolliert vermehren und zu einer Plage werden. Eine solche Plage erlischt erst dann, wenn ihr die erforderliche Nahrungsmenge nicht zur Verfügung steht. Ebenso stirbt die Krebszelle schließlich, wenn sie den Wirtskörper getötet hat. Wenn die Krebszelle mit der Körperintelligenz in Kontakt stünde, würde ihr dieses unvermeidliche Ende signalisiert, doch die natürliche Verbindung ist irgendwann abgerissen.

Psychologisch gesehen geschieht etwas Ähnliches mit »Alter egos« oder, wie die klinische Bezeichnung lautet, beim Multiple-Persönlichkeits-Syndrom. Bei dieser Geisteskrankheit leben zwei oder mehr komplexe und deutlich unterschiedene Persönlichkeiten in einem einzigen Körper. Eine multiple Persönlichkeit bildet sich unter psychischem Druck heraus. Eine unerträgliche seelische Belastung, die eine einzige Persönlichkeit nicht bewältigen kann, wird auf eine andere übertragen. Wenn ich mich bei der Arbeit ungerecht behandelt fühle, träume ich vielleicht, ich sei ein Löwenbändiger, der einer Riesenkatze seinen Willen aufzwingt. Der Traum symbolisiert den Streß, mit dem ich tagsüber nicht zurechtkomme. Möglicherweise bleibt mir die Bedeutung des Traums verborgen, und ich erkenne nicht, daß der Löwe mein Chef ist und ich in diesem Traum meine Angst vor ihm auslebe.

Ein Mensch mit einer multiplen Persönlichkeitsstörung befindet sich in der gleichen Lage, nur existiert der Löwenbändiger auch im Wachzustand. Die negativen Energien, die aus Haß, Angst, sexuellem Mißbrauch, Selbstzweifeln und Erniedrigung entstehen, werden ausgelebt, als gehörten sie zu einer anderen Person. Die unterschiedlichen Sub-Persönlichkeiten sind in einem einzigen Körper gefangen, unterscheiden sich jedoch so stark, daß sie vorgeben, selbständig zu sein.

Auf der unmanifesten Ebene bestehen wir alle aus vielen Persönlichkeiten, die man als verschiedene Lebensspannen definieren könnte, aber nicht unbedingt muß. Wenn wir einen Roman lesen, in dem uns eine Figur besonders fesselt, identifizieren wir uns gewissermaßen mit ihr und lassen die Bewußtseinsgrenzen verschwimmen, um für eine Weile in die Haut eines anderen Menschen zu schlüpfen. Wenn man aus einer Familie kommt, in der bestimmte einschneidende Ereignisse jahrelang immer wieder besprochen werden, kann man irgendwann kaum noch unterscheiden, ob diese deutlichen Erinnerungen wirklich die eigenen sind oder ob sie einem eingeredet wurden.

Ich kenne einen Mann, dessen Eltern ihr Haus durch einen
Brand verloren, als er zwei Jahre alt war. Er kann sich nicht erinnern, ob er tatsächlich gesehen hat, wie das Haus niederbrannte,
oder ob er vor seinem geistigen Auge ein lebendiges Bild aus zweiter Hand sieht. Emotional empfindet er das gleiche Trauma, als
wenn er selbst dabeigewesen wäre. Genausogut könnte er das Gefühl des Schocks und des Verlusts aber auch von seinen Eltern
übernommen haben.

Normalerweise sind unsere Alter egos schattenhaft, und es steht
uns offen, in unsere »wirkliche« Persönlichkeit zurückzuschlüpfen.
Wir wissen, daß wir nicht Scarlett O'Hara aus »Vom Winde ver-
weht« oder Luke Skywalker aus dem »Krieg der Sterne« sind, aber
wir lassen es zu, daß wir uns für eine kurze Zeit der Selbsttäuschung hingeben. Einige Charaktere sind jedoch derart überwältigend, daß man ihrem Einfluß vielleicht sehr viel länger unterliegt.
Eine Neurose ist oft durch diese Art von langfristigem Einfluß gekennzeichnet, wobei das innere Kind mit seinen Schwächen und
Ängsten im Inneren einer erwachsenen Persönlichkeit fortlebt.
Wenn unsere Grenzen zu durchlässig sind, verlieren wir die Kontrolle über den Wechsel von einer Figur zu anderen. Im Extremfall
kommt es zu einer Identitätsstörung.

Aus Sicht des Geist-Feldes kann eine starke multiple Persönlichkeit den Körper durchaus zwingen, sich anzupassen. Es gibt verblüffende Beispiele, wo eine Persönlichkeit in den Wechseljahren
ist, die anderen aber nicht, oder wo jede multiple Persönlichkeit
ihren eigenen Menstruationszyklus hat. In anderen Fällen ist eine
Persönlichkeit Diabetiker oder reagiert allergisch auf Pollen, wohingegen diese Störungen bei den anderen nicht auftreten. Ein Patient kämpft mit einem heftigen Asthmaanfall, dessen Symptome
augenblicklich verschwinden, sobald eine neue Persönlichkeit die
Bühne betritt. Die Diabetiker-Persönlichkeit ist vielleicht auf Insu-
lin angewiesen, während die Blutzuckerwerte wieder normal sind,
sobald andere Persönlichkeiten auftreten.

Dieses Phänomen läßt sich meiner Ansicht nach nicht mit Gehirnfunktionen erklären. Das Gehirn entwickelt sich während der
Kindheit; es wird durch Wissen, Erfahrung, Vorlieben und Abnei-

gungen geprägt. Ein Mensch, der eine heftige Abneigung gegen Insekten hat, zuckt beim Anblick einer Spinne unwillkürlich zusammen. Die Behauptung, das Gehirn könne für ein Dutzend Persönlichkeiten unterschiedliche Reaktionsmuster ausbilden, ist unglaubwürdig – es widerspricht allen Erkenntnissen über die kindliche Entwicklung. Multiple Persönlichkeiten müssen aus einem Bereich jenseits der persönlichen Erfahrung kommen; sie sind wie freiwillige Inkarnationen – oder teilweise Inkarnationen –, die aus dem Speicher des Geist-Feldes aktiviert werden.

Eine multiple Persönlichkeit ist deswegen noch nichts Unnatürliches. Auch ein großer Schauspieler gibt seinem »Hamlet« Gestalt, indem er das Unmanifeste anzapft. Wir sagen, daß er die Figur zum Leben erweckt, während weniger begabte Schauspieler nur imitieren. Bei der Ausbildung nach der Stanislawski-Methode, benannt nach dem Gründer und Leiter des Moskauer Künstlertheaters, lernen die Schauspieler, sich völlig in ihre Rolle hineinzufühlen und emotionale Erinnerungen aus ihrem Inneren zu aktivieren. Das Ergebnis ist eine Wahrhaftigkeit der Darstellung, die wir als Publikum als so echt empfinden, daß wir die Schuld Hamlets vor unseren Augen förmlich auf der Bühne erstehen sehen. Ein Mensch, der unter einer multiplen Persönlichkeitsstörung leidet, ist wie ein Meister der Stanislawski-Methode, der sich seiner Schauspielerei nicht bewußt ist. Er besitzt keinen unerschütterlichen Kern, keine zentrale Perspektive, die nicht an der Darstellung beteiligt ist. Es entgeht ihm, daß es sich um eine Illusion handelt.

»Weshalb betonst du immer wieder, daß mein normales Selbst unwirklich ist?« beklagte sich einst ein Schüler bei seinem Meister.

»Warum fragst du nicht umgekehrt?« antwortete der Meister. »Wieso glaubst du, daß du wirklich bist?«

»Das sieht man doch«, sagte der Schüler. »Ich denke und fühle und handle. Ich weiß, wer ich bin, ich kenne meine Gewohnheiten, Vorlieben und Abneigungen.«

»Ja, aber was weißt du wirklich?« beharrte der Meister. »Waren deine Gewohnheiten noch da, als du geschlafen hast?«

»Natürlich nicht, wenn ich schlafe, bin ich bewußtlos.«

»Vielleicht bis du auch jetzt bewußtlos?«

»Nein, gerade jetzt bin ich wach.«

»Wirklich?« lächelte der Meister. »Kannst du dich an alles erinnern, was gestern geschehen ist? Oder auch nur an das, was du vor einer Stunde gedacht hast? Wählt das Bewußtsein deiner selbst nicht aus, ist es nicht eigentlich mehr eine Teilerinnerung? Und dann sind da deine Träume, von denen du nichts mehr weißt, sobald du erwachst. Nicht zu vergessen, daß deine Gewohnheiten und Vorlieben sich dauernd ändern. Und was ist, wenn du beständig erscheinst? Verraten dich deine Gefühle nicht oft auch dann? Ein beleidigender Satz von einem Fremden, der dir begegnet, kann dich völlig aus dem Gleichgewicht bringen, oder die Nachricht vom Tod eines dir nahestehenden Menschen. Und gibt es nicht auch das Problem, daß du dich in Wünschen, falschen Hoffnungen und verschiedenen geistigen Illusionen verlierst?«

Der Schüler war verblüfft. »Das alles stimmt vielleicht, aber nichts davon macht mich unwirklich. Vielleicht bin ich einfach nur verwirrt.«

Der Meister schüttelte den Kopf. »Dann wären wir alle verwirrt. In Wahrheit ist das, was wir eine Person nennen, dauernd im Fluß. Es gibt lange Phasen, die wir vergessen haben, von unserem Gedächtnisverlust während des Schlafs ganz zu schweigen. Die Erinnerung weist Lücken auf, und nur die Sehnsucht des Geistes nach Kontinuität hält die Illusion aufrecht, daß ›ich‹ konstant bin. Das ›Ich‹ ist niemals konstant. Für jede Erfahrung gibt es einen anderen Erfahrenden.«

»Ich glaube, ich verstehe jetzt, was du meinst«, sagte der Schüler, nun merklich demütiger. »Obwohl du es so darstellst, als könne man zu nichts Vertrauen haben.«

»Es gibt kein Persönlichkeitsmerkmal, dem man trauen kann«, sagte der Meister. »Das Leben umfaßt jedoch mehr als nur die Erfahrung. Die Dinge kommen und gehen – Gefühle, Ereignisse, Erfolge. Auf Vergnügen folgt unweigerlich Schmerz. Erfolg ist gekoppelt an Fehlschläge. Hinter diesem wechselnden Schauspiel gibt es jedoch ein immerwährendes Bewußtsein. Finde heraus, was dieses

Bewußtsein ist, und du hast etwas, dem du vertrauen kannst. Das ist der Ausweg aus der Illusion.«

In einer Gesellschaft, die spirituelle Beziehungen nicht kultiviert, ist eine solche Lehre nur schwer zu akzeptieren. Wir päppeln weiter unsere verschiedenen Persönlichkeiten, die vielen Erfahrenden, die mit jeder neuen Erfahrung entstehen. Aus der virtuellen Perspektive gesehen geben wir uns damit einer Illusion hin, denn in Wirklichkeit sind wir weder an Zeit und Raum noch an Körper oder Geist gebunden. Unsere wahre Natur zu entdecken erfordert einen Wachstumsprozeß, doch dazu müssen wir uns mit unseren Konflikten innerhalb der inneren Grenzen auseinandersetzen. Wenn man Angst hat, sollte man sie nicht einer anderen Persönlichkeit aufladen, sondern sie selbst überwinden. Eine multiple Persönlichkeitsstörung mag als kurzfristige Strategie erfolgreich sein, da die verschiedenen Sub-Persönlichkeiten gewöhnlich keine Ahnung haben, was die anderen gerade durchmachen. Langfristig ist ein solcher Mensch jedoch keine ganzheitliche Persönlichkeit, nur eine Ansammlung ungeordneter Fragmente in der Schwebe.

Eine multiple Persönlichkeit ist aber nicht notwendig ungeordnet. Wir alle sind multiple Persönlichkeiten in dem Sinn, daß wir jeden Tag von einer Rolle in die andere schlüpfen. Ich verlagere meine Identität von einer Person zu anderen und nenne mich Vater, Sohn, Bruder, Ehemann, Arzt. Unser innerer Dialog bezieht sich stets auf die Rollen, die wir spielen. Wenn ich an einen Patienten denke, bildet die Rolle des Arztes meinen inneren Bezugspunkt. Denke ich an meinen Sohn, verlagert sich der innere Bezugspunkt automatisch auf die Vaterrolle. Dieser Vorgang ist nicht ungeordnet; gerade Menschen, die Rollen nicht wechseln können, die zum Beispiel immer die Autorität haben oder den Chef spielen müssen, auch wenn es nicht angebracht ist, leiden unter der Unfähigkeit, ihrer multiplen Persönlichkeit Ausdruck zu verleihen.

Das wahre »Ich« ist jedoch weder die Rolle des Arztes noch des Vaters noch irgendeine dieser Rollen. Das »Ich« existiert jenseits der physischen Ebene und manifestiert sich durch einen Willensimpuls als Vater oder Arzt oder Sohn. Um in diesem »Ich« gegründet zu sein, müssen wir zu wachen Beobachtern der Rollen werden, die wir annehmen. Da dieser wache Beobachter im virtuellen Bereich existiert, ist er dem Geist Gottes nahe. Es kann auch ein Teil Gottes sein, denn wir schreiben Gott die Rolle des kosmischen Beobachters zu: Er ist der Schöpfer, der seine Schöpfung mit einem allwissenden Blick betrachtet. Wir wissen noch nicht, was dieser Blick bedeutet, denn wir haben uns noch nicht mit der Frage befaßt, ob Gott uns beurteilt. Aber zumindest sind wir über die Illusion unserer ständig wechselnden Persönlichkeit hinausgelangt, und mit jedem Schritt in Richtung auf den stillen Beobachter nähern wir uns dem Göttlichen.

BEDEUTSAME ZUFÄLLE (»SYNCHRONIZITÄT«)

Die Zeit ist nicht neutral. Wir sagen, die Zeit fließt oder läuft, und dieses Fließen oder Laufen setzt sowohl eine Richtung voraus als auch einen Ort, wo die Reise endet. Für den menschlichen Geist scheint die Zeit stets auf uns zuzufließen. Wir sind der Endpunkt, auf den sich die Evolution seit Milliarden Jahren hinentwickelt. Gott hat die Zeit für uns geschaffen, wie er auch das Leben jedes einzelnen und das Ziel seiner Entfaltung schafft. So glaubten es jedenfalls die Menschen von alters her. Aber die Behauptung, daß Gott als ein zeitloses Wesen außerhalb des Universums sitze und den zeitlichen Ablauf der Schöpfung plane, ist nicht länger aufrechtzuerhalten.

Statt dessen gehen wir davon aus, daß der Zufall regiert. Die Wissenschaft bietet uns die Chaostheorie an, um zu beweisen, daß im Herzen der Natur das Chaos herrscht. Wie wir bereits gesehen haben, läßt sich jedes Objekt auf eine Energiewolke zurückführen, die ebenso unstrukturiert ist wie Zigarettenqualm. Dem wissenschaftlichen Weltbild zufolge gibt es keine Kraft, die die Ereignisse von außen organisiert. Doch die Zufälle beweisen uns das Gegenteil; sie gewähren uns einen kurzen Aufschub vor dem Chaos. Wenn zwei Fremde zufällig entdecken, daß sie den gleichen Namen oder die gleiche Telefonnummer haben, wenn jemand in letzter Minute beschließt, ein Flugzeug, das später abstürzt, nicht zu besteigen, oder wenn eine Kette von Ereignissen ein erwünschtes Ergebnis ermöglicht, so scheint mehr als der reine Zufall am Werk zu sein. Carl Gustav Jung bezeichnete solche bedeutsamen Zufälle als »Synchronizität«, ein Begriff, der sich eingebürgert hat, das Geheimnis aber nicht erklärt. Welche äußere Macht vermag die Zeit so zu organisieren, daß zwei Dinge so schicksalhaft aufeinandertreffen wie die »Titanic« und der Eisberg?

In meinem eigenen Leben gab es so häufig Synchronizitäten, daß ich jetzt beinahe schon damit rechne: Gewiß wird der Mensch, der im Flugzeug neben mir sitzt, eine wichtige Rolle in meinem Leben spielen – entweder hilft er mir, ein Problem zu lösen, oder er ist das fehlende Glied bei der Umsetzung einer Idee. (Einmal rief mich ein Arztkollege auf dem Handy an und erzählte mir begeistert von seinen Plänen, eine neue Produktlinie mit gesunden Kräutertees einzuführen. Ich mußte mich beeilen, um das Flugzeug nicht zu verpassen, und konnte deshalb nicht lange mit ihm reden. Außerdem kam mir die Idee in dem Moment ziemlich weit hergeholt und praktisch nicht umsetzbar vor. In dem ausgebuchten Flugzeug führte mich die Stewardeß zum letzten freien Sitzplatz, und es stellte sich heraus, daß der Fremde neben mir – als sei es so geplant gewesen – Großhändler für Kräutertees war.)

Meine Vorstellungen zu diesem Thema sind deshalb sehr persönlicher Art: Ich halte jedes zufällige Zusammentreffen für eine Botschaft aus dem Unmanifesten – Synchronizitäten sind sozusagen himmlische Helfer ohne Flügel, der plötzliche Einbruch einer tieferen Ebene in den oberflächlichen Lebensfluß. Aus wissenschaftlicher Perspektive betrachtet, vermute ich, gibt es jedoch überhaupt keine Zufälle. Synchronizität ist bereits in den Erbanlagen vorhanden, aber der bewußte Geist entscheidet sich, diese Tatsache zu leugnen. Wir akzeptieren nicht, daß unser Leben auf der Klinge der Zeit balanciert.

Bisher gibt es keine zufriedenstellende Erklärung dafür, daß unsere DNA sowohl in als auch außerhalb der Zeit existiert. Sie ist der Zeit verhaftet, weil alle Körpervorgänge bestimmten Zyklen und

Rhythmen unterworfen sind. Dennoch ist die DNA sehr viel iso-
lierter als alle anderen chemischen Substanzen im Körper. Wie
eine Bienenkönigin in der Wabe liegt die DNA isoliert im Zellkern,
wo neunundneunzig Prozent des genetischen Materials so lange
»still« oder inaktiv bleiben, bis es sich entfaltet und teilt, um sich
zu verdoppeln, das heißt ein Spiegelbild zu produzieren. Inaktive
DNA ist chemisch träge, und an diesem Punkt wird die Zeit zwie-
spältig. Wie und wann entscheidet eine inaktive chemische Substanz, zu »erwachen«?

Damit ein Kind seine Milchzähne verliert und durch die bleibenden Zähne ersetzt, braucht die DNA sehr viele Informationen
über den Zeitablauf. Das gleiche gilt für alle anderen Prozesse, die
nach einem Zeitplan ablaufen – die Reifung des Immunsystems,
Gehen und Sprechen lernen, die lange Zeit des Fetus in der Gebärmutter während der Schwangerschaft. Auch der Tod könnte eine
genetische Reaktion sein, die als verborgener Zeitplan in unseren
Zellen verschlüsselt liegt, weil unsere Vorfahren es sich nicht leisten konnten, zu lange zu leben. Eine Horde junger, überwiegend
gebärfähiger Mitglieder konnte besser kämpfen und Nahrung beschaffen als eine Gruppe, die durch eine große Anzahl älterer Menschen belastet war. Die DNA hat dieses Dilemma gelöst, indem sie
den eigenen Niedergang und Tod vorprogrammierte, so wie das
Gras beim ersten Frost welkt. Damit stellt die DNA das Überleben
der Spezies auf Kosten des Individuums sicher.

So faszinierend diese Spekulation auch ist, sie wirft die wichtigste Frage auf: Wieso hat die DNA *überhaupt* ein Zeitgefühl? Sie lebt,
umgeben von Molekülen, in einer rein chemischen Welt. Jede Zelle
erhält eine unglaublich vielschichtige Abfolge chemischer Reaktionen aufrecht. Wahrhaft erstaunlich ist jedoch, daß die Zelle atmet,
sich ernährt, Abfallprodukte ausscheidet, sich teilt und sich repa-
riert, während doch jederzeit das Todesurteil über ihr schwebt.
Jede Zelle steht permanent unter einer tödlichen Bedrohung, weil
sie weder Sauerstoff noch Nährstoffe speichern kann, sondern völlig von der Nährstoffzufuhr abhängt. Zellen stehen an der vorder-
sten Front des Lebens. Da sie nur drei Sekunden ohne Sauerstoff-
und Nährstoffzufuhr überleben können, sie sind unfähig, auf ver-

spätete Lieferungen zu warten – jeder Versorgungsmangel würde umgehend zum Tod führen.

Es ist den Wissenschaftlern gelungen, die Enzyme oder Peptide zu isolieren, die die verschiedenen Prozesse in der Zelle auslösen oder sie beenden. Damit wissen wir aber immer noch nicht, wer ursprünglich für die Botschaft verantwortlich war und auf welche Weise tausende von Signalen derart präzise koordiniert werden. Letztendlich gehen alle Botschaften von der DNA aus und werden wieder von ihr empfangen.

Alles um uns herum zeigt uns, daß sich die DNA in einer ungewissen Welt entwickeln mußte. Selbst in diesem Augenblick ist der Körper zahllosen Angriffen ausgesetzt: Kosmische Strahlen durchdringen willkürlich die Zellen und schädigen möglicherweise die Erbsubstanz, ein unglücklicher Zufall oder ein Unfall bewirken Zellmutationen. Die DNA hat keine Garantie für eine gleichbleibende Temperatur oder die zuverlässige Zufuhr von Nährstoffen und Wasser, ganz zu schweigen vom Ansturm neuer Gift- und Schadstoffe aller Art.

Die DNA-Stränge unserer Vorfahren mußten unter sehr unwirtlichen Bedingungen zu überleben versuchen, als eine junge Erde von extremer Hitze und Kälte in einer von elektrischen Stürmen gepeitschten und aus Methangas bestehenden Atmosphäre erschüttert wurde. Irgendwie hat die DNA nicht nur unter Bedingungen überlebt, die uns innerhalb von Tagen oder Stunden getötet hätten, sondern sie entwickelte sich zudem in einer Weise weiter, daß unsere Gene auch für den Übergang von einer feindlichen zu einer freundlicheren Umwelt gerüstet waren.

Außer der Erdrotation und dem Wechsel der Jahreszeiten war die DNA keiner exakten Zeitenfolge ausgesetzt. Als die DNA jedoch zum großen Entwicklungssprung ansetzte und sich zu vermehren begann, begann sie auch souverän die Zeit zu beherrschen. So seltsam es anmutet, Teile der Nukleinsäure lernten, eine Uhr bis auf eine Tausendstelsekunde genau zu lesen, und kein noch so großes Trauma durch die Außenwelt hat diese Fähigkeit auch nur im geringsten beeinträchtigt. Die Fähigkeit der DNA, die Zeit zu kontrollieren, ist in das Leben selbst eingewoben.

Von hier aus ist der Sprung zur Synchronizität nicht weit. Wir müssen nur das subjektive Element hinzufügen: Die Zeit ist nicht nur für meine Gene, sondern zu meinem eigenen Nutzen da. Haben Sie schon einmal erlebt, daß Sie mit einem Problem nicht weiterkamen, dann den Fernseher anschalteten und feststellen mußten, daß die ersten Worte, die gesprochen wurden, plötzlich die Lösung enthielten? Einer meiner Freunde saß eines Tages im Bus und dachte darüber nach, ob er dem Rat seines spirituellen Lehrers folgen sollte, als sich der Mann vor ihm plötzlich umdrehte und von sich aus sagte: »Vertrauen Sie ihm.«

Derartige Botschaften kommen aus einem Bewußtseinsbereich, der Zugang zur fundamentalen Ganzheit des Lebens hat. Deshalb können wir sagen, daß der Informationsaustausch mit uns selbst stattfindet – die Ganzheit kommuniziert mit ihren Teilen. Synchronizitäten kommen durch Einwirken eines Prinzips von außerhalb des Gehirns und aus einer umfassenderen Perspektive zustande.

Es hilft nichts, den Geist aus der Gleichung herauszunehmen, denn dann wäre Zufall die einzige Alternative. So gewann ein Mann in Kanada Mitte der achtziger Jahre in zwei aufeinanderfolgenden Jahren den Hauptgewinn der nationalen Lotterie. Da bekannt ist, wie viele Lottoscheine verkauft wurden, kann die Wahrscheinlichkeit für ein solches Ereignis genau berechnet werden. Die Chancen stehen viele Billionen zu eins – die genaue Zahl war angeblich höher als die Anzahl der bekannten Sterne im Universum. Einer der Gründe, warum Carl Gustav Jung den neuen Begriff für diese bedeutsamen Zusammentreffen erfand, liegt darin, daß sich die normalen, rationalen Erklärungsversuche hierfür als ungeeignet erwiesen. Wenn ich im Flugzeug neben einem Unbekannten sitze, der auf der Suche nach einer bestimmten Idee für ein Buch ist, das er herausgeben möchte, und sich dann herausstellt, daß ich gerade an eben dieser Idee arbeite, läßt sich das mit statistischer Wahrscheinlichkeit nicht erklären.

Die Wahrscheinlichkeit zeitlich zusammenfallender Ereignisse ist meist schwer zu berechnen und völlig absurd. Die Chancen, daß sich zwei Menschen begegnen, die den gleichen Namen oder die gleiche Telefonnummer haben, stehen eins zu mehreren Millionen. Dennoch geschieht es gelegentlich, und die einfache Erklärung, daß sie dazu bestimmt waren, einander zu treffen, erscheint sinnvoller als irgendwelche Zufallszahlen. Aber sehr wissenschaftlich ist das nicht. In der spirituellen Wirklichkeit geschieht jedoch praktisch alles, weil es so beabsichtigt ist. Die Welt ist sinnvoll, jeder Mensch verfolgt sein individuelles Lebensziel. In Augenblicken des zeitlichen Zusammentreffens erhaschen wir einen Blick darauf, wie sehr das Leben vernetzt ist, wie vollkommen eingebunden in das unendliche Gewebe des Seins.

Der Begriff »Synchronizität« wird veralten, sobald die Menschen der Spiritualität zukünftig einen höheren Stellenwert im Leben zugestehen. Kommende Generationen werden alle Ereignisse ganz selbstverständlich als Teil einer umfassenden Seinsordnung betrachten. Ebenso wie unsere DNA folgen wir dem Fluß der linearen Zeit und sitzen gleichzeitig als Beobachter am Ufer. Nur von einem Standpunkt außerhalb der Zeit können wir die fundamentale Intelligenz in uns selbst erkennen, da die Zeit unsere Aufmerksamkeit im dichten Gewühl des Alltags gefangennimmt und uns in ihr Netz zieht. Sobald wir jedoch die Vorstellung akzeptieren, daß wir von einer anderen Ebene aus selbst Urheber dieses Netzes sind, kann Gott diese Aufgabe mit uns teilen. Wir erkennen, daß wir bei jedem Schöpfungsaspekt als Mit-Schöpfer gebraucht werden, und diese Auffassung macht die innige Vertrautheit mit Gott immer wahrscheinlicher.

HELLSEHEN UND PROPHEZEIUNGEN

Die Quantenwelt ist ein Bereich mit verwischten Konturen und unsicheren Ergebnissen. Wir haben gesehen, daß Dinge, die in der materiellen Welt genau festgelegt erscheinen, zu schattenhaften Phantomen werden, je tiefer wir in den unmanifesten Bereich vordringen. Die Zeit bildet da keine Ausnahme, denn auf einer bestimmten Ebene der Wirklichkeit existiert sie kaum noch. Wenn sich die Grenzen der Zeit vollständig auflösen, wird es möglich, eine Art geistiger Zeitreise zu unternehmen, die als Hellsehen oder Fähigkeit, in die Zukunft zu sehen, bezeichnet wird.

Soweit wir wissen, ist das Gehirn nicht fähig, den Zustand des Hellsehens aktiv herbeizuführen, da die Sehzentren mit den gerade gegenwärtigen Sinnesreizen beschäftigt sind. Träume sind eine Art falscher Vision, die, obwohl es den Anschein hat, sich nicht tatsächlich vor unseren Augen abspielen. Der Hellsichtige hat ebenfalls eine »unwirkliche« visuelle Erfahrung, nur daß diese innere Vision zufällig wahr wird. Wie kann ein ganz und gar innerliches Zünden der Neuronen mit Ereignissen übereinstimmen, die noch nicht passiert sind?

Meiner Erfahrung nach sind nicht alle Menschen, die sich für hellsichtig halten, mit den gleichen Fähigkeiten ausgestattet. Die innere Vision kann deutlich oder verschwommen sein; die Fähigkeit ist unter Umständen nicht permanent vorhanden und daher unzuverlässig; und ihre Genauigkeit ist stets fragwürdig, da wir nicht wissen, inwieweit die Zukunft vorherbestimmt oder offen für Veränderungen ist.

Ein Freund von mir hatte sich in eine Frau verliebt, die ihn zwar mochte, aber seine starken Gefühle nicht erwiderte. Er war jedoch überzeugt, daß sie die für ihn bestimmte Seelenpartnerin sei. In der Hoffnung, ihre Gefühle doch zu seinen Gunsten ändern zu können, ging er zu einer Hellseherin, um herauszufinden, ob er recht hatte. Die Hellseherin präsentierte ihm eine verblüffende Zahl zutreffender Details. Sie versicherte ihm, daß sie eine Frau mit langem, braunem Haar namens Tara sähe, die Kunst studierte. Sie sah ferner, daß die beiden sehr bald zusammenleben würden. Taras Gefühle würden sich ändern, und sobald sie die tiefe spirituelle Bindung zwischen ihnen beiden erkannt hätte, wäre eine Heirat möglich. Mein Freund war begeistert von dieser Zukunftsvision, in der es auch um zwei Kinder und einen Umzug nach Los Angeles ging, denn sie stimmte exakt mit der von ihm ersehnten Zukunft überein.

Und genau darin lag das Problem. Obwohl sich die Hellseherin in eine tiefe Bewußtseinsebene meines Freundes eingeklinkt hatte, bewahrheiteten sich die Bilder ihrer Vision nicht. Tara war keineswegs begeistert, sondern fühlte sich sehr unbehaglich, als ihr eröffnet wurde, daß sie dazu bestimmt sei, einen Mann zu heiraten, den sie nur als guten Freund betrachtete. Sie zog sich von ihm zurück, fand einen anderen Freund und zog während der Sommerferien mit ihm zusammen. Die Verbindung der beiden Seelenpartner fand niemals statt.

Aber ich kenne durchaus andere Hellsichtige, die sich von den Hoffnungen der Ratsuchenden nicht irreführen lassen. Sie sind anscheinend fähig, Wunschbild und zukünftiges Ereignis voneinander zu trennen, und machen daher sehr genaue Angaben zu einem zukünftigen Partner oder zum Ausgang eines Gerichtsprozesses, bis hin zum genauen Zeitpunkt des richterlichen Urteils. Diese Genauigkeit gibt einem ernsthaft zu denken, denn so sehr wir uns vielleicht auch wünschen, die Zukunft zu kennen – ein vorherbestimmtes Ergebnis macht unser ganzes Streben bedeutungslos. (Für Skeptiker, die nicht an Hellsichtigkeit glauben, ist das natürlich ein rein theoretisches Problem.)

Unter welchen Bedingungen würden wir Hellsehen als authentisch betrachten? Inwiefern unterscheidet es sich von anderen subjektiven Illusionen wie Träumen und Halluzinationen? Zum einen enthalten Träume meist Material aus der Erinnerung des betreffenden Menschen. Die Traumsymbole sind vielleicht auf den ersten Blick geheimnisvoll, aber da sich Träume, vergleichbar mit altem Wein in neuen Schläuchen, immer auf vergangene Erfahrungen beziehen, sind sie offen für Interpretationen. Ein Hellsichtiger hingegen sieht etwas Neues. Träume und Hellsehen haben allerdings eines gemeinsam: Ganz offensichtlich werden sie von persönlichen Überzeugungen oder der Weltanschauung einer ganzen Gesellschaft beeinflußt.

Die Zukunft hat also mehr als eine Möglichkeit, sich in der Gegenwart bemerkbar zu machen. Sie kann im voraus Botschaften senden oder sich vollständig verschleiern; sie kann die Menschen auswählen, die (in die Zukunft) sehen, und die, die blind sind. Mehr als wir uns bewußt sind, konstruiert unser eigenes Bewußtsein die Grenzen von Vergangenheit, Gegenwart und Zukunft. Mit anderen Worten, wir entscheiden uns unter Umständen selbst,

nicht hellsichtig zu sein, um nicht unsere Überzeugung zu gefähr-
den, daß wir nicht in die Zukunft sehen können. Als Kassandra in
der »Ilias« den Fall von Troja voraussagte, hätte man ihrer Vision
Glauben schenken können, denn das Glaubenssystem der Antike
schloß auch das Hellsehen ein. (Allerdings hatten die Götter sie
mit einem Fluch belegt. Ihre Weissagungen trafen immer zu, wurden aber nie geglaubt. Noch heute nennen wir unbeachtete Warnungen daher »Kassandrarufe«.)

Aus der Perspektive der Quantenmechanik besteht keine sichere Trennung zwischen Halluzination und Wirklichkeit, da es
auf dieser Ebene keine definierten Ereignisse und keinen linearen
Zeitfluß von der Vergangenheit über die Gegenwart zur Zukunft
gibt. Statt dessen gibt es eine reichhaltige Auswahl möglicher Ergebnisse, so daß auch innerhalb jedes Ereignisses wiederum
unendlich viele Wahlmöglichkeiten bestehen. Es bleibt uns überlassen, welche sich manifestieren werden. In der Tiefe des Geist-
Feldes, wo alle Dinge als virtuelle Ereignisse in Samenform existieren, spielt es kaum eine Rolle, welche davon schließlich keimen.
Sie haben nicht mehr Wirklichkeitsgehalt als die übrigen, die unmanifest bleiben.

Das berühmteste Beispiel dieses Konzepts ist das Paradox von
Schrödingers Katze. Erwin Schrödinger, einer der Begründer der
Quantenphysik, versuchte sich das Verhalten von Materie beim
Übergang zu Energie, also in den Quantenzustand, vorzustellen. Er
dachte sich ein geschicktes (und leicht sadistisches) Experiment
aus, in dem eine Katze – von außen nicht sichtbar – in einem Kasten sitzt. In dem Kasten befindet sich ein Auslöser, der ein Gift
freisetzt und die Katze tötet, sobald sie von einem Photon getroffen wird. Ein Elektron fällt so auf den Kasten, daß es den Weg
durch einen Doppelspalt nehmen muß. Wenn es durch den linken
Spalt geht, bleibt die Katze am Leben, wenn es durch den rechten
geht, wird die Katze getötet. Da sich der Vorgang auf der Quantenebene abspielt, sind die Ereignisse nicht genau definiert. Es gibt
keine Möglichkeit, exakt vorauszuberechnen, welchen Spalt das
Elektron wählen wird – es bleibt in der Schwebe, bis der Beobachter nachschaut.

Welchen Weg das Elektron genommen hat, weiß der Beobachter also erst, wenn er den Kasten öffnet und nachsieht, ob die Katze lebendig oder tot ist. Bis zu dem Moment sind beide Möglichkeiten gegeben, was bedeutet – und das ist der verblüffende Teil –, daß die Katze in einem Zustand zwischen lebendig und tot schwebt. Das Öffnen des Kastens entscheidet über ihr Schicksal, denn es ist der Beobachter, der das Elektron veranlaßt, einen genau bestimmten Ort in Raum und Zeit einzunehmen. Ohne das Eingreifen des Beobachters gibt es kein definiertes Ergebnis.

Jahrzehntelang galt das Paradox von Schrödingers Katze als gescheite geistige Spielerei, da die Physiker nicht daran glauben, daß die Unbestimmtheiten der Quantenebene für den Makrokosmos, also die Ebene jenseits der Elektronen und Photonen, gelten. Ein Hellseher scheint das Gegenteil zu beweisen. In seiner Vision findet die Zukunft an zwei Orten gleichzeitig statt – hier und später. Er kann wählen, an welcher er teilnehmen möchte, indem er einfach den gleichen Einfluß des Beobachters anwendet wie der Physiker bei einem Elektron.

Diejenigen unter uns, die eine weniger komplizierte Welt akzeptieren, in der die Zukunft nur einen Ort hat – später –, zeigen damit nur eine persönliche Vorliebe. Sie gehorchen jedoch keinem Naturgesetz. Die lineare Zeit ist insofern von praktischem Nutzen, als sie verhindert, daß alle Samen zukünftiger Ereignisse zugleich keimen. Die zeitliche Abfolge bestimmt, daß die Ereignisse nacheinander geschehen, ohne sich zu überschneiden. Wir können unmöglich Kind und Erwachsener zugleich sein – außer durch Hellsehen, wenn ein Ereignis in das nächste durchsickert. In bestimmten Fällen, etwa wenn uns ein mulmiges Gefühl sagt, daß eine Sache nicht gut ausgehen wird, verlassen wir uns auf eine verwässerte Form des Hellsehens, das uns einen Hinweis auf zukünftige Ereignisse gibt.

Ist Hellsehen nützlich oder nicht? Sollte man versuchen, diese Fähigkeit zu entwickeln, oder sie aus Rücksicht auf die Grenzen der Zeit verleugnen? Hierauf gibt es keine endgültige Antwort. Unsere DNA muß hellsichtig sein, denn wir könnten nicht überleben, wenn die Gene nicht die Zukunft kennen würden. Wenn eine einzelne Zelle in der Gebärmutter zu einem Embryo aus Milliarden von Zellen heranwachsen soll, muß die DNA genau vorhersehen, wann es an der Zeit ist, Nervenzellen, Herzzellen, Muskelgewebe und alle anderen Veränderungen zu entwickeln. Würden die Nervenzellen sich beispielsweise an dem Tag entwickeln, an dem eigentlich Finger wachsen müßten, wäre das Chaos unausweichlich. Die erste befruchtete Eizelle enthält also eine Landkarte der Zukunft, die mit unsichtbaren Farben gedruckt ist.

Andere Situationen sind weniger klar. Ganz allgemein formuliert besteht das höchste Ziel des Hellsehens darin, uns einen kurzen Einblick in den Geist Gottes zu ermöglichen. Wir haben gesehen, daß der göttliche Geist nicht von Zeit begrenzt ist und folglich weder Vergangenheit noch Gegenwart oder Zukunft kennt. Wer sich entscheidet, die Grenzen der Zeit aufzuweichen, muß die Verantwortung für die Folgen übernehmen. Aus der Science-fiction-Literatur kennen wir viele Geschichten von kühnen Zeitreisenden, die in der Zukunft oder in der Vergangenheit Schiffbruch erleiden. Zumindest besteht bei derartigen Unternehmungen die Gefahr, daß sich gegenwärtige Zeit und Zukunftsvisionen hoffnungslos verwirren. Spirituelle Lehrer preisen immer wieder als höchstes Ideal die Fähigkeit, im Hier und Jetzt zu leben – wenn es uns denn gelänge. Der jüdische Philosoph Philo, ein Anhänger Platons, schreibt: »Das ›Heute‹ bedeutet grenzenlose und unerschöpfliche Ewigkeit. Monate, Jahre und Zeitabschnitte sind Vorstellungen des Menschen, der in Zahlen denkt; der wahre Name der Ewigkeit ist jedoch ›Heute‹.« Dies ist das höchste Geheimnis des Hellsehens – jeder Augenblick, ob jetzt oder später, ist eine Pforte zur Ewigkeit.

Auch Propheten leben meines Erachtens in dem gleichen erweiterten Raum. Wir sehen ihre Fähigkeit zwar häufig darauf beschränkt, Ereignisse vorherzusagen, ihre spirituelle Funktion besteht jedoch darin, über die Zeit hinauszublicken. Die Fähigkeit zum Überschreiten der Zeit ist nichts Mystisches, entsprechende Vorstellungen finden sich in jeder Kultur.

In Indien sind Prophezeiungen in einem detaillierten astrologischen System organisiert, das jyotish heißt (abgleitet vom Sanskritwort »jyoti« für »Licht«). Die Zukunft vorherzusagen bedeutet also

wörtlich, zu erforschen, was das Licht zu sagen hat. Der höchste
Astrologe ist ein Visionär, der über alle Tabellen hinaus direkt in
das Licht der Zukunft blickt.

Erst die Erkenntnisse der Quantenwirklichkeit erschließen uns
die Mechanismen von Jyotish, denn alles Licht entsteht auf der
Quantenebene, wo auch Zeit und Raum austauschbar sind. Die
Fragen, wo sich ein Elementarteilchen befindet und wann es sich
dort befindet, sind untrennbar miteinander verbunden. In diesem
Sinne ist Energie nicht von der Raumzeit getrennt, sondern beide
sind miteinander verwoben. Der Astrologe geht noch einen Schritt
weiter und zerlegt den gesamten Kosmos in spezifische Energien,
die das menschliche Leben beeinflussen. Bestimmte Planeten haben im Jyotish lebensfördernde Energien (wie zum Beispiel Jupiter
und Venus), während andere im allgemeinen schädigend wirken
(wie zum Beispiel Mars und die Sonne).

Aus dem Wechselspiel dieser Energien entstehen ungeheuer
komplexe Strukturen. Jyotish kennt für jeden Menschen sechzehn
verschiedene Diagramme, die selbst geringfügige Planetenbewe-
gungen berücksichtigen. Um bestimmte Vorhersagen für die Zukunft eines Menschen zu treffen, wird die Zeit unter Umständen in
Bruchteile von Sekunden unterteilt. Und da jede Veränderung in
den Bewegungen der Himmelskörper eine neue, andere Energiefre-
quenz hervorruft, muß der Astrologe mehrere Tausend verschiedener Verbindungsmuster zwischen zwei oder drei Planeten kennen –
diese Zuordnungen werden Yogas genannt, wörtlich übersetzt die
»Verbindung« der Sterne.

Für seine Anhänger ist Jyotish eine Quantenwissenschaft, denn
hinter den sichtbaren Phänomenen der materiellen Ebene – die
Rotation der Planeten auf ihren Umlaufbahnen – verbirgt sich auf
einer tieferen Ebene ein fundamentales Gefüge, in dem jedes Atom
und jedes Molekül mit allen anderen in Verbindung steht. Durch
den Austausch von Energie, die in diesem Fall auch Informationsträger ist, flüstert jeder Punkt des Universums jedem anderen
etwas zu. Stellen wir uns eine Reihe von Leuten vor, die flüsternd
ein Geheimnis von einem zum anderen weitergeben. Wenn jeder
Unsinn flüstert, geben sie keine Information, nur unstrukturierte

Energie weiter. Wird das Geheimnis jedoch ausgesprochen, erhält die Energie Sinn und Bedeutung. Sie vereint die Gruppe durch das gemeinsame Wissen, das auch unausgesprochen ein unsichtbares, außerordentlich mächtiges Band ist. Jyotish sieht das Universum auf eben diese Weise insgeheim verbunden, weshalb jeder Energieaustausch einen Hinweis auf zukünftige Ereignisse enthält.

Die Vorstellung, Energie als Informationsträger zu betrachten, hat auch außerhalb der Astrologie Gültigkeit. So ist beispielsweise für einen Physiker die gesamte Natur von Information durchdrungen. Die spezifischen Frequenzen, durch die sich infrarotes von ultraviolettem Licht unterscheidet oder durch die sich Gammastrahlen von Radiowellen unterscheiden, bilden einen kosmischen Kode. Der Mensch klinkt sich in diesen Kode ein und benützt ihn für seine eigenen Zwecke, denn gerade die in der Energie enthaltene Information ermöglicht uns den Bau von elektrischen Generatoren, Infrarotlampen, Funkfeuer und so weiter. Ohne diese verschlüsselte Information wäre das Universum nur eine zufällige Schwingung, eine Quantensuppe aus Buchstaben, die keine Worte bilden.

Jyotish behauptet, daß Energie in verschlüsselter Form eine für den Menschen bedeutsame Information enthält. Vorhersagen über die Zukunft werden sozusagen mit Licht buchstabiert, das heißt, Photonen bilden präzise Strukturen, aus denen schließlich die Ereignisse in der Zeit hervorgehen. Ein alter Meister der Astrologie namens Brighu liefert einen überraschenden Beweis dafür, daß diese Strukturen eine sinnhafte Aussage formulieren. Vor Tausenden von Jahren verfaßte er Diagramme mit Konstellationen, die das Leben zukünftiger, noch nicht geborener Menschen vorhersagten. Noch erstaunlicher ist, daß er diese Diagramme nur von den Menschen erstellte, die sich zukünftig um eine Auslegung bemühen würden. Wenn ich nach Benares ginge und dort einen sogenannten Brighu-Deuter aufsuchte, wäre es ein Beweis seiner Echtheit, wenn mein Diagramm auf mich wartete mit allen Einzelheiten, bis hin zu der Minute, da ich über seine Schwelle trete.

Alle Grenzen werden im Bewußtsein errichtet und im Bewußtsein auch wieder aufgelöst. Daß ein Mensch imstande ist, die

Grenzen der Zeit zu überschreiten oder die Sprache des Lichts zu sprechen, zeigt uns, daß wir frei entscheiden können, von welchen Prämissen wir ausgehen wollen. Es ist alles eine Frage der Bewußtheit. Die spirituellen Meister schätzen den gegenwärtigen Augenblick deshalb so sehr, weil nur er die Aufmerksamkeit zu fesseln vermag. Vergangenheit und Zukunft lenken von der Gegenwart ab und versetzen uns in einen abstrakten Geisteszustand, dem alle Lebendigkeit fehlt. Eine Illusion taugt nicht dazu, tief in sie einzutauchen. Sobald sich das Bewußtsein ausdehnt, stellen wir jedoch fest, daß wir unendlich lange in den momentanen Augenblick eintauchen können. Das »ewige Jetzt« ist die Gegenwart, die sich beständig erneuert. Trotz aller Befürchtungen, die Weisheit sei schal geworden oder eine Sache der Vergangenheit, haben wir mit dieser Erkenntnis eine Pforte zur Weisheit aufgestoßen. In gewissem Sinn ist die Vergangenheit der Weisheit sogar feindlich gesinnt, denn jede Art von linearem Denken ist dazu verurteilt, auf der Oberfläche des Lebens gefangen zu bleiben. Wenn wir unseren Geist jedoch als multidimensional erfahren, nähern wir uns dem Geist Gottes, der alle Dimension umfaßt.

WEGE ZU GOTT

Bittet, so wird euch gegeben;
suchet, so werdet ihr finden;
klopfet an, so wird euch aufgetan.

Matthäus-Evangelium

Gott zu erkennen wäre nicht möglich, wenn er nicht erkannt werden wollte. Jede spirituelle Stufe könnte ebensogut eine Illusion sein. Ein Heiliger, der mit Gott spricht, weist möglicherweise eine Läsion des rechten Temporallappens auf. Andererseits verschließt sich vielleicht ein überzeugter Atheist den Botschaften, die wir täglich von Gott bekommen.

Unser Quantenmodell zeigt uns drei Wege, auf denen Gott bereits Verbindung mit uns aufgenommen hat:

1. Er existiert auf einer Wirklichkeitsebene jenseits der fünf Sinne, die den Ursprung unseres Seins darstellt. Da wir Quantenwesen sind, haben wir an Gott teil, auch wenn wir es nicht erkennen.
2. Er schickt uns Botschaften oder hinterläßt Hinweise in der materiellen Welt. Wir haben das als Fließen der Wirklichkeit bezeichnet.
3. Er macht sich bemerkbar durch die »zweite Aufmerksamkeit«, den Teil des Gehirns mit der tiefsten Intuition, den die meisten Menschen ignorieren.

Diese drei Wege zu Gott ergeben sich aus den Tatsachen, die wir auf unserer Suche bisher gesammelt haben. Wir haben das Flugzeug konstruiert und wissen theoretisch, wie man fliegt – nun müssen wir nur noch abheben.

Gott sendet uns Botschaften aus dem Bereich jenseits von Zeit und Raum. Einige dieser spirituellen Hinweise sind nicht sehr deutlich, andere geradezu dramatisch. Als Beispiel möchte ich die Geschichte einer Heilung heranziehen, die sich erst vor kurzem in Lourdes ereignet hat. Ein junger Mann aus Irland, der an Multipler Sklerose (MS) erkrankt war, erreichte die Pilgerstätte erst abends, als die heiligen Wasser für die Öffentlichkeit bereits nicht mehr zugänglich waren. So konnte er nur noch außerhalb der Mauern warten und dem Abendgottesdienst vor Sonnenuntergang lauschen.

Völlig enttäuscht brachte man ihn im Rollstuhl zurück ins Hotel. Als er nun allein in seinem Zimmer saß, spürte er plötzlich eine Veränderung. Sein Körper wurde warm, und als er sich auf das Bett legte, schoß ein Lichtstrahl mit so großer Intensität die Wirbelsäule hinauf, daß er sich winden mußte. Dann verlor er das Bewußtsein. Als er wieder zu sich kam, konnte er gehen, alle MS-Symptome waren verschwunden. Geheilt kehrte er nach Hause zurück.

Angesichts der Vielzahl von Menschen mit ähnlichen Erfahrungen besteht für mich kein Zweifel, daß hier das »Licht Gottes« wirkt, das in jeder religiösen Tradition verehrt wird. Das göttliche Licht fasziniert uns, weil es wie wenige andere Erscheinungen ein Weg ist, durch den sich Gott konkret spürbar in unserer Welt äußert.

Bei Befragungen zu Forschungszwecken berichteten fast die Hälfte der Amerikaner über unerklärliche Lichterfahrungen, entweder innerlich oder als äußerliche Aura oder Heiligenschein. Etwa ein Drittel der Befragten gab an, »wiedergeboren« zu sein, was man als eine Art spirituelles Erwachen deuten kann. Einer der bekanntesten indischen Heiligen ist der aus Bengalen stammende Sri Aurobindo Ghose, der um die Jahrhundertwende seine Ausbildung in Cambridge erhielt und dann nach Indien zurückkehrte. Aurobindos eigenes Erwachen fand in dem Augenblick statt, als er den Fuß auf heimatliche Erde setzte. Ein fast elektrischer Schock durchfuhr ihn und eröffnete ihm die Wahrhaftigkeit des höheren Bewußtseins. Später vermutete er, daß alle Menschen auf dem Weg zur Erleuchtung eine geistige Entwicklung durchlaufen. (Der verstorbene Jonas Salk widmete sich viele Jahre einer ähnlichen Theorie, daß die Menschen sich an einem Übergang von der biologischen Evolution, die die physischen Strukturen vervollkommnet, zu einer »metabiologischen« Evolution befinden, deren Ziel die Vervollkommnung des Geistes ist.)

Eine Form von »Super-Bewußtsein«, wie Aurobindo es nannte, strömt allmählich auf uns herab, zuerst auf die höheren Bewußtseinszentren, mit denen wir intuitiv die Existenz Gottes erfassen;

dann immer weiter hinunter, bis jede einzelne Zelle transformiert ist. Aurobindo zufolge sendet Gott »Lichtpfeile« in unsere Welt, die jedoch nur in eine Richtung gehen. Wir empfangen sie als Inspirationsimpulse, können sie jedoch nicht in Gedanken zurückverfolgen.

Um an den Ursprung der göttlichen Botschaften zurückzugelangen, müßten wir die zweite Aufmerksamkeit benutzen, also die Fähigkeit, ohne konkrete Information etwas zu erkennen. Die zweite Aufmerksamkeit ist nicht nur an Intuition und Prophezeiung beteiligt, sondern auch an der göttlichen Einsicht eines Heiligen oder dem Experiment, in dem die Versuchspersonen wußten, wann sie aus einem anderen Raum beobachtet wurden. Jesus spricht von seinem Vater, als hätte er eine innige Kenntnis von ihm, und auch dies ist auf eine hochentwickelte zweite Aufmerksamkeit zurückzuführen. »Erkenne die Wahrheit, und die Wahrheit wird dich freimachen.« Wenn wir diese Worte Jesu hören, reagiert unser Geist in bezeichnender Weise darauf. Es ist, als schlummere die zweite Aufmerksamkeit in uns und sei bereit zu erwachen. Darauf beruht auch größtenteils die Faszination, die alle Weisen und Seher auf normale Menschen ausüben.

Für einen Moment möchte ich die konventionellen Wege zur Gotteserkenntnis – Gebete, Kontemplation, Glaube, gute Werke und Tugend – einmal beiseite lassen. Das geschieht nicht, um sie abzuwerten, sondern um bestimmte wichtige Tatsachen zu erörtern, die erkannt werden müssen. Viele Gläubige beschreiten die genannten Wege zur Gotteserkenntnis und stehen am Ende mit leeren Händen da. Selbst wenn diese Methoden wirken, sind sie nicht immer erfolgreich – einige Gebete werden erhört, andere nicht; der Glaube bewirkt zuweilen Wunder, jedoch nicht immer. Und noch wichtiger – die konventionellen Wege zu Gott konnten dem Atheismus nichts anhaben. Da eine subjektive Erfahrung nicht geteilt werden kann – so überwältigend sie auch sein mag –, ist ein Mensch von der inneren Welt eines anderen ausgeschlossen. Die Erfahrung ist in einen intimen, nur dem Selbst zugänglichen Kokon eingehüllt.

Bevor wir beschreiben, wie die zweite Aufmerksamkeit – der

Schlüssel zum Empfangen göttlicher Botschaften – entwickelt werden kann, müssen wir uns von Selbsttäuschung befreien. Das Kernproblem bei der Gottessuche ist das gleiche, auf das wir stoßen, wenn wir wissen wollen, was außerhalb des Universums liegt. Es ist das Problem, den Begriff der objektiven Realität zu erklären. Seiner Definition nach enthält das Universum alles. Aber wenn der rationale Geist deshalb annimmt, daß es außerhalb des Universums nichts gibt, irrt er sich. Theoretiker können perfekte Versionen von anderen Dimensionen entwerfen, so beispielsweise ein Modell, in dem unser Weltall nur eine abgeschnürte »Blase« an der Außenseite eines expandierenden Überkosmos ist, eines Multiuniversums mit zehn oder mehr Dimensionen, das sich aller Erforschung durch unsere Sinne verschließt. Vielleicht ist eine davon der Heimatkosmos der Engel? Der Verstand kann diese Möglichkeit weder beweisen noch widerlegen, er kann ihr aber verführerisch nahe kommen.

Ohne je einen Blick in diese andere Welt zu werfen, können wir schwarze Löcher und Quasare beobachten, die so etwas wie Fenster am Rande der Ewigkeit sind. Wenn ein schwarzes Loch Licht und Energie verschluckt, verschwinden diese aus unserem Kosmos. Wir schließen daraus, daß sie irgendwo hingehen, und vielleicht kommen sie ja auch durch »weiße Löcher« oder einen Schöpfungsakt wie den Urknall wieder zurück. Es gibt keine schwarzen Löcher, die uns in ihre Welt hineinziehen, es sei denn durch den Tod. Nah-Todeserfahrungen sind so faszinierend, weil die Betroffenen mit der Überzeugung zurückkehren, daß sie Gott nahegekommen sind, aber die Information, die sie mitbringen, ist begrenzt. Die meisten berichten von einem weißen Licht, das sie in Liebe und Frieden getaucht habe. Eine kleine Minderheit hat dieses Licht jedoch als brennende Höllenqualen und nicht als himmlisches Entzücken erfahren, und das Wesen, das ihnen am Ende des Tunnels winkte, war nicht gütig, sondern böse. Wie wir bereits gesehen haben, lassen sich Nah-Todeserfahrungen auch künstlich durch Sauerstoffentzug des Gehirns herbeiführen. Da in diesen Fällen häufig das gleiche weiße Licht auftritt, ist es vielleicht nur ein bloßes Artefakt des Großhirns, das allmählich erstickt.

Wir brauchen eine bessere Erklärung dafür, daß Gott bereit ist, sich in seinem kosmischen Versteck finden zu lassen. Dann wird auch deutlich werden, daß die Entwicklung der zweiten Aufmerksamkeit der vielversprechendste Ansatz ist, um in den geistigen Bereich vorzudringen.

Um Gott persönlich zu begegnen, müssen wir eine Grenze überschreiten, die von den Physikern als »Ereignishorizont« bezeichnet wird. Auf der einen Seite dieses Horizonts liegt alles, was sich mit Lichtgeschwindigkeit oder langsamer bewegt; auf der anderen alles, was schneller ist. Einstein war einer der ersten Theoretiker, die die fundamentale Bedeutung der Lichtgeschwindigkeit für die Raumzeit erkannten. Die Lichtgeschwindigkeit ist absolut, sie ist wie eine Wand, die kein Objekt durchdringen kann. Wenn wir uns dieser Wand nähern, verlangsamt sich die Zeit, während die Masse zunimmt und der Raum sich krümmt. Wenn wir versuchen, die Wand zu durchbrechen, geschehen seltsame Dinge, um uns daran zu hindern.

So wird Licht, das einem schwarzen Loch zu nahe kommt, von seinem Gravitationsfeld angezogen. Schwarze Löcher sind Überreste verglommener Sterne, die durch ihre eigene Schwerkraft in sich zusammengefallen sind, als sie keine Energie mehr zur Verfügung hatten. Alternde Sterne haben eine so große Dichte, daß wir sie uns kaum noch vorstellen können – ein einziger Teelöffel Materie eines solchen Sterns kann millionenfach schwerer sein als die gesamte Erde. Während diese Sternenenergie in sich zusammenstürzt, besteht die Gefahr, daß sie wie ein führerloser Zug außer Kontrolle gerät. In einigen Fällen ist die Kraft so unwiderstehlich, daß nicht einmal Licht dem Gravitationsfeld des Sterns entrinnen kann. In diesem Fall gibt es nur noch Schwärze – eben das schwarze Loch, das jedes Objekt in seiner Nähe verschluckt. Wenn ein Lichtphoton versucht, sich um ein schwarzes Loch zu bewegen, verläuft die Bewegung kreisförmig auf das Loch zu, bis es hineinfällt.

Hier findet Einsteins absolute Wand ihren Meister. Da das Photon sich bereits mit Höchstgeschwindigkeit bewegt, kann auch das schwarze Loch keine Beschleunigung mehr bewirken. Andererseits muß das Photon schneller werden, um der ungeheuren Anziehungskraft des schwarzen Lochs zu entkommen. An dem Punkt, an dem die Kräfte des Photons und des schwarzen Lochs einander die Waage halten, erstarrt das Photon in der Zeit und fällt ewig in das schwarze Loch. Im Inneren des schwarzen Lochs ist das Photon jedoch in weniger als hundert Mikrosekunden bereits verschluckt worden.

Beide Versionen treffen zu. Eine beschreibt den Vorgang aus der Welt des Lichts, die andere aus der Welt jenseits des Lichts. Auf dieser Ebene gilt die Heisenbergsche »Unschärferelation« – obwohl Ereignis A und Ereignis B einander ausschließen, existieren sie zur gleichen Zeit. Die Grenze der Unbestimmtheit ist der Ereignishorizont, die exakte Trennlinie zwischen einer genau bestimmten und einer unbestimmten Wirklichkeit, zwischen dem Bekannten und dem Unbekannten.

Wo die Erkenntnismöglichkeiten aufhören, verläuft ein Ereignishorizont. Das Gehirn kann nur in dem Bereich etwas erkennen, wo Photonen existieren, denn ohne elektrische Gehirntätigkeit gibt es keine Wahrnehmung. Wenn meine Katze oder mein Hund Gott direkt erkennen würden, nützte mir das gar nichts, da ich nicht ihr Nervensystem habe. Ein Nervensystem ist einfach nur eine Vorrichtung zur Wahrnehmung von Photonen. Abhängig von dem Modell, das ein Mensch benutzt, bringt es Strukturen hervor, die sich von denen anderer Modelle unterscheiden. Theoretisch vermag der Geist den Ereignishorizont zu überschreiten, indem er intellektuelle Spekulation und höhere Mathematik anwendet. Aber das ist wie der Sprung von Alice in das Kaninchenloch in »Alice im Wunderland«. Als der Philosoph Sören Kierkegaard seinen berühmten Ausspruch formulierte, daß Gott nur durch einen Glaubenssprung erkennbar sei, bezog er sich auf ein »spirituelles Kaninchenloch«.

Und was liegt jenseits des Ereignishorizonts? Vielleicht ist da ein neues Universum voller intelligentem Leben, oder es ist ein Kaffeeklatsch von Göttinnen und Göttern. Es könnte auch ein Chaos aus gequetschten Dimensionen sein, die umhertaumeln wie ineinander verknäulte Laken in einem Wäschetrockner.

Das ist das Ende der ganzen Gottsuche. Oder doch nicht? Seltsamerweise liegen jenseits des Ereignishorizonts viele Dinge, die sich als nützlich erweisen. Die Quantenphysik überspringt die Grenze immer wieder, nur kann sie nicht sehr lange dort bleiben. Wenn ein Teilchenbeschleuniger zwei Atome bombardiert und ein subatomares Teilchen einige Millionstel Sekunden lang aus seinem Versteck hüpft, hat es den Ereignishorizont überquert. Etwas, das bisher für die fünf Sinne nicht wahrnehmbar war, erscheint plötzlich in unserer Welt. Die Naturwissenschaften haben derartige Phänomene mit verschiedenen »Gedankenexperimenten« verknüpft und sich auf diese Weise allmählich mit Atomkraft, Transistoren, Zukunftstechnologien im Computerbereich und (mit einem Blick in die Zukunft) Zeitreisen zugänglich gemacht. In einem Labor des California Institute of Technology in Pasadena ist es bereits gelungen, einen Lichtstrahl von einem Ort zum anderen wandern zu lassen, ohne daß er den dazwischenliegenden Raum überquert hat – eine primitive Form der Zeitreise. In kleinen Schritten lernen wir, mit der Welt jenseits des Ereignishorizonts vertraut zu werden.

Skeptiker mögen (mit großem Nachdruck) einwenden, daß ich die Bedeutung des Ereignishorizonts über seine ursprüngliche Bedeutung hinaus mißbrauche. Würde man einen Kieselstein in ein schwarzes Loch werfen, dann sähe es so aus, als ob er für immer und ewig am gleichen Platz eingefroren wäre und also den physikalischen Gesetzen trotzte. Das bedeutet jedoch nicht, daß Gott ewig ist, denn von den Naturwissenschaften wird der Ereignishorizont nicht als geistige Grenze betrachtet. Es ist faszinierend, daß Buddha einst einen Moment lang die Augen schloß und danach erklärte, er hätte neunundneunzigtausend Inkarnationen erfahren, aber es könnte sich um eine Zeitreise in der Phantasie handeln.

Allerdings wissen wir genau, daß sich Gott nicht auf dieser Seite des Ereignishorizonts befinden kann. Seit dem Urknall hat sich das Licht etwa zehn bis fünfzehn Milliarden Jahre ausgebreitet. Kein Teleskop kann Licht empfangen, das älter ist, ganz gleich aus welcher Richtung. Deshalb muß eine Wesenheit, die noch weiter weg ist, unsichtbar bleiben. Es bedeutet nicht, daß es jenseits der fünfzehn Milliarden Jahre keine Existenz geben kann. Seltsamerweise scheinen bestimmte sehr weit entfernte Objekte eine Strah-

lung abzugeben, die älter als das Universum ist. Die Kosmologen
können dieses Phänomen nicht begreifen. Wenn das menschliche
Gehirn seinen eigenen Ereignishorizont enthält (die Grenze der
Photonen, die sich zu Gedanken strukturieren) und der Kosmos
ebenso, müssen wir diese Grenze auf der Suche nach dem GEIST
überschreiten.

EINE LANDKARTE DER SEELE

Mitten in der Nacht wurde ich durch einen Schrei geweckt. So be-
nommen ich war, wußte ich doch, daß er von irgendwo aus dem
Haus kommen mußte, und mein Herz schlug schon heftig, noch
bevor ich mich aufgesetzt hatte. Dann knipste jemand das Licht an
meinem Bett an.

»Mach voran, zieh dich an, wir müssen gehen«, sagte eine halb
vertraute Stimme. Ich rührte mich nicht. Es dauerte einen Moment, bevor mir bewußt wurde, daß ich keinen Schrei, sondern
einen Klagelaut gehört hatte.

»Komm schon«, wiederholte die Stimme, dieses Mal drängender. Ich wurde von starken Armen aufgehoben und aus dem Zimmer getragen. Ich war sieben, und unser Nachbar in Bombay war
gekommen, um mich zu holen, aber er sagte mir nicht warum.
Statt dessen streichelte die warme, feuchte Luft der tropischen
Nacht mein Gesicht, bis wir sein Haus erreichten, wo ich wieder
ins Bett gelegt wurde.

In dieser Nacht starb mein Großvater. Wir nannten ihn Bauji. Er
war berühmt, weil er mit dem alten Signalhorn aus seiner Militär-
zeit auf das Dach seines Hauses gestiegen war und am Morgen meiner Geburt die Nachbarn aufgeweckt hatte. Er starb ohne Vorwarnung um drei Uhr morgens. Das Wehklagen kam von den Dienern
und Frauen des Hauses, die auf ihre Art versuchten, mit dem Tod
umzugehen, aber mir half es wenig. Ich reagierte so, wie kleine
Kinder das häufig tun; ich weigerte mich zu glauben, was geschehen war. Gerade am Tag zuvor war mein Großvater voller Freude
gewesen, denn sein Sohn, mein Vater, war vom »Royal College of

Physicians« in London aufgenommen worden – in jenen Tagen kurz nach dem Zweiten Weltkrieg ein seltener Erfolg für einen Inder. Als mein Großvater das Telegramm erhalten hatte, schob er sofort meinen jüngeren Bruder und mich in seinen alten schwarzen Sedan und sauste mit uns zum Kino, wo wir uns nicht nur einen, sondern gleich zwei Filme ansahen (erst einen Film mit Jerry Lewis und dann »Ali Baba und die vierzig Räuber«). Er hatte uns derart mit Süßigkeiten und Spielzeug überhäuft, daß mein Bruder Sanjiv vor lauter Aufregung anfing zu weinen.

Einen Tag später jedoch war mein Großvater eine Wolke aus Asche, die in der heiligen Stadt Hardwar in den Ganges gestreut wurde – ich weigerte mich, das zu akzeptieren. Wie konnte er verschwunden sein, wo er doch kaum einen Tag zuvor neben mir im Dunkeln gesessen und über Ali Babas Späße gelacht hatte?

Es folgte ein neuer, schmerzlicher Akt im Familiendrama. Meine Eltern, die während der letzten Phase des Medizinstudiums meines Vaters nach London gezogen waren, eilten zurück nach Indien. Ein Gefühl der Schuld lastete auf meinem Vater: Großvater war an einem Herzanfall gestorben, und die Kardiologie war ausgerechnet das Spezialgebiet seines Sohnes. Zudem wurde mein Bruder Sanjiv sehr krank. Er litt an einer Hautkrankheit, für die man keine Ursache fand, außer den Schock der jüngsten Ereignisse.

Heute verstehe ich, daß wir uns damals alle Sorgen um die Seele meines Großvaters machten. Wir fragten uns, wohin sie gegangen war; ob sie gelitten hatte. Im tiefsten Inneren haben wir uns vielleicht auch gefragt, ob es so etwas wie die Seele überhaupt gibt. Solche oder ähnliche Fragen habe ich mir in meinem Leben immer wieder gestellt. Die Seele trägt uns ins Jenseits; sie ist die Essenz, die uns mit Gott verbindet. Aber was bedeuten diese Worte wirklich?

In den alten Schriften der Veden heißt es, daß der Teil in uns, der nicht an den Tod glaubt, niemals stirbt. Diese einfache Definition der Seele ist gar nicht so schlecht. Sie beschreibt genau die Überzeugung, die wir alle insgeheim haben: Der Tod mag für andere eine Realität sein, nicht jedoch für uns. Psychologen reagieren mit Ungeduld auf derartige Gefühle persönlicher Unsterblichkeit und behaupten, wir benutzten sie nur, um die unumstößliche Tatsache zu verdrängen, daß wir eines Tages sterben werden. Was aber, wenn das Gegenteil wahr ist? Was, wenn das Gefühl, unsterblich und jenseits des Todes zu sein, das Realste überhaupt an uns ist?

Um diese Vorstellung zu untermauern, brauchen wir Tatsachen über die Seele, ebenso wie zuvor über Gott. Die Seele ist genauso geheimnisvoll wie Gott, und wir kennen ebenso wenige zuverlässige Fakten über sie. Als erste Tatsache über die Seele möchte ich anführen, daß sie keineswegs etwas so Persönliches ist, wie die Leute glauben. Die Seele fühlt nicht, und sie bewegt sich nicht, weder reist sie an andere Orte, noch kennt sie Geburt, Verfall oder Tod. Ich will damit sagen, daß die Seele außerhalb der alltäglichen Erfahrung steht. Und da sie keine Form hat, kann man sich auch kein geistiges Bild von ihr machen.

Die Seele ist vielmehr ein Verbindungspunkt zwischen Zeit und Zeitlosigkeit. Sie schaut in beide Richtungen. Wenn ich mich selbst in der Welt erfahre, erfahre ich nicht meine Seele, und dennoch ist sie irgendwo am Rand vorhanden. Zweifellos spüren wir ihre Gegenwart, wenn vielleicht auch nur vage. Mein Großvater war ein alter Mann mit lichtem Haar, leicht zu begeistern und ungestüm in seiner Liebe zu uns. Ich habe starke Erinnerungen an ihn, aber all seine Eigenschaften und meine Erinnerungen haben nichts mit seiner Seele zu tun. Die Eigenschaften sind mit ihm gestorben – seine Seele jedoch nicht. Die Seele ist also Träger der Essenz, aber was ist das für eine Essenz? Wenn ich meine Seele nicht als Gefühl erfahre, wenn alles, was ich seit meiner Geburt über mich weiß, nichts mit meiner Seele zu tun hat, kann sie nicht materiell sein.

Anders gesagt, die Seele beginnt auf der Quantenebene. Das klingt plausibel, denn die Quantenebene ist auch unsere Pforte zu Gott. Die Entscheidung, durch diese Pforte zu gehen, ist jedoch nicht uns überlassen: Die Teilnahme ist verpflichtend. Nach indischer Auffassung hat die Seele zwei Aspekte. Der eine, Jiva genannt, entspricht der individuellen Seele, die auf ihrer langen Reise viele Leben durchwandert, bis sie die vollkommene Gottverwirklichung erreicht. Wenn ein Kind lernt, daß seine Seele in den Himmel kommt, wenn es brav ist, ist damit Jiva gemeint. Jiva ist mit den Handlungen verknüpft und steht unter dem Einfluß der guten und schlechten Taten. Alle Samen des Karma sind in Jiva enthalten, die individuelle Persönlichkeit ist in Jiva verwurzelt, und mit der Art und Weise, wie wir unser Leben gestalten, verändert sich auch Jiva täglich.

Die zweite Hälfte der Seele, Atman genannt, begleitet uns auf keiner Reise. Atman ist reiner GEIST, aus der gleichen Essenz wie Gott und unveränderlich. Atman erreicht Gott niemals, weil er ihn niemals verlassen hat. Unabhängig davon, wie gut oder schlecht unser Leben ist, bleibt Atman stets der gleiche. Wenn von diesem Aspekt die Rede ist, haben die Seele des schlimmsten Verbrechers und des heiligsten Heiligen die gleiche Qualität. Im Westen gibt es keine Entsprechung für Atman, und viele Leute fragen sich sicher, weshalb die Seele überhaupt zweigeteilt sein muß.

Die Antwort liegt auf der virtuellen Ebene. Wie wir gesehen haben, verblassen dort alle vertrauten Merkmale des Lebens – Zeit, Raum, Energie und Materie – allmählich zu geisterhaften Schatten, bis sie sich auflösen. Nur eines bleibt erhalten – der GEIST selbst. Jiva existiert auf der Quantenebene, Atman auf der virtuellen. Jiva ist also die schwächste, feinste Spur vom »Ich«, die noch auf der Quantenebene erspürt werden kann. Wenn auch sie verschwindet, bleibt nichts als reiner GEIST – und das ist Atman. Die Unterscheidung zwischen beiden ist unbedingt notwendig, denn sonst gäbe es keinen Weg zurück zu Gott.

Wir brauchen Jiva, um uns zu erinnern, wer wir als individuelle Person sind. Wir brauchen Atman, damit wir nicht vergessen, daß wir im Innersten reiner GEIST sind.

Wir brauchen Jiva als Grund zum Handeln, Denken, Wünschen, Träumen. Wir brauchen Atman, um jenseits aller Handlungen Frieden zu erfahren.

Wir brauchen Jiva für die Reise durch Zeit und Raum. Wir brauchen Atman, um in der Zeitlosigkeit zu leben.

Wir brauchen Jiva, um Persönlichkeit und Identität aufrechtzuerhalten. Wir brauchen Atman, um zu erfahren, daß wir jenseits unserer individuellen Identität kosmisch sind.

Wie wir sehen, sind diese beiden Aspekte in vieler Hinsicht Gegensätze, obwohl sie gemeinsam die »Seele« bilden. Das ist das Paradox der Seele – sie vermag sich der Welt der Zeit, Gedanken und
Handlungen anzupassen und gleichzeitig ein ewiges Dasein in der
spirituellen Welt zu führen. Damit wir beim Gebet, in der Meditation und bei anderen spirituellen Formen der Gottsuche nicht unsere Identität verlieren, muß die Seele halb menschlich, halb göttlich sein; sie muß einen göttlichen Aspekt haben, der das Ziel der
Suche verkörpert.

Auf der materiellen Ebene ist mir mein Atman nicht präsent. Ich
gehe, spreche und denke, ohne mir meines tieferen Ursprungs bewußt zu sein. Auf der seelischen Ebene jedoch bin ich mir vollkommen bewußt, wer ich bin. Die seelische Ebene ist ein äußerst seltsamer Ort – ohne selbst zu handeln, bringt sie alle Handlungen
hervor. Bedenken wir, was das praktisch bedeutet. Während ich
mich hierhin und dorthin bewege, rührt sich meine Seele nicht von
der Stelle. Das Quantenfeld kräuselt sich zwar und vibriert auf der
Quantenebene, aber es bewegt sich nicht von A nach B. Geburt, Alter und Tod sind für meinen Körper und meinen Geist bedeutende
Ereignisse, aber auf der Quantenebene wird nichts geboren, nichts
wird alt oder stirbt. So etwas wie ein altes Photon gibt es nicht.

Ein ganz normaler Fernseher kann uns bei der Lösung des Rät-
sels helfen. Wenn wir in einer Sendung jemanden von links nach
rechts gehen sehen, registriert unser Gehirn einen falschen Eindruck. Auf dem Bildschirm hat sich nichts, kein einziges Elektron,
tatsächlich von links nach rechts bewegt. Mit einem Vergröße-
rungsglas würden wir erkennen, daß nur die Phosphore (Leucht-
stoffe) auf der Oberfläche der Braunschen Röhre flackern. Wenn
sich Leuchtstoff A links von Leuchtstoff B befindet, kann sein
Nachleuchten so gesteuert werden, daß es in dem Moment erlischt, wo Leuchtstoff B aufleuchtet. Dieser Trick vermittelt den
Eindruck, es hätte sich etwas von links nach rechts bewegt, so wie
die pulsierenden Lichter einer Weihnachtsbeleuchtung sich im
Kreis um den Baum herum zu bewegen scheinen.

Wenden wir nun den gleichen Trick auf uns selbst an. Wenn ich
vom Stuhl aufstehe und durchs Zimmer gehe, scheint sich mein

Körper zu bewegen. Auf der Quantenebene passiert nichts derglei-
chen. Statt dessen flackern virtuelle Elementarteilchen auf und verlöschen wieder – und erzeugen damit die Illusion der Bewegung.
Dieser Punkt ist so wichtig, daß ich dazu noch weitere Beispiele anführen möchte. Am Strand können wir beobachten, wie die Wellen
ans Meeresufer schlagen. Wenn wir hinauswaten und einen Korken
auf das Wasser setzen, vermitteln uns die Sinne den Eindruck, daß
er von den Wellen fortgetragen wird. Das ist aber nicht der Fall. Der
Korken bleibt am gleichen Ort und tanzt auf den Wellen auf und
ab, da sich auch das Wasser lediglich auf und ab bewegt. Es ist stets
das gleiche Wasser, das ans Ufer schlägt, nicht neues Wasser von
weit her. Die Wellenbewegung findet nur auf der Energieebene
statt und erzeugt so die Illusion, daß das Wasser sich dem Ufer
nähert.

Das nächste Beispiel ist noch geheimnisvoller: Wenn zwei Ma-
gnete einander anziehen, dann geschieht das durch ein Magnetfeld. Das Feld selbst bewegt sich dabei nicht. Überall auf der Erde
schlagen die Kompaßnadeln aus, nicht jedoch die erdmagne-
tischen Pole. Wie kann ein unbewegliches Feld die Bewegung einer
Nadel oder zweier schwerer Eisenstücke bewirken? Wiederum handelt es sich um eine Illusion. Auf der Quantenebene sind virtuelle
Photonen die Träger der magnetischen Kraft. Sie flackern auf und
verlöschen in einer bestimmten Abfolge, so daß der Eindruck einer
Bewegung entsteht.

Nehmen wir an, wir könnten die Tatsache akzeptieren, daß Sie
und ich uns ebenfalls nicht bewegen. Für einen Quantenphysiker
sind unsere Körper Objekte wie andere auch. Ein Ball, der durch
den Raum geworfen wird, bewegt sich nicht, seine Elementarteilchen entstehen vielmehr mit unglaublicher Geschwindigkeit an
verschiedenen Orten und werden mit der gleichen Geschwindigkeit immer wieder vernichtet. Das gleiche gilt auch für uns. Aber
nun wird es noch geheimnisvoller. Wenn der Ball nur eine Nano-
sekunde lang verschwindet, um danach ein winziges Stück rechts
oder links davon wieder aufzutauchen, weshalb hat er sich dann
nicht aufgelöst? Schließlich war er eine Zeitlang vollständig verschwunden, und es gibt keinen Grund, warum sich seine alte

Größe, Form und Farbe nicht einfach auflösen sollte. Die Quantenphysik kann sogar die Wahrscheinlichkeit berechnen, daß er nicht mehr auftaucht, sondern daß statt eines fliegenden Balls plötzlich eine Schale rosa Götterspeise erscheint. Wodurch werden die Dinge zusammengehalten?

Wenn wir uns wieder dem Fernseher zuwenden, ist die Antwort klar. Die Darsteller, die über den Bildschirm laufen, sind zwar nur Phantome, aber strukturierte, geordnete Phantome. Ihr Bild ist auf einen Film oder ein Videoband fixiert, die Bewegungen sind geplant und festgelegt. Hinter diesen Illusionen steckt folglich eine organisierende Intelligenz, die verhindert, daß das Zufallsflackern der Photonen wirklich zufällig ist; sie erzeugt Formen aus formlosen elektrischen Ladungen. Denn nicht nur die Bewegungen eines Fernsehbildes sind eine Illusion, auch Farbe und Form sind es, ebenso wie die Stimme, falls die Figuren sprechen. All diese Eigenschaften lassen sich also auf pulsierende Energie zurückführen, und dieses Pulsieren ist deshalb sinn- und bedeutungsvoll, weil es durch einen nicht sichtbaren Regisseur geschaffen wurde.

Hier haben wir das wichtigste Argument für die Existenz der Seele. Sie hält die Wirklichkeit zusammen, sie ist mein unsichtbarer Regisseur, die übergeordnete Intelligenz. Daß ich denken, sprechen, arbeiten, lieben und träumen kann, verdanke ich der Seele; sie selbst ist jedoch frei und tut nichts von alledem. Sie ist ich, aber ich würde sie nicht erkennen, wenn wir uns jemals begegneten. Alles, was das Leben vom Tod unterscheidet, gelangt nur über die Seele in diese Welt.

Ich habe mich heute einmal hingesetzt und versucht, alle die unsichtbaren Ereignisse aufzulisten, die auf der seelischen Ebene geschehen. Das Ergebnis erfüllt mich mit tiefer Ehrfurcht vor dem »Seelenwerk« (von den Griechen »psychomachia« genannt), das bei jedem Atemzug stattfindet:

Die Unendlichkeit wird endlich.
Das Unbewegte beginnt sich zu bewegen.
Das Universum schrumpft auf einen Ort in unserem Inneren
    zusammen.

Die Ewigkeit erscheint als Zeit.

Unbestimmtheit wird bestimmt.

Das Undefinierte wird definiert.

Das, was keine Ursache hat, setzt die Kette aus Ursache und
Wirkung in Gang.

Die Transzendenz kommt auf die Erde.

Das Göttliche nimmt einen Körper an.

Der Zufall verwandelt sich in geordnete Strukturen.

Die Unsterblichkeit gibt vor, geboren zu werden.

Die Wirklichkeit setzt sich die Maske der Illusion auf.

Diese Seelenarbeit teilen wir mit Gott. Es gibt unendlich viele Definitionen Gottes, und eine davon beschreibt Gott als Prozeß, bei dem das Leben entsteht.

Die Wissenschaft erzählt ihre eigene Geschichte über die Entstehung des Lebens aus einer Suppe organischer Chemikalien vor zwei Milliarden Jahren. Diese Suppe, die sich wahrscheinlich in den Urozeanen der Erde befand, wurde von Blitzen erhitzt und erzeugte Nukleinsäuren. Diese begannen sich zu teilen und setzten so die lange Kette der Evolution in Gang. Aus spiritueller Sicht aber wird das Leben durch das oben aufgelistete Seelenwerk ständig neu erschaffen.

Leben umfaßt jedoch mehr als Schöpfung an sich. Wie jede religiöse Tradition hervorhebt, existiert die Seele, um das Leiden zu beenden, etwas, das sich von keinem anderen Aspekt unseres Seins sagen läßt. Geist, Ego und Gefühle erzeugen ebenso Schmerz wie Wohlbefinden. Allen Bemühungen um Klarheit und Frieden zum Trotz verursachen sie immer wieder Unruhe und Verwirrung. Der Seele wurde die einzigartige Aufgabe zuteil, nur die evolutionsfördernden Impulse im menschlichen Leben zu unterstützen. Sie könnte diese Aufgabe nicht erfüllen, wenn sie nur die Unendlichkeit in endliche Werte, das Zeitlose in die Zeit und so weiter verwandeln würde. Diese Vorgänge sind erst dann für den Menschen wertvoll, wenn wir einen weiteren Aspekt hinzufügen – die Beseitigung des Leidens.

Ein Mensch, der im Einklang mit seiner Seele lebt, wird sich einer sehr subtilen Führung bewußt. Die Seele ist still und kann deshalb mit den streitsüchtigen Stimmen des Verstandes nicht konkurrieren. Wir können lange Jahre zubringen, in denen wir von Zorn, Angst, Habgier, Ehrgeiz und all den anderen Ablenkungen des Innenlebens überschattet sind. Nichts davon berührt jedoch Atman, denn die Seele hat ihren eigenen Plan. Die Veden umschreiben diesen Plan mit den fünf Kleshas oder Ursachen des menschlichen Leidens:

1. Unwissenheit über das eigentliche Wesen der Wirklichkeit
2. Identifikation mit dem Ego
3. Angezogensein von den Gegenständen unserer Wünsche
4. Abgestoßensein von den Gegenständen unserer Wünsche
5. Angst vor dem Tod

Die großen Weisen und Seher, von denen diese Beschreibung des Leidens stammt, betonen ausnahmslos, daß alle fünf Ursachen sich auf eine reduzieren lassen – die erste. Wenn ein Mensch vergißt, daß er eine Seele hat, daß er im ewigen Sein verwurzelt ist, entsteht daraus das Gefühl des Getrenntseins, und aus der Trennung vom Ursprung folgen alle anderen Schmerzen und Leiden.

Damit uns diese uralten Formulierungen auch heute noch nützlich sein können, müssen wir sie auf den neuesten Stand bringen. Eine moderne Fassung könnte etwa so lauten:

1. Der Mensch hält nur die physisch-materielle Existenz für wirklich und erkennt deshalb nicht den Ursprung, der auf der Quanten- und der virtuellen Ebene liegt. Er akzeptiert die Illusion von Zeit und Raum. Wenn das geschieht, geht die Verbindung zum Ursprung verloren. Die Stimme der Seele wird immer leiser.
2. Von seinem Ursprung getrennt, treibt der Mensch ziellos dahin und sucht verzweifelt nach einem Halt. Da das Leben eine Grundlage braucht, erzeugt der Geist eine Wesenheit namens Ego. Dieses »Ich« ist mit der Persönlichkeit identisch. Sie setzt sich aus verschiedenen Erfahrungen zusammen, und da ihnen

eine große Bedeutung zugeschrieben wird, müssen die Bedürfnisse des »Ich« um jeden Preis verteidigt werden.

3. Das Ego hat viele Bedürfnisse. Deshalb mißt es der Erfüllung
dieser Bedürfnisse einen großen Wert bei. Die ganze Welt wird
zu einem Mittel, das Ego zu stärken, ihm Bedeutung und Sicherheit zu verleihen. Um das zu erreichen, zieht es alle möglichen Dinge zu sich heran: Nahrung, Schutz, Kleidung, Geld
und so fort.

4. Eine Zeitlang scheint diese Strategie aufzugehen. Das Ich fühlt
sich zwar niemals vollständig sicher, versucht jedoch, mit dem
Erwerb von immer mehr Gütern im Leben Erfüllung zu erlangen. Da die Umwelt sich nicht vollständig kontrollieren läßt,
muß das Ego viel Zeit darauf verwenden, Schmerz und Gefahr
zu vermeiden. Einige Dinge sind überaus anziehend, andere jedoch ebenso abstoßend.

5. Der Mensch, der in einem endlosen Wirbel aus Vergnügungssucht und Schmerzvermeidung gefangen ist, kann viele Erfolge
für sich verbuchen. Während die Jahre vergehen, verursacht der
Zustand der Trennung scheinbar keine Schwierigkeiten mehr.
Irgendwann hat das ständige Erwerben, die Erfahrung um der
Erfahrung willen jedoch ein Ende. Über allem hängt drohend
die Gewißheit, daß das Leben zu Ende geht. Die Angst vor dem
Tod wird zu einer Leidensquelle, denn der Tod erinnert uns unerbittlich daran, daß die Überlebensstrategien des Ich das
eigentliche Problem niemals gelöst haben – die Unwissenheit
über die wirkliche Natur des Lebens.

Wenn es wahr ist, daß die fünf Kleshas immer noch Gültigkeit haben – und wer wollte das bestreiten? –, dann ist der Einfluß der
Seele von entscheidender Bedeutung. Jedes Klesha hat seine eigene
Antriebskraft. Wir alle kennen die starke Abhängigkeit von Geld,
Macht, Karriere und Ichbedürfnissen jeder Art. Trotz der enormen
Veränderungen der menschlichen Lebensbedingungen über die
Jahrhunderte hinweg hat diese Triebkraft das Leiden lebendig erhalten. Doch die Seele hält für jeden Leidensgrund ein Gegenmittel bereit:

1. Die Unkenntnis der Wirklichkeit verschwindet, sobald wir tiefere Ebenen des Geistes erforschen. Auf der Suche nach dem eigenen Ursprung taucht das Bewußtsein tief in Bereiche jenseits der materiellen Ebene ein.

2. Die Identifikation mit dem Ich löst sich auf, indem wir lernen, uns mit den tieferen Schichten unseres Seins zu identifizieren.

3. und 4. Die Anziehungskraft äußerer Objekte und Erfahrungen – und der Abscheu vor ihnen – verlieren sich, wenn wir innere Werte höher schätzen.

5. Die Angst vor dem Tod verfliegt, sobald die Seele unmittelbar erfahren wird, denn die Seele ist ungeboren und stirbt niemals.

Ebenso wie bei den fünf Ursachen des Leidens ergeben sich auch hier die fünf Lösungen aus der ersten. *Wenn wir das wahre Wesen der Wirklichkeit erforschen, wird der Schmerz schließlich aufhören.* In unterschiedlicher Form legen die religiösen Lehren diese Wahrheit immer wieder dar. Es ist nicht zu leugnen, daß sie abstrakt klingt, aber das ist eben das Wesen der Seele. Unsere Seele bedient sich abstrakter Begriffe wie Ewigkeit und Unendlichkeit und verwandelt einen unbegreiflichen Bereich in eine konkrete, verständliche Welt. Wie das Getriebe eines Autos, das die Drehbewegung des Motors aufnimmt und sie in die vorwärts gerichtete Geschwindigkeit überträgt, die uns ans Ziel bringt, ermöglicht die Seele das Voranschreiten des Lebens. Die Ewigkeit braucht nicht zu atmen, die Unendlichkeit braucht keinen Arbeitsplatz. Aber wir brauchen all diese Dinge und noch mehr – wir müssen essen, arbeiten, lieben, Kinder aufziehen –, und das alles ermöglicht die Seele. Ohne die Seele gäbe es nur eine Quantensuppe, einen formlosen Wirbel aus Energie und Elementarteilchen.

Wir wollen sehen, ob wir diese neue Vorstellung von der Seele an der Tradition erproben können. Obwohl wir daran gewöhnt sind, in religiösen Begriffen über die Seele zu sprechen, sind ihre Aufgaben nützlich und nicht poetisch. Es ist nicht eben leicht, sich diese Tatsache bewußt zu machen, denn üblicherweise werden mit dem Wort ›Seele‹ vage die tiefsten Gefühle, das Herz, das höchste Streben eines Menschen und geheimnisvolle Dinge wie der »hei-

lige Geist« umschrieben. In der Bibel, die das Wort »Seele« viele
hundert Male verwendet, macht die Seele jedes nur erdenkliche
Leiden durch. Im Alten Testament ist oft die Rede von den Gefahren für die Seele. Satan möchte sie ergreifen, die Feinde Israels wollen sie zerstören, Hunger und Krankheit machen die Seele schwer,
und immer ist da die Bitte – die in den Psalmen ständig wiederholt
wird –, Gott möge der Seele Balsam und Trost spenden. Jahwe ist
jedoch launisch und scheint selbst jene Seelen zu verraten, die sich
ihm darbieten: Das Buch Hiob beginnt damit, daß Gott und der
Satan mit der Seele eines gerechten Mannes spielen, von dem es
heißt, »er fürchtete Gott und mied das Böse«. Nur um Hiob zu prüfen, erlaubt Gott dem Satan, ihm jedes nur erdenkliche Unglück
aufzuerlegen; nur sein Leben soll er schonen. Hiob wird daraufhin
von Krankheit, Armut, familiärem Unglück und sozialer Ausgren-
zung heimgesucht. Ein solcher Leidensweg ist den Juden und später auch den Christen sehr vertraut. Die Tatsache, daß dies die
letzte Äußerung Gottes in der Bibel ist, scheint ein schlechtes Vor-
zeichen zu sein: Die Seele muß die Prüfungen auf sich allein gestellt bestehen.

Das Neue Testament setzt das gleiche Drama fort, allerdings
liegt die Betonung jetzt auf Rettung und Erlösung. Da Jesus ausdrücklich ein Leben nach dem Tode verheißt, ist der Himmel das
Ziel, und die größte Herausforderung besteht darin, der Verdammnis zu entgehen. Bei diesem Aufruhr hat man das Gefühl, daß die
Seele von jedem Angstgefühl geschüttelt wird, das der Mensch im
Lauf des Lebens durchmacht. Sie steht nicht über den Dingen, sondern mitten drin im irdischen Kampfgetümmel. Paradoxerweise
definiert keiner der biblischen Verfasser in diesen emotionalen Geschichten jemals, was die Seele ist. Folglich bleibt der Begriff vom
Anfang bis zum Ende diffus. Wenn ich zu Ihnen sage: »Das hat
meine Seele angerührt« oder »Ich meine im tiefsten Grunde meiner Seele« oder »Dieser Mensch hat viel Seele«, dann formuliere ich
damit keine präzise Aussage.

Ich möchte jedoch behaupten, daß die heiligen Meister, welcher Religion sie auch immer anhingen, sehr genau sein wollten.
In ihrem Bewußtsein bedeutete die Seele etwas Ähnliches wie das,

was wir beschrieben haben – eine Verbindung zwischen der sinnlichen Welt und einer abstrakten Welt aus Ewigkeit, Unendlichkeit,
Allwissenheit, Gnade und allen anderen Eigenschaften des Unmanifesten.

Gleichnisse sind im Grunde verschlüsselte Geschichten über
die Seele und ihre Aufgaben, das heißt, sie drücken abstrakte Aussagen wie »Das Unbewegte beginnt sich zu bewegen« oder »Das
Unsterbliche gibt vor, geboren zu werden« in einer Sprache aus, die
wir besser verstehen. Einige Gleichnisse sind so einfach, daß uns
ihre spirituelle Bedeutung fast entgeht.

Jedes Kind hat schon von den sechs Blinden und dem Elefanten
gehört. Jeder Blinde berührt einen anderen Teil des Tieres. Der
Blinde, der das Bein anfaßt, sagt: »Ein Elefant ist wie ein Baum.«
Derjenige, der den Rüssel ergreift, sagt: »Der Elefant ist wie eine
Schlange.« Der Blinde, der den Schwanz festhält, sagt: »Der Elefant
ist wie ein Seil«, und so weiter. Ursprünglich behandelte die Geschichte die fünf Sinne und ihre Unfähigkeit, das Wesen Gottes zu
erfassen. Die Moral lautete, daß die göttliche Wirklichkeit so unermeßlich sei, daß sie durch Denken, Sehen, Hören, Fühlen oder
Schmecken nicht verstanden werden kann. Nach anderen Auslegun-
gen bedeuten die Blinden die alten Schriften, die die Ganzheit Brah-
mans, des einen, universellen Prinzips, nicht erfassen können.

Von Jesus sind neununddreißig Gleichnisse überliefert. Hier ist
die Seele leichter zu identifizieren, vor allem, da Jesus die Moral
gleich mitgeliefert hat. Die erste findet sich im Matthäus-Evangelium:

> »Ihr seid das Licht der Welt. Eine Stadt, die auf einem Berg
> liegt, kann nicht verborgen bleiben. Man zündet auch nicht
> ein Licht an und setzt es unter einen Scheffel, sondern auf
> einen Leuchter; so leuchtet es allen, die im Hause sind. So
> soll euer Licht vor den Menschen leuchten, damit sie eure
> guten Werke sehen und euren Vater im Himmel preisen.«

Auf den ersten Blick ist dieses Gleichnis so einfach, daß man es
kaum zu interpretieren braucht. Die Formulierung »sein Licht

nicht unter den Scheffel stellen« bedeutet, daß Tugendhaftigkeit sichtbar sein sollte, damit sie eine gute Wirkung hat. Da das Wort »Licht« jedoch eine tiefere spirituelle Bedeutung im Sinne von erwachtem Bewußtsein hat, handelt es sich hier um ein Gleichnis über die Seele. Jesus sagt, daß der Körper die Seele verbirgt wie das Gefäß, unter dem die Öllampe versteckt ist. Er befiehlt den Jüngern, das zu verhindern, damit das Seelenbewußtsein sich manifestieren kann. Mit anderen Worten: Führe dein Leben von der Seelenebene aus, wenn die Menschen dir glauben sollen, daß du mit Gott verbunden bist, denn wenn sie das erkennen, werden sie dir von allein Glauben schenken.

Die übrigen berühmten Gleichnisse – sei es das Gleichnis vom Senfkorn, vom verlorenen Sohn oder vom Diener, der sein Talent vergräbt – sind ebenso vielschichtig. Die Handelnden können als Aspekte der Seele verstanden werden. Diese kurzen Geschichten sind so lebendig und farbig, daß die Seele leicht übersehen wird. Im wirklichen Leben geschieht das gleiche, denn nur allzu leicht übersehen wir, daß unser Ursprung, unsere Quelle nicht von dieser Welt ist. Hier stehe ich mit allen meinen Eigenschaften. Die Menschen sehen und hören mich, sie sind davon überzeugt, daß ich existiere. Dennoch ist meine Wirklichkeit auf der Quantenebene papierdünn, denn da ist nichts zu hören, nichts zu sehen, nichts zu berühren, keine Farbe oder irgend etwas anderes zu erkennen. Die Seele ist der Verbindungspunkt zwischen meinem virtuellen und meinem körperlichen Selbst. Sie ist die organisierende Intelligenz, die mich intakt hält. Das ist eine außerordentliche Leistung, wenn man bedenkt, daß jedes Atom in meinem Körper aus leerem Raum besteht, durch den Energieblitze in wenigen Millionstel Sekunden hindurchsausen.

Sobald wir einen Moment nicht auf der Hut sind, schleicht sich die Wirklichkeit aus dem Nichts an. (In einem wunderbaren Aphorismus sagt der große bengalische Dichter Rabindranath Tagore: »Leben ist die ständige Überraschung, daß ich existiere.«) Der Gedanke, daß keine der mir lieb gewordenen Eigenschaften real ist, mag beunruhigend sein, aber es ist eine Tatsache. Nehmen wir an, ich liebe die Farbe Blau, bin glücklich und schätze meine persön-

liche Freiheit. Dies sind drei meiner Eigenschaften. Wenn ich jedoch in mein Auto steige und durch die Stadt fahre – fährt die
Farbe Blau dann mit mir? Wird mein Glücksgefühl naß, wenn ich
ein Bad nehme? Schläft meine persönliche Freiheit, wenn ich ins
Bett gehe?

Genau diese Art Fragen führten die alten Weisen zu dem
Schluß, daß wir eine Seele besitzen. Wir haben etwas Unfaßbares,
Unbestimmtes, das in Gestalt eines sichtbaren, genau umgrenzten
Geschöpfs in die Welt hineingeboren wird. Die »Bhagavad Gita«
nennt diesen Aspekt den »im Inneren Wohnenden« und sagt von
ihm, daß Feuer ihn nicht brennt, Wasser ihn nicht netzt, Wind ihn
nicht trocknet und Waffen ihn nicht schneiden. Abgesehen von der
poetischen Ausdrucksweise ist die Seele eine unbestreitbare Tatsache, denn ungeachtet aller religiösen Nebenbedeutungen läßt sich
das innerste Wesen des Menschen nicht auf Materie oder Gedanken oder irgendeine andere begrenzte Eigenschaft reduzieren.

Wenn man, ohne die Existenz der Seele anzuerkennen, nach
einer Erklärung sucht, hat man am Ende nichts in der Hand. Als
Beleg dafür muß ich noch einmal auf den Begriff des Feldes zurückkommen. Ein Magnet zieht Eisen an, weil er um sich herum
ein Magnetfeld erzeugt. Wie wir gesehen haben, bewegt sich das
Feld nicht, das Eisen jedoch sehr wohl. Wenn wir herausfinden
wollten, an welchem Punkt das unbewegte Feld auf das sich bewegende Eisen trifft – wo würden wir enden? Wir würden auf den
Punkt der Unbestimmtheit stoßen. Ein Eisenstück, das heißt, ein
genau definierter Gegenstand, tritt in Wechselwirkung mit etwas
gänzlich Undefiniertem, einem Feld. Die beiden kommen einander immer näher. Anfänglich ist das Eisen ein fester Materie-
brocken mit Gewicht und Bewegung. Das Feld ist zu Beginn ohne
Festigkeit, Bewegung oder irgendeine andere physische Eigenschaft. Sie nähern sich, und natürlich will keines von beiden sein
Wesen aufgeben. Das Feld möchte grenzenlos, zeitlos und undefi-
niert bleiben. Das Eisen möchte genau das Gegenteil bleiben. Sie
begegnen sich unweigerlich als Fremde, reichen sich kaum die
Hand, sind mißtrauisch.

Hier befindet sich die berühmte Unschärfe Heisenbergs, wo die definierte Welt auf das undefinierte Feld trifft. Was läßt sich darüber sagen? Nur so viel, daß es zwei sehr verschiedene Welten miteinander verbindet, ohne in einer von ihnen zu leben. An diesem Punkt der Unschärferelation schießt beispielsweise ein Photon aus einem Stern und fliegt durch das Universum, aber in Wirklichkeit bewegt sich nichts; nur eine bestimmte Ladung taucht auf, gibt ihre Energie an eine andere Ladung ab und verschwindet wieder. Es ist der gleiche Trick wie beim Fernsehen, das scheinbar von Menschen bevölkert ist, nur daß es sich in diesem Fall nicht um einen Trick handelt. Es ist so wirklich wie nur irgend etwas. Oder anders herum gesagt, so unwirklich wie nur möglich.

Es gibt eine Zen-Geschichte von zwei Schülern, die eine im Winde flatternde Fahne betrachten.

»Siehst du das?« fragt der eine. »Zweifellos bewegt sich die Fahne.«

Der zweite Schüler ist anderer Meinung: »Nein, es ist der Wind, der sich bewegt. Die Fahne hat keine Eigenbewegung.«

Sie diskutieren weiter, bis der Meister vorbeikommt.

»Ihr habt beide unrecht«, sagt er. »Nur euer Bewußtsein bewegt sich.«

Diese Art Erzählung bildet oft die scheinbar unverständliche Antwort auf ein Zen-Rätsel. Wir sind jedoch jetzt in der Lage, sie zu verstehen. Die Fahne steht für die materiellen Gegenstände, die sich zu bewegen scheinen; der Wind ist das unsichtbare Feld oder die Kraft, die die Bewegung hervorruft. Auf einer tieferen Wirklichkeitsebene bewegt sich jedoch weder das eine noch das andere. Wir sehen hier, wie in allen Dingen, nur die Wirkungskraft des Bewußtseins und der innewohnenden Intelligenz.

Das Bewußtsein, daß mein wahres Selbst nicht in Zeit und Raum verwurzelt ist, daß mein Seinsgrund die virtuelle Realität ist, ist eine sehr tiefe Erkenntnis. Vergleichbar mit einer Lichtwelle fließt mein Körper aus der Quelle, dem Urgrund, heraus, während er selbst unbewegt an Ort und Stelle bleibt. Deshalb bewegt sich auch meine Verbindung zu dieser Quelle nicht. Die Seele ist zwar ein Teil von mir, meine Sinne werden sie jedoch niemals wahrnehmen. Damit treffen wir keine religiöse Aussage, hier geht es nur um harte Fakten aus dem Quantenbereich. Ich habe meinen Ursprung nie verlassen, er ist stets gegenwärtig. Die Bindungslosigkeit der großen Weisen rührt von ihrer Gewißheit her, daß sie durch keinerlei Definition begrenzt sind. Tagore drückt dies mit den folgenden Zeilen wunderbar aus:

> Ich war geboren und sah das Licht,
> Ich war kein Fremder in dieser Welt,
> Etwas Unergründliches, Formloses, Wortloses
> erschien in der Form meiner Mutter.
> Wenn ich sterbe, wird das gleiche Unbekannte wieder
>   erscheinen,
> das ich immer gekannt habe …

Die Geburt ist eine durchaus passende Metapher, denn hier wird Zeitlosigkeit nicht nur zu Zeit, sondern es wird etwas ganz Neues geschaffen. Aus den zahllosen möglichen Dimensionen entstehen in unserer Welt nur drei oder vier, das heißt, die Unendlichkeit schrumpft nicht einfach auf ein kleines, handliches Format zusammen. Für diese Geburt ist die Schöpferkraft verantwortlich, die wir Seele nennen, ein Akt, der nicht einmal, sondern viele tausend Mal pro Sekunde stattfindet. Dieses Konzept nenne ich »ewige Schöpfung«. Es kann niemals nur eine einzige Schöpfung geben, da der virtuelle Bereich einfach alles wieder verschlingen würde. Wie ein riesiges, gähnendes schwarzes Loch hat die Supergravitation einen unersättlichen Appetit. Sie möchte die Zeit verschlucken und zur Zeitlosigkeit wandeln; sie möchte Materie und Energie verschlingen und sie in virtuelle Photonen zurückverwandeln.

Weshalb verschwindet dann nicht die ganze Welt? Weil sich die Schöpfung immer wieder von neuem ereignet. Das Leben läßt sich nicht aufhalten, auch nicht von den Kräften, die sich ihm stets aufs neue entgegenstellen. Die »ewige Schöpfung« ist ein kontinuierliches Projekt, der Hintergrund aller unserer Handlungen. Das Wirken der Seele hört nie auf. Der Versuch, den Menschen in eine Schublade zu setzen, mit Etiketten und Eigenschaften aus ihm ein fertiges Produkt zu machen, ist so nichtig wie der Versuch, Gott in eine Schublade zu setzen. Das ist es, was die großen spirituellen Traditionen versuchen, uns mit jeder Botschaft zu sagen. Sonst würden wir vergessen, daß das Weltgeschehen lediglich daraus besteht, Ewigkeit, Unendlichkeit und Unsterblichkeit beständig miteinander zu verquirlen.

Etwas anderes gibt es nicht. Nur dadurch werden wir wirklich.

DER ZUSTAND DER EINHEIT

Es mag zwar unglaublich klingen, aber wir sind der Seele nun schon sehr nahe gekommen. Indem wir Gott in einem Bereich außerhalb aller Messungen angesiedelt haben, haben wir alle wissenschaftlichen Einwände nach und nach ausgeräumt. Das bedeutet, daß die subjektive Gotteserfahrung eines Menschen nicht mehr in Frage gestellt werden kann, denn auf der Quantenebene fallen Subjekt und Objekt zusammen. Der Punkt, an dem sie miteinander verschmelzen, ist die Seele. Gott zu erkennen bedeutet also folgendes: Wie ein Photon, das sich einem schwarzen Loch nähert, stößt unser Geist, wenn er über die Seele nachzudenken versucht, auf eine Wand. Die Seele fühlt sich in der Unbestimmtheit wohl. Für sie ist es natürlich, daß man an zwei Orten – Zeit und Ewigkeit – zugleich sein kann. Sie beobachtet das Wirken der kosmischen Intelligenz und akzeptiert, daß die schöpferische Kraft sich außerhalb des Universums befindet. Daraus ergibt sich folgendes einfaches Bild:

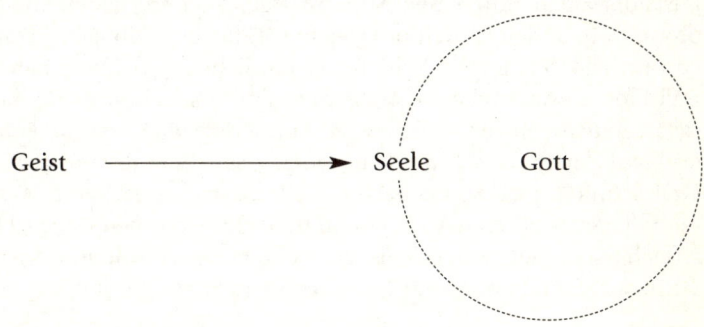

Geist ————————————▶ Seele   Gott

Der Geist nähert sich Schritt für Schritt der Seele, die sich auf dem Ereignishorizont am Rand der Welt Gottes befindet. Wenn wir den GEIST nicht wahrnehmen, ist die trennende Kluft sehr breit. Sie wird schmaler; sobald der Geist sich auf die Seele hin orientiert. Endlich schrumpft die Lücke zwischen den beiden, bis Geist und Seele gar keine andere Möglichkeit mehr haben, als zu verschmelzen. Das erinnert sehr stark an das Phänomen der schwarzen Löcher. Der Geist hat den Eindruck, als fiele er ewig in Gottes Welt hinein, er taucht ein in den ewigen Ozean des Glückseligkeitsbewußtseins. Aus der Sicht Gottes jedoch vollzieht sich die Vereinigung in Sekundenschnelle. Wenn wir uns vollständig in der Welt Gottes befinden, ist Zeit ohne Bedeutung. Dort hat der Prozeß niemals stattgefunden, denn der Geist war, ohne sich dessen bewußt zu sein, schon immer ein Teil der Seele.

Man könnte demnach zu Recht sagen, daß Jesus mit dem Wort »Bittet, so wird euch gegeben; (…) klopfet an, so wird euch aufgetan« ein ehernes Gesetz formuliert hat. Sobald der Geist sich der Seele zuwendet, wird er von ihr angezogen, und als unausweichliche Folge verschwindet alle Trennung. Subjektiv erfahren wir diese Reise zur Seele (ein geeigneterer Ausdruck als Seelenreise) in Form der sieben Stufen, mit denen wir uns bereits beschäftigt haben. Objektiv gesehen, ähnelt der Prozeß eher der Bewegung eines Lichtteilchens, das den Ereignishorizont überquert.

Es ist erstaunlich, daß der Geist diese Reise überhaupt wahrnimmt, denn parallel dazu haben wir weiterhin alltägliche Gedanken und Sinneswahrnehmungen. Zwei Kunden, die ihre Einkaufswagen durch den Supermarkt schieben, gehen in der physisch-materiellen Welt der gleichen Tätigkeit nach, gleichzeitig könnte jedoch einer von beiden eine göttliche Erscheinung haben. Das Wort Ekstase leitet sich aus dem griechischen Wort für »aus sich heraustreten« ab – die zweite Aufmerksamkeit hat die Funktion, außerhalb jenes Lebens zu stehen, das sich in der physischen Welt abspielt, und zu beobachten, wie Ekstase aufscheint. Wenn man die Seele als eine Art Kraftfeld betrachtet, das den Geist stetig zu sich heranzieht, läßt sich jede der sieben Entwicklungsstufen als schrittweise Aufhebung der Trennung betrachten:

Stufe eins: Das Gefühl der Trennung ist so groß, daß ich innerlich tiefe Angst spüre.

Stufe zwei: Ich fühle mich nicht mehr so stark getrennt; in mir wächst ein Gefühl der Kraft.

Stufe drei: Ich spüre die Nähe von etwas, das größer ist als ich; mein innerer Frieden nimmt zu.

Stufe vier: Ich beginne intuitiv zu ahnen, was dieses größere Wesen ist – es muß Gott sein.

Stufe fünf: Die Energie meiner Handlungen und Gedanken stammt aus dem Kraftfeld Gottes, denn wir haben an allen Dingen gemeinsam teil.

Stufe sechs: Gott und ich sind jetzt beinahe vereint. Ich verspüre keine Trennung mehr, mein Geist ist Gottes Geist.

Stufe sieben: Zwischen Gott und mir besteht kein Unterschied.

Im alten Indien wurde dieses Schließen der Lücke als Yoga oder Vereinigung bezeichnet. Die indischen Weisen widmeten sich viele tausend Jahre der Analyse dieses Vorgangs, so daß sich die Vereinigung mit der Seele zu einer Wissenschaft entwickelte. Yoga entstand sogar noch vor der Religion des Hinduismus, bei seiner Entstehung war der Yoga also universal. Die alten Seher verfügten über die Fähigkeit, ihre eigene spirituelle Entwicklung zu beobachten, das heißt, sie konnten in ihrem eigenen Bewußtsein erkennen, wie der Geist sich auf die Seele zubewegt. Ihre Wahrnehmungen lassen sich in wenigen Hauptpunkten zusammenfassen:

• *Spirituelle Entwicklung findet im Inneren statt.* Es kommt dabei nicht darauf an, Pilgerreisen zu unternehmen, Regeln einzuhalten oder religiöse Vorschriften zu beachten. Verhaltensregeln ändern nichts an der Tatsache, daß der Geist jedes Menschen zur Seele unterwegs ist.

• *Spirituelle Entwicklung findet automatisch und in jedem Fall statt.* Aus einer umfassenderen Perspektive betrachtet, übt die Seele stets ihre Anziehungskraft auf uns aus. Ihrem Kraftfeld können wir nicht entkommen.

• *Jeder Mensch muß diesem Prozeß Aufmerksamkeit schenken.* Da die geistige Entwicklung zur Seele hin nur im Bewußtsein stattfindet, verzögern wir den eigenen Fortschritt, wenn wir uns dem Bewußtsein verschließen. Wir beschleunigen ihn hingegen, wenn wir uns diesem Prozeß öffnen.

- *Das Endziel ist unausweichlich.* Kein Mensch kann der Seele auf Dauer widerstehen. Heilige und Sünder befinden sich auf dem gleichen Weg.
- *Zusammenarbeit ist besser als Widerstand.* Die Seele ist die Quelle von Wahrheit und Liebe. Wenn wir ihr ausweichen, werden Wahrheit und Liebe nicht in uns wachsen. Arbeiten wir jedoch mit der Seele zusammen, wird die uns von Gott zuströmende unendliche Kraft und Intelligenz unser Leben organisieren.
- *Äußere Handlungen bleiben bedeutsam.* Handlung ist ein physischer, mit der geistigen Tätigkeit eng verbundener Vorgang; beide lassen sich nicht voneinander trennen. Auch wenn es sich hier um eine geistige Reise handelt, wird sie durch äußeres Handeln doch entweder unterstützt oder abgelenkt.

Keine dieser Aussagen ist überraschend (oder besonders indisch). Daß Yoga später mit extremen esoterischen Praktiken gleichgesetzt wurde, ist von sekundärem Interesse. Am Anfang war Yoga eine neutrale Methode zur Beschreibung der Wirklichkeit des spirituellen Erwachens und ist daher ebenso objektiv wie unser Quantenmodell. Beide Systeme befassen sich mit den Veränderungen, die in der Nähe des Ereignishorizonts auftreten. Für diejenigen, die noch nicht damit vertraut sind, sollte hier erwähnt werden, daß die Körperübungen des Hatha Yoga nur einen ganz geringen Teil des Wissens darstellen, das der gesamte Yoga umfaßt. Die übrigen Aspekte sind für die spirituelle Reise nicht absolut notwendig, aber für Interessenten von großem Nutzen.

Wenn wir davon ausgehen, daß Yoga die spirituelle Entwicklung richtig beschreibt, eignet er sich als Filter für jeden Aspekt des Lebens. Ich möchte nachstehend die Frage der Identität und der wechselnden Perspektiven auf dem Weg von der anfänglichen Trennung bis zum Zustand der Einheit am Ziel beschreiben:

IDENTITÄT

Stufe eins: Ich bin klein und unbedeutend, gestrandet in den Weiten der Schöpfung. Hoffentlich kann ich überleben.

Stufe zwei: Ich vermag mehr, als nur zu überleben; ich kann andere im Wettbewerb übertreffen und meine Bedürfnisse dadurch besser erfüllen.

Stufe drei: Innerlich empfinde ich Frieden. Ich befriedige meine Wünsche zunehmend durch die Erfahrung der Innenwelt, nicht mehr ausschließlich durch äußeres Handeln.

Stufe vier: Ich bin unabhängig. Nicht alle Unternehmungen gelingen mir, aber das beunruhigt mich nicht mehr.

Stufe fünf: Ich weiß jetzt, wie ich meine Wünsche aus dem Bewußtsein heraus manifestieren kann. Ich habe entdeckt, daß der Innenwelt eine große Kraft innewohnt.

Stufe sechs: Ich befinde mich im Zentrum eines geordneten Plans, dessen Ursprung Gottes unendliche Kraft und Intelligenz ist.

Stufe sieben: Ich bin.

Allein mit dieser Skala läßt sich das spirituelle Wachstum eines Menschen hinreichend skizzieren. Das Ich entwickelt sich aus einem Zustand der Isolation und Hilflosigkeit zu der Erkenntnis, daß es vielleicht doch die Kraft hat, etwas zu bewirken. Dann findet es heraus, woher die Kraft kommt, und vermutet zunächst, daß es sich um eine äußere Quelle in Form von Geld und Status handelt. Schließlich wird ihm bewußt, daß die Kraftquelle im Inneren liegt. Wenn wir erkennen, daß alle Aspekte der Wirklichkeit nur einen einzigen gemeinsamen Ursprung haben, verringern sich im Laufe der Zeit die Unterschiede zwischen innerer und äußerer Kraft; letztendlich werden wir eins mit der Quelle. Eine ähnliche Liste läßt sich für den Glauben aufstellen:

GLAUBE

Stufe eins: Glaube ist eine Frage des Überlebens. Wenn ich nicht zu Gott bete, kann er mich vernichten.

Stufe zwei: Ich fange an, an mich selbst zu glauben. Ich bete zu Gott, um zu bekommen, was ich mir wünsche.

Stufe drei: Mein Glaube bringt mir Frieden. Ich bete darum, daß das Leben ohne Turbulenzen und Katastrophen verläuft.

Stufe vier: Ich glaube daran, daß das innere Wissen mich am Leben erhalten wird. Ich bete darum, mehr Einsicht in die Wege Gottes zu erlangen.

Stufe fünf: Der Glaube sagt mir, daß Gott alle meine Wünsche unterstützt. Ich bete, daß ich mich seines Vertrauens würdig erweise.

Stufe sechs: Der Glaube kann Berge versetzen. Ich bete darum, Gottes Werkzeug für die Transformation zu sein.

Stufe sieben: Der Glaube verschmilzt mit dem allumfassenden Sein. Wenn ich bete, ist mir bewußt, daß ich zu mir selbst bete.

Achten Sie einmal darauf, wie unterschiedlich das gleiche Wort auf jeder Stufe verwandt wird. Wenn jemand sagt, er sei gläubig oder glaube an Gebete, kann man ohne weitere Erläuterungen nicht sicher sein, was er meint. Das erklärt auch die sehr unterschiedlichen Ansichten darüber, ob Gott Gebete hört und erhört. Relativ gesehen hängt alles davon ab, auf welcher Bewußtseinsebene wir uns befinden. Auf einer niedrigen Ebene sind die Gedanken eines Gebets vielleicht zu kraftlos, um ein Ergebnis hervorzubringen. Während die Trennung allmählich überwunden wird, schließt sich auch die Lücke zwischen Gebet und Ergebnis, bis schließlich jedes Gebet erhört wird. Auf der Ebene der Wunder hat Beten die Kraft, äußere Ereignisse zu verändern. Im Bewußtsein der Einheit schließlich braucht es keine Gebete mehr. Jeder Gedanke entsteht in unserer Seele, und deshalb würden wir nur zu uns selbst beten.

Eine Grenze ist das gleiche wie ein Horizont. Wenn man versucht, um die Welt zu gehen, ist der Horizont die jeweils sichtbare Grenzlinie zwischen Himmel und Erde, die sich mit dem Voranschreiten ständig verschiebt. Eine spirituelle Parallele dazu beschreibt ein Vers des katholischen Mönchs Thomas Merton:

»Der Herr geht gleichzeitig in alle Richtungen.
Der Herr kommt gleichzeitig aus allen Richtungen.

Wo wir auch sind, er ist gerade fortgegangen.
Wohin wir auch gehen, er ist gerade vor uns angekommen.«

Im wörtlichen Sinn beschreibt dieser Vers zwei Aspekte, von denen wir einen bereits kennen: Gott ist unfaßbar, weil er in dem Bereich existiert, der den Gesetzen der Unschärferelation unterliegt, wo Zeit und Raum nicht festgelegt sind. Der andere besagt, daß wir Gott stets nur innerhalb von Grenzen erkennen können. Wir haben nur eine beschränkte Vorstellung von ihm, die sich zudem fortwährend verändert. Für diese wechselnde Wahrnehmung gibt es vor dem letzten Stadium der Einheit keine Abhilfe; bis dahin führt die trennende Lücke zu der irrtümlichen Annahme, der Geist habe Gott bereits erkannt, wenn es sich lediglich um einen Teilaspekt handelt. Hier ist eine kurzgefaßte Beschreibung der Horizonte, die auf den sieben Stufen jeweils unsere Sicht einschränken:

Stufe eins: Horizont der Angst
Ich kümmere mich um die Grundbedürfnisse und sorge für mich selbst. Wenn mich Angst überfällt, fühle ich mich verloren. Gott allein weiß, weshalb schlimme Dinge in dieser Welt geschehen.
Begrenzt durch Angst, Unsicherheit und Abhängigkeit.

Stufe zwei: Horizont der Kontrolle
Ich übe Macht aus und genieße den Wettbewerb als Möglichkeit, meinen Ehrgeiz zu befriedigen. Wenn die Dinge außer Kontrolle geraten, bin ich völlig frustriert. Gott allein weiß, weshalb sich die Dinge nicht wie geplant entwickeln.
Begrenzt durch Schuldgefühle, Pflichtbewußtsein und Opferhaltung.

Stufe drei: Horizont des Fatalismus
Ich lebe in Frieden mit mir selbst und weiß, was in meinem Inneren geschieht. Wenn die Dinge sinnlos erscheinen, geht meine Zentriertheit verloren. Gott allein weiß, weshalb das Schicksal so grausam und launisch ist.
Begrenzt durch Karma, Introvertiertheit und Schwäche.

Stufe vier: Horizont der Selbsttäuschung

Ich bewege mich mit mehr Intuition und Einsicht durch die Welt als viele andere Menschen. Zuweilen führt mich die innere Stimme allerdings in die Irre. Gott allein weiß, weshalb meine Intuition mich gerade dann täuscht, wenn ich sie am dringendsten brauche.

Begrenzt durch verborgene Geheimnisse, alte Konditionierungen und Ichbedürfnisse.

Stufe fünf: Horizont der Phantasie

Meine Innenwelt beschenkt mich mit vielen Entdeckungen. Mein Bewußtsein ist so klar, daß sich die Mehrzahl meiner Wünsche erfüllt. Einige meiner größten Wünsche bleiben noch auf der unerreichbaren Ebene der Phantasie. Gott allein weiß, warum.

Begrenzt durch Ichbezogenheit, Größenwahn, »Gott spielen«.

Stufe sechs: Horizont der Identität

Ich widme mein ganzes Leben der dienenden Hingabe; ich bin fähig, angesichts hoher Anforderungen durch andere selbstlos zu handeln. Bisweilen möchte ich dieser Welt entfliehen, weil ich das Leiden der Menschheit als unerträglich empfinde. Gott allein weiß, weshalb ich nicht fähig bin, mich allzeit in ihm zu verlieren.

Begrenzt durch Gedanken, das persönliche Ego und Spuren alter Konditionierungen.

Stufe sieben: Unendlichkeit – kein Horizont

Zwischen meinem Geist und dem Geist in allen Dingen erkenne ich keinen Unterschied. Meine Identität und die aller anderen Menschen ist gleich. Gott allein weiß, daß ich mit ihm in allen Dimensionen und zu allen Zeiten auf ewig vereint bin.

Unbegrenzt.

Da wir uns vollkommen mit unseren Grenzen identifizieren, ist diese Aufstellung vielleicht am aufschlußreichsten. Der Horizont ist jedoch nicht ein für allemal festgelegt, denn jede Stufe sprengt die Grenzen der vorhergehenden. Auf Stufe zwei, wo nur Schuldgefühle verhindern, daß das Ich sich an der Macht berauscht, erscheint ein Leben ohne Schuld unmöglich. Sobald der Mensch aufrichtige Vergebung erfährt, sehen wir darin einen ersten Hinweis auf Stufe drei. Vergebung ist das Kennzeichen der Stufe drei, und wer sie erreicht, hat seine Projektion Gottes einen Schritt weiterentwickelt.

Die Gesellschaft neigt dazu, sich in Gruppen zu organisieren, denn »gleich zu gleich gesellt sich gern«. Bei einer Zusammenkunft von Psychiatern glaubt jeder an den Wert der Einsicht; bei einer Unternehmerkonferenz glauben alle an Erfolg. Keinem Menschen fällt es leicht zu akzeptieren, daß Gott auch andere Werte repräsentiert. Jeder von uns kennt Ehepaare, wo beide Partner eine bestimmte Weltsicht vertreten – die Welt ist gefährlich, unsicher, mit Überfluß gesegnet, gütig oder begnadet. Handelt es sich dabei um eine Form der kollektiven Täuschung? Ja und Nein. Die Grenzen, die wir uns selbst setzen, definieren uns zwar, sie sind jedoch nicht unbedingt als negativ zu betrachten. Auf jeder Entwicklungsstufe haben wir jederzeit die Möglichkeit, zu schwierigen Einsichten und Erkenntnissen zu gelangen. Projektionen sind unvermeidlich und üben einen sehr starken Einfluß aus.

Die Grenzen des Glaubens sind tatsächlich Ereignishorizonte, weil der Geist unfähig ist, sie zu überschreiten, selbst wenn sie für einen Außenstehenden gar nicht vorhanden sind. Ein tiefgläubiger Christ kann eine Scheidung nicht in Betracht ziehen, ohne davon überzeugt zu sein, daß er dadurch Gottes Gnade verlieren wird. Ein orthodoxer Jude kann sich unmöglich vorstellen, die Regeln für koschere Lebensführung zu brechen, und ein Muslim kann seiner Frau nicht erlauben, sich mit unverschleiertem Gesicht zu zeigen. Eine Interpretation Christi auf der ersten Stufe wird, wenn sie durch Furcht geprägt ist, seine Warnungen an die Sünder in den Mittelpunkt stellen, wo er sagt, sie »werden ausgestoßen in die Finsternis hinaus; da wird sein ein Heulen und Zähneklappern«. Auf Stufe eins konzentriert sich die Auslegung des Korans auf die Drohung, eine Sünde gegen das Gesetz Gottes habe ewige Verdammnis zur Folge.

Derartige Glaubensgrundsätze trotzen der Vernunft, und das ist auch ihr Sinn. Die Religionen waren schon immer besorgt, die

Gläubigen könnten aufhören zu glauben. (Vor kurzem haben sich einige protestantische Kirchen darum bemüht, alle Bezüge zur Erbsünde und zur menschlichen Unvollkommenheit aus der Liturgie zu tilgen, aber selbst liberalen Theologen ging dieser Schritt zu weit. Das entscheidende Gegenargument lautete, daß nur Gott vollkommen sei und wir uns stets daran erinnern sollten.) Gehorsam hält die Welt der Religionen zusammen und macht Erlösung möglich. Damit Gott den Platz einnehmen kann, der ihm zusteht, müssen auch die Menschen den ihren kennen.

Auf jeder Stufe geht es um den gleichen wesentlichen Punkt: Wir glauben, Gott halte uns aus irgendwelchen Gründen zurück. Solange wir uns auf einer bestimmten Stufe befinden, mühen wir uns mit der Suche nach den Gründen ab, und dieser Kampf ist der Kern unseres persönlichen Dramas. In Wahrheit projizieren wir alle Beschränkungen selbst. Das wird sichtbar, sobald wir erkennen, daß andere Menschen Grenzen haben, die sich von unseren eigenen grundlegend unterscheiden.

Die Überwindung der Trennung ist vorherbestimmt, am Ziel sind alle Grenzen überflüssig. Der Ereignishorizont wird so weit hinausgeschoben, wie der Geist zu denken vermag, alles weitere liegt in Gottes Hand. Das Wort mystisch wird leichtfertig auf alle möglichen Dinge angewendet. Meines Erachtens erscheint uns alles als mystisch, was auf den verschiedenen Stufen inneren Wachstums außerhalb der jeweiligen Grenzen liegt. Als die Alliierten während des Zweiten Weltkriegs Proviant aus der Luft abwarfen, entwickelten die Einwohner der Trobriand-Inseln im westlichen Pazifik den berühmten »Fracht-Kult«. Da sie nicht in der Lage waren zu begreifen, was Flugzeuge sind, bauten sie sie aus Stroh nach und beteten um ihre Rückkehr. Was für uns gewöhnliche Technik war, lag für sie jenseits ihres Ereignishorizonts.

Selbst wenn man feststellt, daß man in erstarrten Grenzen stagniert, besteht noch immer die Möglichkeit, die Lücke zu schließen. An jedem Morgen haben wir immer wieder die Chance, Gott zu erkennen. Unser Ausgangspunkt mögen Furcht und Scham sein oder ein erweitertes Bewußtsein – das ist alles relativ. Im Einklang mit den drei Wegen zu Gott ist kein Mensch ohne Hoffnung:

1. Wir können jederzeit den Horizont zu einer neuen Wirklichkeit überschreiten.
2. Wir finden überall Hinweise, auf welche Weise wir spirituell wachsen können.
3. Mit Hilfe der zweiten Aufmerksamkeit können wir diese Hinweise entschlüsseln.

In dieser Beziehung gleichen sich der Heilige und der Sünder. Gott leitet beide von der anderen Seite der Lücke aus.

DIE KRAFT DER ABSICHT

Im Lauf der spirituellen Entwicklung soll der Mensch lernen, mit Gott zusammenzuarbeiten. Die meisten von uns sind allerdings dazu erzogen, das Gegenteil zu tun. Unsere Fähigkeiten und Fertigkeiten gründen sich auf die erste, nicht auf die zweite Aufmerksamkeit. Folglich konzentrieren wir uns hauptsächlich auf Fragen der niedrigeren Stufen, wo Angst und Bedürftigkeit ihren Tribut fordern. Auf den frühen Stufen setzt das Ich seine Ansprüche – Geld, Sicherheit, Sex und Macht – mit Vehemenz durch. Hier sollten wir uns daran erinnern, daß Gott diese Dinge nicht verurteilt – wenn Menschen das Gefühl haben, sie verdanken ihren Erfolg Gott, haben sie recht. Wenn Übeltäter ungestraft davonkommen und gute Taten übersehen werden, lächelt Gott auf beide herab. Es gibt nur die eine spirituelle Wirklichkeit: Nichts liegt außerhalb von Gottes Geist. Mit jedem Gedanken, den wir haben, schöpfen wir Kreativität und Intelligenz aus dieser göttlichen Quelle.

Wodurch also wird das Leben spirituell?

Der Unterschied liegt ausschließlich in der Absicht. Zu Beginn dieses Buches habe ich in einem Gedankenexperiment vorgeschlagen, Menschen vom Augenblick der Geburt bis zum Tod mit der Videokamera zu filmen. An äußeren Merkmalen ließe sich nicht ablesen, welcher Mensch an Gott glaubt und welcher nicht. Das gilt noch immer. Solange wir nicht als Einsiedler leben oder uns in ein Kloster zurückziehen, hat die soziale Rolle keinen Einfluß auf die

Spiritualität. Nur die Absicht ist entscheidend. Wenn uns jemand mit freundlichen Worten begegnet, uns in Wahrheit jedoch von oben herab behandelt, spüren wir seine wahre Absicht. Fehlende Liebe kann auch das teuerste Geschenk der Welt nicht ausgleichen. Instinktiv erkennen wir, ob ein Menschen aufrichtige Absichten hat oder uns täuschen will.

Willenskraft und Zielgerichtetheit, Streben und die Vision des höchsten Ziels sind Ausdrucksformen der Absicht auf dem spirituellen Pfad. Wenn wir unsere Absicht auf Gott richten, entfaltet sich in uns der reine GEIST. Richten wir unsere Absicht auf materielle Ziele, stärken wir die Entwicklung des materiellen Bereichs. Sobald wir den Samen einer Absicht gelegt haben, verläuft die Reise in Richtung Seele automatisch von selbst. Im folgenden formuliere ich die grundlegenden Absichten, die ein spirituelles Leben kennzeichnen, in Form von Wünschen und Bestrebungen eines Menschen:

• *Ich möchte Gottes Gegenwart spüren.* Diese Absicht ist auf das unbehagliche Gefühl zurückzuführen, allein und getrennt zu sein. Wenn Gott abwesend ist, gibt es keine Möglichkeit, dem Gefühl der Einsamkeit zu entfliehen. Wir können versuchen, es durch Freundschaften und Familienbande zu überdecken. Letztlich müssen wir alle ein Gefühl innerer Erfüllung und inneren Friedens entwickeln. Unabhängig davon, ob wir allein oder mit anderen zusammen sind, möchten wir von innen her zufrieden sein.

• *Ich wünsche mir, daß Gott mir hilft und mich unterstützt.* Mit Gottes Gegenwart halten die Qualitäten des GEISTES Einzug in mein Leben. Am Ursprung wird jede Qualität – Liebe, Intelligenz, Wahrheit, Ordnungskraft, Kreativität – unendlich. Wenn diese Qualitäten vermehrt im menschlichen Leben auftreten, kündigen sie an, daß wir uns der Seele nähern.

• *Ich möchte mich in die Ganzheit eingebunden fühlen.* Die Entwicklung der Seele führt den Menschen von einem Zustand der Fragmentierung zu einem Zustand der Ganzheit, der sich dadurch ausdrückt, daß der Mensch sich stärker verbunden fühlt. Die Ereignisse beginnen, sich zu sinnvollen Strukturen zu fügen. Auch kleine Details erscheinen nicht mehr verstreut und willkürlich, sondern fügen sich sinnvoll zusammen.

• *Ich wünsche mir, daß mein Leben sinnvoll ist.* Im Zustand der Trennung erscheint das Leben leer. Diese Leere wird durch das Verschmelzen in der Einheit mit Gott überwunden. Auf der Suche nach einem Lebenszweck wenden wir uns nicht nach außen, sondern erkennen, daß unser bloßes Hiersein, so wie wir sind, das höchste Schöpfungsziel erfüllt.

• *Ich möchte mich von Grenzen befreien.* Die innere Freiheit ist durch Angst gefährdet, und Angst wurzelt naturgemäß in der Trennung. Sowie wir uns der Seele nähern, lösen sich die alten Grenzen und Verdrängungen auf. Wir hören auf, uns um die Zukunft zu sorgen, und fließen mit dem Strom des Lebens bis zu dem Tag, da uns keinerlei Grenzen mehr behindern.

Wenn diese grundlegenden Absichten in unserem Inneren lebendig sind, übernimmt Gott die Verantwortung für ihre Umsetzung. Alles andere, was wir tun, ist zweitrangig. Wenn jemand zum Beispiel von Ängsten gepeinigt wird, kann er nicht über Stufe eins hinausgelangen, auch wenn er gute Taten vollbringt, keine familiären Probleme hat und positiv denkt. Jeder von uns versucht, seine selbst auferlegten Beschränkungen mit einer Fassade zu überdecken, denn es ist nur allzu menschlich, besser erscheinen zu wollen, als man ist – besonders in den eigenen Augen. Aber wenn wir unsere Absicht erst einmal in die richtige Richtung gelenkt haben, wird die Selbsttäuschung unwichtig. Wir werden uns auch dann noch mit unseren Ichbedürfnissen auseinandersetzen müssen und unser persönliches Drama weiterspielen. Diese Aktivitäten finden jedoch auf der Bühne der ersten Aufmerksamkeit statt. Hinter der Bühne wendet der GEIST seine eigenen Methoden an – unsere Absichten sind wie eine Blaupause, die wir Gott übergeben haben: Er sorgt auf seine Weise dafür, daß sie ausgeführt werden. Von

Zeit zu Zeit benutzt er ein Wunder, manchmal sorgt er nur dafür, daß wir das Flugzeug nach Hamburg nicht verpassen. Alles ist möglich, und das macht den spirituellen Weg so interessant und so überraschend.

Seltsamerweise haben gerade Menschen mit sehr viel Macht und Erfolg oft die schlimmsten Absichten, zumindest was ihre spirituelle Entwicklung angeht. Hier sind einige typische Absichten, die nichts mit der Suche nach Gott zu tun haben:

Ich möchte gewinnen.
Ich möchte mich beweisen, indem ich Risiken eingehe.
Ich möchte Macht über andere haben.
Ich möchte die Regeln festlegen.
Ich möchte die Kontrolle ausüben.
Ich möchte nach meinen Vorstellungen vorgehen.

Diese Absichten klingen sicher sehr vertraut, denn sie finden sich bis zum Überdruß in populären Büchern, in der Werbung und den Medien. Alles dreht sich um die Ichbedürfnisse. Solange unsere Absichten tatsächlich von dieser Ebene kommen, wird sich auch unser Leben danach gestalten. Wir begegnen Hunderten von Menschen, die ihre eigenen Absichten mißverstehen, weil ihr Ego vollkommen die Kontrolle übernommen hat. Einige der mächtigsten Persönlichkeiten der Weltgeschichte sind in spiritueller Hinsicht ziemlich naiv. Wenn man dem Ego die Absicht überläßt, kann man große Dinge vollbringen, aber wie winzig sind sie im Vergleich zu den Möglichkeiten, die uns mit der unendlichen Intelligenz und Ordnungskraft Gottes zur Verfügung stehen!

Gott schöpft aus dem Überfluß. Es ist ein großes Unglück, daß der Spiritualität der Ruf der Armut, Einsiedelei und Askese anhaftet. Gott ist auch die Erfahrung wachsender Glückseligkeit. Die dunklen Schatten des Märtyrertums lasten auf dem spirituellen Leben – mit verheerenden Folgen. Wenn wir heute den spirituellen Pfad beschreiten wollen, müssen wir ihn, weit mehr noch als in der Vergangenheit, einsam und allein gehen. In einer Gesellschaft mit irregeleiteten Vorstellungen von Gott und ohne eine lebendige Tradition spiritueller Lehrer ist jeder Mensch für seine Absichten selbst verantwortlich.

Die folgenden Grundregeln haben sich für mich persönlich als wirksam erwiesen und können sicher vielen anderen Menschen nützen:

1. Erkennen Sie Ihre Absichten. Blättern Sie noch einmal zurück zu der Liste der spirituellen Absichten, um wirklich zu verstehen, wie wichtig sie sind. Unser Schicksal ist es, uns in Richtung der Seele zu bewegen, und der Kraftstoff, der das Schicksal antreibt, ist die Absicht. Nehmen Sie sich vor, die trennende Lücke jeden Tag ein wenig mehr zu schließen. Erlauben Sie Ihren falschen Absichten nicht länger, sich hinter einer Maske zu verbergen. Reißen Sie sie mitsamt den Wurzeln aus, und beschäftigen Sie sich mit dem Zorn und der Angst, die Sie dazu bringen, daran festzuhalten. Falsche Absichten erscheinen oft in Form von Rachegelüsten: Ich möchte, daß jemand anderes keinen Erfolg hat; ich möchte mich schadlos halten; ich möchte, daß schlechte Menschen bestraft werden; ich möchte etwas nehmen, das mir nicht gehört. Falsche Absichten sind manchmal schwer zu fassen. Sie erkennen sie an den Gefühlen, die sie begleiten – Angst, Habgier, Wut, Hoffnungslosigkeit und Schwäche. Spüren Sie zunächst das Gefühl auf, verweigern Sie ihm jede weitere Unterstützung, und bleiben Sie aufmerksam, bis Sie die verborgene Absicht gefunden haben.

2. Setzen Sie sich hohe Ziele. Nehmen Sie sich vor, ein Heiliger zu werden, jemand, der Wunder vollbringt. Warum auch nicht? Die gleichen Naturgesetze dienen uns allen. Wenn Sie wissen, daß das Ziel inneren Wachstums die Meisterschaft über die Naturgesetze ist, warum streben Sie sie nicht so bald wie möglich an? Sie sollten sich nicht anstrengen, um Wunder zu wirken, aber sich ihnen auch nicht verweigern. Am Anfang jeder Meisterschaft steht eine Vision: Erkennen Sie die Wunder um sich herum, denn dann können größere Wunder leichter wachsen.

3. Sehen Sie sich im Licht. Das Ich hat uns fest im Griff, indem es uns das Gefühl der Bedürftigkeit und Ohnmacht vermittelt. Aus diesem Gefühl des Mangels entsteht der schier unstillbare Hunger, alles haben zu wollen: Geld, Macht, Sex und Vergnügen sollen die

Leere ausfüllen, tun es jedoch nicht. Sie können diesem ganzen Wust an Illusionen entgehen, indem Sie sich von vornherein im Licht sehen, nicht als einen Menschen, der sich aus dem Schatten heraus mühsam zu Gott vorkämpft. Wir unterscheiden uns von einem Heiligen nur durch das Licht: unseres ist klein, seines ist groß. Dieser Unterschied verblaßt jedoch angesichts der Ähnlichkeiten: Wir sind beide Kinder des Lichts. Wenn Menschen nach Nah-Todeserfahrungen zurückkommen und berichten, mit welcher Verzückung sie sich in Licht getaucht fühlten, liegt eine gewisse Ironie darin, daß sie eines übersehen: Das Licht war die ganze Zeit vorhanden – es ist das Selbst.

4. *Sehen Sie auch die anderen im Licht.* Die billigste Art und Weise, sich ein gutes Gefühl zu verschaffen, ist ein Gefühl der Überlegenheit. Aus diesem dunklen Samen keimen alle Arten des Urteilens. Nicht mehr zu richten und zu urteilen ist lebenswichtig, und um diese Haltung zu entwickeln, müssen Sie aufhören, die anderen in Kategorien von Gut und Böse einzuteilen. Jeder Mensch lebt in dem gleichen Licht. Hier hilft vielleicht eine einfache Formel: Wenn Sie versucht sind, einen anderen Menschen zu verurteilen, auch wenn Sie glauben, es geschähe zu Recht, sollten Sie sich vor Augen führen, daß jeder Mensch von seiner Bewußtseinsebene aus stets sein Bestes gibt.

5. *Stärken Sie Ihre Absichten täglich aufs neue.* An der Oberfläche stellen sich der spirituellen Entwicklung riesige Hindernisse in den Weg. Der Alltag erscheint als ein wirbelndes Chaos, in dem das Ich in seine eigenen Forderungen und Bedürfnisse verstrickt ist. Eine gute Absicht reicht nicht aus, um uns während des gesamten Prozesses zu tragen. Sie brauchen Disziplin, um sich jeden Tag erneut Ihr spirituelles Ziel ins Gedächtnis zu rufen. Dem einen hilft es vielleicht, seine Absichten niederzuschreiben, der andere stützt sich auf regelmäßige Meditationen und Gebete. Es genügt jedoch nicht, sich seine Absichten beiläufig ins Gedächtnis zu rufen. Sie sollten sich zentrieren, mit wacher Aufmerksamkeit in Ihr Inneres schauen und die Absicht beharrlich festhalten, bis sie fest in Ihnen verankert ist.

6. *Lernen Sie, sich selbst zu vergeben.* Das Ich findet Wege, den GEIST zu besetzen und so zu tun, als sei alles in Ordnung. Deshalb

stolpern wir in die Fallen der Selbstsucht und Selbsttäuschung,
wenn wir es am wenigsten erwarten. Die beiläufige Bemerkung, die
einen Mitmenschen verletzt, die sorglose Lüge, der unwidersteh-
liche Drang zu betrügen sind allgegenwärtig. Sie sollten sich selbst
vergeben, daß Sie dort sind, wo Sie sind. Es zeugt von mehr Spiritualität, sich ehrlich einzugestehen, daß man sich auf Stufe zwei
befindet, von Ehrgeiz getrieben und von Schuldgefühlen verfolgt,
als vorzugeben, man sei ein Heiliger. Auf sich selbst sollte man die
gleiche Formel anwenden wie auf die anderen: Auf Ihrer Bewußtseinsebene geben Sie Ihr Bestes. (Mir fällt ein, wie ein Meister einmal den perfekten Schüler beschrieben hat: »Jemand, der ständig
stolpert, aber niemals fällt.«)

   7. *Lernen Sie loszulassen.* Der Widerspruch eines spirituellen Lebens besteht darin, daß Sie immer unrecht und gleichzeitig recht
haben. Es ist richtig, auf jede nur mögliche Weise nach Gotteserkenntnis zu streben, aber es ist falsch zu glauben, daß morgen
nicht alles anders sein wird. Leben bedeutet Wandel; deshalb müssen Sie bereit sein, Ihre heutigen Glaubenssätze, Gedanken und
Handlungen loszulassen, auch wenn sie noch so spirituell erscheinen. Jede Phase spirituellen Lebens ist gut, jede wird von Gott unterstützt. Nur durch Ihre zweite Aufmerksamkeit wissen Sie, wann
Sie weiterschreiten müssen. Sobald Sie das jedoch erkannt haben,
sollten Sie nicht zögern, die Vergangenheit loszulassen.

   8. *Verehren Sie, was heilig ist.* Die heutige Gesellschaft ist heiligen Dingen gegenüber sehr skeptisch. Wundern begegnen wir
meist mit nachdenklicher Vorsicht; nur wenige widmen den reichlich vorhandenen heiligen Schriften viel Zeit. Aber jeder Heilige ist
Ihre Zukunft, und jeder Meister schaut über die Schulter zu Ihnen
zurück und wartet darauf, daß Sie ihm folgen. Die Menschen, die
auf der Erde Gottes Wirken verkörpern, sind ein kostbarer Schatz.
Wenn Sie sich diesen Schatz der spirituellen Überlieferungen erschließen, öffnen Sie Ihr Herz. Gerade in dem Augenblick, wo Ihre
Seele sich öffnen möchte, hält das Wort eines Heiligen oder eines
Weisen vielleicht den richtigen Schlüssel bereit.

   9. *Überlassen Sie Gott die Führung.* Schließlich und endlich
kommt es nur darauf an, daß der GEIST die Führung hat. Wenn wir

tatsächlich nur eine Wirklichkeit akzeptieren, gibt es in der materiellen Welt nichts, das außerhalb Gottes existiert. Das bedeutet: Wenn Sie sich etwas wünschen, kann der Geist es wahr werden lassen. Die Entscheidung, welcher Anteil dabei Ihnen überlassen ist und welcher Gott zufällt, ist kritisch und verändert sich mit jeder Stufe. In dieser Hinsicht müssen Sie in sich selbst hineinschauen. Niemand anderes kann Ihnen sagen, was Sie tun sollen. Die meisten Menschen sind süchtig danach, sich ständig Sorgen zu machen, immer das Heft in der Hand behalten, alles bis ins kleinste durchzuorganisieren und nicht auf Gott zu vertrauen. Bemühen Sie sich jeden Tag aufs neue, diesen Neigungen nicht nachzugeben. Hören Sie nicht auf die Stimme, die Ihnen zuflüstert, Sie müßten die Führung übernehmen, die Dinge würden sich nicht gut anlassen, dauernde Wachsamkeit sei der einzige Weg zum Erfolg. Diese Stimme schöpft ihre Berechtigung aus der Tatsache, daß Sie ihr zuviel Beachtung schenken. Sie verliert ihre Kraft, sobald Sie dem GEIST eine Chance geben, etwas Neues zu versuchen. Seien Sie zu Experimenten bereit. Ihre Absicht ist das wirksamste und effektivste Werkzeug, über das Sie verfügen. Beabsichtigen Sie also, daß alles wie geplant verläuft, und lassen Sie los. Achten Sie dann auf Hinweise, Gelegenheiten und neue Möglichkeiten, die sich Ihnen bieten. Die Intelligenz tief in Ihrem Inneren weiß viel eher, was gut für Sie ist, als Sie selbst. Lauschen Sie deshalb auf ihre Stimme. Vielleicht ist das Ergebnis, das Sie mit großem Aufwand erzwingen möchten, gar nicht so förderlich für Sie wie der Erfolg, der sich natürlich und spontan einstellt. Wenn Sie jeden Tag nur ein Prozent Ihres Lebens Gott überließen, wären Sie in drei Monaten der erleuchtetste Mensch der Welt – behalten Sie das im Kopf, und geben Sie jeden Tag ein bißchen von der Kontrolle auf.

10. Umarmen Sie bereitwillig das Unbekannte. Sie sind nicht, wer Sie zu sein glauben. Seit der Geburt hängt Ihre Identität von sehr beschränkten Erfahrungen ab. Im Lauf der Jahre haben Sie Vorlieben und Abneigungen entwickelt und sich daran gewöhnt, die eigenen Grenzen zu akzeptieren. Zudem haben Sie im Laufe der Zeit eine Reihe von Gegenständen angesammelt, die Ihnen ein zerbrechliches Gefühl der Erfüllung vermitteln. Nichts davon ist

Ihr wirkliches Ich. Aber niemand kann im Handumdrehen alles Falsche durch Richtiges ersetzen. Das erfordert eine Entdeckungs- reise. Die Illusionen Schicht um Schicht abzulösen ist sehr schmerzhaft, und deshalb überlassen Sie es am besten der Seele selbst, wann und wie rasch sie diese Entwicklung nehmen möchte. Seien Sie darauf vorbereitet, daß Sie etwas Unbekanntes erwartet, das mit dem bekannten »Ich« nichts gemeinsam hat. Einige Men- schen gelangen erst im Augenblick des Todes ans Ende der Illusio- nen. Wenn sie dann zurückschauen, erscheint ihnen ihr Leben un- glaublich kurz und flüchtig.

Um 1890 herum lag ein Häuptling der Schwarzfuß-Indianer im Sterben. Sein Name war Isapwo Muksika Crowfoot, und er flü- sterte einem Missionar die folgenden Worte ins Ohr:

> »Was ist das Leben?
> Es ist das Aufleuchten des Glühwürmchens in der Nacht,
> Es ist der Atem des Büffels im Winter,
> Es ist der kleine Schatten, der über das Präriegras weht
> Und sich im Sonnenuntergang verliert.«

Der Teil von uns, den wir schon kennen, vergeht nur allzu rasch. Nutzen wir also diese Zeit und werden zeitlos. Wenn wir einen neuen Impuls, einen erhebenden Gedanken, eine Einsicht haben, die noch nie in die Tat umgesetzt wurden, lassen Sie uns das Unbe- kannte bereitwillig annehmen und es wie ein neugeborenes Kind zärtlich hegen und pflegen. Das Unbekannte ist das einzige, was sich wirklich um das Schicksal unserer Seele kümmert; deshalb sollten wir es ebenso verehren wie alles Heilige. Das Unbekannte ist der Wohnsitz Gottes, und sobald wir uns dieses Unbekannte vollständig zu eigen gemacht haben, sind wir zu Hause angekom- men und frei.

DANKSAGUNG

Die Inspiration zu diesem Buch verdanke ich vor allem dem bekannten niederländischen Neurowissenschaftler Herms Romijn. Sein Artikel »Über die Ursprünge des Bewußtseins: Eine neue multidisziplinäre Sicht der Beziehung zwischen Gehirn und Geist« enthält eine schöne Synthese spirituellen und wissenschaftlichen Gedankenguts. In dieser bemerkenswerten Arbeit vertritt Romijn die Ansicht, daß konventionelle Gehirnmodelle nicht imstande sind, die grundlegenden Gehirnfunktionen, insbesondere das Gedächtnis, zu erklären. Romijn stellt die führenden Theorien einander gegenüber und spricht sich für eine Verbindung der Quantentheorie mit dem Vedanta aus, die gemeinsam die einzige Möglichkeit bilden, einen universalen Geist als Ursprung der Gedanken anzunehmen.

In tiefer Dankbarkeit für diese Pionierleistung möchte ich betonen, daß Romijn keine religiöse Argumentation vorbringt – die Erweiterung seiner Ideen in den Bereich Gottes stammt ausschließlich von mir.

Das Material für dieses Buch stammt aus drei großen Bereichen: aus der Religion, der Quantenmechanik und den Neurowissenschaften. All diese Gebiete haben ihre eigenen Geheimnisse und sind in sich sehr vielschichtig. Als ich sie miteinander verwoben habe, wurde mir bewußt, daß sich dadurch viele neue Perspektiven eröffnen.

Für Leser, die noch etwas tiefer in die Thematik einsteigen möchten, habe ich im folgenden eine Liste von Büchern zusammengestellt, die phantasiereich neues Terrain betreten, denn ich glaube, daß spekulative Ansätze reizvoller sind als konventionelles Denken.

LITERATURHINWEISE

Ariel, David S.: What Do Jews Believe? The Spirtual Foundation of Judaism. New York 1996.

Arrien, Angeles: Der vierfache Weg. Den inneren Krieger, Heiler, Seher und Lehrer entwickeln. Freiburg 1996.

Bohm, David: Wholeness and the Implicate Order. London 1996.

Capra, Fritjof: Das Tao der Physik. München 1997.

Davies, Paul: Der Plan Gottes. Die Rätsel unserer Existenz und die Wissenschaft. Frankfurt a. M. 1996.

Davies, Paul: Die Unsterblichkeit der Zeit. Die moderne Physik zwischen Rationalität und Gott. München 1998.

Die Wolke des Nichtwissens. Worin sich die Seele mit Gott vereint. Übertragen und eingeleitet von Wolfgang Riehle. Einsiedeln 1980.

Dikshit, Sudhakar S.: I Am That. Durham 1973.

Feynman, Richard P.: Six Easy Pieces: Essentials of Physics Explained by Its Most Brilliant Teacher. New York 1996.

Hawking, Stephen: Ein kurze Geschichte der Zeit. Reinbek bei Hamburg 1998.

Hunt, Valerie V.: Inifinite Mind. Magical Blend, No. 25 (Jan. 1990).

Lippmann, Thomas W.: Understanding Islam: An Introduction to the Muslim World. New York 1995.

Mayotte, Rickey Alan: The Complete Jesus. South Royalton, Vt. 1998.

Miles, Jack: Gott. Eine Biographie. München 1998.

Miller, Bruce L. und Jeffrey L. Cummings (eds.): The Human Frontal Lobes: Functions and Disorders (The Science and Practice of Neuropsychology Series). Guilford Press 1998.

Penfield, Wilder: The Mystery of the Mind. A Critical Study of Consciousness and the Human Brain. Princeton, N. Y. 1975.

Penrose, Roger: The Emperor's New Mind: Concerning Computers, Minds and the Laws of Physics. Oxford 1989.

Robinson, Jonathan: Bridges to Heaven. Stillpoint, N. H. 1999.

Sacks, Oliver: Der Mann, der seine Frau mit einem Hut verwechselte. Reinbek bei Hamburg 1990.

Segal, Suzanne: Kollision mit der Unendlichkeit. Ein Leben jenseits des persönlichen Selbst. Reinbek bei Hamburg 2000.

Sheldrake, Rupert: Natural Grace: Dialogues on Creation, Darkness, and the Soul in Spirituality and Science. New York 1997.

Sheldrake, Rupert: Seven Experiments That Could Change the World: A Do-It-Yourself Guide to Revolutionary Science. New York 1996.

Sheldrake, Rupert: The Presence of the Past: Morphic Resonance & the Habits of Nature. New York 1998.

Talbot, Michael: Das holographische Universum. München 1992.

Vardey, Lucinda: God in All Worlds: An Anthology of Contemporary Spiritual Writing. New York 1996.

Wilber, Ken: Eye of Spirit: An Integral Vision for a World Gone Slightly Mad. Boston 1998.

Wilber, Ken: Eye to Eye: The Quest for the New Paradigm. Boston 1996.

Wilber, Ken: Quantum Questions: Mystical Writings of the World's Great Physicists. Boston 1984.

Wolf, Fred Alan: Star Wave: Mind, Consciousness and Quantum Physics. New York 1984.

Zukav, Gary: Die tanzenden Wu Li Meister. Reinbek bei Hamburg 1985.

Zukav, Gary: The Seat of the Soul. New York 1989.